LES POSSÉDÉS

Quand vous me tueriez, je ne vois nulle trace ;
Nous nous sommes égarés, qu'allons-nous faire ?
Le démon nous pousse sans doute à travers les champs
Et nous fait tourner en divers sens.
. . . .
Combien sont-ils ? Où les chasse-t-on ?
Pourquoi chantent-ils si lugubrement ?
Enterrent-ils un farfadet,
Ou marient-ils une sorcière ?

A. POUCHKINE.

Or, il y avait là un grand troupeau de pourceaux qui paissaient sur la montagne ; et les démons Le priaient qu'Il leur permît d'entrer dans ces pourceaux, et Il le leur permit. Les démons, étant donc sortis de cet homme, entrèrent dans les pourceaux, et le troupeau se précipita de ce lieu escarpé dans le lac, et fut noyé. Et ceux qui les paissaient, voyant ce qui était arrivé, s'enfuirent et le racontèrent dans la ville et à la campagne. Alors les gens sortirent pour voir ce qui s'était passé ; et étant venus vers Jésus, ils trouvèrent l'homme duquel les démons étaient sortis, assis aux pieds de Jésus, habillé et dans son bon sens ; et ils furent saisis de frayeur. Et ceux qui avaient vu ces choses leur racontèrent comment le démoniaque avait été délivré.

(*Évangile selon saint Luc*, ch. VIII. 32-37.)

L'auteur et les éditeurs déclarent réserver leurs droits de traduction et de reproduction à l'étranger.

Ce volume a été déposé au ministère de l'intérieur (section de la librairie) en octobre 1886.

TH. DOSTOÏEVSKY

LES POSSÉDÉS

(BÉSI)

TRADUIT DU RUSSE PAR VICTOR DERÉLY

TOME PREMIER

PARIS

LIBRAIRIE PLON

E. PLON, NOURRIT ET Cie, IMPRIMEURS-ÉDITEURS

RUE GARANCIÈRE, 10

—

Tous droits réservés

LES POSSÉDÉS

PREMIÈRE PARTIE

CHAPITRE PREMIER

EN GUISE D'INTRODUCTION : QUELQUES DÉTAILS BIOGRAPHIQUES CONCERNANT LE TRÈS-HONORABLE STÉPAN TROPHIMOVITCH VERKHOVENSKY.

I

Pour raconter les événements si étranges survenus dernièrement dans notre ville, je suis obligé de remonter un peu plus haut et de donner au préalable quelques renseignements biographiques sur une personnalité distinguée : le très-honorable Stépan Trophimovitch Verkhovensky. Ces détails serviront d'introduction à la chronique que je me propose d'écrire.

Je le dirai franchement : Stépan Trophimovitch a toujours tenu parmi nous, si l'on peut ainsi parler, l'emploi de citoyen; il aimait ce rôle à la passion, je crois même qu'il serait mort plutôt que d'y renoncer. Ce n'est pas que je l'assimile à un comédien de profession : Dieu m'en préserve, d'autant plus que, personnellement, je l'estime. Tout, dans son cas, pouvait être l'effet de l'habitude, ou mieux, d'une noble tendance qui, dès ses premières années, l'avait constamment poussé à rêver une belle situation civique. Par exemple, sa position de « persécuté » et d' « exilé » lui plaisait au plus haut point. Le prestige classique de ces deux petits mots l'avait séduit une fois pour toutes; en se les appliquant il se grandissait à ses propres yeux, si bien qu'il finit à la longue par se hisser sur une sorte de piédestal fort agréable à la vanité.

Je crois bien que, vers la fin, tout le monde l'avait oublié, mais il y aurait injustice à dire qu'il fut toujours inconnu. Les hommes de la dernière génération entendirent parler de lui comme d'un des coryphées du libéralisme. Durant un moment, — une toute petite minute, — son nom eut, dans certains milieux, à peu près le même retentissement que ceux de Tchaadaïeff, de Biélinsky, de Granovsky et de Hertzen qui débutait alors à l'étranger. Malheureusement, à peine commencée, la carrière active de Stépan Trophimovitch s'interrompit, brisée qu'elle fut, disait-il, par le « tourbillon des circonstances ». A cet égard il se trompait. Ces jours-ci seulement j'ai appris avec une extrême surprise, — mais force m'a été de me rendre à l'évidence, — que, loin d'être en exil dans notre province, comme chacun le pensait chez nous, Stépan Trophimovitch n'avait même jamais été sous la surveillance de la police. Ce que c'est pourtant que la puissance de l'imagination ! Lui-même crut toute sa vie qu'on avait peur de lui en haut lieu, que tous ses pas étaient comptés, toutes ses démarches épiées, et que tout nouveau gouverneur envoyé dans notre province arrivait de Pétersbourg avec des instructions précises concernant sa personne. Si l'on avait démontré clair comme le jour au très-honorable Stépan Trophimovitch qu'il n'avait absolument rien à craindre, il en aurait été blessé à coup sûr. Et cependant c'était un homme fort intelligent.....

Revenu de l'étranger, il occupa brillamment vers 1850 une chaire de l'enseignement supérieur, mais il ne fit que quelques leçons, — sur les Arabes, si je ne me trompe. De plus, il soutint avec éclat une thèse sur l'importance civique et hanséatique qu'aurait pu avoir la petite ville allemande de Hanau dans la période comprise entre les années 1413 et 1428, et sur les causes obscures qui l'avaient empêchée d'acquérir ladite importance. Cette dissertation était remplie de traits piquants à l'adresse des slavophiles d'alors; aussi devint-il du coup leur bête noire. Plus tard, — ce fut, du reste, après sa destitution et pour montrer quel homme l'Université avait perdu en lui, — il fit paraître, dans une revue mensuelle et progressiste, le commencement d'une étude très-savante sur les causes de l'extraordinaire noblesse morale de certains chevaliers à certaine époque. On a dit, depuis, que la suite de cette publication avait été interdite par la censure. C'est bien possible, vu l'arbitraire effréné qui régnait en ce temps-là. Mais, dans l'espèce, le plus probable est que seule la paresse de l'auteur l'empêcha de finir son travail. Quant à ses leçons sur les Arabes, voici l'incident qui y mit un terme : une lettre compromettante, écrite par Stépan Trophimovitch à un de ses amis, tomba entre les mains d'un tiers, un rétrograde sans doute; celui-ci s'empressa de la communiquer à l'autorité, et l'imprudent professeur fut invité à fournir des explications. Sur ces entrefaites, justement, on saisit à Moscou, chez deux ou trois étudiants, quelques copies d'un poëme que Stépan Trophimovitch avait écrit à Berlin six ans auparavant, c'est-à-dire au temps de sa première jeunesse. En ce moment même j'ai sur ma table l'œuvre en question : pas plus tard que l'an dernier, Stépan Trophimovitch m'en a donné un exemplaire autographe, orné d'une dédicace, et magnifiquement relié en maroquin rouge. Ce poëme n'est pas dépourvu de mérite littéraire, mais il me serait difficile d'en raconter le sujet, attendu que je n'y comprends rien. C'est une allégorie dont la forme lyrico-dramatique rappelle la seconde partie de *Faust*. L'an passé, je proposai à Stépan Trophimovitch de publier cette production de sa jeunesse, en lui faisant observer qu'elle avait perdu tout caractère dangereux. Il refusa avec un mécontentement visible. L'idée que son poëme était complétement inoffensif lui avait déplu, et c'est même à cela que j'attribue la froideur qu'il me témoigna pendant deux mois. Eh bien, cet ouvrage qu'il n'avait pas voulu me laisser publier ici, on l'insèra peu après dans un recueil révolutionnaire édité à l'étranger, et, naturellement, sans en demander la permission à l'auteur. Cette nouvelle inquiéta d'abord Stépan Trophimovitch : il courut chez le gouverneur et écrivit à Pétersbourg une très-noble lettre justificative qu'il me lut deux fois, mais qu'il n'envoya point, faute de savoir à qui l'adresser. Bref, durant tout un mois, il fut en proie à une vive agitation. J'ai néanmoins la conviction que, dans l'intime de son être, il était profondément flatté. Il avait réussi à se procurer un exemplaire du recueil, et ce volume ne le quittait pas, — du moins, la nuit; pendant le jour Stépan Trophimovitch le cachait sous un matelas, et il défendait même à sa servante de refaire son lit. Quoiqu'il s'attendît d'instant en instant à voir arriver un télégramme, l'amour-propre satisfait perçait dans toute sa manière d'être. Aucun télégramme ne vint. Alors il se réconcilia avec moi, ce qui atteste l'extraordinaire bonté de son cœur doux et sans rancune.

II

Je ne nie pas absolument son martyre. Seulement, je suis convaincu aujourd'hui qu'il aurait pu, en donnant les explications nécessaires, continuer tout à son aise ses leçons sur les Arabes. Mais l'ambition de jouer un rôle le tenta, et il mit un empressement particulier à se persuader une fois pour toutes que sa carrière était désormais brisée par le « tourbillon des circonstances ». Au fond, la vraie raison pour laquelle il abandonna l'enseignement public fut une proposition que lui fit à deux reprises et en termes fort délicats Barbara Pétrovna, femme du lieutenant général Stavroguine : cette dame, puissamment riche, pria Stépan Trophimovitch de vouloir bien diriger en qualité de haut pédagogue et d'ami le développement intellectuel de son fils unique. Inutile de dire qu'à cette place étaient attachés de brillants honoraires. Quand il reçut pour la première fois ces ouvertures, Stépan Trophimovitch était encore à Berlin, et venait justement de perdre sa première femme. Celle-ci était une demoiselle de notre province, jolie, mais fort légère, qu'il avait épousée avec l'irréflexion de la jeunesse. L'insuffisance de ressources pour subvenir aux besoins du ménage, et d'autres causes d'une nature plus intime, rendirent cette union très-malheureuse. Les deux conjoints se séparèrent, et, trois ans après, madame Verkhovensky mourut à Paris, laissant à son époux un fils de cinq ans, « fruit d'un premier amour joyeux et sans nuages encore », comme s'exprimait un jour devant moi Stépan Trophimovitch. On se hâta d'expédier le baby en Russie, où il fut élevé par des tantes dans un coin perdu du pays. Cette fois Verkhovensky déclina les offres de Barbara Pétrovna, et, moins d'un an après avoir enterré sa première femme, il épousa en secondes noces une taciturne Allemande de Berlin. D'ailleurs, un autre motif encore le décida à refuser l'emploi de précepteur : la renommée d'un professeur très-célèbre alors l'empêchait de dormir, et il aspirait à entrer au plus tôt en possession d'une chaire d'où il pût, lui aussi, prendre son vol vers la gloire. Et voilà que maintenant ses ailes étaient coupées ! A ce déboire s'ajouta la *** prématurée de sa seconde femme. *** raison pour se dérober aux in- *** , d'autant plus que cette dame *** vraiment affectueux. Disons le *** lui ouvrait les bras, il s'y précipita. Qu'on n'aille point toutefois donner à mes paroles un sens bien éloigné de ma pensée : pendant les vingt ans que dura la liaison de ces deux êtres si remarquables, ils ne furent unis que par le lien le plus fin et le plus délicat.

D'autres considérations encore agirent sur l'esprit de Stépan Trophimovitch pour lui faire accepter la place de précepteur. D'abord, le très-petit bien laissé par sa première femme était situé tout à côté du superbe domaine de Skorechniki que les Stavroguine possédaient aux environs de notre ville. Et puis, dans le silence du cabinet, n'ayant pas à compter avec les mille assujettissements de l'existence universitaire, il pourrait toujours se consacrer à la science, enrichir de profondes recherches la littérature nationale. S'il ne réalisa pas cette partie de son programme, par contre il put, pendant tout le reste de sa vie, être, selon l'expression du poëte, le « reproche incarné ». Cette attitude, Stépan Trophimovitch la conservait même au club, en s'asseyant devant une table de jeu. Il était à peindre alors. Toute sa personne semblait dire : « Eh bien, oui, je joue aux cartes ! A qui la faute ? Qui est-ce qui m'a réduit à cela ? Qui est-ce qui a brisé ma carrière ? Allons, périsse la Russie ! » Et noblement il coupait avec du cœur.

La vérité, c'est qu'il adorait le tapis vert. Dans les derniers temps surtout, cette passion lui attira fréquemment des scènes désagréables avec Barbara Pétrovna, d'autant plus qu'il perdait toujours. Du reste, j'aurai l'occasion de revenir là-dessus. Je remarquerai seulement ici que Stépan Trophimovitch avait de la conscience (du moins quelquefois), aussi était-il souvent triste. Trois ou quatre fois par an il lui prenait des accès de « chagrin », c'est-à-dire tout bonnement d'hypocondrie, ...ons entre nous de la première dénom... ...tage à la générale Stavroguine. Plus ta... ...la, il s'adonna aussi au champagne ; tou... ...sut toujours le préserver des inclinations ...ment il avait besoin d'une tutelle, car il étai... étrange. Au milieu de la plus noble tristesse, il se m... tout à coup à rire de la façon la plus vulgaire. A de certains moments, il s'exprimait sur son propre compte en termes humoristiques, ce qui contrariait vivement Barbara Pétrovna,

femme imbue des traditions classiques et constamment
guidée dans son mécénatisme par des vues d'ordre supérieur.
Cette grande dame eut durant vingt ans une influence capitale sur son pauvre ami. Il faudrait parler un peu d'elle,
c'est ce que je vais faire.

III

Il y a des amitiés bizarres. Deux amis voudraient presque
s'entre-dévorer, et ils passent toute leur vie ainsi sans pouvoir
se séparer l'un de l'autre. Bien plus, celui des deux qui romprait sa chaîne en deviendrait malade tout le premier et
peut-être en mourrait. Plus d'une fois, et souvent à la suite
d'un entretien intime avec Barbara Pétrovna, Stépan Trophimovitch, bondissant de dessus son divan, se mit à frapper
le mur à coups de poing.

Je n'exagère rien : un jour même, dans un de ces transports furieux, il déplâtra la muraille. On me demandera
peut-être comment un semblable détail est parvenu à ma
connaissance. Je pourrais répondre que la chose s'est passée
sous mes yeux, je pourrais dire que, nombre de fois, Stépan
Trophimovitch a sangloté sur mon épaule, tandis qu'avec de
vives couleurs il me peignait tous les dessous de son existence. Mais voici ce qui arrivait d'ordinaire après ces sanglots : le lendemain il se fût volontiers crucifié de ses propres
mains pour expier son ingratitude; il se hâtait de me faire
appeler ou accourait lui-même chez moi, à seule fin de m'apprendre que Barbara Pétrovna était « un ange d'honneur et
de délicatesse, et lui tout l'opposé ». Non content de verser
ces confidences dans mon sein, il en faisait part à l'intéressée
elle-même, et ce dans des épîtres fort éloquentes signées de
son nom en toutes lettres. « Pas plus tard qu'hier, confessait-il, j'ai raconté à un étranger que vous me gardiez par

vanité, que vous étiez jalouse de mon savoir et de mes talents, que vous me haïssiez, mais que vous n'osiez manifester ouvertement cette haine de peur d'être quittée par moi, ce qui nuirait à votre réputation littéraire. En conséquence, je me méprise, et j'ai résolu de me donner la mort; j'attends de vous un dernier mot qui décidera de tout », etc., etc. On peut se figurer, d'après cela, où en arrivait parfois dans ses accès de nervosisme ce quinquagénaire d'une innocence enfantine. Je lus moi-même un jour une de ces lettres. Il l'avait écrite à la suite d'une querelle fort vive, quoique née d'une cause futile. Je fus épouvanté et je le conjurai de ne pas envoyer ce pli.

— Il le faut... c'est plus honnête... c'est un devoir... je mourrai, si je ne lui avoue pas tout, tout! répondit-il avec exaltation, et il resta sourd à toutes mes instances.

La différence entre Barbara Pétrovna et lui, c'est que la générale n'aurait jamais envoyé une pareille lettre Il est vrai que Stépan Trophimovitch aimait passionnément à noircir du papier. Alors qu'elle et lui habitaient la même maison, il lui écrivait jusqu'à deux fois par jour dans ses crises nerveuses. Je sais de bonne source qu'elle lisait toujours ces lettres avec la plus grande attention, même quand elle en recevait deux en vingt-quatre heures. Ensuite, elle les serrait dans une cassette spéciale; de plus, elle en prenait note dans sa mémoire. Puis, après avoir laissé son ami sans réponse pendant tout un jour, lorsque Barbara Pétrovna le revoyait, elle lui montrait le visage le plus tranquille, comme s'il ne s'était rien passé de particulier entre eux. Peu à peu elle le dressa si bien, que lui-même n'osait plus parler de l'incident de la veille, il se bornait à la regarder furtivement dans les yeux. Mais elle n'oubliait rien, tandis que Stépan Trophimovitch, rassuré par le calme de la générale, oubliait parfois trop vite. Souvent, le même jour, s'il arrivait des amis et qu'on bût du champagne, il riait, folâtrait comme un écolier. Quel regard venimeux elle dardait probablement sur lui dans ces moments-là! Et il ne s'en apercevait pas!

Au bout de huit jours, d'un mois, de six mois, elle lui rappelait à brûle-pourpoint telle expression de telle lettre, puis la lettre tout entière, avec toutes les circonstances. Aussitôt il rougissait de honte, et son trouble se traduisait ordinairement par une légère attaque de cholérine.

En effet, Barbara Pétrovna se prenait très-souvent à le haïr. Mais, chose qu'il ne remarqua jamais, elle avait fini par le regarder comme son enfant, sa création, on pourrait même dire son acquisition; il était devenu la chair de sa chair, et si elle le gardait, l'entretenait, ce n'était pas seulement parce qu'elle était « jalouse de ses talents ». Oh! combien devaient la blesser de telles suppositions! Un amour intense se mêlait en elle à la haine, à la jalousie et au mépris qu'elle éprouvait sans cesse à l'égard de Stépan Trophimovitch. Pendant vingt-deux ans elle l'entoura de soins, veilla sur lui avec la sollicitude la plus infatigable. Dès que se trouvait en jeu la réputation littéraire, scientifique ou civique de son ami, Barbara Pétrovna perdait le sommeil. Elle l'avait inventé, et elle croyait elle-même la première à son invention. Il était pour elle quelque chose comme un rêve. Mais, en revanche, elle exigeait beaucoup de lui, parfois même elle le traitait en esclave. Elle était rancunière à un degré incroyable...

IV

Au mois de mai 1855, on apprit à Skvorechniki le décès du lieutenant général Stavroguine. Sans doute Barbara Pétrovna ne pouvait pas regretter beaucoup le défunt, car, depuis quatre ans, les deux époux vivaient séparés l'un de l'autre pour cause d'incompatibilité d'humeur, et la femme servait une pension au mari. (En dehors de son traitement, le lieutenant général ne possédait que cent cinquante âmes; toute la fortune, y compris le domaine de Skvorechniki, appartenait à Barbara Pétrovna, fille unique d'un riche fermier des boissons.) Néanmoins, elle reçut une forte secousse de cet événement imprévu et se retira tout à fait du monde. Naturellement, Stépan Trophimovitch fut en permanence auprès d'elle.

Le printemps déployait toutes ses magnificences; les putiets fleuris remplissaient l'air de leur parfum; les dernières heures du jour prêtaient à la nature un charme particulièrement poétique. Chaque soir les deux amis se retrouvaient au jardin, et, jusqu'à la tombée de la nuit, assis sous une charmille, ils se confiaient leurs sentiments et leurs idées. Sous l'impression du changement survenu dans sa destinée, Barbara Pétrovna parlait plus que de coutume; son cœur semblait chercher celui de son ami. Ainsi se passèrent plusieurs soirées. Une supposition étrange se présenta tout à coup à l'esprit de Stépan Trophimovitch : « Cette veuve inconsolable n'a-t-elle pas des vues sur moi? N'attend-elle pas de moi une demande en mariage à l'expiration de son deuil? » Pensée cynique, mais plus on est cultivé, plus on est enclin aux pensées de ce genre, par cela seul que le développement de l'intelligence permet d'embrasser une plus grande variété de points de vue. En examinant cette conjecture, il la trouva assez vraisemblable et devint songeur : « Certes, la fortune est immense, mais... » Le fait est que Barbara Pétrovna n'avait rien d'une beauté : c'était une femme grande, jaune, osseuse, dont le visage démesurément allongé offrait quelque analogie avec une tête de cheval. Stépan Trophimovitch hésitait de plus en plus et souffrait cruellement de ne pouvoir prendre un parti. Deux fois même son irrésolution lui arracha des larmes (il pleurait assez facilement). Le soir, sous la charmille, son visage exprimait, comme malgré lui, un mélange de tendresse, de moquerie, de fatuité et d'arrogance. Ces jeux de physionomie sont indépendants de la volonté, et ils se remarquent d'autant mieux que l'homme est plus noble. Dieu sait ce qu'il en était au fond, mais il est probable que Stépan Trophimovitch se faisait quelque illusion sur la nature du sentiment né dans l'âme de Barbara Pétrovna. Elle n'aurait pas échangé son nom de Stavroguine contre celui de Verkhovensky, quelque glorieux que fût ce dernier. Peut-être n'était-ce de sa part qu'un amusement féminin, peut-être obéissait-elle tout bonnement à ce besoin de flirter, si naturel aux dames dans certains cas.

Il est à supposer que la veuve ne tarda pas à lire dans le cœur de son ami. Elle ne manquait pas de pénétration, et il était quelquefois fort ingénu. Quoi qu'il en soit, les soirées se passaient comme de coutume, les causeries étaient toujours aussi poétiques et aussi intéressantes. Un jour, à l'approche de la nuit, après un entretien plein d'animation et de charme, la générale et le précepteur, échangeant une chaleureuse poignée de main, se séparèrent à l'entrée du pavillon où logeait Stépan Trophimovitch. Chaque été, il transportait ses pénates dans ce petit bâtiment qui faisait presque partie du jardin. Rentré chez lui, il se mit à la fenêtre pour fumer un cigare, mais à peine s'était-il approché de la croisée qu'un léger bruit le fit soudain tressaillir. Il retourna la tête et aperçut devant lui Barbara Pétrovna. Il n'y avait pas cinq minutes qu'ils s'étaient quittés. Le visage jaune de la générale avait pris une teinte bleuâtre, un frémissement presque imperceptible agitait ses lèvres serrées. Pendant dix secondes elle garda le silence, fixant sur Stépan Trophimovitch un regard d'une dureté implacable, puis de sa bouche sortirent ces quelques mots murmurés rapidement :

— Jamais je ne vous pardonnerai cela !

Dix ans plus tard, quand il me raconta cette histoire à voix basse et après avoir d'abord fermé les portes, il me dit qu'il était resté pétrifié de stupeur; il avait tellement perdu l'usage de ses sens qu'il ne vit ni n'entendit Barbara Pétrovna quitter la chambre. Comme jamais dans la suite elle ne fit la moindre allusion à cet incident, il fut toujours porté à croire qu'il avait été le jouet d'une hallucination due à un état morbide. Supposition d'autant plus admissible que, cette nuit même, il tomba malade et fut souffrant pendant quinze jours, ce qui mit fort à propos un terme aux entrevues dans le jardin.

V

Le costume que Stépan Trophimovitch porta toute sa vie, était une invention de Barbara Pétrovna. Cette tenue élégante et caractéristique mérite d'être mentionnée : redingote noire à longs pans, boutonnée presque jusqu'en haut; chapeau mou à larges bords (en été c'était un chapeau de paille); cravate de batiste blanche à grand nœud et à bouts flottants; canne à pomme d'argent. Stépan Trophimovitch se rasait la barbe et les moustaches, il laissait tomber sur ses épaules ses cheveux châtains qui ne commencèrent à blanchir un peu que dans les derniers temps. Jeune, il était, dit-on, extrêmement beau. Dans sa vieillesse il avait encore, à mon avis, un air assez imposant avec sa haute taille, sa maigreur et sa chevelure mérovingienne. A la vérité, un homme de cinquante-trois ans ne peut pas s'appeler un vieillard. Mais, par une sorte de coquetterie civique, loin de chercher à se rajeunir, il aurait plus volontiers posé pour le patriarche.

Dans les premières années, ou, pour mieux dire, durant la première moitié de son existence chez Barbara Pétrovna, Stépan Trophimovitch pensait toujours à composer un ouvrage. Plus tard nous l'entendîmes souvent répéter : « Mon travail est prêt, mes matériaux sont réunis, et je ne fais rien! Je ne puis me mettre à l'œuvre! » En prononçant ces mots, il inclinait douloureusement sa tête sur sa poitrine. Un tel aveu de son impuissance devait ajouter encore à notre respect pour ce martyr chez qui la persécution avait tout tué!

Vers 1860, Barbara Pétrovna, voulant produire son ami sur un théâtre digne de lui, l'emmena à Pétersbourg. Elle-même d'ailleurs désirait se rappeler à l'attention du grand monde où elle avait vécu autrefois. Ils passèrent un hiver presque entier dans la capitale, mais sans atteindre aucun des résultats espérés. Les anciennes connaissances avec qui Barbara Pétrovna essaya de renouer des relations accueillirent très-froidement ses avances, ou même ne les accueillirent pas du tout. De dépit, la générale se jeta dans les « idées nouvelles », elle songea à fonder une revue et donna des soirées auxquelles elle invita les gens de lettres. En même temps elle organisa des séances littéraires destinées à mettre en évidence le talent de Stépan Trophimovitch. Mais, hélas! le libéral de 1840 n'était plus dans le mouvement. En vain, pour complaire à la jeune génération, reconnut-il que la religion était un mal et l'idée de patrie une absurdité ridicule, ces concessions ne le préservèrent pas d'un fiasco lamentable. Le malheureux conférencier ayant eu l'audace de déclarer qu'il préférait de beaucoup Pouchkine à une paire de bottes, il n'en fallut pas plus pour déchaîner contre lui une véritable tempête de sifflets et de clameurs injurieuses. Bref, on le conspua comme le plus vil des rétrogrades. Sa douleur fut telle en se voyant traiter de la sorte, qu'il fondit en larmes avant même d'être descendu de l'estrade.

Décidément il n'y avait rien à faire à Pétersbourg. La générale et son ami revinrent à Skvorechniki.

VI

Peu après, Barbara Pétrovna envoya Stépan Trophimovitch « se reposer » à l'étranger. Il partit avec joie. « Là je vais ressusciter! » s'écriait-il, « là je me reprendrai enfin à la science! » Mais dès ses premières lettres reparut la note désolée. « Mon cœur est brisé », écrivait-il à Barbara Pétrovna, « je ne puis rien oublier! Ici, à Berlin, tout me rappelle mon passé, mes premières ivresses et mes premiers tourments. Où est-elle? Où sont-elles maintenant toutes deux? Qu'êtes-vous devenus, anges dont je ne fus jamais digne? Où est mon fils, mon fils bien-aimé? Enfin, moi-même, où suis-je? Que suis-je devenu, moi jadis fort comme l'acier, inébranlable comme un roc, pour qu'un Andréieff puisse briser mon existence en deux? » etc., etc. Depuis la naissance de son fils bien-aimé, Stépan Trophimovitch ne l'avait vu qu'une seule fois, c'était pendant son dernier séjour à Pétersbourg où l'enfant, devenu un jeune homme, se préparait à entrer à l'Université. Pierre Stépanovitch, comme je l'ai dit, avait été élevé chez ses tantes dans le gouvernement de O..., à sept cents verstes de Skvorechniki (Barbara Pétrovna faisait les frais de son entretien). Quant à Andréieff, c'était un marchand de notre ville; il devait encore quatre cents roubles à Stépan Trophimovitch, qui lui avait vendu le droit de faire des coupes de bois dans son bien sur une étendue de quelques dessiatines. Quoique Barbara Pétrovna n'eût pas plaint les subsides à son ami en l'envoyant à Berlin, celui-ci comptait bien toucher ces quatre cents roubles avant son départ : il en avait sans doute besoin pour quelques dépenses secrètes, et peu s'en fallut qu'il ne pleurât, lorsque Andréieff le pria d'attendre un mois. D'ailleurs le marchand était parfaitement fondé à demander un répit, car, sur le désir de Stépan Trophimovitch qui n'osait avouer certain découvert à la générale, il avait fait le premier versement six mois avant l'échéance obligatoire.

Dans la seconde lettre reçue de Berlin le thème s'était modifié : « Je travaille douze heures par jour (s'il travaillait seulement onze heures! grommela en lisant ces mots Barbara Pétrovna), je fouille les bibliothèques, je compulse, je prends des notes, je fais des courses; je suis allé voir des professeurs. J'ai renouvelé connaissance avec l'excellente famille Doundasoff. Que Nadejda Nikolaïevna est charmante encore à présent! Elle vous salue. Son jeune mari et ses trois neveux sont à Berlin. Je passe les soirées avec la jeunesse, nous causons jusqu'au lever du jour. Ce sont presque des soirées athéniennes, mais seulement au point de vue de la délicatesse et de l'élégance. Tout y est noble : on fait de la musique, on rêve la rénovation de l'humanité, on s'entretient de la beauté éternelle... » etc., etc.

— Ce ne sont que des contes à dormir debout! décida Barbara Pétrovna en serrant cette lettre dans sa cassette, — si les soirées athéniennes se prolongent jusqu'au lever du jour, il ne donne pas douze heures au travail. Était-il ivre quand il a écrit cela ? Et cette Doundasoff, comment ose-t-elle m'envoyer des saluts? Du reste, qu'il se promène!

Mais il ne se promena pas longtemps; au bout de quatre mois il n'y tint plus et raccourut en toute hâte à Skvorechniki. Certains hommes sont aussi attachés à leur niche que les chiens d'appartement.

VII

Dès lors commença une période d'accalmie qui dura près de neuf années consécutives. Les explosions nerveuses et les sanglots sur mon épaule se reproduisaient à intervalles réguliers sans altérer notre bonheur. Je m'étonne que Stépan Trophimovitch n'ait pas pris du ventre à cette époque. Son nez seulement rougit un peu, ce qui ajouta à la débonnaireté de sa physionomie. Peu à peu se forma autour de lui un cercle d'amis qui, du reste, ne fut jamais bien nombreux. Quoique Barbara Pétrovna ne s'occupât guère de nous, néanmoins nous la reconnaissions tous pour notre patronne. Après la leçon reçue à Pétersbourg, elle s'était fixée définitivement en province; l'hiver elle habitait sa maison de ville, l'été son domaine suburbain. Jamais elle ne jouit d'une influence aussi grande que durant ces sept dernières années, c'est-à-dire jusqu'à l'avénement du gouverneur actuel. Le prédécesseur de celui-ci, notre inoubliable Ivan Osipovitch, était le proche parent de la générale Stavroguine, qui lui avait autrefois rendu de grands services. La gouvernante sa femme tremblait à la seule pensée de perdre les bonnes grâces de Barbara Pétrovna. A l'instar de l'auguste couple, toute la société provinciale témoignait la plus haute considération à la châtelaine de Skvorechniki. Naturellement, Stépan Trophimovitch bénéficiait, par ricochet, de cette brillante situation. Au club où il était beau joueur et perdait galamment, il avait su s'attirer l'estime de tous, quoique beaucoup ne le regardassent que comme un « savant ». Plus tard, lorsque Barbara Pétrovna lui eut permis de quitter sa maison, nous fûmes encore plus libres. Nous nous réunissions chez lui deux fois la semaine; cela ne manquait pas d'agrément, surtout quand il offrait du champagne. Le vin était fourni par Andréieff dont j'ai parlé plus haut. Barbara Pétrovna réglait la note tous les six mois, et d'ordinaire les jours de payement étaient des jours de cholérine.

Le plus ancien membre de notre petit cercle était un employé provincial nommé Lipoutine, grand libéral, qui passait en ville pour athée. Cet homme n'était plus jeune; il avait épousé en secondes noces une jolie personne passablement dotée; de plus, il avait trois filles déjà grandelettes. Toute sa famille était maintenue par lui dans la crainte de Dieu, et gouvernée despotiquement. D'une avarice extrême, il avait pu, sur ses économies d'employé, s'acheter une petite maison et mettre encore de l'argent de côté. Son caractère inquiet et l'insignifiance de sa situation bureaucratique étaient cause qu'on avait peu de considération pour lui; la haute société ne le recevait pas. En outre, Lipoutine était très-cancanier, ce qui, plus d'une fois, lui avait valu de sévères corrections. Mais, dans notre groupe, on appréciait son esprit aiguisé, son amour de la science et sa gaieté maligne. Quoique Barbara Pétrovna ne l'aimât point, il trouvait pourtant moyen de capter sa bienveillance.

Elle n'aimait pas non plus Chatoff, qui ne fit partie de notre cercle que dans la dernière année. Chatoff était un ancien étudiant, exclu de l'Université à la suite d'une « manifestation ». Dans son enfance, il avait été l'élève de Stépan Trophimovitch. La naissance l'avait fait serf de Barbara Pétrovna; il était en effet le fils d'un valet de chambre de la générale Stavroguine, et celle-ci l'avait comblé de bontés. Elle ne l'aimait pas à cause de sa fierté et de son ingratitude; ce qu'elle ne pouvait lui pardonner, c'était de n'être pas venu la trouver aussitôt après son expulsion de l'Université. Elle lui écrivit alors et n'obtint pas même une réponse. Plutôt que de s'adresser à Barbara Pétrovna, il préféra accepter un préceptorat chez un marchand civilisé, et il accompagna à l'étranger la famille de cet homme. A vrai dire, sa position était moins celle d'un précepteur que d'un menin, mais, à cette époque, Chatoff avait un très-vif désir de visiter l'Europe. Les enfants avaient aussi une gouvernante : c'était une intrépide demoiselle russe, qui était entrée dans la maison à la veille même du voyage; on l'avait engagée sans doute parce qu'elle ne demandait pas cher. Au bout de deux mois, le marchand la mit à la porte à cause de ses « idées indépendantes ». Chatoff suivit la gouvernante et, peu après, l'épousa à Genève. Ils vécurent ensemble pendant trois semaines, puis ils se quittèrent comme des gens qui n'attachent aucune importance au lien conjugal; d'ailleurs, la pauvreté des deux époux dut être pour quelque chose dans cette prompte séparation. Demeuré seul, Chatoff erra longtemps en Europe, vivant Dieu sait de quoi. On dit qu'il décrotta les bottes sur la voie publique, et que, dans un port de mer, il fut employé comme homme de peine. Il y a un an, nous le vîmes enfin revenir dans notre ville. Il se mit en ménage avec une vieille tante qu'il enterra un mois après. Sa sœur Dacha, élevée comme lui par les soins de Barbara Pétrovna, continuait à habiter la maison de la générale qui la traitait presque en fille adoptive; il avait fort peu de rapports avec elle. Dans notre cercle, il gardait le plus souvent un morne silence, mais, de temps à autre, quand on touchait à ses principes, il éprouvait une irritation maladive qui lui faisait perdre toute retenue de langage. « Si l'on veut discuter avec Chatoff, il faut commencer par le lier », disait parfois, en plaisantant, Stépan Trophimovitch, qui cependant l'aimait. A l'étranger, les anciennes convictions socialistes de Chatoff s'étaient radicalement modifiées sur plusieurs points, et il avait donné aussitôt dans l'excès contraire. Il était de ces Russes qu'une idée forte quelconque frappe soudain, annihilant du même coup chez eux toute faculté de résistance. Jamais ils ne parviennent à réagir contre elle, ils y croient passionnément et passent le reste de leur vie comme haletants sous une pierre qui leur écrase la poitrine. L'extérieur rébarbatif de Chatoff répondait tout à fait à ses convictions : c'était un homme de vingt-sept ou vingt-huit ans, petit, blond, velu, avec des épaules larges, de grosses lèvres, un front ridé, des sourcils blancs et très-touffus. Ses yeux avaient une expression farouche, et il les tenait toujours baissés comme si un sentiment de honte l'eût empêché de les lever. Sur sa tête se dressait un épi de cheveux rebelle à tous les efforts du peigne. « Je ne m'étonne plus que sa femme l'ait lâché », dit un jour Barbara Pétrovna, après l'avoir considéré attentivement. Malgré son excessive pauvreté, il s'habillait le plus proprement possible. Ne voulant point recourir à son ancienne bienfaitrice, il vivait de ce que Dieu lui envoyait, et travaillait chez des marchands quand il en trouvait l'occasion. Une fois, il fut sur le point de partir en voyage pour le compte d'une maison de commerce, mais il tomba malade au moment de se mettre en route. On imaginerait difficilement l'excès de misère que cet homme était capable de supporter sans même y penser. Lorsqu'il fut rétabli, Barbara Pétrovna lui envoya cent roubles sous le voile de l'anonyme. Chatoff découvrit néanmoins d'où lui venait cet argent; après réflexion, il se décida à l'accepter, et alla remercier la générale. Elle fit un accueil très-cordial au visiteur qui, malheureusement, s'en montra fort peu digne. Muet, les yeux fixés à terre, un sourire stupide sur les lèvres, il écouta pendant cinq minutes ce que Barbara Pétrovna lui disait; puis, sans même la laisser achever, il se leva brusquement, salua d'un air gauche et tourna les talons. La démarche qu'il venait d'accomplir était, à ses yeux, le comble de l'humiliation. Dans son trouble, il heurta par mégarde un meuble de prix, une petite table à ouvrage en marqueterie, qu'il fit choir et qui se brisa sur le parquet. Cette circonstance ajouta encore à la confusion de Chatoff, et il était plus mort que vif quand il sortit de la maison. Plus tard, Lipoutine lui reprocha amèrement de n'avoir pas repoussé avec mépris ces cent roubles, et, — chose pire, — d'être allé remercier l'insolente aristocrate qui les lui avait envoyés. C'était au bout de la ville que demeurait Chatoff; il vivait seul, et les visites lui déplaisaient, même quand le visiteur était l'un des nôtres. Il était très-assidu aux soirées de Stépan Trophimovitch, qui lui prêtait des journaux et des livres.

A ces réunions assistait aussi un certain Virguinsky, jeune homme d'une trentaine d'années, marié comme Chatoff; mais à cela s'arrêtait la ressemblance entre eux. Virguinsky était d'un caractère extrêmement doux, et possédait une sérieuse instruction qu'il devait en grande partie à lui-même. Pauvre employé, il avait à sa charge la tante et la sœur de sa femme; ces dames étaient toutes trois fort entichées des principes nouveaux; du reste, il suffisait qu'une idée quelconque fût admise dans les cercles progressistes de la capitale, pour qu'elles l'adoptassent aussitôt sans plus ample examen. Madame Virguinsky exerçait dans notre ville la profession de sage-femme; jeune fille, elle avait longtemps habité Pétersbourg. Quant à son mari, c'était un homme d'une pureté de cœur peu commune, et j'ai rarement rencontré chez quelqu'un une plus honnête chaleur d'âme. « Jamais, jamais je ne renoncerai à ces sereines espérances », me disait-il avec des yeux rayonnants Lorsque Virguinsky vous parlait des « sereines espérances » il baissait toujours la voix, comme s'il vous eût confié quelque secret. Son extérieur était fort chétif : assez grand mais très-fluet, il avait les épaules étroites, les cheveux extrêmement clair-semés et d'une nuance roussâtre. Quand Stépan Trophimovitch raillait certaines de ses idées, il prenait très-bien ces plaisanteries et trouvait souvent des réponses dont la solidité embarrassait son contradicteur.

Au sujet de Virguinsky courait un bruit malheureusement trop fondé. A ce qu'on racontait, moins d'un an après son mariage sa femme lui avait brusquement déclaré qu'elle le mettait à la retraite et qu'elle le remplaçait par Lébiadkine. Ce dernier, arrivé depuis peu dans notre ville où il se donnait faussement pour un ancien capitaine d'état-major, était, comme on le vit par la suite, un personnage fort sujet à caution. Il ne savait que friser ses moustaches, boire, et débiter toutes les sottises qui lui passaient par la tête. Cet homme eut l'indélicatesse d'aller s'installer chez les Virguinsky, et, non content de se faire donner par eux le vivre et le couvert, il en vint même à regarder du haut de sa grandeur le maître de la maison. On prétendait qu'en apprenant son remplacement, Virguinsky avait dit à sa femme : « Ma chère, jusqu'à présent je n'avais eu pour toi que de l'amour, maintenant je t'estime », mais il est douteux que cette parole romaine ait été réellement prononcée; suivant une autre version plus croyable, le malheureux époux aurait, au contraire, pleuré à chaudes larmes. Quinze jours après le remplacement, toute la famille alla, avec des connaissances, prendre le thé dans un bois voisin de la ville. On organisa un petit bal champêtre ; Virguinsky manifestait une gaieté fiévreuse, il prit part aux danses, mais tout à coup, sans querelle préalable, au moment où son successeur exécutait un fantaisiste cavalier seul, il le saisit des deux mains par les cheveux et se mit à lui secouer violemment la tête ; en même temps, il pleurait et poussait des cris furieux. Le géant Lébiadkine eut si peur qu'il ne se défendit même pas et se laissa houspiller sans presque souffler mot. Mais lorsque son ennemi eut lâché prise, il montra toute la susceptibilité d'un galant homme qui vient de subir un traitement indigne. Virguinsky passa la nuit suivante aux genoux de sa femme, lui demandant un pardon qu'il n'obtint point, parce qu'il ne consentit pas à aller faire des excuses à Lébiadkine. Le capitaine d'état-major disparut peu après, et ne revint chez nous que dans les derniers temps, ramenant avec lui sa sœur. J'aurai à parler plus loin des visées qu'il se mit dès lors à poursuivre. On comprend que le pauvre Virguinsky ait cherché une distraction dans notre société. Jamais, du reste, il ne causait avec nous de ses affaires domestiques. Une fois seulement, comme lui et moi revenions ensemble de chez Stépan Trophimovitch, il laissa échapper une vague allusion à son infortune conjugale, mais pour s'écrier aussitôt après en me saisissant la main :

— Ce n'est rien, c'est seulement un cas particulier, cela ne gêne en rien l' « œuvre commune » !

Notre petit cercle recevait aussi des visiteurs d'occasion, tels que le capitaine Kartouzoff et le Juif Liamchine. Ce dernier était employé à la poste. Il possédait un grand talent de pianiste; en outre, il imitait à merveille le bruit du tonnerre, les grognements du cochon, les cris d'une femme en couches et les vagissements d'un nouveau-né. Sa présence était un élément de gaieté dans nos réunions.

CHAPITRE II

LE PRINCE HARRY. — UNE DEMANDE EN MARIAGE.

I

Il existait sur la terre un être à qui Barbara Pétrovna n'était pas moins attachée qu'à Stépan Trophimovitch : c'était son fils unique, Nicolas Vsévolodovitch Stavroguine. Il avait huit ans lorsque sa mère le confia aux soins d'un précepteur. Rendons justice à Stépan Trophimovitch : il sut se faire aimer de son élève. Tout son secret consistait en ce que lui-même était un enfant. Il ne me connaissait pas encore à cette époque; or, comme toute sa vie il eut besoin d'un confident, il n'hésita pas à investir de ce rôle le petit garçon, dès que celui-ci eut atteint sa dixième ou sa onzième année. La plus franche intimité s'établit entre eux, nonobstant la différence des âges et des situations. Plus d'une fois, Stépan Trophimovitch éveilla son jeune ami, à seule fin de lui révéler, avec des larmes dans les yeux, les amertumes dont il était abreuvé, ou bien encore il lui découvrait quelque secret domestique sans songer que cette manière d'agir était très-blâmable. Ils se jetaient dans les bras l'un de l'autre et pleuraient. L'enfant savait que sa mère l'aimait beaucoup; la payait-il de retour? j'en doute. Elle lui parlait peu et ne le contrariait guère, mais elle le suivait constamment des yeux, et il éprouvait toujours une sorte de malaise en sentant ce regard attaché sur lui. Pour tout ce qui concernait l'instruction et l'éducation de son fils, Barbara Pétrovna s'en remettait pleinement à Stépan Trophimovitch, car, dans ce temps-là, elle le voyait encore à travers ses illusions. Il est à croire que le maître détraqua plus ou moins le système nerveux de son élève. Quand, à l'âge de seize ans, Nicolas Vsévolodovitch fut envoyé au lycée, c'était un adolescent débile et pâle dont la douceur et l'humeur rêveuse avaient quelque chose d'étrange. (Plus tard il se distingua par une force physique extraordinaire.) En tout cas, on fit bien de séparer les deux amis ; peut-être même aurait-on dû prendre cette mesure plus tôt.

Pendant les deux premières années de son séjour au lycée, le jeune homme revint passer ses vacances à Skvorechniki. Lorsque Barbara Pétrovna se fut rendue à Pétersbourg avec Stépan Trophimovitch, il assista à quelques-unes des soirées littéraires qui avaient lieu chez elle. Parlant peu, tranquille et timide comme autrefois, il se bornait à écouter et à observer. Son ancienne affection pour Stépan Trophimovitch ne semblait pas refroidie, mais elle était devenue moins expansive. Après avoir terminé ses études, il entra au service militaire, sur le désir de Barbara Pétrovna. Bientôt on le fit passer dans un des plus brillants régiments de la garde à cheval. Il n'alla point montrer son uniforme à sa mère, et ne lui écrivit que rarement. Barbara Pétrovna ne lésinait point sur les envois d'argent, bien que l'abolition du servage eût tout d'abord réduit de moitié son revenu. Du reste, les économies faites par elle depuis de longues années avaient fini par former un capital assez rondelet. Elle s'intéressait vivement aux succès de son fils dans la haute société pétersbourgeoise. C'était en quelque sorte la revanche de ses ambitions déçues. Elle était heureuse de se dire que les portes dont elle n'avait pu franchir le seuil s'ouvraient toutes grandes devant ce jeune officier riche et plein d'avenir. Mais des bruits assez étranges ne tardèrent pas à arriver aux oreilles de Barbara Pétrovna : à en croire ces récits, Nicolas Vsévolodovitch avait brusquement commencé une existence de folies. Ce n'était pas qu'il jouât ou s'adonnât outre mesure à la boisson; non, on signalait seulement chez lui des excentricités sauvages, on parlait de gens écrasés par ses chevaux; on lui reprochait un procédé féroce à l'égard d'une dame de la bonne société qu'il avait outragée publiquement après avoir eu des relations intimes avec elle. Il y avait même quelque chose de particulièrement ignoble dans cette affaire. De plus, on le dépeignait comme un bretteur cherchant noise à tout le monde, insultant les gens pour le plaisir de les insulter. L'inquiétude s'empara de la générale. Stépan Trophimovitch lui assura qu'une organisation trop riche devait nécessairement jeter sa gourme, que la mer avait ses orages, et que tout cela ressemblait à la jeunesse du prince Harry que Shakespeare nous représente faisant la noce en compagnie de Falstaff, de Poins et de mistress Quickly. Cette fois, loin de traiter de « sornettes » les paroles de son ami, comme elle avait coutume de le faire depuis quelque temps, Barbara Pétrovna, au contraire, les écouta très-volontiers; elle se les fit expliquer avec plus de détails et lut même très-attentivement l'immortel ouvrage du tragique anglais. Mais cette lecture ne lui procura aucun apaisement : les analogies signalées par Stépan Trophimovitch ne la frappèrent point. Voulant être fixée sur la conduite de son fils, elle écrivit à Pétersbourg, et attendit fiévreusement la réponse à ses lettres. Le courrier lui apporta bientôt les plus fâcheuses nouvelles : le prince Harry avait eu, presque coup sur coup, deux duels dans lesquels tous les torts se trouvaient de son côté; il avait tué roide l'un de ses adversaires, blessé l'autre grièvement, et, à raison de ces faits, il allait passer en conseil de guerre. L'affaire se termina par sa dégradation et son envoi comme simple soldat dans un régiment d'infanterie; encore usat-on d'indulgence à son égard.

En 1863, ayant eu l'occasion de se distinguer, Nicolas Vsévolodovitch fut décoré et promu sous-officier; peu après on lui rendit même l'épaulette. Durant tout ce temps, Barbara Pétrovna expédia à la capitale peut-être cent lettres, pleines de supplications et d'humbles prières : le cas était trop exceptionnel pour qu'elle ne rabattît pas un peu de son orgueil. A peine réintégré dans son grade, le jeune homme s'empressa de donner sa démission, mais il ne revint pas à Skvorchniki, et cessa complétement d'écrire à sa mère. On apprit enfin, par voie indirecte, qu'il était encore à Pétersbourg, seulement il ne voyait plus du tout la société qu'il fréquentait autrefois; on aurait dit qu'il se cachait. A force de recherches, on découvrit qu'il vivait dans un monde étrange ; il s'était acoquiné au rebut de la population pétersbourgeoise, à des employés faméliques, à d'anciens militaires toujours ivres et n'ayant d'autre ressource qu'une mendicité plus ou moins déguisée; il visitait les misérables familles de ces gens-là, passait les jours et les nuits dans d'obscurs taudis, et ne prenait plus aucun soin de sa personne : apparemment cette existence lui plaisait. Sa mère ne recevait de lui aucune demande d'argent; il vivait sur le revenu du petit bien que son père lui avait laissé et que, disait-on, il avait affermé à un Allemand de la Saxe. Finalement, Barbara Pétrovna le supplia de revenir auprès d'elle, et le prince Harry fit son apparition dans notre ville. C'est alors que je le vis pour la première fois, auparavant je ne le connaissais que de réputation.

C'était un fort beau jeune homme de vingt-cinq ans, et j'avoue que son extérieur ne répondit nullement à mon attente. Je m'étais figuré Nicolas Vsévolodovitch comme une sorte de bohème débraillé, aux traits flétris par le vice et les excès alcooliques. Je trouvai au contraire en lui le gentleman le plus correct que j'eusse jamais rencontré : sa mise ne laissait absolument rien à désirer, et ses façons étaient celles d'un monsieur habitué à vivre dans le meilleur monde. Il n'y eut pas que moi de surpris, la ville entière partagea mon étonnement, car chacun chez nous connaissait déjà toute la biographie de M. Stavroguine. Son arrivée mit en révolution tous les cœurs féminins; il eut parmi nos dames des adoratrices et des ennemies, mais les unes et les autres raffolèrent de lui. Il plaisait à celles-ci parce qu'il y avait peut-être un affreux secret dans son existence, et à celles-là parce qu'il avait positivement tué quelqu'un. De plus, on le trouvait fort instruit; à la vérité, il n'était pas nécessaire de posséder un grand savoir pour exciter notre admiration, mais, outre cela, il jugeait avec un bon sens remarquable les diverses questions courantes. Je note ce point comme une particularité curieuse : presque dès le premier jour, tous chez nous s'accordèrent à reconnaître en lui un homme extrêmement sensé. Il était peu causeur, élégant sans recherche, et d'une modestie étonnante, ce qui ne l'empêchait pas d'être plus hardi et plus sûr de soi que personne. Nos fashionables lui portaient envie et s'effaçaient devant lui. Son visage me frappa aussi : il avait des cheveux très-noirs, des yeux clairs d'un sérénité et d'un calme peu communs, un teint blanc et délicat, des dents semblables à des perles, et des lèvres qui rivalisaient avec le corail. Cette tête faisait l'effet d'un beau portrait, et cependant il y avait en elle un je ne sais quoi de repoussant. On disait qu'elle avait l'air d'un masque. D'une taille assez élevée, Nicolas Vsévolodovitch passait pour un homme exceptionnellement vigoureux. Barbara Pétrovna le considérait avec orgueil, mais à ce sentiment se mêlait toujours de l'inquiétude. Pendant un semestre, il vécut tranquillement chez nous; strict observateur des lois de l'étiquette provinciale, il allait dans le monde où il ne paraissait guère s'amuser; il avait ses grandes et ses petites entrées chez le gouverneur, qui était son parent du côté paternel. Mais, au bout de six mois, le fauve se révéla tout à coup.

Affable et hospitalier, notre cher Ivan Osipovitch était plutôt fait pour être maréchal de la noblesse au bon vieux temps, que gouverneur à une époque comme la nôtre. On avait coutume de dire que ce n'était pas lui qui gouvernait la province, mais Barbara Pétrovna. Mot plus méchant que juste, car, malgré la considération dont toute la société l'entourait, la générale avait depuis plusieurs années abdiqué toute action sur la marche des affaires publiques, et maintenant elle ne s'occupait plus que de ses intérêts privés. Deux ou trois ans lui suffirent pour faire rendre à son domaine à peu près ce qu'il rapportait avant l'émancipation des paysans. Le besoin d'amasser, de thésauriser, avait remplacé chez elle les aspirations poétiques de jadis. Elle éloigna même Stépan Trophimovitch de sa personne en lui permettant de louer un appartement dans une autre maison (depuis longtemps lui-même sollicitait cette permission sous divers prétextes).

Nous tous qui avions nos habitudes chez la générale, nous comprenions que son fils lui apparaissait maintenant comme une nouvelle espérance, comme un nouveau rêve. Sa passion pour lui datait de l'époque où le jeune homme avait obtenu ses premiers succès dans la société pétersbourgeoise, et elle était devenue plus ardente encore à partir du moment où il avait été cassé de son grade. Mais en même temps Barbara Pétrovna avait évidemment peur de Nicolas Vsévolodovitch, et, devant lui, son attitude était presque celle d'une esclave. Ce qu'elle craignait, elle-même n'aurait pu le préciser, c'était quelque chose d'indéterminé et de mystérieux. Souvent elle regardait Nicolas à la dérobée, comme si elle eût cherché sur son visage une réponse à des questions qui la tourmentaient... et tout à coup la bête féroce sortit ses griffes.

II

Brusquement, sans rime ni raison, notre prince fit à diverses personnes deux ou trois insolences inouïes. Cela ne ressemblait à rien, ne s'expliquait par aucun motif, et dépassait de beaucoup les gamineries ordinaires que peut se permettre un jeune écervelé. Un des doyens les plus considérés de notre club, Pierre Pavlovitch Gaganoff, homme âgé et ancien fonctionnaire, avait contracté l'innocente habitude de dire à tout propos d'un ton de colère : « Non, on ne me mène pas par le nez! » Un jour, au club, dans un groupe composé de gens qui n'étaient pas non plus les derniers venus, il lui arriva de répéter sa phrase favorite. Au même instant, Nicolas Vsévolodovitch qui se trouvait un peu à l'écart et à qui personne ne s'adressait, s'approcha du vieillard, le saisit par le nez, et, le tirant avec force, l'obligea à faire ainsi deux ou trois pas à sa suite. Il n'avait aucune raison d'en vouloir à M. Gaganoff. On aurait pu ne voir là qu'une simple espièglerie d'écolier, espièglerie impardonnable, il est vrai; cependant les témoins de cette scène racontèrent plus tard qu'au cours de l'opération la physionomie du jeune homme était rêveuse, « comme s'il avait perdu l'esprit ». Mais ce fut longtemps après que cette circonstance revint à la mémoire, et donna à réfléchir. Sur le moment, on ne remarqua que l'attitude de Nicolas Vsévolodovitch dans l'instant qui suivit l'offense faite par lui à Pierre Pavlovitch : il comprenait très-bien l'acte qu'il venait de commettre, et, loin d'en éprouver aucune confusion, il souriait avec une gaieté maligne, rien en lui n'indiquait le moindre repentir. L'incident provoqua un vacarme indescriptible. Un cercle, d'où partaient des exclamations indignées, s'était formé autour du coupable. Celui-ci, sans répondre à personne, se contentait d'observer tous ces visages dont les bouches s'ouvraient pour proférer des cris. A la fin, fronçant le sourcil, il s'avança d'un pas ferme vers Gaganoff :

— Vous m'excuserez, naturellement... Je ne sais pas, en vérité, comment cette idée m'est venue tout à coup... une bêtise... murmura-t-il à la hâte et d'un air vexé.

Cette façon cavalière de s'excuser équivalait à une nouvelle insulte. Les vociférations redoublèrent. Nicolas Vsévolodovitch haussa les épaules et sortit.

Tout cela était fort bête en même temps que de la dernière inconvenance. Calculé et prémédité, comme à première vue il semblait l'être, l'insolent procédé dont Pierre Pavlovitch avait été victime était un outrage rejaillissant sur toute notre société. Ainsi en jugea l'opinion publique. Le club commença par rejeter de son sein M. Stavroguine, dont l'exclusion fut votée à l'unanimité; ensuite, on se décida à adresser une plainte au gouverneur : Son Excellence était priée, — en attendant le dénoûment que cette affaire pourrait recevoir devant les tribunaux, — d'user immédiatement des pouvoirs administratifs à elle confiés, pour mettre à la raison un querelleur et un bretteur de la capitale, dont les agissements brutaux compromettaient la tranquillité de tous les gens comme il faut de notre ville. On ajoutait avec une pointe de causticité que M. Stavroguine lui-même n'était peut-être pas au-dessus des lois. Cette phrase était une allusion maligne à l'influence présumée de Barbara Pétrovna sur le gouverneur. Celui-ci se trouvait alors absent, mais on savait qu'il reviendrait bientôt : il était allé dans une localité voisine tenir sur les fonts baptismaux l'enfant d'une jeune et jolie veuve, que son mari, en mourant, avait laissée dans une situation intéressante. En attendant, on fit à l'offensé Pierre Pavlovitch une véritable ovation : on lui prodigua les poignées de main et les embrassades, toute la ville l'alla voir; on songea même à lui offrir un banquet par souscription, et l'on ne renonça à cette idée que sur ses instantes prières; peut-être aussi les organisateurs de la manifestation finirent-ils par comprendre qu'après tout il n'y avait pas lieu de tant glorifier un homme parce qu'on l'avait mené par le nez.

Et pourtant comment cela était-il arrivé? Comment cela avait-il pu arriver? Chose digne de remarque, personne chez nous n'attribuait à la folie l'acte étrange de Nicolas Vsévolodovitch. Donc, on croyait que, même en possession de sa raison, il était capable de se conduire ainsi. De mon côté, aujourd'hui encore je ne sais comment expliquer le fait, bien qu'un événement survenu peu après ait paru en fournir une explication satisfaisante. J'ajouterai que, quatre ans plus tard, Nicolas Vsévolodovitch, discrètement questionné par moi à ce sujet, répondit en fronçant le sourcil : « Oui, je n'étais pas très-bien portant à cette époque. » Mais n'anticipons pas.

Je ne fus pas peu étonné non plus du débordement de haine qui alors se produisit partout contre « le querelleur et le bretteur de la capitale ». On voulait absolument voir dans son cas un affront fait de propos délibéré à la société tout entière. Évidemment cet homme n'avait rallié autour de lui aucune sympathie, et s'était au contraire aliéné tout le monde, mais comment cela? Jusqu'à l'affaire du club, il n'avait eu de querelle avec personne, n'avait offensé âme qui vive, s'était toujours montré d'une politesse irréprochable. Je suppose qu'on le haïssait à cause de son orgueil. Nos dames elles-mêmes, qui avaient commencé par l'adorer, criaient maintenant contre lui encore plus que les hommes.

Barbara Pétrovna était consternée. Elle avoua plus tard à Stépan Trophimovitch qu'elle avait prévu cela longtemps à l'avance, que chaque jour, depuis six mois, elle s'attendait précisément à quelque incartade de ce genre. Aveu remarquable dans la bouche d'une mère. — « Voilà le commencement! » pensait-elle frissonnante. Le lendemain de l'incident survenu au club, elle décida qu'elle aurait un entretien avec son fils, mais, malgré son caractère résolu, la pauvre femme ne pouvait s'empêcher de trembler. Après une nuit sans sommeil, elle alla tout au matin conférer avec Stépan Trophimovitch, et pleura chez lui, elle qui n'avait jamais pleuré devant personne. Elle voulait que Nicolas lui dît au moins quelque chose, daignât s'expliquer. Nicolas, toujours si poli et si respectueux avec sa mère, l'écouta pendant quelque temps d'un air maussade, mais très-sérieusement; tout à coup il se leva, lui baisa la main et sortit sans répondre un mot. Comme par un fait exprès, le soir de ce même jour eut lieu un nouveau scandale, qui, sans avoir à beaucoup près la gravité du premier, accrut encore l'irritation d'un public déjà très-mal disposé.

Cette fois ce fut notre ami Lipoutine qui écopa. Il arriva

chez Nicolas Vsévolodovitch au moment où celui-ci venait d'avoir son explication avec sa mère : ce jour-là l'employé donnait une petite soirée pour célébrer l'anniversaire de la naissance de sa femme, et il venait prier M. Stavroguine de lui faire l'honneur d'y assister. Depuis longtemps, Barbara Pétrovna était désolée de voir que son fils aimait surtout à fréquenter les gens de bas étage, mais elle n'osait lui adresser aucune observation à ce sujet. Il n'était pas encore allé chez Lipoutine, quoiqu'il se fût déjà rencontré avec lui. Dans la circonstance présente, il n'eut pas de peine à deviner pourquoi on lui faisait la politesse d'une invitation : en sa qualité de libéral, Lipoutine était enchanté du scandale de la veille, et il estimait qu'il fallait procéder ainsi à l'égard des notabilités du club. Nicolas Vsévolodovitch sourit et promit d'aller chez l'employé.

Il trouva là une société nombreuse et peu choisie, mais pleine d'entrain. Lipoutine, qui ne recevait que deux fois par an, ne regardait pas à la dépense dans ces rares occasions. Stépan Trophimovitch, le plus considérable des invités, n'avait pu venir parce qu'il était malade. Le thé, l'eau-de-vie et les rafraîchissements d'usage figuraient en aussi grande abondance qu'on pouvait le désirer; les joueurs occupaient trois tables, et la jeunesse dansait au piano en attendant le souper. Nicolas Vsévolodovitch engagea la maîtresse de la maison, charmante petite dame que cet honneur intimida fort; ils firent deux tours ensemble; puis le jeune homme s'assit à côté de madame Lipoutine, se mit à causer avec elle et l'égaya par sa conversation. Remarquant enfin combien elle était jolie quand elle riait, il la saisit tout à coup par la taille, et, à trois reprises, devant tout le monde, la baisa amoureusement sur les lèvres. Épouvantée, la pauvre femme s'évanouit. Nicolas Vsévolodovitch prit son chapeau et s'approcha du mari qui avait perdu la tête au milieu de la confusion générale; en le regardant, lui-même se troubla. « Ne vous fâchez pas », murmura-t-il rapidement, et il sortit. Lipoutine courut après lui, le rejoignit dans l'antichambre, lui donna sa pelisse et le reconduisit cérémonieusement jusqu'au bas de l'escalier. Mais cette histoire, au fond relativement innocente, eut le lendemain un épilogue assez drôle qui, par la suite, valut à Lipoutine la réputation d'un homme très-perspicace.

A dix heures du matin, sa servante Agafia arriva à la maison de Barbara Pétrovna. C'était une fille de trente ans, au visage vermeil et aux allures très-décidées. Elle demanda instamment à voir Nicolas Vsévolodovitch en personne, disant que son maître l'avait chargée d'une commission pour lui. Quoique le jeune homme eût fort mal à la tête, il ne laissa pas de la recevoir. Le hasard fit que la générale assista à l'entretien.

— Serge Vasilitch, commença bravement Agafia, m'a chargée de vous remettre ses salutations et de m'informer de votre santé : il désire savoir si vous avez bien dormi et comment vous vous trouvez depuis la soirée d'hier.

Nicolas Vsévolodovitch sourit.

— Tu présenteras mes saluts et mes remerciments à ton maître ; tu lui diras aussi de ma part, Agafia, qu'il est l'homme le plus intelligent de toute la ville.

— Quant à cela, reprit plus hardiment encore la servante, il m'a ordonné de vous répondre qu'il n'a pas besoin que vous le lui appreniez, et qu'il vous souhaite la même chose.

— Bah ! Mais comment a-t-il pu savoir ce que je te dirais ?

— Je ne sais pas de quelle manière il l'a deviné, mais j'étais déjà loin de la maison quand il a couru après moi tête nue : « Agafiouchka, me dit-il, si par hasard on t'ordonne de dire à ton maître qu'il est l'homme le plus intelligent de toute la ville, ne manque pas de répondre aussitôt : — Nous le savons très-bien nous-mêmes, et nous vous souhaitons la même chose..... »

III

Enfin eut lieu aussi une explication avec le gouverneur. A peine de retour à la ville, notre cher Ivan Osipovitch dut prendre connaissance de la plainte déposée au nom du club. Sans doute il fallait faire quelque chose, mais quoi? Notre aimable vieillard se trouvait assez embarrassé, car lui-même n'était pas sans avoir une certaine peur de son jeune parent. A la fin pourtant, il s'arrêta à la combinaison suivante : agir sur Nicolas Vsévolodovitch pour le décider à présenter au club ainsi qu'à l'offensé des excuses satisfaisantes, écrites même, au besoin; puis lui insinuer en douceur qu'il ferait bien de nous quitter, d'entreprendre, par exemple, un voyage d'agrément en Italie ou dans tout autre pays de l'Europe. Le jeune homme qui, comme membre de la famille, avait accès dans toute la maison, fut cette fois reçu à la salle. Un employé de confiance, Alexis Téliatnikoff, était assis devant une table, dans un coin, et décachetait des dépêches. Dans la pièce suivante, près de la fenêtre la plus rapprochée de la porte de la salle, se trouvait un colonel gros et bien portant qui, de passage dans notre ville, était venu faire visite à son ami et ancien camarade Ivan Osipovitch. Ce militaire tournait le dos à la salle et lisait le *Golos :* évidemment il ne s'occupait pas de ce qui se passait derrière lui. Le gouverneur commença à voix basse un discours hésitant et quelque peu confus. Nicolas, assis près du vieillard, l'écoutait avec une physionomie qui n'avait rien d'aimable; pâle, les yeux baissés, il fronçait les sourcils comme un homme qui lutte contre une violente souffrance.

— Votre cœur, Nicolas, est bon et noble, dit entre autres choses le gouverneur, — vous êtes un homme fort instruit, vous avez vécu dans la haute société, et, ici même, jusqu'à présent, votre conduite pouvait être citée en exemple; vous faisiez le bonheur d'une mère que nous aimons tous... Et voici que maintenant tout prend un aspect énigmatique et inquiétant pour tout le monde! Je vous parle comme un ami de votre famille, comme un vieillard qui vous porte un sincère intérêt, comme un parent dont le langage ne peut offenser... Dites-moi, qu'est-ce qui vous pousse à commettre ces excentricités en dehors de toutes les règles et de toutes les conventions sociales? Que peuvent dénoter ces frasques, pareilles à des actes de démence?

Nicolas écoutait avec colère et impatience. Soudain une expression narquoise passa dans ses yeux.

— Soit, je vais vous le dire, répondit-il d'un air maussade, et, après avoir jeté un regard derrière lui, il se pencha à l'oreille du gouverneur. Alexis Téliatnikoff fit trois pas vers la fenêtre, et le colonel toussa derrière son journal. Le pauvre Ivan Osipovitch sans défiance se hâta de tendre l'oreille; il était extrêmement curieux. Et alors se produisit quelque chose d'impossible, mais dont, malheureusement, il n'y avait pas moyen de douter. Au moment où le vieillard s'attendait à recevoir la confidence d'un secret intéressant, il sentit tout à coup la partie supérieure de son oreille happée par les dents de Nicolas et serrée avec assez de force entre les mâchoires du jeune homme. Il se mit à trembler, le souffle s'arrêta dans son gosier.

— Nicolas, qu'est-ce que cette plaisanterie? gémit-il machinalement, d'une voix qui n'était plus sa voix naturelle.

Alexis et le colonel n'avaient encore eu le temps de rien comprendre, d'ailleurs ils ne voyaient pas bien ce qui se passait, et jusqu'à la fin ils crurent à une conversation confidentielle entre les deux hommes. Cependant le visage désespéré du gouverneur les inquiéta. Ils se regardèrent l'un l'autre avec de grands yeux, ne sachant s'ils devaient s'élancer au secours du vieillard, comme cela était convenu, ou s'il fallait attendre encore un peu. Nicolas remarqua peut-être leur hésitation, et ses dents serrèrent plus fort que jamais l'oreille d'Ivan Osipovitch.

— Nicolas, Nicolas! gémit de nouveau celui-ci, — allons... la plaisanterie a assez duré...

Encore un moment, et sans doute le pauvre homme serait mort de peur; mais le scélérat eut pitié de sa victime et lâcha prise. Le vieillard qui avait été dans des transes mortelles pendant toute une longue minute eut une attaque à la suite de cette scène. Une demi-heure après, Nicolas fut arrêté, emmené au corps de garde et enfermé dans une cellule spéciale, à la porte de laquelle on plaça un factionnaire muni d'instructions très-rigoureuses. Cette mesure sévère contrastait avec la douceur habituelle de notre aimable gouverneur, mais il était si fâché qu'il ne craignit pas d'en assumer la responsabilité, au risque d'exaspérer Barbara Pétrovna. A la nouvelle de l'arrestation de son fils, cette dame entra dans une violente colère et se rendit aussitôt chez Ivan Osipovitch, décidée à réclamer de lui des explications immédiates. L'étonnement fut grand en ville, quand on apprit que le gouverneur avait refusé de la recevoir; elle-même croyait rêver.

Et enfin tout s'expliqua! A deux heures de l'après-midi, le prisonnier, qui jusqu'alors était resté fort calme et même avait dormi, commença soudain à faire du tapage; il asséna de furieux coups de poing contre la porte, arracha par un effort presque surhumain le grillage en fer placé devant l'étroite fenêtre de sa cellule, brisa la vitre et se mit les mains en sang. L'officier de garde accourut avec ses hommes pour maîtriser le forcené, mais, en pénétrant dans la casemate, on s'aperçut qu'il était en proie à un accès de *delirium tremens* des mieux caractérisés, et on le transporta chez sa mère. Cet événement fut une révélation. Les trois médecins de notre ville émirent l'avis que les facultés mentales du malade étaient peut-être altérées depuis trois jours déjà, et que, durant ce laps de temps, ses actes, tout en offrant l'apparence de l'intentionnalité et même de la ruse, avaient pu être accomplis en dehors de la volonté et du jugement; les faits, du reste, confirmaient cette manière de voir. La conclusion qui ressortait de là, c'est que Lipoutine avait montré plus de sagacité que tout le monde. Ivan Osipovitch, homme délicat et sensible, fut fort confus, mais sa conduite prouvait que lui aussi avait cru Nicolas Vsévolodovitch capable de commettre en état de raison les actes les plus insensés. Au club, on eut honte de s'être si fort échauffé contre un irresponsable, et l'on s'étonna que nul n'eût songé à la seule explication possible de toutes ces étrangetés. Naturellement, il y eut aussi des sceptiques, mais ils ne tardèrent pas à être débordés par le courant de l'opinion générale.

Nicolas garda le lit pendant plus de deux mois. Un célèbre médecin de Moscou fut appelé en consultation; toute la ville alla voir Barbara Pétrovna. Elle pardonna. Au printemps, comme son fils était tout à fait rétabli, elle lui proposa de partir pour l'Italie, ce à quoi il consentit sans soulever la moindre objection. Le jeune homme montra la même docilité lorsque sa mère l'engagea à aller dire adieu à ses connaissances et à profiter de cette occasion pour présenter des excuses là où il y avait lieu de le faire. Sur ce point encore, il céda de très-bonne grâce. On sut au club que chez Pierre Pavlovitch Gaganoff, il s'était expliqué dans les termes les plus délicats avec ce dernier et l'avait laissé entièrement satisfait. Durant cette tournée de visites, Nicolas fut très-sérieux et même un peu sombre. Partout on le reçut avec toutes les apparences de l'intérêt, mais partout aussi on se sentait gêné et l'on était bien aise de savoir qu'il allait en Italie. Lorsqu'il vint prendre congé d'Ivan Osipovitch, le vieillard versa des larmes, mais ne put se résoudre à l'embrasser, même au moment des derniers adieux. A la vérité, plusieurs chez nous restaient convaincus que le vaurien s'était simplement moqué de toute notre population et que sa maladie n'avait été qu'une frime. Nicolas passa également chez Lipoutine.

— Dites-moi, lui demanda-t-il, — comment avez-vous pu deviner à l'avance ce que je dirais de votre intelligence et charger Agafia d'une réponse *ad hoc?*

— Parce que je vous considère, moi aussi, comme un homme intelligent, fit en riant Lipoutine, — je pouvais par conséquent prévoir votre réponse.

— La coïncidence n'en est pas moins remarquable. Mais pourtant permettez : ainsi vous me considériez comme un homme intelligent, et non comme un fou, quand vous avez envoyé Agafia?

— Comme un homme très-intelligent et très-sensé; seulement, j'ai fait semblant de croire que vous n'aviez pas votre bon sens... Vous-même alors vous avez immédiatement pénétré ma pensée et vous m'avez fait remettre par Agafia une patente d'homme d'esprit.

— Eh bien, ici vous vous trompez un peu; le fait est que... je ne me portais pas bien... balbutia Nicolas Vsévolodovitch en fronçant le sourcil, — bah! s'écria-t-il, pouvez-vous croire en réalité que, possédant toute ma raison, je sois capable de me jeter sur les gens? Mais pourquoi donc ferais-je cela?

Lipoutine ne sût que répondre, mais sa physionomie répondit pour lui. Nicolas pâlit légèrement, du moins l'employé crut le voir pâlir.

— En tout cas, vous avez une tournure d'esprit fort amusante, poursuivit le jeune homme, — mais, quant à la visite d'Agafia, je comprends, naturellement, que c'était un affront que vous me faisiez.

— Aurait-il fallu vous appeler sur le terrain?

— Hum! j'ai entendu dire que vous n'êtes pas partisan du duel...

— C'est une traduction du français! répliqua Lipoutine avec une moue désagréable.

— Vous tenez pour la nationalité?

L'expression de la mauvaise humeur s'accentua sur le visage de Lipoutine.

— Bah, bah ! Que vois-je ? s'exclama Nicolas remarquant tout à coup un volume de Considérant bien en vue sur la table, — est-ce que vous seriez fouriériste ? J'en ai peur ! Eh bien, et cela, ajouta-t-il avec un rire, tandis que ses doigts tambourinaient sur le livre, — est-ce que ce n'est pas aussi une traduction du français ?

— Non, ce n'est pas une traduction du français ! reprit avec une sorte d'emportement Lipoutine, — ce sera une traduction de la langue humaine universelle et pas seulement du français ! De la langue de la république sociale humanitaire et de l'harmonie cosmopolite, voilà ! Mais pas du français seulement !...

— Diable ! mais cette langue-là n'existe pas ! répondit le jeune homme avec un nouveau rire.

Parfois une niaiserie même nous frappe et retient longtemps notre attention. De toutes les impressions que son séjour dans notre ville laissa à Nicolas Vsévolodovitch, aucune ne se grava dans son esprit en traits aussi ineffaçables que le souvenir de cet entretien avec Lipoutine. Qu'un petit employé provincial, un tyran domestique, un usurier de bas étage, un ladre enfermant sous clef les restes du dîner et les bouts de chandelle, qu'un Lipoutine enfin rêvât Dieu sait quelle future république sociale et quelle harmonie cosmopolite, — décidément cela passait la compréhension de Nicolas.

IV

Notre prince voyagea pendant plus de trois ans, si bien qu'en ville on finit par l'oublier ou à peu près. Nous sûmes par Stépan Trophimovitch qu'après avoir visité toute l'Europe, il était allé en Égypte et à Jérusalem. Ensuite il prit part à une expédition scientifique en Islande. On nous apprit aussi que, durant un hiver, il avait suivi des cours dans une université d'Allemagne. Il écrivait à sa mère de six mois en six mois, et même quelquefois à intervalles plus éloignés. Recevant si rarement des nouvelles de son fils, Barbara Pétrovna ne lui en voulait point pour cela : puisque leurs relations étaient établies sur ce pied, elle acceptait la chose sans murmures; mais, dans son for intérieur, et quoiqu'elle n'en dit rien à personne, elle ne cessait de songer à son Nicolas, dont l'absence la faisait beaucoup souffrir. Elle élaborait à part soi divers plans et semblait devenue plus avare encore que par le passé. A mesure qu'elle se montrait plus soucieuse d'amasser, elle témoignait aussi plus de colère à Stépan Trophimovitch quand ce dernier perdait au jeu.

Enfin, au mois d'avril de la présente année, Barbara Pétrovna reçut de Paris une lettre à elle écrite par la générale Prascovie Ivanovna Drozdoff, son amie d'enfance. Depuis huit ans les deux dames ne s'étaient pas vues et n'avaient eu aucune correspondance ensemble. « Les meilleurs rapports existent entre Nicolas Vsévolodovitch et nous », écrivait Prascovie Ivanovna, « il a lié amitié avec ma Lisa et se propose de nous accompagner en Suisse, à Vernex-Montreux, où nous irons cet été. Ce sera de sa part un sacrifice méritoire, car il est reçu comme un fils chez le comte K... en ce moment à Paris, et l'on peut presque dire qu'il a son domicile dans cette maison... » (Le comte K... était un personnage très-influent à Pétersbourg.) La lettre était courte et révélait clairement son but, quoiqu'elle se bornât à exposer des faits sans en tirer aucune conclusion. Les réflexions de Barbara Pétrovna ne furent pas longues, en un instant son parti fut pris : elle fit ses préparatifs de départ, et, au milieu d'avril, se rendit à Paris, emmenant avec elle sa protégée Dacha (la sœur de Chatoff). Ensuite elle alla en Suisse et revint en Russie au mois de juillet. Elle avait laissé Dacha chez les dames Drozdoff, qui elles-mêmes promettaient d'arriver chez nous à la fin d'août.

La famille Drozdoff était propriétaire d'un fort beau

domaine dans notre province, mais le service du général Ivan Ivanovitch l'avait toujours mise dans l'impossibilité d'y séjourner. Le général étant mort l'année précédente, l'inconsolable Prascovie Ivanovna se rendit avec sa fille à l'étranger. Ce voyage était motivé par diverses raisons : la générale voulait notamment faire une cure de raisin à Vernex-Montreux, pendant la seconde moitié de l'été. Après son retour en Russie, elle comptait se fixer définitivement parmi nous. Elle possédait en ville une grande maison qu'on n'avait pas habitée depuis de longues années et dont les volets restaient fermés. Les Drozdoff étaient des gens riches. Prascovie Ivanovna, mariée en premières noces au capitaine de cavalerie Touchine, était, comme son amie de pension Barbara Pétrovna, la fille d'un opulent fermier qui lui avait constitué une grosse dot en la donnant pour femme à M. Touchine. Ce dernier n'était pas non plus sans ressource, et, quand il mourut, il laissa un joli capital à sa fille unique Lisa, alors âgée de sept ans. Maintenant qu'Élisabeth Nikolaïevna approchait de sa vingt-deuxième année, on pouvait hardiment évaluer sa fortune personnelle à deux cent mille roubles, sans parler de l'héritage qui devait lui revenir après la mort de sa mère, celle-ci n'ayant pas eu d'enfant de son second mariage.

Barbara Pétrovna rentra dans ses foyers, enchantée du résultat de son voyage. Elle s'applaudissait d'avoir réussi à s'entendre avec Prascovie Ivanovna; aussi, à peine arrivée, se hâta-t-elle de tout raconter à Stépan Trophimovitch; elle se montra même fort expansive avec lui, ce qu'elle n'était plus guère depuis quelque temps.

— Hurrah! s'écria-t-il en faisant claquer ses doigts.

Il était ravi, et cela d'autant plus que jusqu'au retour de son amie il avait été fort abattu. En partant pour l'étranger, elle ne lui avait même pas fait des adieux convenables et ne lui avait rien confié de ses projets, peut-être par crainte qu'il ne commit quelque indiscrétion. La générale était alors fâchée contre lui parce qu'il venait d'attraper une forte culotte au club. Mais, avant même de quitter la Suisse, elle avait senti qu'elle ne devait plus lui battre froid à son retour, et, de fait, la punition durait depuis assez longtemps. Déjà fort affligé d'un départ si brusque et si mystérieux, Stépan Trophimovitch avait encore eu bien d'autres contrariétés. Son grand tourment était un engagement pécuniaire considérable auquel il ne pouvait faire face sans recourir à Barbara Pétrovna. De plus, au mois de mai, s'était produit un événement grave : notre bon gouverneur Ivan Osipovitch avait été relevé de ses fonctions, et l'arrivée de son successeur, André Antonovitch Von Lembke, commençait à modifier sensiblement les dispositions de presque toute la société provinciale à l'égard de la générale Stavroguine, et, par suite, de Stépan Trophimovitch. Du moins, celui-ci avait déjà recueilli plusieurs observations désagréables, quoique précieuses, et son inquiétude était grande. Ne l'avait-on pas dénoncé au nouveau gouverneur comme un homme dangereux? Il tenait de bonne source que certaines de nos dames étaient décidées à ne plus voir Barbara Pétrovna. Quant à la future gouvernante (qu'on n'attendait pas avant l'automne), on répétait, pour l'avoir entendu dire, qu'elle était fière, mais on ajoutait qu'en revanche elle appartenait à la véritable aristocratie, et non à la noblesse de pacotille « comme notre pauvre Barbara Pétrovna ». A en croire les bruits répandus partout, les deux dames s'étaient autrefois rencontrées dans le monde, et il y avait eu entre elles de tels froissements que madame Stavroguine ne pouvait plus entendre parler de madame Von Lembke sans éprouver une sensation maladive. L'air triomphant de Barbara Pétrovna et l'indifférence méprisante avec laquelle elle apprit le revirement de l'opinion publique à son égard remontèrent le moral du craintif Stépan Trophimovitch. Subitement ragaillardi, il se mit à raconter sur le mode humouristique l'arrivée du nouveau gouverneur.

— Vous savez sans aucun doute, excellente amie, commença-t-il en traînant les mots avec une intonation coquette, — ce que c'est qu'un administrateur russe en général, et en particulier un administrateur russe nouvellement installé. Mais c'est bien au plus si vous avez pu apprendre pratiquement ce que c'est que l'ivresse administrative...

— L'ivresse administrative? Je ne sais pas ce que cela veut dire.

— C'est... Vous savez, chez nous... En un mot, prenez la dernière nullité, préposez-la à la vente des billets dans une gare de chemin de fer, et aussitôt cette nullité, pour vous montrer son pouvoir, se croira en droit de trancher du Jupiter avec vous quand vous irez prendre un billet. « Sache que tu es sous ma coupe! » a-t-elle l'air de dire. Eh bien, c'est un effet de l'ivresse administrative.....

— Abrégez, si vous pouvez, Stépan Trophimovitch.

— M. Von Lembke est maintenant en tournée dans la province. En un mot, cet André Antonovitch, quoique Allemand, appartient, je le reconnais, à la religion orthodoxe; je conviens encore que c'est un fort bel homme, de quarante ans.....

— Où avez-vous pris que c'est un bel homme? Il a des yeux de mouton.

— Parfaitement exact. Mais je me suis fait ici l'écho de nos dames....

— Dispensez-moi de ces détails, Stépan Trophimovitch, je vous en prie! A propos, vous portez des cravates rouges, depuis quand?

— C'est... c'est aujourd'hui seulement que je...

— Et faites-vous de l'exercice? vous devez abattre vos six verstes tous les jours, est-ce que vous vous conformez à l'ordonnance du médecin?

— Non..... pas toujours.

— Je m'en doutais! En Suisse déjà je l'avais pressenti! cria d'une voix irritée Barbara Pétrovna, — à présent ce n'est pas six verstes que vous ferez, c'est dix verstes! vous

vous affaissez terriblement, terriblement! Vous êtes, je ne dirai pas vieilli, mais décrépit..... tantôt, quand je vous ai aperçu, cela m'a frappée, en dépit de votre cravate rouge... Quelle idée rouge! Continuez votre récit, si vous avez réellement quelque chose à me dire au sujet de Von Lembke, et dépêchez-vous, je vous prie; je suis fatiguée.

— En un mot, je voulais seulement dire que c'est un de ces administrateurs qui débutent à quarante ans, après avoir végété dans l'obscurité jusqu'à cet âge, un de ces hommes sortis tout à coup du néant, grâce à un mariage ou à quelque autre moyen non moins désespéré..... Il est maintenant parti..... je veux dire qu'on s'est empressé de me dépeindre à lui comme un corrupteur de la jeunesse, un prédicateur de l'athéisme..... Aussitôt il est allé aux informations.....

— Mais est-ce vrai?

— J'ai même pris mes mesures. Quand on lui a « rapporté » que vous « gouverniez la province », vous savez, — il s'est permis de répondre qu' « il n'y aurait plus rien de semblable ».

— Il a dit cela?

— Oui, et avec cette morgue..... Sa femme, Julie Mikhaïlovna, nous la verrons ici à la fin d'août, elle arrivera directement de Pétersbourg.

— De l'étranger. Nous nous y sommes rencontrés.

— Vraiment?

— A Paris et en Suisse. C'est une parente des Drozdoff.

— Une parente? Quelle singulière coïncidence! On la dit ambitieuse, et..... elle a, paraît-il, des relations influentes?

— Allons donc! Des relations de rien du tout! N'ayant pas un kopek, elle est restée fille jusqu'à quarante ans. Maintenant qu'elle a agrippé son Von Lembke, elle ne pense plus qu'à le pousser. Ce sont deux intrigants.

— Et elle a, dit-on, deux ans de plus que lui?

— Cinq ans. A Moscou, sa mère balayait mon seuil avec la traîne de sa robe; elle mendiait des invitations à mes bals, du temps de Vsévolod Nikolaïévitch. Quant à Julie Mikhaïlovna, elle passait toute la nuit seule, assise dans un coin, avec sa mouche en turquoise sur le front; personne ne la faisait danser, si bien que vers trois heures, par pitié, je lui envoyais un cavalier. Elle avait alors vingt-cinq ans, et l'on continuait à la mener dans le monde vêtue d'une robe courte, comme une petite fille. Il devenait indécent de recevoir chez soi ces gens-là.

— Il me semble que je vois cette mouche.

— Je vous le dis, en arrivant je suis tombée au milieu d'une intrigue. Vous avez lu la lettre de Prascovie Ivanovna, que pouvait-il y avoir de plus clair? Eh bien, qu'est-ce que je trouve? Cette même imbécile de Prascovie, — elle n'a jamais été qu'une imbécile, — me regarde avec ébahissement : elle a l'air de me demander pourquoi je suis venue. Vous pouvez vous figurer combien j'ai été surprise. Je promène mes yeux autour de moi : je vois cette Lembke qui ourdit ses trames et, à côté d'elle, ce cousin, un neveu du vieux Drozdoff, — tout s'explique! Naturellement, en un clin d'œil j'ai rétabli la situation, et Prascovie fait de nouveau cause commune avec moi, mais une intrigue, une intrigue!

— Que vous avez pourtant déjouée. Oh! vous êtes un Bismarck!

— Sans être un Bismarck, je suis cependant capable de discerner la fausseté et la bêtise où je les rencontre. Lembke, c'est la fausseté, et Prascovie la bêtise. J'ai rarement rencontré une femme plus affaiblie, sans compter qu'elle a les jambes enflées et qu'avec cela elle est bonne. Que peut-il y avoir de plus bête que la bêtise d'une bonne personne?

— Celle d'un méchant, ma chère amie : un sot méchant est encore plus bête, observa noblement Stépan Trophimovitch.

— Vous avez peut-être raison. Vous souvenez-vous de Lisa?

— Charmante enfant!

— Maintenant ce n'est plus une enfant, mais une femme, et une femme de caractère. Une nature noble et ardente. Ce que j'aime en elle, c'est qu'elle ne se laisse pas dominer par sa mère, cette crédule imbécile. Il a failli y avoir une histoire à propos du cousin.

— Bah! mais, au fait, entre lui et Élisabeth Nikolaïevna la parenté n'existe pas..... Est-ce qu'il a des vues?

— Voyez-vous, c'est un jeune officier qui parle fort peu, qui est même modeste. Je tiens à être toujours juste. Il me semble que, personnellement, il est opposé à cette intrigue et qu'il ne désire rien; je ne vois dans cette machination que l'œuvre de la Lembke. Il avait beaucoup de considération pour Nicolas. Vous comprenez, toute l'affaire dépend de Lisa, mais je l'ai laissée dans les meilleurs termes avec Nicolas, et lui-même m'a formellement promis sa visite en novembre. Il n'y a donc en cause ici que la rouerie de la Lembke et l'aveuglement de Prascovie. Cette dernière m'a dit que tous mes soupçons n'étaient que de la fantaisie; je lui ai répondu en la traitant d'imbécile. Je suis prête à l'affirmer au jugement dernier. Et si Nicolas ne m'avait priée d'attendre encore, je ne serais pas partie sans avoir démasqué cette créature artificieuse. Elle cherchait à s'insinuer, par l'entremise de Nicolas, dans les bonnes grâces du comte K...., elle voulait brouiller le fils avec la mère. Mais Lisa est de notre côté, et je me suis entendue avec Prascovie. Vous savez, Karmazinoff est son parent?

— Comment! il est parent de madame Von Lembke?

— Oui. Parent éloigné.

— Karmazinoff, le romancier?

— Eh! oui, l'écrivain, qu'est-ce qui vous étonne? Sans doute il se prend pour un grand homme. C'est un être bouffi de vanité! Elle arrivera avec lui, actuellement ils sont ensemble à l'étranger. Elle a l'intention de fonder quelque chose dans notre ville, d'organiser des réunions littéraires. Il viendra passer un mois chez nous, il veut vendre le dernier bien qu'il possède ici. J'ai failli le rencontrer en Suisse, et je n'y tenais guère. Du reste, j'espère qu'il daignera me reconnaître. Dans le temps il m'écrivait et venait chez moi.

Je voudrais vous voir soigner un peu plus votre mise, Stépan Trophimovitch; de jour en jour vous la négligez davantage..... Oh! quel chagrin vous me faites! Qu'est-ce que vous lisez maintenant?

— Je..... Je.....

— Je comprends. Toujours les amis, toujours la boisson, le club, les cartes et la réputation d'athée. Cette réputation ne me plaît pas, Stépan Trophimovitch. Je n'aime pas qu'on vous appelle athée, surtout à présent. Je ne l'aimais pas non plus autrefois, parce que tout cela n'est que du pur bavardage. Il faut bien le dire à la fin.

— Mais, ma chère.....

— Écoutez, Stépan Trophimovitch, en matière scientifique, sans doute, je ne suis vis-à-vis de vous qu'une ignorante, mais j'ai beaucoup pensé à vous pendant que je faisais route vers la Russie. Je suis arrivée à une conviction.

— Laquelle?

— C'est que nous ne sommes pas, à nous deux, plus intelligents que tout le reste du monde, et qu'il y a plus intelligent que nous.....

— Votre observation est très-juste. Il y a plus intelligent que nous, par conséquent on peut avoir plus raison que nous, par conséquent nous pouvons nous tromper, n'est-ce pas? Mais, ma bonne amie, mettons que je me trompe, après tout ma liberté de conscience est un droit humain, éternel, supérieur! J'ai le droit de ne pas être un fanatique et un bigot, si je le veux, et à cause de cela naturellement je serai haï de divers messieurs jusqu'à la consommation des siècles. Et puis, comme on trouve toujours plus de moines que de raisons, et que je suis tout à fait de cet avis...

— Comment? Qu'est-ce que vous avez dit?

— J'ai dit : on trouve toujours plus de moines que de raisons, et comme je suis tout à fait de cet...

— Cela n'est certainement pas de vous; vous avez dû prendre ce mot-là quelque part.

— C'est Pascal qui l'a dit.

— Je me doutais bien que ce n'était pas vous! Pourquoi vous-même ne parlez-vous jamais ainsi? Pourquoi, au lieu de vous exprimer avec cette spirituelle précision, êtes-vous toujours si filandreux? Cela est bien mieux dit que toutes vos paroles de tantôt sur l'ivresse administrative...

— Ma foi, chère, pourquoi?... D'abord, apparemment, parce que je ne suis pas Pascal, et puis... en second lieu, nous autres Russes, nous ne savons rien dire dans notre langue... Du moins, jusqu'à présent on n'a encore rien dit...

— Hum! ce n'est peut-être pas vrai. Du moins, vous devriez prendre note de tels mots et les retenir pour les glisser, au besoin, dans la conversation... Ah! Stépan Trophimovitch, je voulais vous parler sérieusement!

— Chère, chère amie!

— Maintenant que tous ces Lembke, tous ces Karmazinoff... Oh! mon Dieu, comme vous vous galvaudez! Oh! que vous me désolez!... Je désirerais que ces gens-là ressentent de l'estime pour vous, parce qu'ils ne valent pas votre petit doigt, et comment vous tenez-vous? Que verront-ils? Que leur montrerai-je? Au lieu d'être par la noblesse de votre attitude une leçon vivante, un exemple, vous vous entourez d'un tas de fripouilles, vous avez contracté des habitudes impossibles, vous vous abrutissez, les cartes et le vin sont devenus indispensables à votre existence, vous ne lisez que Paul de Kock et vous n'écrivez rien, tandis que là-bas ils écrivent tous; tout votre temps se dépense en bavardage. Peut-on, est-il permis de se lier avec une canaille comme votre inséparable Lipoutine?

— Pourquoi donc l'appelez-vous *mon inséparable?* protesta timidement Stépan Trophimovitch.

— Où est-il maintenant? demanda d'un ton sec Barbara Pétrovna.

— Il..... il vous respecte infiniment, et il est allé à S..... pour recueillir l'héritage de sa mère.

— Il ne fait, paraît-il, que toucher de l'argent. Et Chatoff? Toujours le même?

— Irascible, mais bon.

— Je ne puis souffrir votre Chatoff; il est méchant, et a une trop haute opinion de lui-même.

— Comment se porte Daria Pavlovna?

— C'est de Dacha que vous parlez? Quelle idée vous prend? répondit Barbara Pétrovna en fixant sur lui un regard curieux. — Elle va bien, je l'ai laissée chez les Drozdoff..... En Suisse, j'ai entendu parler de votre fils, on n'en dit pas de bien, au contraire.

— Oh! c'est une histoire bien bête! Je vous attendais, ma bonne amie, pour vous raconter.....

— Assez, Stépan Trophimovitch, laissez-moi la paix, je n'en puis plus. Nous avons le temps de causer, surtout de pareilles choses. Vous commencez à envoyer des jets de salive quand vous riez, c'est un signe de sénilité! Et quel rire étrange vous avez maintenant!... Mon Dieu, que de mauvaises habitudes vous avez prises! Allons, assez, assez, je tombe de fatigue! On peut bien avoir enfin pitié d'une créature humaine!

Stépan Trophimovitch « eut pitié de la créature humaine », mais il se retira tout chagrin.

V

Dans les derniers jours d'août, les dames Drozdoff revinrent enfin, elles aussi. Leur arrivée, qui précéda de peu celle de notre nouvelle gouvernante, fit en général sensation dans la société. Mais je parlerai de cela plus tard; je me bornerai à dire, pour le moment, que Prascovie Ivanovna, attendue avec tant d'impatience par Barbara Pétrovna, lui apporta une nouvelle des plus étranges : Nicolas avait quitté les dames Drozdoff dès le mois de juillet; ensuite, ayant rencontré le comte K... sur les bords du Rhin, il était parti pour Pétersbourg avec ce personnage et sa famille. (*N. B.* Le comte avait trois filles à marier.)

— Je n'ai rien pu tirer d'Élisabeth, trop fière et trop entêtée pour répondre à mes questions, acheva Prascovie Ivanovna, — mais j'ai vu de mes yeux qu'il y avait eu quelque chose entre elle et Nicolas Vsévolodovitch. Je ne connais pas les causes de la brouille; vous pouvez, je crois, ma chère Barbara Pétrovna, les demander à votre Daria Pavlovna. Selon moi, elle n'y est pas étrangère. Je suis positivement enchantée de vous ramener enfin votre favorite et de la remettre entre vos mains, c'est un fardeau de moins sur mes épaules.

Ces mots venimeux furent prononcés d'un ton plein d'amertume. On voyait que la « femme affaiblie » les avait préparés à l'avance et qu'elle en attendait un grand effet. Mais, avec Barbara Pétrovna, les allusions voilées et les réticences énigmatiques manquaient leur but. Elle somma carrément son interlocutrice de mettre les points sur les *i*. Prascovie Ivanovna changea aussitôt de langage : aux paroles fielleuses succédèrent les larmes et les épanchements du cœur. Comme Stépan Trophimovitch, cette dame irascible, mais sentimentale, avait toujours besoin d'une amitié sincère, et ce qu'elle reprochait surtout à sa fille Élisabeth Nikolaïevna, c'était de ne pas être pour elle une amie.

Mais de toutes ses explications et de tous ses épanchements il ne ressortait avec netteté qu'un seul point : Lisa et Nicolas s'étaient brouillés; du reste, Prascovie Ivanovna ne se rendait évidemment aucun compte précis de ce qui avait amené cette brouille. Quant aux accusations portées contre Daria Pavlovna, non-seulement elle ne les maintint pas, mais elle pria instamment Barbara Pétrovna de n'attacher aucune importance à ses paroles de tantôt, parce qu'elle les avait prononcées « dans un moment de colère ». Bref, tout prenait un aspect fort obscur et même louche. Au dire de la générale Drozdoff, la rupture était due à l'esprit obstiné et moqueur de Lisa; quoique fort amoureux, Nicolas Vsévolodovitch s'était senti blessé dans son amour-propre par les railleries de la jeune fille, et il lui avait riposté sur le même ton.

— Peu après, ajouta Prascovie Ivanovna, nous avons fait la connaissance d'un jeune homme qui doit être le neveu de votre « professeur », du moins, il porte le même nom...

— C'est son fils et non pas son neveu, rectifia Barbara Pétrovna.

Prascovie Ivanovna ne pouvait jamais retenir le nom de Stépan Trophimovitch, et, en parlant de lui, l'appelait toujours « le professeur ».

— Eh bien, va pour son fils; moi, cela m'est égal. C'est un jeune homme comme les autres, très-vif et très-dégourdi, mais voilà tout. Ici, Lisa elle-même agit mal : elle se mit en frais d'amabilité pour le jeune homme afin d'éveiller la jalousie chez Nicolas Vsévolodovitch. Je ne la blâme pas trop d'avoir eu recours à un procédé que les jeunes filles ont coutume d'employer et qui est même assez gentil. Seulement, loin de devenir jaloux, Nicolas Vsévolodovitch se lia d'amitié avec son rival; on aurait dit qu'il ne remarquait rien ou que tout cela lui était indifférent. Lisa en fut irritée. Le jeune homme partit brusquement, comme si une affaire urgente l'eût obligé de nous quitter sans retard. Dès que la moindre occasion s'en présentait, Lisa cherchait noise à Nicolas Vsévolodovitch. Elle s'aperçut que celui-ci causait quelquefois avec Dacha, ce qui la rendit furieuse. Pour moi, matouchka, je ne vivais plus. Les médecins m'ont défendu les émotions violentes, et ce lac si vanté avait fini par m'exaspérer : je n'y avais gagné qu'un mal de dents et un rhumatisme. J'ai lu, imprimé quelque part, que le lac de Genève fait du tort aux dents : c'est une propriété qu'il a. Sur ces entrefaites, Nicolas Vsévolodovitch reçut une lettre de la comtesse, et, le même jour, prit congé de nous. Ma fille et lui se séparèrent en amis. Pendant qu'elle le conduisait à la gare, Lisa fut fort gaie, fort insouciante, et rit beaucoup, seulement c'était une gaieté d'emprunt. Lorsqu'il fut parti, elle devint très-soucieuse, mais ne prononça plus un seul mot à son sujet. Je vous conseillerais même pour le moment, chère Barbara Pétrovna, de ne pas entreprendre Lisa sur ce chapitre, vous ne feriez que nuire à l'affaire. Si vous vous taisez, c'est elle qui vous parlera la première, et alors vous en saurez davantage. A mon avis, l'accord se rétablira entre eux, si toutefois Nicolas Vsévolodovitch ne tarde pas à arriver comme il l'a promis.

— Je vais lui écrire tout de suite. Si les choses se sont passées ainsi, cette brouille ne signifie rien! D'ailleurs, pour ce qui est de Daria, je la connais trop bien; cela n'a pas d'importance.

— J'ai eu tort, je le confesse, de vous parler de Dachenka comme je l'ai fait. Elle n'a eu avec Nicolas Vsévolodovitch que des conversations banales et à haute voix. Mais alors tout cela m'avait tellement énervée..... Lisa elle-même n'a pas tardé à lui rendre ses bonnes grâces.....

Barbara Pétrovna écrivit le même jour à Nicolas et le supplia d'avancer son retour, ne fût-ce que d'un mois. Cependant cette affaire continuait à l'intriguer. Elle passa toute la soirée et toute la nuit à réfléchir. L'opinion de Prascovie Ivanovna lui semblait pécher par un excès de naïveté et de sentimentalisme. « Prascovie a toujours eu l'esprit romanesque », se disait-elle, « en pension elle était déjà comme cela. Nicolas n'est pas homme à battre en retraite devant les plaisanteries d'une fillette. La brouille, si réellement brouille il y a, doit avoir une autre cause. Cet officier pourtant est ici, elles l'ont amené avec elles, et il loge dans leur maison, comme un parent. Et puis, en ce qui concerne Daria, Prascovie s'est rétractée trop vite : elle a certainement gardé par devers soi quelque chose qu'elle n'a pas voulu dire..... »

Le lendemain matin, Barbara Pétrovna avait arrêté un projet destiné à trancher l'une au moins des questions qui la préoccupaient. Ce projet brillait surtout par l'imprévu. Au moment où elle l'élaborait, qu'y avait-il dans son cœur? il serait difficile de le dire, et je ne me charge pas d'accorder les contradictions nombreuses dont il fourmillait. En ma qualité de chroniqueur, je me borne à relater les faits exactement comme ils se sont produits, ce n'est pas ma faute s'i[ls] paraissent invraisemblables. Je dois pourtant déclarer qu[e] le matin, il ne restait à la générale aucun soupçon concerna[nt] Dacha; à la vérité, elle n'en avait jamais conçu, ayant tou[te] confiance dans sa protégée. Elle ne pouvait même admettre [la] pensée que son Nicolas eût été entraîné par sa Daria. Quan[d] toutes deux se mirent à table pour prendre le thé, Barba[ra] Pétrovna fixa sur la jeune fille un regard attentif et pro[-]longé, après quoi, pour la vingtième fois peut-être depuis [la] veille, elle se répéta avec assurance :

— C'est absurde !

La générale remarqua seulement que Dacha avait l'a[ir] fatiguée et qu'elle était plus tranquille et plus apathiqu[e] encore qu'à l'ordinaire. Après le thé, suivant leur habitud[e] invariable, les deux femmes s'occupèrent d'un ouvrage d[e] main. Barbara Pétrovna exigea un compte rendu détaill[é] des impressions que Dacha avait rapportées de son voyage [à] l'étranger; elle la questionna sur la nature, les villes, le[s] populations, les mœurs, les arts, l'industrie, etc., laissan[t] absolument de côté les Drozdoff et l'existence que Dach[a] avait menée chez eux. Assise près de sa bienfaitrice, devan[t] une table à ouvrage, la jeune fille parla pendant une demi-heure d'une voix coulante, monotone et un peu faible.

— Daria, interrompit tout à coup Barbara Pétrovna, — tu n'as rien de particulier à me communiquer?

Daria réfléchit durant une seconde.

— Non, rien, répondit-elle en levant ses yeux limpides sur Barbara Pétrovna.

— Tu n'as rien sur le cœur, sur la conscience?

— Rien.

Ce mot fut prononcé d'un ton bas, mais avec une sorte de fermeté morne.

— J'en étais sûre! Sache, Daria, que je ne douterai jamais de toi. A présent, assieds-toi et écoute. Mets-toi sur cette chaise, assieds-toi en face de moi, je veux te voir tout en-tière. Là, c'est bien. Écoute, — veux-tu te marier?

Un long regard interrogateur, point trop étonné, du reste, fut la réponse de Dacha.

— Attends, tais-toi. D'abord, il y a une différence d'âge, une différence très-grande; mais, mieux que personne, tu sais combien cela est insignifiant. Tu es raisonnable, et il ne doit pas y avoir d'erreurs dans ta vie. D'ailleurs, c'est encore un bel homme. En un mot, c'est Stépan Trophimovitch que tu as toujours estimé. Eh bien?

Cette fois la physionomie de Dacha exprima plus que de la surprise, une vive rougeur colora son visage.

— Attends, tais-toi, ne te presse pas! Sans doute, je ne t'oublierai pas dans mon testament, mais si je meurs, que deviendras-tu, même avec de l'argent? On te trompera, on te volera ton argent, et tu seras perdue. Mariée à Stépan Trophimovitch, tu seras la femme d'un homme connu. Maintenant, envisage l'autre face de la question : si je viens à mourir, même en lui laissant de quoi vivre, — que deviendra-t-il? C'est sur toi que je compte. Attends, je n'ai pas fini : il est frivole, veule, dur, égoïste, il a des habitudes basses, mais apprécie-le tout de même, d'abord parce qu'il y a beaucoup pire que lui. Voyons, t'imagines-tu que je voudrais te donner à un vaurien? Ensuite et surtout tu l'apprécieras parce que c'est mon désir, fit-elle avec une irritation subite, — entends-tu? Pourquoi t'obstines-tu à ne pas répondre?

Dacha se taisait toujours et écoutait.

— Attends encore, je n'ai pas tout dit. C'est une femmelette, — mais cela n'en vaut que mieux pour toi. Une pitoyable femmelette, à vrai dire; ce ne serait pas la peine de l'aimer pour lui-même, mais il mérite d'être aimé parce qu'il a besoin de protection, aime-le pour ce motif. Tu me comprends? Comprends-tu?

Dacha fit de la tête un signe affirmatif.

— J'en étais sûre, je n'attendais pas moins de toi. Il t'aimera parce qu'il le doit, il le doit; il est tenu de t'adorer! vociféra avec une véhémence particulière Barbara Pétrovna, — du reste, même en écartant cette considération, il s'amourachera de toi, je le sais. Et puis, moi-même je serai là. Ne t'inquiète pas, je serai toujours là. Il se plaindra de toi, il te calomniera, il racontera au premier venu les prétendus torts envers lui, il geindra continuellement; habitant la même maison que toi, il t'écrira des lettres, parfois deux dans la même journée, mais il ne pourra se passer de toi, et c'est l'essentiel. Fais-toi obéir; si tu ne sais pas lui imposer ta volonté, tu seras une imbécile. Il menacera de se pendre, ne fais pas attention à cela : dans sa bouche de telles menaces ne signifient rien. Mais, sans les prendre au sérieux, ne laisse pas cependant d'ouvrir l'œil. A un moment donné il pourrait se pendre en effet : de pareilles gens se suicident, non parce qu'ils sont forts, mais parce qu'ils sont faibles. Aussi ne le pousse jamais à bout, c'est la première règle dans un ménage. Rappelle-toi en outre que Stépan Trophimovitch est un poëte. Écoute, Dacha : il n'y a pas de bonheur qui l'emporte sur le sacrifice de soi-même. Et puis tu me feras un grand plaisir, et c'est là l'important. Ne prends pas ce mot pour une naïveté que j'aurais laissée échapper par mégarde; je comprends ce que je dis. Je suis égoïste, sois-le aussi. Je ne te force pas, tout dépend de toi, il sera fait comme tu l'auras décidé. Eh bien, parle!

— Cela m'est égal, Barbara Pétrovna, s'il faut absolument que je me marie, répondit Dacha d'un ton ferme.

— Absolument? A quoi fais-tu allusion? demanda la générale en attachant sur elle un regard sévère.

La jeune fille resta silencieuse.

— Quoique tu sois intelligente, tu viens de dire une sottise. Il est vrai, en effet, que je tiens absolument à te marier, mais ce n'est pas par nécessité, c'est seulement parce que cette idée m'est venue, et je ne veux te faire épouser que Stépan Trophimovitch. Si je n'avais pas ce parti en vue pour toi, je ne penserais pas à te marier tout de suite, quoique tu aies déjà vingt ans... Eh bien?

— Je ferai ce qu'il vous plaira, Barbara Pétrovna.

— Alors tu consens! Attends, tais-toi, où vas-tu donc? je

n'ai pas fini. Tu étais inscrite sur mon testament pour quinze mille roubles, tu les recevras dès maintenant, — après la cérémonie nuptiale. Là-dessus, tu lui donneras huit mille roubles, c'est-à-dire pas à lui, mais à moi. Il a une dette de huit mille roubles; je la payerai, mais il faut qu'il sache que c'est avec ton argent. Il te restera sept mille roubles, ne lui en donne jamais un seul. Ne paye jamais ses dettes. Si tu le fais une fois, ce sera toujours à recommencer. Du reste, je serai là. Vous recevrez annuellement de moi douze cents roubles, et, en cas de besoins extraordinaires, quinze cents, indépendamment du logement et de la table qui seront aussi à ma charge; je vous défrayerai sous ce rapport, comme je le défraye déjà. Vous n'aurez à payer que le service. Vous toucherez en une seule fois tout le montant de la pension annuelle que je vous fais. C'est à toi, entre tes mains, que je remettrai l'argent. Mais aussi sois bonne; donne-lui quelque chose de temps en temps et permets-lui de recevoir ses amis une fois par semaine; s'ils viennent plus souvent, mets-les à la porte. Mais je serai là. Si je viens à mourir, votre pension continuera à vous être servie jusqu'à son décès, tu entends, jusqu'à *son* décès seulement, parce que cette pension, ce n'est pas à toi que je la fais, mais à lui. Quant à toi, en dehors des sept mille roubles dont j'ai parlé tout à l'heure et que tu conserveras intégralement si tu n'es pas une bête, je te laisserai encore huit mille roubles par testament. Tu n'auras pas davantage de moi, il faut que tu le saches. Eh bien, tu consens? Répondras-tu, à la fin?

— J'ai déjà répondu, Barbara Pétrovna.

— N'oublie pas que tu es parfaitement libre : il sera fait comme tu l'auras voulu.

— Permettez-moi seulement une question, Barbara Pétrovna : est-ce que Stépan Trophimovitch vous a déjà dit quelque chose?

— Non, il n'a rien dit, il ne sait rien encore, mais... il va parler tout de suite.

Elle quitta vivement sa place et jeta sur ses épaules son châle noir. Une légère rougeur se montra de nouveau sur les joues de Dacha, qui suivit la générale d'un regard interrogateur. Barbara Pétrovna se retourna soudain vers elle, le visage enflammé de colère :

— Tu es une sotte! Une sotte et une ingrate! Qu'as-tu dans l'esprit? Peux-tu supposer que je veuille te mettre dans une position fausse? Mais il viendra lui-même demander ta main à genoux, il doit mourir de bonheur, voilà comment la chose se fera! Voyons, tu sais bien que je ne t'exposerais pas à un affront! Ou bien crois-tu qu'il t'épousera pour ces huit mille roubles, et que j'aie hâte maintenant d'aller te vendre? Sotte, sotte, vous êtes toutes des sottes et des ingrates! Donne-moi un parapluie!

Et elle courut à pied chez Stépan Trophimovitch, bravant l'humidité des trottoirs de brique et des passerelles de bois.

VI

C'était vrai qu'elle n'aurait pas exposé Daria à un affront; en ce moment même, elle croyait lui rendre un signalé service. L'indignation la plus noble et la plus légitime s'était allumée dans son âme quand, en mettant son châle, elle avait surpris, attaché sur elle, le regard inquiet et défiant de sa protégée. Daria Pavlovna était bien, comme l'avait dit la générale Drozdoff, la favorite de Barbara Pétrovna qui l'avait prise en affection quand elle n'était encore qu'une enfant. Depuis longtemps, madame Stavroguine avait décidé, une fois pour toutes, que le caractère de Daria ne ressemblait pas à celui de son frère (Ivan Chatoff), qu'elle était douce, tranquille, capable d'une grande abnégation, pleine de dévouement, de modestie, de bon sens et surtout de reconnaissance. Jusqu'à présent, Dacha paraissait avoir complétement répondu à l'attente de sa bienfaitrice. « Il n'y aura pas d'erreurs dans cette vie », avait dit Barbara Pétrovna, lorsque la fillette n'était âgée que de douze ans, et, comme elle avait pour habitude de s'attacher passionnément à ses idées, elle résolut sur-le-champ de donner à Dacha l'éducation qu'elle aurait donnée à sa propre fille. Elle confia l'enfant aux soins d'une gouvernante anglaise, miss Kreegs; cette personne resta dans la maison jusqu'à ce que son élève eût seize ans, puis on se priva brusquement de ses services. On fit venir des professeurs du gymnase, entre autres un Français authentique; ce dernier était chargé d'enseigner la langue française à Dacha, mais il se vit, lui aussi, brusquement congédié, presque chassé. On engagea comme maîtresse de piano une dame noble, veuve et sans fortune. Toutefois, le principal précepteur fut Stépan Trophimovitch. A vrai dire, il avait le premier découvert Dacha; cette enfant tranquille l'avait intéressé, et il s'était mis à lui donner des leçons, avant que Barbara Pétrovna s'occupât d'elle. Je le répète, il exerçait sur les babies une séduction étonnante! De huit à onze ans, Élisabeth Nikolaïevna Touchine étudia sous sa direction (bien entendu, il l'instruisait gratuitement, et, pour rien au monde, il n'aurait consenti à accepter de l'argent des Drozdoff). Mais lui-même s'était épris de la charmante enfant et lui racontait toutes sortes de poëmes sur l'origine de l'univers, la formation de la terre, l'histoire de l'humanité. Les leçons concernant les premiers peuples et l'homme primitif étaient plus attachantes que des contes arabes. Lisa se pâmait à ces récits, et, chez elle, imitait son professeur de la façon la plus comique. Stépan Trophimovitch le sut; il la guetta, et un jour la surprit en flagrant délit de parodie. Lisa confuse se jeta dans ses bras en pleurant; il pleura aussi — de tendresse. Mais bientôt Lisa quitta le pays, et Dacha resta seule. Quand celle-ci eut pour maîtres des professeurs du gymnase, Stépan Trophimovitch ne s'occupa plus de son éducation, et, peu à peu, cessa de faire attention à elle. Longtemps plus tard, un jour qu'il dînait chez Barbara Pétrovna, l'extérieur agréable de son ancienne élève le frappa tout à coup ; Dacha avait alors dix-sept ans. Il engagea la conversation avec elle, fut satisfait de ses réponses, et finit par proposer de lui faire un cours d'histoire de la littérature russe. Barbara Pétrovna le remercia de cette idée qu'elle trouvait fort louable. La jeune fille fut enchantée. La première leçon eut lieu en présence de la générale. Elle avait été préparée avec le plus grand soin, et le professeur réussit à intéresser vivement ses auditrices. Mais quand, ayant terminé, il annonça le sujet qu'il traiterait la fois prochaine, Barbara Pétrovna se leva brusquement et déclara qu'il n'y aurait plus de leçons. La mine de Stépan Trophimovitch s'allongea, toutefois il ne répondit rien. Dacha rougit. Ainsi prit fin le cours d'histoire de la littérature russe. Ce fut juste trois ans après que vint à l'esprit de Barbara Pétrovna l'étrange fantaisie matrimoniale dont il est question en ce moment.

Le pauvre Stépan Trophimovitch était seul dans son logis et ne se doutait de rien. En proie à la mélancolie, il regardait de temps à autre par la fenêtre, espérant voir arriver quelqu'une de ses connaissances. Mais il n'apercevait personne. Au dehors, il bruinait, le froid commençait à se faire sentir ; il fallait chauffer le poêle ; Stépan Trophimovitch soupira. Soudain une vision terrible s'offrit à ses yeux : par un temps pareil, à une heure aussi indue, Barbara Pétrovna venait chez lui! Et à pied! Dans sa stupeur, il oublia même de changer de costume et la reçut vêtu de la camisole rose ouatée qu'il portait habituellement.

— Ma bonne amie!... s'exclama-t-il d'une voix faible, en voyant entrer la générale.

— Vous êtes seul, j'en suis bien aise ; je ne puis pas souffrir vos amis! Comme vous fumez toujours! Seigneur, quelle atmosphère! Vous n'avez pas encore fini de prendre votre thé, et il est plus de midi! Vous trouvez votre bonheur dans le désordre, vous vous complaisez dans la saleté! Qu'est-ce que c'est que ces papiers déchirés qui jonchent le parquet? Nastasia, Nastasia! Que fait votre Nastasia? matouchka, ouvre les fenêtres, les vasistas, les portes, il faut aérer ici. Nous allons passer dans la salle; je suis venue chez vous pour affaire. Donne au moins un coup de balai dans ta vie, matouchka!

— Il salit tant! grommela la servante.

— Mais toi, balaye, balaye quinze fois par jour! Votre salle est affreuse, ajouta Barbara Pétrovna quand ils furent entrés dans cette pièce. — Fermez mieux la porte, elle pourrait se mettre aux écoutes et nous entendre. Il faut absolument que vous changiez ce papier, je vous ai envoyé un tapissier avec des échantillons, pourquoi n'avez-vous rien choisi? Asseyez-vous et écoutez. Asseyez-vous donc enfin, je vous prie. Où allez-vous donc? Où allez-vous donc?

— Je suis à vous tout de suite! cria de la chambre voisine Stépan Trophimovitch, — me revoici!

— Ah! vous êtes allé faire toilette! dit-elle en le considérant d'un air moqueur. (Il avait passé une redingote par-dessus sa camisole.) En effet, cette tenue est plus en situation... étant donné l'objet de notre entretien. Asseyez-vous donc, je vous prie.

Elle lui exposa ses intentions, carrément, sans ambages, en femme sûre d'être obéie. Elle fit allusion aux huit mille roubles dont il avait un besoin urgent, et entra dans des explications détaillées au sujet de la dot. Tremblant, ouvrant de grands yeux, Stépan Trophimovitch écoutait tout, mais sans se faire une idée nette de ce qu'il entendait. Chaque fois qu'il voulait parler, la voix lui manquait. Il savait seulement que la volonté de Barbara Pétrovna s'accomplirait, qu'il aurait beau répliquer, refuser son consentement, il était à partir de ce moment un homme marié.

— Mais, ma bonne amie, pour la troisième fois et à mon âge... et avec une pareille enfant! objecta-t-il enfin. — Mais c'est une enfant!

— Une enfant qui a vingt ans, grâce à Dieu! Ne tournez pas ainsi vos prunelles, je vous prie, vous n'êtes pas un acteur de mélodrame. Vous êtes fort intelligent et fort instruit, mais vous ne comprenez rien à la vie, vous avez besoin qu'on s'occupe continuellement de vous. Si je meurs, que deviendrez-vous? Elle sera pour vous une excellente niania; c'est une jeune fille modeste, sensée, d'un caractère ferme; d'ailleurs, moi-même je serai là, je ne vais pas mourir tout de suite. C'est une femme de foyer, un ange de douceur. J'étais encore en Suisse quand cette heureuse idée m'est venue. Comprenez-vous, quand je vous dis moi-même qu'elle est un ange de douceur! s'écria la générale dans un brusque mouvement de colère. — Vous vivez dans la saleté, elle fera régner la propreté chez vous, tout sera en ordre, on pourra se mirer dans vos meubles... Eh! vous vous figurez peut-être qu'en vous offrant un trésor pareil, je dois encore vous supplier à mains jointes de l'accepter! Mais c'est vous qui devriez tomber à mes genoux!... Oh! homme vain et pusillanime!

— Mais... je suis déjà un vieillard.

— Vous avez cinquante-trois ans, la belle affaire! Cinquante ans, ce n'est pas la fin, mais le milieu de la vie. Vous êtes un bel homme, et vous le savez vous-même. Vous savez aussi combien elle vous estime. Que je vienne à mourir, qu'adviendra-t-il d'elle? Avec vous elle sera tranquille, et ce sera également une sécurité pour moi. Vous avez une signification, un nom, un cœur aimant; vous toucherez une pension que je me ferai un devoir de vous servir. Peut-être sauverez-vous cette jeune fille! En tout cas, vous serez pour elle un porte-respect. Vous la formerez à la vie, vous développerez son cœur, vous dirigerez ses pensées. Combien se perdent aujourd'hui par suite d'une mauvaise direction intellectuelle! Votre ouvrage sera prêt pour ce temps-là, et, du même coup, vous vous rappellerez à l'attention publique.

— Justement, je me dispose à écrire mes *Récits de l'histoire d'Espagne*, murmura Stépan Trophimovitch sensible à l'adroite flatterie de Barbara Pétrovna.

— Eh bien, vous voyez, cela tombe à merveille.

— Mais... elle? Vous lui avez parlé?

— Ne vous inquiétez pas d'elle; vous n'avez pas à vous

enquérir de cela. Sans doute, vous devez vous-même demander sa main, la supplier de vous faire cet honneur, vous comprenez? Mais soyez tranquille, je serai là. D'ailleurs, vous l'aimez...

Le vertige commençait à saisir Stépan Trophimovitch; les murs tournaient autour de lui. Il ne pouvait s'arracher à l'obsession d'une idée terrible.

— Excellente amie, fit-il tout à coup d'une voix tremblante, — je... je ne me serais jamais imaginé que vous vous décideriez à me marier... à une autre... femme!

— Vous n'êtes pas une demoiselle, Stépan Trophimovitch; on ne marie que les demoiselles, vous vous marierez vous-même, répliqua d'un ton sarcastique Barbara Pétrovna.

— Oui, j'ai pris un mot pour un autre. Mais... c'est égal, dit-il en la regardant d'un air égaré.

— Je vois que c'est égal, répondit-elle avec mépris. — Seigneur! il s'évanouit! Nastasia, Nastasia! De l'eau!

Mais l'eau ne fut pas nécessaire. Il ne tarda pas à revenir à lui. Barbara Pétrovna prit son parapluie.

— Je vois qu'il n'y a pas moyen de causer avec vous maintenant...

— Oui, oui, je suis incapable...

— Mais vous réfléchirez d'ici à demain. Restez chez vous, s'il arrive quelque chose, faites-le-moi savoir, fût-ce de nuit. Ne m'écrivez pas, je ne lirais pas vos lettres. Demain, à cette heure-ci, je viendrai moi-même, seule, chercher votre réponse définitive, et j'espère qu'elle sera satisfaisante. Faites en sorte qu'il n'y ait personne, et que votre logement soit propre. Cela, à quoi ça ressemble-t-il? Nastasia! Nastasia!

Naturellement, le lendemain il consentit. D'ailleurs, il ne pouvait pas faire autrement. Il y avait ici une circonstance particulière...

VII

Ce qu'on appelait chez nous le bien de Stépan Trophimovitch (un domaine de cinquante âmes attenant à Skvorechniki) n'était pas à lui, mais avait appartenu à sa première femme, et, comme tel, se trouvait être maintenant la propriété de leur fils, Pierre Stépanovitch Verkhovensky. Stépan Trophimovitch n'en avait que l'administration, d'abord comme tuteur de son fils, puis comme fondé de pouvoirs de celui-ci, qui, devenu majeur, avait donné procuration à son père pour gérer sa fortune. L'arrangement était fort avantageux pour le jeune homme : chaque année il recevait de son père mille roubles comme revenu d'un bien qui, depuis l'abolition du servage, en rapportait à peine cinq cents. Dieu sait comment avaient été établies de pareilles conventions. Du reste, ces mille roubles, c'était Barbara Pétrovna qui les envoyait, sans que Stépan Trophimovitch y fût pour un kopek. Bien plus, non content de garder dans sa poche tout le revenu de la propriété, il finit par la dévaster en l'affermant à un industriel et en vendant, à diverses reprises, à l'insu de Barbara Pétrovna, le droit de faire des coupes dans un bois qui constituait la principale valeur du domaine. Il retira ainsi quatre mille roubles de futaies qui en valaient au moins huit mille. Mais force lui était de battre monnaie d'une façon quelconque, lorsque la fortune l'avait trop maltraité au club et qu'il n'osait recourir à la bourse de la générale. Celle-ci grinça des dents quand enfin elle apprit tout. Or, maintenant, Pierre Stépanovitch annonçait qu'il allait venir vendre lui-même ses propriétés et chargeait son père de s'occuper sans retard de cette vente. Comme bien on pense, le noble et désintéressé Stépan Trophimovitch se sentait des torts envers « ce cher enfant » (leur dernière rencontre remontait à neuf ans : ils s'étaient vus à Pétersbourg au moment où le jeune homme venait d'entrer à l'Université). Primitivement, le domaine avait pu valoir treize ou quatorze mille roubles, à présent on devait s'estimer heureux s'il trouvait acquéreur pour cinq mille. Sans doute Stépan Trophimovitch, muni qu'il était d'une procuration en bonne forme, avait parfaitement le droit de vendre le bois; d'autre part, il pouvait alléguer à sa décharge cet impossible revenu de mille roubles que, depuis tant d'années, il envoyait à son fils. Mais Stépan Trophimovitch était un homme doué de sentiments nobles et généreux. Dans sa tête germa une idée grande : quand Pétroucha arriverait, déposer soudain sur la table le prix maximum du domaine, c'est-à-dire quinze mille roubles, sans faire la moindre allusion aux sommes expédiées jusqu'alors, puis, les larmes aux yeux, serrer fortement ce « cher fils » contre sa poitrine et terminer ainsi tous les comptes. Avec beaucoup de précaution il déroula ce petit tableau devant Barbara Pétrovna; il lui fit entendre que cela donnerait même comme un cachet particulier de noblesse à leur amicale liaison... à leur « idée ». Cela montrerait combien l'ancienne génération l'emportait en grandeur d'âme et en désintéressement sur la mesquine jeunesse contemporaine. Il invoqua encore plusieurs autres considérations; Barbara Pétrovna l'écouta en silence; finalement elle lui déclara d'un ton sec qu'elle consentait à acheter le domaine, et qu'elle le payerait au prix le plus élevé, c'est-à-dire six ou sept mille roubles (on aurait même pu l'avoir pour cinq), mais elle ne dit pas un mot au sujet des huit mille roubles qu'il aurait fallu pour indemniser Pétroucha de la destruction du bois.

Cet entretien qui eut lieu un mois avant la demande en mariage laissa Stépan Trophimovitch fort soucieux. Naguère on pouvait encore espérer que son fils ne se montrerait jamais dans nos parages. En m'exprimant ainsi, je me place au point de vue d'un étranger, car, comme père, Stépan Trophimovitch aurait repoussé avec indignation l'idée même d'un pareil espoir. Quoi qu'il en soit, précédemment des bruits étranges s'étaient répandus chez nous en ce qui concernait Pétroucha. Il avait terminé ses études depuis six ans et, au sortir de l'Université, avait mené une existence désœuvrée sur le pavé de Pétersbourg. Tout à coup nous apprîmes qu'il avait pris part à la rédaction d'un placard séditieux, puis qu'il avait quitté la Russie, qu'il se trouvait en Suisse, à Genève : on avait donc lieu de le croire en fuite.

— Cela m'étonne, nous disait alors Stépan Trophimovitch fort contrarié de cette nouvelle, - Pétroucha, c'est une si pauvre tête; il est bon, noble, très-sensible, et, à Pétersbourg, j'étais fier de lui en le comparant à la jeunesse moderne, mais c'est un pauvre sire tout de même... Et, vous savez, cela provient toujours de ce défaut de maturité, de ce sentimentalisme! Ce qui les fascine, ce n'est pas le réalisme, mais le côté idéaliste, mystique, pour ainsi dire, du socialisme... Et pour moi, pour moi quelle affaire! J'ai ici tant d'ennemis, *là-bas* j'en ai encore plus, ils attribueront à l'influence du père... Mon Dieu! Pétroucha un agitateur! Dans quel temps nous vivons!

Du reste, Pétroucha ne tarda pas à envoyer de Suisse son adresse exacte, afin de continuer à recevoir ses fonds : donc il n'était pas tout à fait un réfugié. Et voici que, maintenant, après un séjour de quatre ans à l'étranger, il reparaissait dans sa patrie, et annonçait sa prochaine arrivée chez nous : donc, il n'était inculpé de rien. Bien plus, il semblait même que quelqu'un s'intéressât à lui et le protégeât. Sa lettre venait du sud de la Russie, où il se trouvait alors chargé d'une mission qui, pour n'avoir rien d'officiel, ne laissait pas d'être importante. Tout cela était très-bien, mais où prendre les sept à huit mille roubles destinés à parfaire le prix maximum du domaine? Et s'il surgissait des contestations, si, au lieu d'un touchant tableau de famille, c'était un procès qu'on allait avoir? Quelque chose disait à Stépan Trophimovitch que le sensible Pétroucha défendrait ses intérêts mordicus. « J'ai remarqué », me faisait-il observer un jour, « que tous ces socialistes fanatiques, tous ces communistes enragés sont en même temps les individus les plus avares, les propriétaires les plus durs à la détente; on peut même affirmer que plus un homme est socialiste, plus il tient à ce qu'il a. D'où cela vient-il? Serait-ce encore une conséquence du sentimentalisme? » J'ignore si cette observation est juste; tout ce que je puis dire, c'est que Pétroucha avait eu quelque connaissance de la vente du bois, etc., et que Stépan Trophimovitch le savait. Il m'arriva aussi de lire des lettres de Pétroucha à son père : il écrivait fort rarement, une fois par an tout au plus. Dernièrement, néanmoins, ayant à annoncer sa prochaine arrivée, il avait envoyé deux missives presque coup sur coup. Courtes et sèches, toutes les lettres du jeune homme traitaient exclusivement d'affaires, et comme, à Pétersbourg, le père et le fils avaient adopté entre eux le tutoiement à la mode, la correspondance de Pétroucha rappelait à s'y méprendre les instructions que les propriétaires du temps passé adressaient de la capitale aux serfs chargés d'administrer leurs biens. Et maintenant, la somme indispensable pour sauver la situation, voici que Barbara Pétrovna l'offrait avec la main de Dacha, donnant clairement à entendre qu'on n'obtiendrait jamais l'une si l'on n'acceptait pas l'autre. Naturellement, Stépan Trophimovitch s'exécuta.

Dès que la générale l'eut quitté, il m'envoya chercher et consigna tous les autres à sa porte pour toute la journée. Comme on le devine, il pleura un peu, dit beaucoup de belles choses, divagua aussi passablement, fit par hasard un calembour et en fut enchanté, puis eut une légère cholérine, — bref, tout se passa dans l'ordre accoutumé. Après quoi, il détacha du mur le portrait de son Allemande décédée depuis vingt ans, et l'interpella d'un ton plaintif : « Me pardonnes-tu? » En général, il ne semblait pas dans son assiette. Pour noyer son chagrin, il se mit à boire avec moi. Du reste, il ne tarda pas à s'endormir d'un sommeil paisible. Le lendemain matin, il s'habilla avec soin, noua artistement sa cravate blanche, et alla à plusieurs reprises se regarder dans la glace. Il parfuma même son mouchoir, mais il se hâta de le fourrer sous un coussin et d'en prendre un autre, aussitôt qu'il eut aperçu par la fenêtre Barbara Pétrovna.

— C'est très-bien ! dit-elle en apprenant qu'il consentit. — D'abord, vous avez pris là une noble résolution, et ensuite vous avez prêté l'oreille à la voix de la raison que vous écoutez si rarement dans vos affaires privées. Du reste, rien ne presse, ajouta-t-elle après avoir remarqué le superbe nœud de cravate de Stépan Trophimovitch, — pour le moment, taisez-vous, je me tairai aussi. C'est bientôt l'anniversaire de votre naissance, j'irai chez vous avec elle. Vous donnerez une soirée, mais, je vous prie, point de liqueurs, ni de victuailles, rien que du thé. Du reste, j'organiserai tout moi-même. Vous inviterez vos amis, — nous ferons ensemble un choix parmi eux. La veille, vous conférerez avec elle, si c'est nécessaire. Votre soirée ne sera pas précisément une soirée de fiançailles, nous nous bornerons à annoncer le mariage, sans aucune solennité. Et quinze jours après, la noce sera célébrée avec le moins de fracas possible. Vous pourriez même, à l'issue de la cérémonie nuptiale, partir tous deux en voyage, aller à Moscou, par exemple. Je vous accompagnerai peut-être... Mais l'essentiel, c'est que, d'ici là, vous vous taisiez.

Ce langage étonna Stépan Trophimovitch. Il balbutia que cela n'était pas possible, qu'il fallait bien au préalable s'entretenir avec sa future, mais Barbara Pétrovna lui répliqua avec irritation :

— Pourquoi cela ? D'abord, il se peut encore que la chose ne se fasse pas.

— Comment, il se peut qu'elle ne se fasse pas ? murmura le futur complétement abasourdi.

— Oui, il faut encore que je voie... Mais, du reste, tout aura lieu comme je l'ai dit, ne vous inquiétez pas, je la préparerai moi-même. Votre intervention est absolument inutile. Tout le nécessaire sera dit et fait, vous n'avez aucun besoin de vous mêler de cela. A quoi bon? Quel serait votre rôle? Ne venez pas, n'écrivez pas non plus. Et pas un mot à personne, je vous prie. Je me tairai aussi.

Elle refusa décidément de s'expliquer, et se retira en proie à une agitation visible. Elle avait été frappée, semblait-il, de l'excessif empressement de Stépan Trophimovitch. Hélas! celui-ci était loin de comprendre sa situation, et n'avait pas encore envisagé la question sous toutes ses faces. Il se mit à faire le rodomont :

— Cela me plaît! s'écria-t-il en s'arrêtant devant moi et en écartant les bras, — vous l'avez entendue? Elle fera si bien, qu'à la fin je ne voudrai plus. C'est que je puis aussi perdre patience, et... ne plus vouloir! « Restez chez vous, vous n'avez pas besoin de venir », mais pourquoi, au bout du compte, faut-il absolument que je me marie? Parce qu'une fantaisie ridicule lui a passé par la tête? Mais je suis un homme sérieux, et je puis refuser de me soumettre aux caprices baroques d'une écervelée! J'ai des devoirs envers mon fils et... et envers moi-même! Je fais un sacrifice, — comprend-elle cela? Si j'ai consenti, c'est peut-être parce que la vie m'ennuie, et que tout m'est égal. Mais elle peut me pousser à bout, et alors tout ne me sera plus égal : je me fâcherai, et je retirerai mon consentement. Et enfin, le ridicule... Que dira-t-on au club? Que dira... Lipoutine? « Il se peut encore que la chose ne se fasse pas », — en voilà une, celle-là! Ça, c'est le comble! *Je suis un forçat, un Badinguet*[1], *un homme collé au mur!*...

A travers ces doléances perçait une sorte de fatuité et d'enjouement. Du reste, nous nous remîmes à boire.

[1] Les mots que nous soulignons sont en français dans le texte.

CHAPITRE III

LES PÉCHÉS D'AUTRUI.

I

Huit jours s'écoulèrent, et la situation commença à s'éclaircir un peu.

Je noterai en passant que, durant cette malheureuse semaine, j'eus beaucoup d'ennui, car ma qualité de confident m'obligea à rester, pour ainsi dire, en permanence auprès de mon pauvre ami. Ce qui le faisait le plus souffrir, c'était la honte, et pourtant il n'avait à rougir devant personne, attendu que, pendant ces huit jours, notre tête-à-tête ne fut troublé par aucune visite. Mais en ma présence même il se sentait honteux, et cela à tel point que plus il s'ouvrait à moi, plus ensuite il m'en voulait d'avoir reçu ses aveux. Par suite de son humeur soupçonneuse, il se figurait que la ville entière savait déjà tout; aussi n'osait-il plus se montrer ni au club, ni même dans son petit cercle. Bien plus, il attendait la tombée de la nuit pour faire la promenade nécessaire à sa santé.

Au bout de huit jours, il ignorait encore s'il était ou non fiancé, et toutes ses démarches pour être fixé à ce sujet étaient restées infructueuses. Il n'avait pas encore vu sa future, et il ne savait même pas s'il était autorisé à lui donner ce nom; bref, il en était à se demander s'il y avait quelque chose de sérieux dans tout cela! Barbara

Pétrovna refusait absolument de le recevoir. A une de ses premières lettres (il lui en écrivit une foule) elle répondit net en le priant de la dispenser momentanément de tous rapports avec lui, parce qu'elle était occupée. « J'ai moi-même », ajoutait-elle, « plusieurs choses fort importantes à vous communiquer, j'attends pour cela un moment où je sois plus libre qu'à présent; je vous ferai savoir moi-même, en temps utile, quand vous pourrez venir chez moi. » Elle promettait de renvoyer à l'avenir, non décachetées, les lettres de Stépan Trophimovitch, attendu que ce n'était que de la « polissonnerie ». Je lus moi-même ce billet, il me le montra.

Et pourtant toutes ces grossièretés, toutes ces incertitudes n'étaient rien en comparaison du principal souci qui le tourmentait. Cette inquiétude le harcelait sans relâche, le démoralisait, le faisait dépérir, c'était quelque chose dont il se sentait plus honteux que de tout le reste, et dont il ne pouvait se résoudre à me parler; loin de là, à l'occasion, il mentait et cherchait à m'abuser par des faux-fuyants dignes d'un petit écolier; cependant lui-même me faisait appeler tous les jours, il ne pouvait rester deux heures sans me voir, je lui étais devenu aussi nécessaire que l'air ou l'eau.

Une telle conduite blessait un peu mon amour-propre. Il va sans dire que depuis longtemps j'avais deviné ce grand secret. Dans la profonde conviction où j'étais alors, la révélation du souci qui tourmentait tant Stépan Trophimovitch ne lui aurait pas fait honneur; c'est pourquoi, jeune comme je l'étais, j'éprouvais quelque indignation devant la grossièreté de ses sentiments et la vilenie de certains de ses soupçons. Peut-être le condamnais-je trop sévèrement, sous l'influence de l'ennui que me causait mon rôle de confident forcé. J'avais la cruauté de vouloir lui arracher des aveux complets, tout en admettant, du reste, qu'il était difficile d'avouer certaines choses. Lui aussi m'avait compris : il voyait clairement que j'avais deviné son secret, et même que j'étais fâché contre lui; à son tour, il ne pouvait me pardonner ni ma perspicacité, ni mon mécontentement Certes, dans le cas présent, mon irritation était fort bête mais l'amitié la plus vive ne résiste guère à un tête-à-tête indéfiniment prolongé. Sous plusieurs rapports, Stépan Trophimovitch se rendait un compte exact de sa situation, e même il en précisait très-finement les côtés sur lesquels i ne croyait pas nécessaire de garder le silence.

— Oh! est-ce qu'elle était ainsi dans le temps! me disait il quelquefois en parlant de Barbara Pétrovna. — Est-c qu'elle était ainsi, jadis, quand nous causions ensemble.. Savez-vous qu'alors elle savait encore causer? Pourrez vous le croire? elle avait alors des idées, des idées à elle Maintenant elle n'est plus à reconnaître! Elle dit que tou cela n'était que du bavardage! Elle méprise le passé... présent, elle est devenue une sorte de commis, d'économe une créature endurcie, et elle se fâche toujours...

— Pourquoi donc se fâcherait-elle maintenant que vou avez déféré à son désir? répliquai-je.

Il me regarda d'un air fin.

— Cher ami, si j'avais refusé, elle aurait été furieuse fu-ri-euse! Moins toutefois qu'elle ne l'est maintenant qu j'ai consenti.

Sa phrase lui parut joliment tournée, et nous bûmes c soir-là une petite bouteille. Mais cette accalmie ne dur guère; le lendemain, il fut plus maussade et plus insuppor table que jamais.

Je lui reprochais surtout de ne pouvoir se résoudre à alle faire visite aux dames Drozdoff; elles-mêmes, nous le savions, désiraient renouer connaissance avec lui, car, depui leur arrivée, elles avaient plus d'une fois demandé de se nouvelles, et, de son côté, il mourait d'envie de les voir. I parlait d'Élisabeth Nikolaïevna avec un enthousiasme incompréhensible pour moi. Sans doute il se rappelait en elle l'enfant qu'il avait tant aimée jadis; mais, en dehors de cela, i s'imaginait, je ne sais pourquoi, qu'auprès d'elle il trouverai tout de suite un soulagement à ses peines présentes, e même une réponse aux graves points d'interrogation posés devant lui. Élisabeth Nikolaïevna lui faisait, par avance, l'effet d'une créature extraordinaire. Et pourtant il n'allait pas chez elle, quoique chaque jour il en formât le projet. Pour dire toute la vérité, j'étais moi-même très-désireux alors d'être présenté à cette jeune fille, et je ne voyais que Stépan Trophimovitch qui pût me servir d'introducteur auprès d'elle. Je l'avais plus d'une fois aperçue se promenant à cheval en compagnie du bel officier, qui passait pour son cousin (le neveu du feu général Drozdoff), et elle avait produit sur moi une impression extraordinaire. Mon aveuglement fut de fort courte durée; je reconnus vite combien ce rêve était irréalisable, mais avant qu'il se dissipât, on comprend la colère que je dus souvent éprouver en voyant mon pauvre ami s'obstiner dans son existence d'ermite.

Dès le début, tous les nôtres avaient été officiellement informés que les réceptions de Stépan Trophimovitch étaient momentanément suspendues. Quoi que je fisse pour l'en dissuader, il tint à leur notifier la chose. Sur sa demande, je passai donc chez toutes nos connaissances, je leur dis que Barbara Pétrovna avait confié un travail extraordinaire à notre « vieux » (c'était ainsi que nous appelions entre nous Stépan Trophimovitch), qu'il avait à mettre en ordre une correspondance embrassant plusieurs années, qu'il s'était enfermé, que je l'aidais dans sa besogne, etc., etc. Lipoutine était le seul chez qui je ne fusse pas encore allé, je remettais toujours cette visite, et, à dire vrai, je n'osais pas la faire. « Il ne croira pas un mot de ce que je lui raconterai », me disais-je, « il ne manquera pas de s'imaginer qu'il y a là un secret qu'on veut lui cacher, à lui surtout, et, dès que je l'aurai quitté, il courra toute la ville pour recueillir des informations et répandre des cancans. » Tandis que je me faisais ces réflexions, je le rencontrai par hasard dans la rue. Les nôtres, que je venais de prévenir, l'avaient déjà mis au courant. Mais, chose étrange, loin de me questionner et de témoigner aucune curiosité à l'endroit de Stépan

Trophimovitch, il m'interrompit dès que je voulus m'excuser de n'être pas encore allé chez lui, et aborda aussitôt un autre sujet de conversation. A la vérité, ce n'était pas la matière qui lui manquait, il avait grande envie de causer et était enchanté d'avoir trouvé en moi un auditeur. Il commença à parler des nouvelles de la ville, de l'arrivée de la gouvernante, de l'opposition qui se formait déjà au club, etc., etc. Bref, il bavarda pendant un quart d'heure et d'une façon si amusante que je ne me lassais pas de l'entendre. Quoique je ne pusse le souffrir, j'avoue qu'il avait le talent de se faire écouter, surtout quand il pestait contre quelque chose. Cet homme, à mon avis, était né espion. Il savait toujours les dernières nouvelles et connaissait toute la chronique secrète de la ville, particulièrement les vilenies; on ne pouvait que s'étonner en voyant combien il prenait à cœur des choses qui, parfois, ne le concernaient pas du tout. Il m'a toujours semblé que le trait dominant de son caractère était l'envie. Le même soir, je fis part à Stépan Trophimovitch de ma rencontre avec Lipoutine et de l'entretien que nous avions eu ensemble. A ma grande surprise, il parut extrêmement agité et me posa cette étrange question : « Lipoutine sait-il ou non? » J'essayai de lui démontrer que, dans un temps si court, Lipoutine n'avait rien pu apprendre; d'ailleurs, par qui aurait-il été mis au fait? mais Stépan Trophimovitch ne se rendit point à mes raisonnements.

— Croyez-le ou non, finit-il par me dire, — moi, je suis persuadé que non-seulement il connaît *notre* situation dans tous ses détails, mais que, de plus, il sait encore quelque chose que ni vous ni moi ne savons, quelque chose que nous ne saurons peut-être jamais, ou que nous apprendrons quand il sera trop tard, quand il n'y aura plus moyen de revenir en arrière!...

Je ne répondis rien, mais ces paroles donnaient fort à penser. Durant les cinq jours qui suivirent, il ne fut plus du tout question de Lipoutine entre nous. Je voyais très-bien que Stépan Trophimovitch regrettait vivement de n'avoir pas su retenir sa langue et d'avoir manifesté de tels soupçons devant moi.

II

Sept ou huit jours après le consentement donné par Stépan Trophimovitch à son mariage, tandis que je me rendais, selon mon habitude, vers onze heures du matin chez le pauvre fiancé, il m'arriva une aventure en chemin.

Je rencontrai Karmazinoff[1], « le grand écrivain », comme l'appelait Lipoutine. Ses romans sont connus de toute la dernière génération et même de la nôtre; dès l'enfance, je les avais lus et j'en avais été enthousiasmé; ils avaient fait la joie de mes jeunes années. Plus tard, je me refroidis un peu pour les productions de sa plume. Les ouvrages à tendance de sa seconde manière me plurent moins que les premiers où il y avait tant de poésie spontanée; les derniers me déplurent tout à fait.

A en croire la renommée, il n'était rien que Karmazinoff mît au-dessus de ses relations avec les hommes puissants et avec la haute société. On racontait qu'il vous faisait l'accueil le plus charmant, vous comblait d'amabilités, vous séduisait par sa bonhomie, surtout s'il avait besoin de vous, et si, bien entendu, vous lui aviez été présenté au préalable. Mais, à l'arrivée du premier prince, de la première comtesse, du premier personnage dont il avait peur, il s'empressait de vous oublier avec le dédain le plus insultant, comme un copeau, comme une mouche, et cela avant même que vous fussiez sorti de chez lui; cette manière d'agir lui paraissait le suprême du bon ton. Malgré une connaissance parfaite du savoir-vivre, il était, disait-on, si follement vaniteux qu'il ne pouvait cacher son irascibilité d'écrivain même dans les

---

[1] C'est Tourguéneff que Dostoïevsky a voulu représenter ici sous le nom de Karmazinoff. Il est à peine besoin de faire remarquer que ce prétendu portrait n'est qu'une injurieuse caricature.

milieux sociaux où l'on ne s'occupe guère de littérature. Si quelqu'un semblait se soucier peu de ses ouvrages, il en était mortellement blessé et ne respirait que vengeance.

Dès que s'était répandu chez nous le bruit de la prochaine arrivée de Karmazinoff, j'avais conçu un vif désir de le voir, et, si c'était possible, de faire sa connaissance. Je savais que je pourrais y arriver par Stépan Trophimovitch qui avait été son ami autrefois. Et voilà que, tout à coup, je le rencontre dans un carrefour. Je le reconnus tout de suite. Trois jours auparavant, on me l'avait montré se promenant en calèche avec la gouvernante.

C'était un petit homme aux airs pincés, qu'on aurait pris pour un vieillard, quoiqu'il n'eût pas plus de cinquante ans; d'épaisses boucles de cheveux blancs sortaient de dessous son chapeau à haute forme et s'enroulaient autour d'oreilles petites et rosées. Son visage assez vermeil n'était pas fort beau; il avait un nez un peu gros, de petits yeux vifs et spirituels, des lèvres longues et minces dont le pli dénotait l'astuce. Sur ses épaules était négligemment jeté un manteau comme on en aurait porté à cette saison en Suisse ou dans l'Italie septentrionale. Mais, du moins, tous les menus accessoires de son costume: boutons de manchettes, lorgnon, bague, etc., étaient d'un goût irréprochable. Je suis sûr qu'en été il doit porter des bottines de prunelle à boutons de nacre. Quand nous nous rencontrâmes, il était arrêté au coin d'une rue et cherchait à s'orienter. S'apercevant que je le regardais avec curiosité, il m'adressa la parole d'une petite voix mielleuse, quoiqu'un peu criarde:

— Permettez-moi de vous demander le plus court chemin pour aller rue des Bœufs.

— Rue des Bœufs? Mais c'est ici tout près, m'écriai-je en proie à une agitation extraordinaire. — Vous n'avez qu'à suivre cette rue et prendre ensuite la deuxième à gauche.

— Je vous suis bien reconnaissant.

Minute maudite! je crois que j'étais intimidé et que ma physionomie avait une expression servile. Il remarqua tout cela en un clin d'œil, et, à l'instant sans doute, comprit tout, c'est-à-dire, que je savais qui il était, que je l'avais lu, que je l'admirais depuis mon enfance, et qu'en ce moment je me sentais troublé devant lui. Il sourit, inclina encore une fois la tête, et se mit en marche dans la direction que je lui avais indiquée. J'ignore comment il se fit qu'au lieu de continuer ma route je le suivis à quelques pas de distance. Tout à coup il s'arrêta de nouveau.

— Ne pourriez-vous pas me dire où je trouverais une station de fiacres? me cria-t-il.

Vilain cri, vilaine voix!

— Une station de fiacres? Mais il y en a une à deux pas d'ici..... près de la cathédrale; c'est toujours là que les cochers se tiennent, répondis-je, et peu s'en fallut que je ne courusse chercher une voiture à Karmazinoff. Je présume qu'il attendait justement cela de moi. Bien entendu, je me ravisai à l'instant même et n'en fis rien, mais mon mouvement ne lui échappa point, et l'odieux sourire de tout à l'heure reparut sur ses lèvres. Alors se produisit un incident que je n'oublierai jamais.

Il laissa soudain tomber un sac minuscule qu'il tenait dans sa main gauche. Du reste, ce n'était pas, à proprement parler, un sac, mais une petite boîte, ou plutôt un petit portefeuille, ou, mieux encore, un ridicule dans le genre de ceux que les dames portaient autrefois. Enfin, je ne sais pas ce que c'était; tout ce que je sais, c'est que je me précipitai pour ramasser cet objet.

Je suis parfaitement convaincu que je ne le ramassai pas, mais le premier mouvement fait par moi était incontestable, il n'y avait plus moyen de le cacher, et je rougis comme un imbécile. Le malin personnage tira aussitôt de la circonstance tout ce qu'il lui était possible d'en tirer.

— Ne vous donnez pas la peine, je le ramasserai moi-même, me dit-il avec une grâce exquise quand il fut bien sûr que je ne lui rendrais pas ce service. Puis il ramassa son ridicule en ayant l'air de prévenir ma politesse, et s'éloigna, après m'avoir une dernière fois salué d'une signe de tête. Je restai tout sot. C'était exactement comme si j'avais moi-même ramassé son sac. Pendant cinq minutes, je me figurai que j'étais un homme déshonoré. Ensuite je partis d'un éclat de rire. Cette rencontre me parut si drôle que je résolus de la raconter à Stépan Trophimovitch pour l'égayer un peu.

III

Cette fois je constatai, non sans surprise, un changement extraordinaire en lui. Dès que je fus entré, il s'avança vers moi avec un empressement particulier et se mit à m'écouter; seulement il avait l'air si distrait qu'il ne comprit évidemment pas les premiers mots de mon récit. Mais à peine eus-je prononcé le nom de Karmazinoff que je le vis perdre tout sang-froid.

— Ne me parlez plus, taisez-vous! s'écria-t-il avec une sorte de rage, — voilà, voilà, regardez, lisez! lisez!

Il prit dans un tiroir et jeta sur la table trois petits morceaux de papier, sur lesquels Barbara Pétrovna avait griffonné à la hâte quelques lignes au crayon. Le premier billet remontait à l'avant-veille, le second avait été écrit la veille, et le dernier était arrivé depuis une heure. Tous trois, fort insignifiants, avaient trait à Karmazinoff, et dénotaient chez Barbara Pétrovna la crainte puérile que le grand écrivain n'oubliât de lui faire visite.

Premier billet :

« S'il daigne enfin vous aller voir aujourd'hui, je vous prie de ne pas lui parler de moi. Pas le moindre mot. Ne me rappelez d'aucune manière à son attention.

« B. S. »

Deuxième billet :

« S'il se décide enfin à vous faire visite ce matin, vous agirez, je crois, plus noblement en refusant de le recevoir. Voilà mon avis, je ne sais comment vous en jugerez.

« B. S. »

Troisième et dernier billet :

« Je suis sûre qu'il y a chez vous une pleine charretée d'ordures, et que la fumée de tabac empoisonne votre logement. Je vous enverrai Marie et Thomas; dans l'espace d'une demi-heure, ils mettront tout en ordre. Mais ne les gênez pas, et restez dans votre cuisine, pendant qu'ils nettoieront. Je vous envoie un tapis de Boukharie et deux vases chinois; depuis longtemps, je me proposais de vous les offrir; j'y joins mon Téniers (que je vous prête). On peut placer les vases sur une fenêtre; quant au Téniers, pendez-le à droite sous le portrait de Gœthe, là il sera plus en vue. S'il se montre enfin, recevez-le avec une politesse raffinée, mais tâchez de mettre la conversation sur des riens, sur quelque sujet scientifique, faites comme si vous retrouviez un ami que vous auriez quitté hier. Pas un mot de moi. Peut-être passerai-je chez vous dans la soirée.

« B. S.

« *P. S.* S'il ne vient pas aujourd'hui, il ne viendra jamais. »

Après avoir pris connaissance de ces billets, je m'étonnai de l'agitation que de pareilles niaiseries causaient à Stépan Trophimovitch. En l'observant d'un œil anxieux, je remarquai tout à coup que, pendant ma lecture, il avait remplacé sa cravate blanche accoutumée par une cravate rouge. Son chapeau et sa canne se trouvaient sur la table. Il était pâle, et ses mains tremblaient.

— Je ne veux pas connaître ses préoccupations! cria-t-il avec colère en réponse au regard interrogateur que je fixais sur lui. — Je m'en fiche! Elle a le courage de s'inquiéter de Karmazinoff, et elle ne répond pas à mes lettres! Tenez, voilà la lettre qu'elle m'a renvoyée hier, non décachetée ; elle est là, sur la table, sous le livre, sous l'*Homme qui rit*. Que m'importent ses tracas au sujet de Ni-ko-lenka ! Je m'en fiche, et je proclame ma liberté. Au diable le Karmazinoff ! Au diable la Lembke ! Les vases, je les ai cachés dans l'antichambre ; le Téniers, je l'ai fourré dans une commode, et je l'ai sommée de me recevoir à l'instant même. Vous entendez : je l'ai sommée ! J'ai fait comme elle, j'ai écrit quelques mots au crayon sur un chiffon de papier, je n'ai même pas cacheté ce billet, et je l'ai fait porter par Nastasia, maintenant j'attends. Je veux que Daria Pavlovna elle-même s'explique avec moi à la face du ciel, ou, du moins, devant vous. Vous me seconderez, n'est-ce pas ? comme ami et témoin. Je ne veux pas rougir, je ne veux pas mentir, je ne veux pas de secrets, je n'en admets pas dans cette affaire ! Qu'on m'avoue tout, franchement, ingénument, noblement, et alors... alors peut-être étonnerai-je toute la génération par ma magnanimité !... Suis-je un lâche, oui ou non, monsieur ? acheva-t-il tout à coup en me regardant d'un air de menace comme si je l'avais pris pour un lâche.

Je l'engageai à boire de l'eau ; je ne l'avais pas encore vu dans un pareil état. Tout en parlant, il courait d'un coin de la chambre à l'autre, mais, soudain, il se campa devant moi dans une attitude extraordinaire.

— Pouvez-vous penser, reprit-il en me toisant des pieds à la tête, — pouvez-vous supposer que moi, Stépan Verkhovensky, je ne trouverai pas en moi assez de force morale pour prendre ma besace, — ma besace de mendiant ! — pour en charger mes faibles épaules et pour m'éloigner à jamais d'ici, quand l'exigeront l'honneur et le grand principe de l'indépendance ? Ce ne sera pas la première fois que Stépan Verkhovensky aura opposé la grandeur d'âme au despotisme, fût-ce le despotisme d'une femme insensée, c'est-à-dire le despotisme le plus insolent et le plus cruel qui puisse exister au monde, en dépit du sourire que mes paroles viennent, je crois, d'amener sur vos lèvres, monsieur! Oh! vous ne croyez pas que je puisse trouver en moi assez de grandeur d'âme pour savoir finir mes jours en qualité de précepteur chez un marchand, ou mourir de faim au pied d'un mur! Répondez, répondez sur-le-champ : le croyez-vous ou ne le croyez-vous pas?

Je me tus, comme un homme qui craint d'offenser son interlocuteur par une réponse négative, mais qui ne peut en conscience lui répondre affirmativement. Dans toute cette irritation il y avait quelque chose dont j'étais décidément blessé, et pas pour moi, oh! non! Mais... je m'expliquerai plus tard.

Il pâlit.

— Peut-être vous vous ennuyez avec moi, G...ff (c'est mon nom), et vous désireriez... mettre fin à vos visites? dit-il de ce ton glacé qui précède d'ordinaire les grandes explosions. Inquiet, je m'élançai vers lui; au même instant entra Nastasia. Elle tendit silencieusement un petit papier à Stépan Trophimovitch. Il le regarda, puis me le jeta. C'était la réponse de Barbara Pétrovna, trois mots écrits au crayon : « Restez chez vous. »

Stépan Trophimovitch prit son chapeau et sa canne, sans proférer une parole, et sortit vivement de la chambre; machinalement, je le suivis. Tout à coup un bruit de voix et de pas pressés se fit entendre dans le corridor. Il s'arrêta comme frappé d'un coup de foudre.

— C'est Lipoutine, je suis perdu! murmura-t-il en me saisissant la main.

Comme il achevait ces mots, Lipoutine entra dans la chambre.

IV

Pourquoi était-il perdu par le fait de l'arrivée de Lipoutine? je l'ignorais, et, d'ailleurs, je n'attachais aucune importance à cette parole; je mettais tout sur le compte des nerfs. Mais sa frayeur ne laissait pas d'être étrange, et je me promis d'observer attentivement ce qui allait suivre.

A première vue, la physionomie de Lipoutine montrait que, cette fois, il avait un droit particulier d'entrer, en dépit de toutes les consignes. Il était accompagné d'un monsieur inconnu de nous, et sans doute étranger à notre ville. En réponse au regard hébété de Stépan Trophimovitch que la stupeur avait cloué sur place, il s'écria aussitôt d'une voix retentissante :

— Je vous amène un visiteur, et pas le premier venu! Je me permets de troubler votre solitude. M. Kiriloff, ingénieur et architecte très-remarquable. Mais le principal, c'est qu'il connaît votre fils, le très-estimé Pierre Stépanovitch; il le connaît tout particulièrement, et il a été chargé par lui d'une commission pour vous. Il vient seulement d'arriver.

— La commission, c'est vous qui l'avez inventée, observa d'un ton roide le visiteur, — je ne suis chargé d'aucune commission, mais je connais en effet Verkhovensky. Je l'ai laissé, il y a dix jours, dans le gouvernement de Kh...

Stépan Trophimovitch lui tendit machinalement la main et l'invita du geste à s'asseoir; puis il me regarda, regarda Lipoutine, et, comme rappelé soudain au sentiment de la réalité, il se hâta de s'asseoir lui-même; mais, sans le remarquer, il tenait toujours à la main sa canne et son chapeau.

— Bah! mais vous vous disposiez à sortir! On m'avait

pourtant dit que vos occupations vous avaient rendu malade.

— Oui, je suis souffrant, c'est pour cela que je voulais maintenant faire une promenade, je...

Stépan Trophimovitch s'interrompit, se débarrassa brusquement de sa canne et de son chapeau, et — rougit.

Pendant ce temps j'examinais le visiteur. C'était un jeune homme brun, de vingt-sept ans environ, convenablement vêtu, svelte et bien fait de sa personne. Son visage pâle avait une nuance un peu terreuse; ses yeux étaient noirs et sans éclat. Il semblait légèrement distrait et rêveur; sa parole était saccadée et incorrecte au point de vue grammatical; s'il avait à construire une phrase de quelque longueur, il avait peine à s'en tirer et transposait singulièrement les mots. Lipoutine remarqua très-bien l'extrême frayeur de Stépan Trophimovitch et en éprouva une satisfaction visible. Il s'assit sur une chaise de jonc qu'il plaça presque au milieu de la chambre, de façon à se trouver à égale distance du maître de la maison et de M. Kiriloff, lesquels s'étaient assis en face l'un de l'autre sur deux divans opposés. Ses yeux perçants furetaient dans tous les coins.

— Je... je n'ai pas vu Pétroucha depuis longtemps.... C'est à l'étranger que vous vous êtes rencontrés? balbutia Stépan Trophimovitch en s'adressant au visiteur.

— Et ici et à l'étranger.

— Alexis Nilitch est lui-même tout fraîchement arrivé de l'étranger où il a séjourné quatre ans, intervint Lipoutine; — il y était allé pour se perfectionner dans sa spécialité, et il est venu chez nous parce qu'il a lieu d'espérer qu'on l'emploiera à la construction du pont de notre chemin de fer : en ce moment il attend une réponse. Il a fait, par l'entremise de Pierre Stépanovitch, la connaissance de la famille Drozdoff et d'Élisabeth Nikolaïevna.

L'ingénieur écoutait avec une impatience mal dissimulée. Il me faisait l'effet d'une homme vexé.

— Il connaît aussi Nicolas Vsévolodovitch.

— Vous connaissez aussi Nicolas Vsévolodovitch? demanda Stépan Trophimovitch.

— Oui.

— Je... Il y a un temps infini que je n'ai vu Pétroucha, et... je me sens si peu en droit de m'appeler son père..... c'est le mot; je... comment donc l'avez-vous laissé?

— Mais je l'ai laissé comme à l'ordinaire... il viendra lui-même, répondit M. Kiriloff qui semblait pressé de couper court à ces questions. Décidément il était de mauvaise humeur.

— Il viendra! Enfin je..... voyez-vous, il y a trop longtemps que je n'ai vu Pétroucha! reprit Stépan Trophimovitch empêtré dans cette phrase; — maintenant j'attends mon pauvre garçon envers qui..... oh! envers qui je suis si coupable! Je veux dire que, dans le temps, quand je l'ai quitté à Pétersbourg, je le considérais comme un zéro. Vous savez, un garçon nerveux, très-sensible et... poltron. Au moment de se coucher, il se prosternait jusqu'à terre devant l'icone, et faisait le signe de la croix sur son oreiller pour ne pas mourir dans la nuit... je m'en souviens. Enfin, aucun sentiment du beau, rien d'élevé, pas le moindre germe d'une idée future... c'était comme un petit idiot. Du reste, moi-même je dois avoir l'air d'un ahuri, excusez-moi, je... vous m'avez trouvé.....

— Vous parlez sérieusement quand vous dites qu'il faisait le signe de la croix sur son oreiller? demanda brusquement l'ingénieur que ce détail paraissait intéresser.

— Oui, il faisait le signe de la croix...

— Cela m'étonne de sa part; continuez.

Stépan Trophimovitch interrogea des yeux Lipoutine.

— Je vous suis bien reconnaissant de votre visite, mais, je l'avoue, maintenant je... je ne suis pas en état.... Permettez-moi pourtant de vous demander où vous habitez.

— Rue de l'Épiphanie, maison Philippoff.

— Ah! c'est là où demeure Chatoff, fis-je involontairement.

— Justement, c'est dans la même maison, s'écria Lipoutine, — seulement Chatoff habite en haut, dans la mezzanine, tandis qu'Alexis Nilitch s'est installé en bas, chez le capitaine Lébiadkine. Il connaît aussi Chatoff et la femme de Chatoff. Il s'est trouvé en rapports très-intimes avec elle pendant son séjour à l'étranger.

— Comment! Se peut-il que vous sachiez quelque chose concernant le malheureux mariage de ce pauvre ami et que vous connaissiez cette femme? s'écria avec une émotion soudaine Stépan Trophimovitch, — vous êtes le premier que je rencontre l'ayant connue personnellement; et si toutefois...

— Quelle bêtise! répliqua l'ingénieur dont le visage s'empourpra, — comme vous brodez, Lipoutine! Jamais je n'ai été en rapports intimes avec la femme de Chatoff; une fois, il m'est arrivé de l'apercevoir de loin, voilà tout... Chatoff, je le connais. Pourquoi donc inventez-vous toujours des histoires?

Il se tourna tout d'une pièce sur le divan et prit son chapeau, puis il s'en débarrassa et se rassit à sa première place. En même temps ses yeux noirs étincelaient, fixés sur Stépan Trophimovitch avec une expression de défi. Je ne pouvais comprendre une irritation si étrange.

— Excusez-moi, reprit d'un ton digne Stépan Trophimovitch, — je comprends que cette affaire est peut-être fort délicate.....

— Il n'y a ici aucune affaire délicate, répondit M. Kiriloff, — et quand j'ai crié : « Quelle bêtise! » ce n'est pas à vous que j'en avais, mais à Lipoutine, parce qu'il invente toujours. Pardonnez-moi, si vous avez pris cela pour vous. Je connais Chatoff, mais je ne connais pas du tout sa femme..... pas du tout!

— J'ai compris, j'ai compris; si j'insistais, c'est seulement parce que j'aime beaucoup notre pauvre ami, notre irascible ami, et parce que je me suis toujours intéressé..... Cet homme a eu tort, selon moi, de renoncer si complétement à ses anciennes idées, qui péchaient peut-être par un excès de jeunesse, mais qui ne laissaient pas d'être justes au fond. A présent, il divague à un tel point sur « notre sainte Russie », que j'attribue cette lésion de son organisme, — je ne veux pas appeler la chose autrement, — à quelque forte secousse domestique, et notamment à son malheureux mariage. Moi qui ai étudié à fond notre pauvre Russie, et consacré toute ma vie au peuple russe, je puis vous assurer qu'il ne le connaît pas, et que de plus...

— Moi non plus je ne connais nullement le peuple russe, et... je n'ai pas le temps de l'étudier ! fit brusquement l'ingénieur interrompant Stépan Trophimovitch au beau milieu de sa phrase.

— Il l'étudie, il l'étudie, remarqua Lipoutine, — il a déjà commencé à l'étudier, il est en train d'écrire un article très-curieux sur les causes qui multiplient les cas de suicide en Russie, et, d'une façon générale, sur les influences auxquelles est due l'augmentation ou la diminution des suicides dans la société. Il est arrivé à des résultats étonnants.

L'ingénieur se fâcha.

— Vous n'avez aucunement le droit de dire cela, grommela-t-il avec colère, — je ne fais pas du tout d'article. Je ne donne pas dans ces stupidités. Je vous ai demandé quelques renseignements en confidence et tout à fait par hasard. Il n'est pas question d'article ; je ne publie rien, et vous n'avez pas le droit...

Cette irritation semblait faire le bonheur de Lipoutine.

— Pardon, j'ai pu me tromper en donnant le nom d'article à votre travail littéraire. Alexis Nilitch se borne à recueillir des observations et ne touche pas du tout au fond de la question, à ce qu'on pourrait appeler son côté moral ; bien plus, il repousse absolument la morale elle-même et tient pour le principe moderne de la destruction universelle comme préface à la réforme sociale. Il réclame plus de cent millions de têtes pour établir en Europe le règne du bon sens : c'est beaucoup plus qu'on n'en a demandé au dernier congrès de la paix. En ce sens, Alexis Nilitch va plus loin que personne.

L'ingénieur écoutait, un pâle et méprisant sourire sur les lèvres. Pendant une demi-minute, tout le monde se tut.

— Tout cela est bête, Lipoutine, dit enfin avec une certaine dignité M. Kiriloff. — Si je vous avais exposé ma manière de voir, vous seriez libre de la critiquer. Mais vous n'avez pas ce droit-là, parce que je ne parle jamais à personne. Je dédaigne de parler... Si j'ai telle ou telle conviction, c'est que cela est clair pour moi... et le langage que vous venez de tenir est bête. Je ne disserte pas sur les points qui sont tranchés pour moi. Je ne puis souffrir la discussion, je ne veux jamais raisonner...

— Et peut-être vous faites bien, ne put s'empêcher d'observer Stépan Trophimovitch.

— Je vous demande pardon, mais ici je ne suis fâché contre personne, poursuivit avec vivacité le visiteur; — depuis quatre ans, j'ai vu peu de monde; pendant ces quatre années j'ai peu causé; j'évitais les rapports avec les gens parce que cela était sans utilité pour mes buts. Lipoutine a découvert cela, et il en rit. Je le comprends et je n'y fais pas attention, je suis seulement vexé de la liberté qu'il prend. Mais si je ne vous expose pas mes idées, acheva-t-il à l'improviste en nous enveloppant tous d'un regard assuré, ce n'est pas du tout que je craigne d'être dénoncé par vous au gouvernement; non; je vous en prie, n'allez pas vous figurer des bêtises pareilles.....

Personne ne répondit à ces mots; nous nous contentâmes de nous regarder les uns les autres. Lipoutine lui-même cessa de rire.

— Messieurs, je suis désolé, dit Stépan Trophimovitch se levant avec résolution, — mais je ne me sens pas bien. Excusez-moi.

— Ah! il faut s'en aller, remarqua M. Kiriloff en prenant son chapeau, — vous avez bien fait de le dire, sans cela je n'y aurais pas pensé.

Il se leva et avec beaucoup de bonhomie s'avança, la main tendue, vers le maître de la maison.

— Je regrette d'être venu vous déranger alors que vous êtes souffrant.

— Je vous souhaite chez vous tout le succès possible,

répondit Stépan Trophimovitch en lui serrant cordialement la main. — Si, comme vous le dites, vous avez vécu si longtemps à l'étranger, si vous avez, dans l'intérêt de vos buts, évité le commerce des gens et oublié la Russie, je comprends que vous vous trouviez un peu dépaysé au milieu de nous autres, Russes primitifs. Mais cela se passera. Il y a seulement une chose qui me chiffonne : vous voulez construire notre pont et en même temps vous vous déclarez partisan de la destruction universelle. On ne vous confiera pas la construction de notre pont!

— Comment! que dites-vous?... Ah diable! s'écria Kiriloff frappé de cette observation, et il se mit à rire avec la plus franche gaieté. Durant un instant son visage prit une expression tout à fait enfantine qui, me sembla-t-il, lui allait très-bien. Lipoutine se frottait les mains, enchanté du mot spirituel de Stépan Trophimovitch. Et moi je ne cessais de me demander pourquoi ce dernier avait eu si peur de Lipoutine, pourquoi, en entendant sa voix, il s'était écrié : « Je suis perdu! »

V

Nous nous arrêtâmes tous sur le seuil de la porte. C'était le moment où maîtres de maison et visiteurs échangent les dernières civilités avant de se séparer.

— S'il est de mauvaise humeur aujourd'hui, dit brusquement Lipoutine, — c'est parce qu'il a eu tantôt une prise de bec avec le capitaine Lébiadkine à propos de la sœur de celui-ci. Elle est folle, et chaque jour le capitaine Lébiadkine lui donne le fouet. Il la fustige matin et soir avec une vraie nagaïka de Cosaque. Alexis Nilitch s'est même transféré dans un pavillon attenant à la maison pour ne plus être témoin de ces scènes. Allons, au revoir.

— Une sœur? Malade? Avec une nagaïka? s'écria Stépan Trophimovitch, comme si on l'avait lui-même cinglé d'un coup de fouet. — Quelle sœur? Quel Lébiadkine?

Sa frayeur de tantôt l'avait ressaisi instantanément.

— Lébiadkine! Mais c'est un capitaine en retraite; auparavant il s'intitulait seulement capitaine d'état-major...

— Eh! que m'importe son grade? Quelle sœur? Mon Dieu... Lébiadkine, dites vous? Mais nous avons eu ici un Lébiadkine...

— C'est celui-là même, c'est *notre* Lébiadkine, celui de Virguinsky, vous vous rappelez?

— Mais celui-là a été pris faisant circuler de faux assignats?

— Eh bien, il est revenu, il y a à peu près trois semaines, et dans des circonstances très-particulières.

— Mais c'est un vaurien?

— Comme s'il ne pouvait pas y avoir de vauriens chez nous! fit brusquement Lipoutine : il souriait, et ses petits yeux malins semblaient vouloir fouiller dans l'âme de Stépan Trophimovitch.

— Ah! mon Dieu, ce n'est pas du tout de cela que je..... quoique, du reste, je sois parfaitement d'accord avec vous sur ce point. Mais la suite, la suite! Que voulez-vous dire par là? Voyons, vous vouliez certainement dire quelque chose!

— Tout cela n'a aucune importance... D'après toutes les apparences, ce n'est pas une affaire de faux billets qui a motivé, dans le temps, le départ de ce capitaine; il a quitté notre ville simplement pour se mettre en quête de sa sœur; celle-ci, paraît-il, s'était réfugiée dans un endroit inconnu, espérant se dérober à ses recherches; eh bien, il vient de la ramener ici, voilà toute l'histoire! On dirait que vous avez peur, Stépan Trophimovitch : pourquoi cela? Du reste, je ne fais que répéter ici les propos qu'il tient sous l'influence de la boisson; quand il n'est pas ivre, il se tait là-dessus. C'est un homme irascible, et, pour ainsi dire, un militaire frotté d'esthétique, mais de mauvais goût. Quant à sa sœur, elle est non-seulement folle, mais encore boiteuse. Il paraît qu'elle a été séduite par quelqu'un, et que, depuis plusieurs années déjà, M. Lébiadkine reçoit du séducteur un tribut annuel en réparation du préjudice causé à l'honneur de sa famille; du moins, voilà ce qui ressort de ses bavardages; mais, à mon avis, ce ne sont que paroles d'ivrogne et pures hâbleries. Les lovelaces s'en tirent à bien meilleur marché. Quoi qu'il en soit, une chose certaine, c'est qu'il a de l'argent. Il y a une douzaine de jours, il allait pieds nus, et, maintenant, je l'ai vu moi-même, il a des centaines de roubles à sa disposition. Sa sœur a tous les jours des accès durant lesquels elle pousse des cris, et il la morigène à coups de nagaïka. « C'est ainsi, dit-il, qu'il faut inculquer le respect à la femme. » Je ne comprends pas comment Chatoff qui demeure au-dessus d'eux n'a pas encore déménagé. Alexis Nilitch n'a pas pu y tenir; il avait fait leur connaissance à Pétersbourg, mais il n'est resté que trois jours chez eux; à présent, pour être tranquille, il s'est installé dans le pavillon.

— Tout cela est vrai? demanda Stépan Trophimovitch à l'ingénieur.

— Vous êtes fort bavard, Lipoutine, murmura d'un ton fâché M. Kiriloff.

— Des mystères, des secrets! Comment se fait-il qu'il y ait tout à coup chez nous tant de secrets et de mystères! s'écria Stépan Trophimovitch incapable de se contenir.

L'ingénieur fronça le sourcil, rougit, et, avec un haussement d'épaules, sortit de la chambre.

— Alexis Nilitch lui a même arraché son fouet qu'il a brisé et jeté par la fenêtre; ils ont eu une vive altercation ensemble, ajouta Lipoutine.

— A quoi bon ces bavardages, Lipoutine? C'est bête, à quoi bon? dit Alexis Nilitch en faisant un pas en arrière.

— Pourquoi donc cacher, par modestie, les nobles mouvements de son âme, c'est-à-dire de votre âme? je ne parle pas de la mienne.

— Comme c'est bête... et cela ne sert à rien... Lébiadkine est bête et absolument futile... inutile pour l'action et... tout à fait nuisible. Pourquoi racontez-vous toutes ces choses-là ? Je m'en vais.

— Ah ! quel dommage ! s'écria en souriant Lipoutine, — sans cela, Stépan Trophimovitch, je vous aurais encore amusé avec une petite anecdote. J'étais même venu dans l'intention de vous la raconter, quoique, du reste, vous la connaissiez déjà, j'en suis sûr. Allons, ce sera pour une autre fois, Alexis Nilitch est si pressé..... Au revoir. Il s'agit, dans cette anecdote, de Barbara Pétrovna, elle m'a fait rire avant-hier ! elle m'a envoyé chercher exprès, c'est à se tordre, positivement. Au revoir.

Mais Stépan Trophimovitch le saisit violemment par l'épaule, le ramena de force dans la chambre et le fit asseoir sur une chaise. Lipoutine eut même peur.

— Mais comment donc ? commença-t-il de lui-même, tandis qu'il observait avec une attention inquiète le visage de Stépan Trophimovitch, — elle me fait venir tout à coup chez elle et me demande « confidentiellement » mon opinion personnelle sur l'état mental de Nicolas Vsévolodovitch. N'est-ce pas renversant ?

— Vous avez perdu l'esprit, grommela Stépan Trophimovitch, et, soudain, comme hors de lui, il ajouta :

— Lipoutine, vous le savez trop bien, vous n'êtes venu que pour me communiquer quelque vilenie de ce genre et... pire encore !

Je me rappelai immédiatement ce qu'il m'avait dit peu de jours auparavant : « Non-seulement Lipoutine connaît notre position mieux que nous, mais il sait encore quelque chose que nous-mêmes ne saurons jamais. »

— Allons donc, Stépan Trophimovitch ! balbutia Lipoutine qui paraissait fort effrayé, — allons donc !...

— Trêve de dénégations ! Commencez ! Je vous prie instamment, monsieur Kiriloff, de rentrer aussi dans la chambre, je désire que vous soyez présent ! Asseyez-vous. Et vous, Lipoutine, commencez votre récit franchement, simplement..... n'essayez pas de recourir à des échappatoires !

— Si j'avais su que cela vous ferait tant d'effet, je n'aurais rien dit... Mais je pensais que Barbara Pétrovna elle-même vous avait déjà mis au courant.

— Vous ne pensiez pas cela du tout! Commencez, commencez donc, vous dit-on!

— Mais, vous aussi, asseyez-vous, je vous prie. Je ne pourrai pas parler si vous continuez à vous agiter ainsi devant moi.

Dominant son émotion, Stépan Trophimovitch s'assit avec dignité sur un fauteuil. L'ingénieur regardait le plancher d'un air sombre. Lipoutine le considéra avec une joie maligne.

— Mais je ne sais comment entrer en matière... vous m'avez tellement troublé...

VI

— Tout à coup, avant-hier, elle m'envoie un de ses domestiques avec prière de l'aller voir le lendemain à midi. Pouvez-vous vous imaginer cela? Toute affaire cessante, hier, à midi précis, je me rends chez elle. On m'introduit immédiatement au salon, où je n'ai à attendre qu'une minute : elle entre, m'offre un siége, et s'assied en face de moi. J'osais à peine y croire; vous savez vous-même quelle a toujours été sa manière d'être à mon égard! Elle aborde la question sans préambule, selon sa coutume. « Vous vous rappelez », me dit-elle, « qu'il y a quatre ans, Nicolas Vsévolodovitch, étant malade, a commis quelques actes étranges, dont personne en ville ne savait que penser, jusqu'au moment où tout s'est éclairci. Vous avez vous-même été atteint par un de ces actes. Nicolas Vsévolodovitch, après son retour à la santé, est allé chez vous, sur le désir que je lui en ai témoigné. Je sais aussi qu'auparavant il avait déjà causé plusieurs fois avec vous. Dites-moi franchement et sans détours comment vous... (à cet endroit de son discours sa parole devint hésitante) — comment vous avez trouvé alors Nicolas Vsévolodovitch... Quel effet a-t-il produit sur vous... quelle opinion avez-vous pu vous faire de lui, et... avez-vous maintenant?... » Ici, son embarras fut tel qu'elle dut s'interrompre pendant une minute, et qu'elle rougit tout à coup. J'étais inquiet. Elle reprit d'un ton non pas ému — l'émotion ne lui va pas — mais fort imposant : « Je désire que vous me compreniez bien. Je vous ai envoyé chercher parce que je vous considère comme un homme plein de pénétration et de finesse, capable, par conséquent, de faire des observations exactes. (Comment trouvez-vous ces compliments?) Vous comprendrez aussi sans doute que c'est une mère qui vous parle... Nicolas Vsévolodovitch a éprouvé dans la vie certains malheurs, et traversé plusieurs vicissitudes. Tout cela a pu influer sur l'état de son esprit. Bien entendu, il n'est pas question ici, il ne saurait être question d'aliénation mentale! (Ces mots furent prononcés d'un ton ferme et hautain) Mais il a pu résulter de là quelque chose d'étrange, de particulier, un certain tour d'idées, une disposition à voir les choses sous un jour spécial. » Ce sont ses expressions textuelles, et j'admirais, Stépan Trophimovitch, avec quelle précision Barbara Pétrovna savait s'expliquer. C'est une dame d'une haute intelligence! « Du moins », continua-t-elle, « j'ai moi-même remarqué chez lui une sorte d'inquiétude constante et une tendance à des inclinations particulières. Mais je suis mère, et vous, vous êtes un étranger; par suite, vous êtes en mesure, avec votre intelligence, de vous former une opinion plus indépendante. Je vous supplie enfin (c'est ainsi qu'elle s'est exprimée : je vous supplie) de me dire toute la vérité, sans aucune réticence, et si, en outre, vous me promettez de ne jamais oublier le caractère confidentiel de cet entretien, vous pouvez compter qu'à l'avenir je ne négligerai aucune occasion de vous témoigner ma reconnaissance ». Eh bien, qu'est-ce que vous en dites?

— Vous... vous m'avez tellement stupéfié..., bégaya Stépan Trophimovitch, — que je ne vous crois pas...

Lipoutine n'eut pas l'air de l'avoir entendu.

— Non, notez encore ceci, poursuivit-il, il fallait qu'elle fût joliment inquiète et agitée pour avoir adressé, elle si grande dame, une pareille question à un homme comme moi, et pour s'être abaissée même jusqu'à me demander le secret. Qu'est-ce qu'il y a donc? Aurait-on appris quelque nouvelle inattendue concernant Nicolas Vsévolodovitch?

— Je ne sais... aucune nouvelle... je n'ai pas vu Barbara Pétrovna depuis plusieurs jours... balbutia Stépan Trophimovitch, qui évidemment avait peine à renouer le fil de ses idées, — mais je vous ferai observer, Lipoutine... je vous ferai observer que, si l'on vous a parlé en confidence, et qu'à présent devant tout le monde vous...

— Tout à fait en confidence! Que la foudre me frappe si je mens! Voilà si je... Mais puisque c'est ici... eh bien, qu'est-ce que cela fait? Voyons, nous tous, ici présents, y compris même Alexis Nilitch, est-ce que nous sommes des étrangers?

— Je ne partage pas cette manière de voir; sans doute, nous sommes ici trois qui garderons le silence, mais pour ce qui est de vous, je ne crois pas du tout à votre discrétion.

— Que dites-vous donc? Je suis plus intéressé que personne à me taire, puisqu'on m'a promis une reconnaissance éternelle! Et, tenez, je voulais justement, à ce propos, vous signaler un cas extrêmement étrange, plutôt psychologique, pour ainsi dire, que simplement étrange. Hier soir, encore tout remué par mon entretien avec Barbara Pétrovna (vous pouvez vous figurer vous-même quelle impression il a produite sur moi), je questionnai Alexis Nilitch : Vous avez connu, lui dis-je, Nicolas Vsévolodovitch tant à l'étranger qu'à Pétersbourg, comment le trouvez-vous sous le rapport de l'esprit et des facultés? Il me répond laconiquement, à sa manière, que c'est un homme d'un esprit fin et d'un jugement sain. Mais, reprends-je, n'avez-vous jamais remarqué chez lui une certaine déviation d'idées, un tour d'esprit particulier, comme qui dirait une sorte de folie? Bref, je répète la question que m'avait posée Barbara Pétrovna elle-même. Alors, figurez-vous, je vois Alexis Nilitch devenir tout à coup pensif et faire une mine refrognée, tenez, tout à fait comme à présent. « Oui, dit-il, quelque chose m'a parfois paru étrange. » Or, pour qu'une chose paraisse étrange à Alexis Nilitch, il ne faut pas demander si elle doit l'être, n'est-ce pas?

— C'est vrai? fit Stépan Trophimovitch en s'adressant à l'ingénieur.

Celui-ci releva brusquement la tête, ses yeux étincelaient.

— Je désirerais ne pas parler de cela, répondit-il, — je veux contester votre droit, Lipoutine. Vous n'avez nullement le droit d'invoquer mon témoignage. Je suis loin de vous avoir dit toute ma pensée. J'ai fait la connaissance de Nicolas Vsévolodovitch à Pétersbourg, mais il y a longtemps de cela, et, quoique je l'aie revu depuis, je le connais fort peu. Je vous prie de me laisser en dehors de vos cancans.

Lipoutine écarta les bras comme un innocent injustement accusé.

— Moi un cancanier! Pourquoi pas tout de suite un espion? Vous l'avez belle, Alexis Nilitch, à critiquer les autres quand vous vous tenez en dehors de tout. Voilà le capitaine Lébiadkine, vous ne sauriez croire, Stépan Trophimovitch, à quel point il est bête, on n'ose même pas le dire; il y a en russe une comparaison qui exprime ce degré de bêtise. Il croit, lui aussi, avoir à se plaindre de Nicolas Vsévolodovitch, dont il reconnaît cependant la supériorité intellectuelle. « Cet homme m'étonne, dit-il, c'est un très-sage serpent. » Telles sont ses propres paroles. Hier, je l'interroge à son tour (j'étais toujours sous l'influence de ma conversation avec Barbara Pétrovna, et je songeais aussi à ce que m'avait dit Alexis Nilitch). « Eh bien, capitaine, lui dis-je, qu'est-ce que vous pensez de votre très-sage serpent ? Est-il fou, ou ou non ? » A ces mots, le croiriez-vous ? il sursauta comme si je lui avais soudain asséné, sans sa permission, un coup de fouet par derrière. « Oui, répondit-il, oui, seulement cela ne peut influer... » sur quoi ? il ne l'a pas dit, mais ensuite il est tombé dans une rêverie si profonde et si sombre que son ivresse s'est dissipée. Nous étions alors attablés au traktir Philippoff. Une demi-heure se passa ainsi, puis, brusquement, il déchargea un coup de poing sur la table. « Oui, dit-il, il est fou, seulement cela ne peut pas influer... » Et de nouveau il laissa sa phrase inachevée. Naturellement, je ne vous donne qu'un extrait de notre conversation, mais la pensée est facile à comprendre : interrogez qui vous voulez, vous retrouvez chez tous la même idée, et pourtant, autrefois, cette idée-là n'était venue à l'esprit de personne : « Oui, dit-on, il est fou ; c'est un homme fort intelligent, mais il peut être fou tout de même. »

Stépan Trophimovitch restait soucieux.

— Et comment Lébiadkine connaît-il Nicolas Vsévolodovitch ?

— Vous pourriez le demander à Alexis Nilitch, qui tout à l'heure, ici, m'a traité d'espion. Moi, je suis un espion et je ne sais rien, mais Alexis Nilitch connaît le fond des choses et se tait.

— Je ne sais rien ou presque rien, répliqua avec irritation l'ingénieur, — vous payez à boire à Lébiadkine pour lui tirer les vers du nez. Vous m'avez amené ici pour me faire parler. Donc vous êtes un espion !

— Je ne lui ai pas encore payé à boire, j'estime que le jeu n'en vaudrait pas la chandelle ; j'ignore quelle importance ses secrets ont pour vous, mais pour moi ils n'en ont aucune. Au contraire, c'est lui qui me régale de champagne et non moi qui lui en paye. Il y a une douzaine de jours, il est venu me demander quinze kopeks, et maintenant il jette l'argent par les fenêtres. Mais vous me donnez une idée et, s'il le faut, je lui payerai à boire, précisément pour arriver à connaître tous vos petits secrets... répondit aigrement Lipoutine.

Stépan Trophimovitch considérait avec étonnement ces deux visiteurs qui le rendaient témoin de leur dispute. Je me doutais que Lipoutine nous avait amené cet Alexis Nilitch exprès pour lui faire arracher par un tiers ce que lui-même avait envie de savoir ; c'était sa manœuvre favorite.

— Alexis Nilitch connaît très-bien Nicolas Vsévolodovitch, poursuivit-il avec colère, seulement il est cachottier. Quant au capitaine Lébiadkine au sujet de qui vous m'interrogiez, il l'a connu avant nous tous ; leurs relations remontent à cinq ou six ans ; ils se sont rencontrés à Pétersbourg à l'époque où Nicolas Vsévolodovitch menait une existence peu connue et ne pensait pas encore à nous favoriser de sa visite. Il faut supposer que notre prince choisissait assez singulièrement sa société dans ce temps-là. C'est aussi alors, paraît-il, qu'il a fait la connaissance d'Alexis Nilitch.

— Prenez garde, Lipoutine, je vous avertis que Nicolas Vsévolodovitch va bientôt venir ici et qu'il ne fait pas bon se frotter à lui.

— Qu'est-ce que je dis ? Je suis le premier à proclamer que c'est un homme d'un esprit très-fin et très-distingué ; j'ai donné hier à Barbara Pétrovna les assurances les plus complètes sous ce rapport. « Par exemple, ai-je ajouté, je ne puis répondre de son caractère » Lébiadkine m'a parlé hier dans le même sens : « J'ai souffert de son caractère », m'a-t-il dit. Eh ! Stépan Trophimovitch, vous avez bonne grâce à me traiter de cancanier et d'espion quand c'est vous-même, remarquez-le, qui m'avez forcé à vous raconter tout cela. Voyez-vous, hier, Barbara Pétrovna a touché le vrai point : « Vous avez été personnellement intéressé dans l'affaire, m'a-t-elle dit, voilà pourquoi je m'adresse à vous. » En effet, c'est bien le moins que je puisse m'occuper de Nicolas Vsévolodovitch après avoir dévoré une insulte personnelle qu'il m'a faite devant toute la société. Dans ces conditions, il me semble que, sans être cancanier, j'ai bien le droit de m'intéresser à ses faits et gestes. Aujourd'hui il vous serre la main, et demain, sans rime ni raison, en remercîment de votre hospitalité, il vous soufflette sur les deux joues devant toute l'honorable société, pour peu que la fantaisie lui en vienne. C'est un homme gâté par la fortune! Mais surtout c'est un enragé coureur, un Petchorine[1]! Vous qui n'êtes pas marié, Stépan Trophimovitch, vous l'avez belle à me traiter de cancanier parce que je m'exprime ainsi sur le compte de Son Excellence. Mais si jamais vous épousiez une jeune et jolie femme, — vous êtes encore assez vert pour cela, — je vous conseillerais de bien fermer votre porte à notre prince, et de vous barricader dans votre maison. Tenez, cette mademoiselle Lébiadkine à qui l'on donne le fouet, n'était qu'elle est folle et bancale, je croirais vraiment qu'elle a été aussi victime des passions de notre général, et que le capitaine fait allusion à cela quand il dit qu'il a été blessé « dans son honneur de famille. » A la vérité, cette conjecture s'accorde peu avec le goût délicat de Nicolas Vsévolodovitch, mais ce n'est pas une raison pour l'écarter *à priori* : quand ces gens-là ont faim, ils mangent le premier fruit que le hasard met à leur portée. Vous allez encore dire que je fais des cancans, mais est-ce que je crie cela? C'est le bruit public, je me borne à écouter ce que crie toute la ville et à dire oui : il n'est pas défendu de dire oui.

— La ville crie? A propos de quoi?

— C'est-à-dire que c'est le capitaine Lébiadkine qui va crier par toute la ville quand il est ivre, mais n'est-ce pas la même chose que si toute la place criait? En quoi suis-je coupable? Je ne m'entretiens de cela qu'avec des amis, car, ici, je crois me trouver avec des amis, ajouta Lipoutine en nous regardant d'un air innocent. — Voici le cas qui vient de se produire : Son Excellence étant en Suisse a, paraît-il, fait parvenir trois cents roubles au capitaine Lébiadkine

---

[1] Ce nom, emprunté au célèbre ouvrage de Lermontoff : *le Héros de notre temps*, est devenu en Russie synonyme de Don Juan.

par l'entremise d'une demoiselle très comme il faut, d'une modeste orpheline, pour ainsi dire, que j'ai l'honneur de connaître. Or, peu de temps après, Lébiadkine a appris d'un monsieur que je ne veux pas nommer, mais qui est aussi très comme il faut et partant très-digne de foi, que la somme envoyée s'élevait à mille roubles et non à trois cents!... Maintenant donc Lébiadkine crie partout que cette demoiselle lui a volé sept cents roubles, et il va la traîner devant les tribunaux, du moins il menace de le faire, il clabaude dans toute la ville...

— C'est une infamie, une infamie de votre part! vociféra l'ingénieur qui se leva brusquement.

— Mais, voyons, vous-même êtes ce monsieur très comme il faut à qui je faisais allusion. C'est vous qui avez affirmé à Lébiadkine, au nom de Nicolas Vsévolodovitch, que ce dernier lui avait expédié non pas trois cents roubles, mais mille. Le capitaine lui-même me l'a raconté étant ivre.

— C'est... c'est un déplorable malentendu. Quelqu'un s'est trompé, et il est arrivé que... Cela ne signifie rien, et vous commettez une infamie!...

— Oui, je veux croire que cela ne signifie rien; pourtant, vous aurez beau dire, le fait n'en est pas moins triste, car voilà une demoiselle très comme il faut, qui est d'une part accusée d'un vol de sept cents roubles, et d'autre part convaincue de relations intimes avec Nicolas Vsévolodovitch. Mais qu'est-ce qu'il en coûte à Son Excellence de compromettre une jeune fille ou de perdre de réputation une femme mariée, comme le cas s'est produit pour moi autrefois? On a sous la main un homme plein de magnanimité, et on lui fait couvrir de son nom honorable les péchés d'autrui. Tel est le rôle que j'ai joué; c'est de moi que je parle...

Stépan Trophimovitch pâlissant se souleva de dessus son fauteuil.

— Prenez garde, Lipoutine! fit-il.

— Ne le croyez pas, ne le croyez pas! Quelqu'un s'est trompé, et Lébiadkine est un ivrogne... s'écria l'ingénieur en proie à une agitation inexprimable, tout s'expliquera, mais je ne puis plus... et je considère comme une bassesse... assez assez!

Il sortit précipitamment.

— Qu'est-ce qui vous prend? Je vais avec vous! cria Lipoutine inquiet, et il s'élança hors de la chambre à la suite d'Alexis Nilitch.

VII

Stépan Trophimovitch resta indécis pendant une minute et me regarda, probablement sans me voir; puis, prenant sa canne et son chapeau, il sortit sans bruit de la chambre. Je le suivis comme tantôt. En mettant le pied dans la rue il m'aperçut à côté de lui et me dit :

— Ah! oui, vous pouvez être témoin... de l'accident. Vous m'accompagnerez, n'est-ce pas?

— Stépan Trophimovitch, est-il possible que vous retourniez encore là? songez-y, que peut-il résulter de cette démarche?

Il s'arrêta un instant, et, avec un sourire navré dans lequel il y avait de la honte et du désespoir, mais aussi une sorte d'exaltation étrange, il me dit à voix basse :

— Je ne puis pas épouser « les péchés d'autrui »!

C'était le mot que j'attendais. Enfin lui échappait, après toute une semaine de tergiversations et de grimaces, le secret dont il avait tant tenu à me dérober la connaissance. Je ne pus me contenir.

— Et une pensée si honteuse, si... basse, a pu trouver accès chez vous, Stépan Trophimovitch, dans votre esprit éclairé, dans votre brave cœur, et cela... avant même la visite de Lipoutine!

Il me regarda sans répondre et poursuivit son chemin. J

ne voulais pas en rester là. Je voulais porter témoignage contre lui devant Barbara Pétrovna.

Qu'avec sa facilité à croire le mal il eût simplement ajouté foi aux propos d'une mauvaise langue, je le lui aurais encore pardonné, mais non, il était clair maintenant que lui-même avait eu cette idée longtemps avant l'arrivée de Lipoutine : ce dernier n'avait fait que confirmer des soupçons antérieurs et verser de l'huile sur le feu. Dès le premier jour, sans motif aucun, avant même les prétendues raisons fournies par Lipoutine, Stépan Trophimovitch n'avait pas hésité à incriminer *in petto* la conduite de Dacha. Il ne s'expliquait les agissements despotiques de Barbara Pétrovna que par son désir ardent d'effacer au plus tôt les peccadilles aristocratiques de son inappréciable Nicolas en mariant la jeune fille à un homme respectable! Je voulais absolument qu'il fût puni d'une telle supposition.

— O Dieu qui es si grand et si bon! Oh! qui me rendra la tranquillité? soupira-t-il en s'arrêtant tout à coup après avoir fait une centaine de pas.

— Rentrez immédiatement chez vous, et je vous expliquerai tout! criai-je en lui faisant faire demi-tour dans la direction de sa demeure.

— C'est lui! Stépan Trophimovitch, c'est vous? Vous?

Fraîche, vibrante, juvénile, la voix qui prononçait ces mots résonnait à nos oreilles comme une musique.

Nous ne voyions rien, mais soudain apparut à côté de nous une amazone, c'était Élisabeth Nikolaïevna accompagnée de son cavalier habituel. Elle arrêta sa monture.

— Venez, venez vite! cria-t-elle gaiement, — je ne l'avais pas vu depuis douze ans et je l'ai reconnu, tandis que lui... Est-il possible que vous ne me reconnaissiez pas?

Stépan Trophimovitch prit la main qu'elle lui tendait et la baisa pieusement. Il regarda la jeune fille avec une expression extatique, sans pouvoir proférer un mot.

— Il m'a reconnu et il est content! Maurice Nikolaïévitch, il est enchanté de me voir! Pourquoi donc n'êtes-vous pas venu durant ces quinze jours? Tante assurait que vous étiez malade et qu'on ne pouvait pas aller vous déranger; mais je savais bien que ce n'était pas vrai. Je frappais du pied, je vous donnais tous les noms possibles, mais je voulais absolument que vous vinssiez vous-même le premier, c'est pourquoi je n'ai pas même envoyé chez vous. Mon Dieu, mais il n'est pas du tout changé! ajouta-t-elle en se penchant sur sa selle pour examiner Stépan Trophimovitch, c'est ridicule à quel point il est peu changé! Ah! si fait pourtant, il y a de petites rides, beaucoup de petites rides autour des yeux et sur les tempes; il y a aussi des cheveux blancs, mais les yeux sont restés les mêmes! Et moi, suis-je changée? Suis-je changée? Pourquoi donc vous taisez-vous toujours?

Je me rappelai en ce moment qu'il m'avait raconté comme quoi elle avait pensé être malade quand, à l'âge de onze ans, on l'avait emmenée à Pétersbourg : elle pleurait et demandait sans cesse Stépan Trophimovitch.

— Vous... je... bégaya-t-il dans l'excès de sa joie, — je venais de m'écrier : « Qui me rendra la tranquillité? » lorsque j'ai entendu votre voix... Je considère cela comme un miracle et je commence à croire.

— En Dieu? En Dieu qui est là-haut et qui est si grand et si bon? Voyez-vous, j'ai retenu par cœur toutes vos leçons. Maurice Nikolaïévitch, quelle foi il me prêchait alors en Dieu, qui est si grand et si bon! Et vous rappelez-vous quand vous me parliez de la découverte de l'Amérique, des matelots de Colomb qui criaient : Terre! terre! Mon ancienne bonne Aléna Frolovna dit que la nuit suivante j'ai rêvé et qu'en dormant je criais : Terre! terre! Vous rappelez-vous que vous m'avez raconté l'histoire du prince Hamlet? Et comme vous me décriviez le voyage des pauvres émigrants européens qui vont en Amérique! Vous en souvenez-vous? Il n'y avait pas un mot de vrai dans tout cela, j'ai pu m'en assurer plus tard, mais si vous saviez, Maurice Nikolaïévitch, quelles belles choses il inventait! C'était presque mieux que la vérité! Pourquoi regardez-vous ainsi

Maurice Nikolaïévitch? C'est l'homme le meilleur et le plus sûr qu'il y ait sur le globe terrestre, et il faut absolument que vous l'aimiez comme vous m'aimez! Il fait tout ce que je veux. Mais, cher Stépan Trophimovitch, vous êtes donc encore malheureux pour crier au milieu de la rue : « Qui me rendra la tranquillité? » Vous êtes malheureux, n'est-ce pas? Oui?

— A présent je suis heureux...

— Tante vous fait des misères? — continua-t-elle sans l'écouter, — elle est toujours aussi méchante et aussi injuste, cette inappréciable tante! Vous rappelez-vous le jour où vous vous êtes jeté dans mes bras au jardin et où je vous ai consolé en pleurant?... Mais n'ayez donc pas peur de Maurice Nikolaïévitch, il sait depuis longtemps tout ce qui vous concerne, tout; vous pourrez pleurer tant que vous voudrez sur son épaule, il vous la prêtera fort complaisamment!... Otez votre chapeau pour une minute, levez la tête, dressez-vous sur la pointe des pieds, je veux vous embrasser sur le front, comme je vous ai embrassé la dernière fois, quand nous nous sommes dit adieu. Voyez, cette demoiselle nous regarde par la fenêtre... Allons, plus haut, plus haut; mon Dieu, comme il a blanchi!

Et, se courbant sur sa selle, elle le baisa au front.

— Allons, maintenant retournez chez vous! Je sais où vous demeurez. J'irai vous voir d'ici à une minute. C'est moi qui vous ferai visite la première, entêté que vous êtes! Mais ensuite je veux vous avoir chez moi pour toute une journée. Allez donc vous préparer à me recevoir.

Sur ce, elle piqua des deux, suivie de son cavalier. Nous rebroussâmes chemin. De retour chez lui, Stépan Trophimovitch s'assit sur un divan et fondit en larmes.

— Dieu! Dieu! s'écria-t-il, enfin une minute de bonheur!

Moins d'un quart d'heure après, Élisabeth Nikolaïevna arriva selon sa promesse, escortée de son Maurice Nikolaïévitch.

— Vous et le bonheur, vous arrivez en même temps! dit Stépan Trophimovitch en se levant pour aller au-devant de la visiteuse.

— Voici un bouquet pour vous, je viens de chez madame Chevalier, elle aura des fleurs tout l'hiver. Voici également Maurice Nikolaïévitch, je vous prie de faire connaissance avec lui. J'aurais voulu vous apporter un pâté plutôt qu'un bouquet, mais Maurice Nikolaïévitch prétend que c'est contraire à l'usage russe.

Le capitaine d'artillerie qu'elle appelait Maurice Nikolaïévitch était un grand et bel homme de trente-cinq ans; il avait un extérieur très comme il faut, et sa physionomie imposante paraissait même sévère à première vue. Cependant on ne pouvait l'approcher sans deviner presque aussitôt en lui une bonté étonnante et des plus délicates. Fort taciturne, il semblait très-flegmatique et d'un caractère peu liant. Chez nous, dans la suite, on parla de lui comme d'un esprit borné, ce qui n'était pas tout à fait juste.

Je ne décrirai pas la beauté d'Élisabeth Nikolaïevna. Déjà elle avait arraché un cri d'admiration à toute la ville, quoique certaines de nos dames et de nos demoiselles protestassent avec indignation contre un pareil enthousiasme. Plusieurs parmi elles avaient déjà pris en grippe Élisabeth Nikolaïevna, surtout à cause de sa fierté. Les dames Drozdoff n'avaient encore fait, pour ainsi dire, aucune visite, et, quoique ce retard fût dû en réalité à l'état maladif de Prascovie Ivanovna, on ne laissait pas d'en être mécontent. Un autre grief qu'on avait contre la jeune fille, c'était sa parenté avec la gouvernante; enfin on lui reprochait de monter à cheval tous les jours. On n'avait pas encore vu d'amazones dans notre ville; la société devait naturellement trouver mauvais qu'Élisabeth Nikolaïevna se promenât à cheval avant même d'avoir fait les visites exigées par l'étiquette provinciale. Tout le monde savait, d'ailleurs, que ces promenades lui avaient été ordonnées par les médecins, et, à ce propos, on parlait malignement de son défaut de santé. Elle ne se portait pas bien en effet. Ce qui se remarquait en elle à première vue, c'était une inquiétude maladive et nerveuse, une incessante fébrilité. Hélas! l'infortunée souffrait beaucoup, et tout s'expliqua plus tard. En évoquant aujourd'hui mes souvenirs, je ne dis plus qu'elle était une beauté, bien qu'elle me parût telle alors. Peut-être son physique laissait-il à désirer sur plus d'un point. Grande, mince, mais souple et forte, elle frappait par l'irrégularité de ses traits. Ses yeux étaient disposés un peu obliquement, à la kalmouke; les pommettes de ses joues s'accusaient avec un relief particulier sur son visage maigre et pâle, de la pâleur propre aux brunes; mais il y avait dans ce visage un charme dominateur et attirant. Une sorte de puissance se révélait dans le regard brûlant de ces yeux sombres! Élisabeth Nikolaïevna apparaissait « comme une victorieuse et pour vaincre ». Elle semblait fière, parfois même insolente. J'ignore si la bonté était dans sa nature, je sais seulement qu'elle faisait sur elle-même les plus grands efforts pour être bonne. Sans doute il y avait en elle beaucoup de tendances nobles et d'aspirations élevées, mais l'équilibre manquait à son tempérament moral, et les divers éléments qui le composaient, faute de pouvoir trouver leur assiette, formaient un véritable chaos toujours en ébullition.

Elle s'assit sur un divan et promena ses yeux autour de la chambre.

— D'où vient que, dans de pareils moments, je suis toujours triste? expliquez-moi cela, savant homme! Dieu sait combien je m'attendais à être heureuse lorsqu'il me serait donné de vous revoir, et voilà qu'à présent je n'éprouve guère de joie malgré toute mon affection pour vous... Ah! Dieu, il a mon portrait! Donnez-le-moi, que je voie comment j'étais dans ce temps-là!

Neuf ans auparavant, les Drozdoff avaient envoyé de Pétersbourg à l'ancien précepteur de leur fille une ravissante petite aquarelle représentant Lisa à l'âge de douze ans. Depuis lors ce portrait était toujours resté accroché à un mur chez Stépan Trophimovitch.

— Est-ce que vraiment j'étais si jolie que cela, étant enfant? Est-ce là mon visage?

Elle se leva, et, tenant le portrait à la main, alla se regarder dans une glace.

— Vite, reprenez-le! s'écria-t-elle en rendant l'aquarelle, — ne le remettez pas à sa place maintenant, vous le rependrez plus tard, je ne veux plus l'avoir sous les yeux. — Elle se rassit sur le divan. — Une vie a fini, une autre lui a succédé qui a son tour s'est écoulée comme la première, pour être remplacée par une troisième, et toujours ainsi, et chaque fin est une amputation. Voyez quelles banalités je débite, mais pourtant que cela est vrai!

Elle me regarda en souriant; plusieurs fois déjà elle avait jeté les yeux sur moi, mais Stépan Trophimovitch, dans son agitation, avait oublié sa promesse de me présenter.

— Pourquoi donc mon portrait est-il pendu chez vous sous des poignards? Et pourquoi avez-vous tant d'armes blanches?

Le fait est que Stépan Trophimovitch avait, je ne sais pourquoi, orné son mur d'une petite panoplie consistant en deux poignards croisés l'un contre l'autre au-dessous d'un sabre tcherkesse. Tandis qu'Élisabeth Nikolaïevna posait cette question, son regard était si franchement dirigé sur moi que je faillis répondre; néanmoins, je gardai le silence. A la fin, Stépan Trophimovitch comprit mon embarras et me présenta à la jeune fille.

— Je sais, je sais, dit-elle, — je suis enchantée. Maman a aussi beaucoup entendu parler de vous. Je vous prierai également de faire connaissance avec Maurice Nikolaïévitch, c'est un excellent homme. Je m'étais déjà fait de vous une idée ridicule : vous êtes le confident de Stépan Trophimovitch, n'est-ce pas?

Je rougis.

— Ah! pardonnez-moi, je vous prie, je ne voulais pas dire cela, j'ai pris un mot pour un autre; ce n'est pas ridicule du tout, mais... (elle rougit et se troubla). — Du reste, pourquoi donc rougiriez-vous d'être un brave homme? Allons, il est temps de partir, Maurice Nikolaïévitch! Stépan Trophimovitch, il faut que vous soyez chez nous dans une demi-heure! Mon Dieu, que de choses nous nous dirons! Dès maintenant, je suis votre confidente, et vous me raconterez *tout*, vous entendez?

A ces mots, l'inquiétude se manifesta sur le visage de Stépan Trophimovitch.

— Oh! Maurice Nikolaïévitch sait tout, sa présence ne doit pas vous gêner.

— Que sait-il donc?

— Mais qu'est-ce que vous avez? fit avec étonnement Élisabeth Nikolaïevna. — Bah! c'est donc vrai qu'on le cache? Je ne voulais pas le croire. On cache aussi Dacha. Tante m'a empêchée d'aller voir Dacha, sous prétexte qu'elle avait mal à la tête.

— Mais... mais comment avez-vous appris...?

— Ah! mon Dieu, comme tout le monde. Cela n'était pas bien malin!

— Mais est-ce que tout le monde...?

— Eh! comment donc? Maman, à la vérité, a d'abord su la chose par Aléna Frolovna, ma bonne, à qui votre Nastasia avait couru tout raconter. Vous en avez parlé à Nastasia? Elle dit tenir tout cela de vous-même.

— Je... je lui en ai parlé une fois... balbutia Stépan Trophimovitch devenu tout rouge, — mais... je me suis exprimé en termes vagues..... j'étais si nerveux, si malade, et puis...

Elle se mit à rire.

— Et puis, vous n'aviez pas de confident sous la main, et Nastasia s'est trouvée là pour en tenir lieu, — allons, cela se comprend! Mais Nastasia est en rapport avec tout un monde de commères! Eh bien, après tout, quel mal y a-t-il à ce qu'on sache cela? c'est même préférable. Ne tardez pas à arriver, nous dînons de bonne heure..... Ah! j'oubliais..... ajouta-t-elle en se rasseyant, dites-moi, qu'est-ce que c'est que Chatoff?

— Chatoff? C'est le frère de Daria Pavlovna...

— Cela, je le sais bien; que vous êtes drôle, vraiment!

interrompit-elle avec impatience. Je vous demande quelle espèce d'homme c'est.

— C'est un songe-creux d'ici. C'est le meilleur et le plus irascible des hommes.

— J'ai moi-même entendu parler de lui comme d'un type un peu étrange. Du reste, il ne s'agit pas de cela. Il sait, m'a-t-on dit, trois langues, notamment l'anglais, et il peut s'occuper d'un travail littéraire. En ce cas, j'aurais beaucoup de besogne pour lui; il me faut un collaborateur, et plus tôt je l'aurai, mieux cela vaudra. Acceptera-t-il ce travail? On me l'a recommandé.....

— Oh! certainement, et vous ferez une bonne action.....

— Ce n'est nullement pour faire une bonne action, c'est parce que j'ai besoin de quelqu'un.

— Je connais assez bien Chatoff, et, si vous avez quelque chose à lui faire dire, je vais me rendre chez lui à l'instant même, proposai-je.

— Dites-lui de venir chez nous demain à midi. Voilà qui est parfait! Je vous remercie. Maurice Nikolaïévitch, vous êtes prêt?

Ils sortirent. Naturellement, je n'eus rien de plus pressé que de courir chez Chatoff. Stépan Trophimovitch s'élança à ma suite et me rejoignit sur le perron.

— Mon ami, me dit-il, — ne manquez pas de passer chez moi à dix heures ou à onze, quand je serai rentré. Oh! j'ai trop de torts envers vous et... envers tous, envers tous.

VIII

Je ne trouvai pas Chatoff chez lui; je revins deux heures après et ne fus pas plus heureux. Enfin, vers huit heures, je fis une dernière tentative, décidé, si je ne le rencontrais pas, à lui laisser un mot; cette fois encore, il était absent. Sa porte était fermée, et il vivait seul, sans domestique. Je pensai à frapper en bas et à m'informer de Chatoff chez le capitaine Lébiadkine; mais le logement de ce dernier était fermé aussi, et paraissait vide : on n'y apercevait aucune lumière, on n'y entendait aucun bruit. En passant devant la porte du capitaine, j'éprouvai une certaine curiosité, car les récits de Lipoutine me revinrent alors à l'esprit. Je résolus de repasser le lendemain de grand matin. Connaissant l'entêtement et la timidité de Chatoff, je ne comptais pas trop, à vrai dire, sur l'effet de mon billet. Au moment où, maudissant ma malechance, je sortais de la maison, je rencontrai tout à coup M. Kiriloff qui y entrait. Il me reconnut le premier. En réponse à ses questions, je lui appris sommairement le motif qui m'avait amené, et lui parlai de ma lettre.

— Venez avec moi, dit-il, — je ferai tout.

Je me rappelai ce qu'avait raconté Lipoutine : en effet, l'ingénieur avait loué depuis le matin un pavillon en bois dans la cour. Ce logement, trop vaste pour un homme seul, il le partageait avec une vieille femme sourde qui faisait son ménage. Le propriétaire de l'immeuble possédait dans une autre rue une maison neuve dont il avait fait un traktir, et il avait laissé cette vieille, — sans doute une de ses parentes, — pour le remplacer dans sa maison de la rue de l'Épiphanie. Les chambres du pavillon étaient assez propres, mais la tapisserie était sale. La pièce où nous entrâmes ne contenait que des meubles de rebut achetés d'occasion : deux tables de jeu, une commode en bois d'aune, une grande table en bois blanc, provenant sans doute d'une izba ou d'une cuisine quelconque, des chaises et un divan avec des dossiers à claire-voie, et de durs coussins de cuir. Dans un coin se trouvait un icone devant lequel la femme, avant notre arrivée, avait allumé une lampe. Aux murs étaient pendus deux grands portraits à l'huile; ces toiles enfumées représentaient, l'une l'empereur Nicolas Pavlovitch, l'autre je ne sais quel évêque.

En entrant, M. Kiriloff alluma une bougie; sa malle, qu'il n'avait pas encore défaite, était dans un coin; il y alla prendre un bâton de cire à cacheter, une enveloppe et un cachet en cristal.

— Cachetez votre lettre et mettez l'adresse.

Je répliquai que ce n'était pas nécessaire, mais il insista. Après avoir écrit l'adresse sur l'enveloppe, je pris ma casquette.

— Mais je pensais que vous prendriez du thé, dit-il, — j'ai acheté du thé, en voulez-vous?

Je ne refusai pas. La femme ne tarda point à arriver, apportant une énorme théière pleine d'eau chaude, une petite pleine de thé, deux grandes tasses de grès grossièrement peinturlurées, du pain blanc et une assiette couverte de morceaux de sucre.

— J'aime le thé, dit M. Kiriloff, — j'en bois la nuit en me promenant jusqu'à l'aurore. A l'étranger, il n'est pas facile d'avoir du thé la nuit.

— Vous vous couchez à l'aurore?

— Toujours, depuis longtemps. Je mange peu, c'est toujours du thé que je prends. Lipoutine est rusé, mais impatient.

Je remarquai avec surprise qu'il avait envie de causer; je résolus de profiter de l'occasion.

— Il s'est produit tantôt de fâcheux malentendus, observai-je.

Son visage se refrogna.

— C'est une bêtise, ce sont de purs riens. Tout cela n'a aucune importance, attendu que Lébiadkine est un ivrogne. Je n'ai pas parlé à Lipoutine, je ne lui ai dit que des choses insignifiantes; c'est là-dessus qu'il a brodé toute une histoire. Lipoutine a beaucoup d'imagination : avec des riens il a fait des montagnes. Hier, je croyais à Lipoutine.

— Et aujourd'hui, à moi? fis-je en riant.

— Mais vous savez tout depuis tantôt. Lipoutine est ou faible, ou impatient, ou nuisible, ou... envieux.

Ce dernier mot me frappa.

— Du reste, vous établissez tant de catégories qu'il doit probablement rentrer dans l'une d'elles.

— Ou dans toutes à la fois.

— C'est encore possible. Lipoutine est un chaos. C'est vrai qu'il a blagué, tantôt, quand il a parlé d'un ouvrage que vous seriez en train d'écrire?

L'ingénieur fronça de nouveau les sourcils et se mit à considérer le parquet.

— Pourquoi donc a-t-il blagué?

Je m'excusai et me défendis de toute curiosité indiscrète. M. Kiriloff rougit.

— Il a dit la vérité; j'écris. Mais tout cela est indifférent.

Nous nous tûmes pendant une minute. Tout à coup je vis reparaître sur son visage le sourire enfantin que j'avais déjà observé chez lui.

— Il a mal compris. Je cherche seulement les causes pour lesquelles les hommes n'osent pas se tuer; voilà tout. Du reste, cela aussi est indifférent.

— Comment, ils n'osent pas se tuer? Vous trouvez qu'il y a peu de suicides?

— Fort peu.

— Vraiment, c'est votre avis?

Sans répondre, il se leva et, rêveur, commença à se promener de long en large dans la chambre.

— Qu'est-ce donc qui, selon vous, empêche les gens de se suicider? demandai-je.

Il me regarda d'un air distrait comme s'il cherchait à se rappeler de quoi nous parlions.

— Je... je ne le sais pas encore bien... deux préjugés les arrêtent, deux choses; il n'y en a que deux, l'une est fort insignifiante, l'autre très-sérieuse. Mais la première ne laisse pas elle-même d'avoir beaucoup d'importance.

— Quelle est-elle?

— La souffrance.

— La souffrance? Est-il possible qu'elle joue un si grand rôle... dans ce cas?

— Le plus grand. Il faut distinguer : il y a des gens qui se tuent sous l'influence d'un grand chagrin, ou par colère ou parce qu'ils sont fous, ou parce que tout leur est égal. Ceux-là se donnent la mort brusquement et ne pensent guère à la souffrance. Mais ceux qui se suicident par raison y pensent beaucoup.

— Est-ce qu'il y a des gens qui se suicident par raison?

— Un très-grand nombre. N'étaient les préjugés, il y en aurait encore plus : ce serait la majorité, ce serait tout le monde.

— Allons donc, tout le monde?

L'ingénieur ne releva pas cette observation.

— Mais n'y a-t-il pas des moyens de se donner la mort sans souffrir?

— Représentez-vous, dit-il en s'arrêtant devant moi, une pierre de la grosseur d'une maison de six étages, supposez-la suspendue au-dessus de vous : si elle vous tombe sur la tête, aurez-vous mal?

— Une pierre grosse comme une maison? sans doute c'est effrayant.

— Je ne parle pas de la frayeur; aurez-vous mal?

— Une pierre de la grosseur d'une montagne? une pierre d'un million de pouds[1]? naturellement je ne souffrirai pas.

— Mais, tant qu'elle restera suspendue au-dessus de vous, vous aurez grand'peur qu'elle ne vous fasse mal. Personne, pas même l'homme le plus savant, ne pourra se défendre de cette impression. Chacun saura que la chute de la pierre n'est pas douloureuse, et chacun la craindra comme une souffrance extrême.

— Eh bien, et la seconde cause, celle que vous avez déclarée sérieuse?

— C'est l'autre monde.

— C'est-à-dire la punition?

---

[1] Le poud équivaut à peu près à 20 kilogrammes.

— Cela, ce n'est rien. L'autre monde tout simplement.

— Est-ce qu'il n'y a pas des athées qui ne croient pas du tout à l'autre monde?

M. Kiriloff ne répondit pas.

— Vous jugez peut-être d'après vous?

— On ne peut jamais juger que d'après soi, dit-il en rougissant. — La liberté complète existera quand il sera indifférent de vivre ou de ne pas vivre. Voilà le but de tout.

— Le but? Mais alors personne ne pourra et ne voudra vivre?

— Personne, reconnut-il sans hésitation.

— L'homme a peur de la mort parce qu'il aime la vie, voilà comme je comprends la chose, observai-je, et la nature l'a voulu ainsi.

— C'est une lâcheté greffée sur une imposture! répliqua-t-il avec un regard flamboyant. — La vie est une souffrance, la vie est une crainte, et l'homme est un malheureux. Maintenant il n'y a que souffrance et crainte. Maintenant l'homme aime la vie parce qu'il aime la souffrance et la crainte. C'est ainsi qu'on l'a fait. On donne maintenant la vie pour une souffrance et une crainte, ce qui est un mensonge. L'homme d'à présent n'est pas encore ce qu'il doit être. Il viendra un homme nouveau, heureux et fier. Celui à qui il sera égal de vivre ou de ne pas vivre, celui-là sera l'homme nouveau. Celui qui vaincra la souffrance et la crainte, celui-là sera dieu. Et l'autre Dieu n'existera plus.

— Alors vous croyez à son existence?

— Il existe sans exister. Dans la pierre il n'y a pas de souffrance, mais il y en a une dans la crainte de la pierre. Dieu est la souffrance que cause la crainte de la mort. Qui triomphera de la souffrance et de la crainte deviendra lui-même dieu. Alors commencera une nouvelle vie, un nouvel homme, une rénovation universelle... Alors on partagera l'histoire en deux périodes: depuis le gorille jusqu'à l'anéantissement de Dieu, et depuis l'anéantissement de Dieu jusqu'au...

— Jusqu'au gorille?

— Jusqu'au changement physique de l'homme et de la terre. L'homme sera dieu et changera physiquement. Une transformation s'opérera dans le monde, dans les pensées, les sentiments, les actions. Croyez-vous qu'alors l'homme ne subira pas un changement physique?

— S'il devient indifférent de vivre ou de ne pas vivre, tout le monde se tuera, et voilà peut-être en quoi consistera le changement.

— Cela ne fait rien. On tuera, le mensonge. Quiconque aspire à la principale liberté ne doit pas craindre de se tuer. Qui ose se tuer a découvert où gît l'erreur. Il n'y a pas de liberté qui dépasse cela; tout est là, et au delà il n'y a rien. Qui ose se tuer est dieu. A présent chacun peut faire qu'il n'y ait plus ni Dieu, ni rien. Mais personne ne l'a encore fait.

— Il y a eu des millions de suicidés.

— Mais jamais ils ne se sont inspirés de ce motif; toujours ils se sont donné la mort avec crainte et non pour tuer la crainte. Celui qui se tuera pour tuer la crainte, celui-là deviendra dieu aussitôt.

— Il n'en aura peut-être pas le temps, remarquai-je.

— Cela ne fait rien, répondit M. Kiriloff avec une fierté tranquille et presque dédaigneuse. — Je regrette que vous ayez l'air de rire, ajouta-t-il une demi-minute après.

— Et moi, je m'étonne que vous, si irascible tantôt, vous soyez maintenant si calme, nonobstant la chaleur avec laquelle vous parlez.

— Tantôt? Tantôt c'était ridicu'e, reprit-il avec un sourire; — je n'aime pas à quereller et je ne me le permets jamais, ajouta-t-il d'un ton chagrin.

— Elles ne sont pas gaies, les nuits que vous passez à boire du thé.

Ce disant, je me levai et pris ma casquette.

— Vous croyez? fit l'ingénieur en souriant d'un air un peu étonné, pourquoi donc? Non, je..... je ne sais comment font les autres, mais je sens que je ne puis leur ressembler. Chacun pense successivement à diverses choses; moi, j'ai toujours la même idée dans l'esprit, et il m'est impossible de penser à une autre. Dieu m'a tourmenté toute ma vie, acheva-t-il avec une subite et singulière expansion.

— Permettez-moi de vous demander pourquoi vous parlez si mal le russe. Se peut-il qu'un séjour de cinq ans à l'étranger vous ait fait oublier à ce point votre langue maternelle?

— Est-ce que je parle mal? Je n'en sais rien. Non, ce n'est pas parce que j'ai vécu à l'étranger. J'ai parlé ainsi toute ma vie... Cela m'est égal.

— Encore une question, celle-ci est plus délicate : je suis persuadé que vous disiez vrai quand vous déclariez avoir peu de goût pour la conversation. Dès lors, pourquoi vous êtes-vous mis à causer avec moi?

— Avec vous? Vous avez eu tantôt une attitude fort convenable, et vous... du reste, tout cela est indifférent... vous ressemblez beaucoup à mon frère, la ressemblance est frappante, dit-il en rougissant; il est mort il y a sept ans, il était beaucoup plus âgé que moi.

— Il a dû avoir une grande influence sur la tournure de vos idées.

— N-non, il parlait peu; il ne disait rien. Je remettrai votre lettre.

Il m'accompagna avec une lanterne jusqu'à la porte de la maison pour la fermer quand je serais parti. « Assurément il est fou », décidai-je à part moi. Au moment de sortir, je fis une nouvelle rencontre.

IX

Comme j'allais franchir le seuil, je me sentis empoigné tout à coup en pleine poitrine par une main vigoureuse; en même temps quelqu'un criait :

— Qui es-tu? Ami ou ennemi? Réponds!

— C'est un des nôtres, un des nôtres! fit la voix glapissante de Lipoutine, — c'est M. G.....ff, un jeune homme qui a fait des études classiques et qui est en relation avec la plus haute société.

— J'aime qu'on soit en relation avec la société... classique... par conséquent très-instruit... le capitaine en retraite Ignace Lébiadkine, à la disposition du monde et des amis... s'ils sont vrais, s'ils sont vrais, les coquins!

Le capitaine Lébiadkine, dont la taille mesurait deux archines dix verchoks[1], était un gros homme à la tête crépue et au visage rouge; en ce moment, il était tellement ivre qu'il avait peine à se tenir sur ses jambes et parlait avec beaucoup de difficulté. Du reste, j'avais déjà eu auparavant l'occasion de l'apercevoir de loin.

— Ah! encore celui-ci! vociféra-t-il de nouveau à la vue de Kiriloff qui était encore là avec sa lanterne; il leva le poing, mais s'en tint à ce geste.

— Je pardonne en considération du savoir! Ignace Lébiadkine est un homme cultivé...

> L'obus d'un amour aussi brûlant que fol
> Avait éclaté dans le cœur d'Ignace,
> Et tristement séchait sur place
> Le manchot de Sébastopol.

— A la vérité, je n'ai pas été à Sébastopol et je ne suis même pas manchot, mais quels vers! dit-il en avançant vers moi sa trogne enluminée.

— Il n'a pas le temps, il est pressé, il faut qu'il rentre chez lui, fit observer Lipoutine au capitaine, — demain il dira cela à Élisabeth Nikolaïevna.

— A Élisabeth!... reprit Lébiadkine, — attends, ne t'en va pas! Variante:

> Passe au trot d'un cheval fringant
> Une étoile que l'on admire;
> Elle m'adresse un doux sourire,
> L'a-ris-to-cra-tique enfant.

[1] Un mètre 82 centimètres.

« A une étoile-amazone. »

— Mais, voyons, c'est un hymne! C'est un hymne, si tu n'es pas un âne! Ils ne comprennent rien! Attends! fit-il en se cramponnant à mon paletot malgré mes efforts pour me dégager, — dis-lui que je suis un chevalier d'honneur, mais que Dachka... Dachka, avec mes deux doigts je la... c'est une serve, et elle n'osera pas...

Grâce à une violente secousse qui le jeta par terre, je réussis à m'arracher de ses mains et je m'élançai dans la rue. Lipoutine s'accrocha à moi.

— Alexis Nilitch le relèvera. Savez-vous ce que le capitaine Lébiadkine vient de m'apprendre? me dit-il précipitamment, — vous avez entendu ses vers? Eh bien, cette même poésie dédiée à une « étoile-amazone », il l'a signée, mise sous enveloppe, et demain il l'enverra à Élisabeth Nikolaïevna. Quel homme!

— Je parierais qu'il fait cela à votre instigation.

— Vous perdriez! répondit en riant Lipoutine, — il est amoureux comme un matou. Et figurez-vous que cette passion a commencé par la haine. D'abord il détestait Élisabeth Nikolaïevna parce qu'elle s'adonne à l'équitation; il la haïssait au point de l'invectiver à haute voix dans la rue; avant-hier encore, au moment où elle passait à cheval, il lui a lancé une bordée d'injures; — par bonheur, elle ne les a pas entendues, et tout à coup aujourd'hui des vers! Savez-vous qu'il veut risquer une demande en mariage? Sérieusement, sérieusement!

— Je vous admire, Lipoutine : partout où se manigance quelque vilenie de ce genre, on est sûr de retrouver votre main! dis-je avec colère.

— Vous allez un peu loin, monsieur G...ff; n'est-ce pas la peur d'un rival qui agite votre petit cœur?

— Quoi? criai-je en m'arrêtant.

— Pour vous punir, je ne dirai rien de plus! Vous voudriez bien en apprendre davantage, n'est-ce pas? Allons, sachez encore une chose : cet imbécile n'est plus maintenant un simple capitaine, mais un propriétaire de notre province, et même un propriétaire assez important, attendu que dernièrement Nicolas Vsévolodovitch lui a vendu tout son bien évalué, suivant l'ancienne estimation, à deux cents âmes. Dieu est témoin que je ne vous mens pas! J'ai eu tout à l'heure seulement connaissance du fait, mais je le tiens de très-bonne source. Maintenant à vous de découvrir le reste, je n'ajoute plus un mot; au revoir!

X

Stépan Trophimovitch m'attendait avec une impatience extraordinaire. Il était de retour depuis une heure. Je le trouvai comme en état d'ivresse; du moins pendant les cinq premières minutes je le crus ivre. Hélas! sa visite aux dames Drozdoff l'avait mis sens dessus dessous.

— Mon ami, j'ai complétement perdu le fil... J'aime Lise et je continue à vénérer cet ange comme autrefois; mais il me semble qu'elle et sa mère désiraient me voir uniquement pour me faire parler, c'est-à-dire pour m'extirper des renseignements; je pense qu'elles n'avaient pas d'autre but en m'invitant à aller chez elles... C'est ainsi.

— Comment n'êtes-vous pas honteux de dire cela? répliquai-je violemment.

— Mon ami, je suis maintenant tout seul. Enfin, c'est ridicule. Figurez-vous qu'il y a là tout un monde de mystères. Ce qu'elles m'ont questionné à propos de ces nez, de ces oreilles et de divers incidents obscurs survenus à Pétersbourg! Elles n'ont appris que depuis leur arrivée dans notre ville les farces que Nicolas a faites chez nous il y a quatre ans : « Vous étiez ici, vous l'avez vu, est-il vrai qu'il soit fou? » Je ne comprends pas d'où cette idée leur est venue. Pourquoi Prascovie Ivanovna veut-elle absolument que Nicolas soit fou? C'est qu'elle y tient, cette femme, elle y tient! Ce Maurice

Nikolaïévitch est un brave homme tout de même, mais est-ce qu'elle travaillerait pour lui, après qu'elle-même a écrit la première de Paris à cette pauvre amie?... Enfin cette Prascovie est un type, elle me rappelle Korobotchka, l'inoubliable création de Gogol; seulement c'est une Korobotchka en grand, en beaucoup plus grand...

— Allons donc, est-ce possible?

— Si vous voulez, je dirai : en plus petit, cela m'est égal, mais ne m'interrompez pas, vous achèveriez de me dérouter. Elles sont maintenant à couteaux tirés; je ne parle pas de Lise qui est toujours fort bien avec « tante », comme elle dit. Lise est une rusée, et il y a encore quelque chose là. Des secrets. Mais avec la vieille la rupture est complète. Cette pauvre « tante », il est vrai, tyrannise tout le monde... et puis la gouvernante, l'irrévérence de la société, l' « irrévérence » de Karmazinoff, l'idée que son fils est peut-être fou, ce Lipoutine, ce que je ne comprends pas, — bref, elle a dû, dit-on, s'appliquer sur la tête une compresse imbibée de vinaigre. Et c'est alors que nous venons l'assassiner de nos plaintes et de nos lettres .. Oh! combien je l'ai fait souffrir, et dans quel moment! Je suis un ingrat! Imaginez-vous qu'en rentrant j'ai trouvé une lettre d'elle, lisez, lisez! Oh! quelle a été mon ingratitude!

Il me tendit la lettre qu'il venait de recevoir de Barbara Pétrovna. La générale, regrettant sans doute son : « Restez chez vous » du matin, avait cette fois écrit un billet poli, mais néanmoins ferme et laconique. Elle priait Stépan Trophimovitch de venir chez elle après-demain dimanche à midi précis, et lui conseillait d'amener avec lui quelqu'un de ses amis (mon nom était mis entre parenthèses). De son côté elle promettait d'inviter Chatoff, comme frère de Daria Pavlovna. « Vous pourrez recevoir d'elle une réponse définitive : cela vous suffira-t-il? Est-ce cette formalité que vous aviez tant à cœur? »

— Remarquez l'agacement qui perce dans la phrase finale. Pauvre, pauvre amie de toute ma vie! J'avoue que cette décision *inopinée* de mon sort m'a, pour ainsi dire, écrasé... Jusqu'alors j'espérais toujours, mais maintenant tout est dit, je sais que c'est fini ; c'est terrible. Oh! si ce dimanche pouvait ne pas arriver, si les choses pouvaient suivre leur train-train accoutumé...

— Tous ces ignobles commérages de Lipoutine vous ont mis l'esprit à l'envers.

— Vous venez de poser votre doigt d'ami sur un autre endroit douloureux. Ces doigts d'amis sont en général impitoyables, et parfois insensés; pardon, mais, le croirez-vous? j'avais presque oublié tout cela, toutes ces vilenies; c'est à dire que je ne les avais pas oubliées du tout, seulement, bête comme je le suis, pendant tout le temps de ma visite chez Lise, j'ai tâché d'être heureux et je me suis persuadé que je l'étais. Mais maintenant... oh! maintenant je songe à cette femme magnanime, humaine, indulgente pour mes misérables défauts, — je me trompe, elle n'est pas indulgente du tout, mais moi-même, que suis-je avec mon vain et détestable caractère? Un gamin, un être qui a tout l'égoïsme d'un enfant sans en avoir l'innocence. Pendant vingt ans elle a eu soin de moi comme une niania, cette pauvre tante, ainsi que l'appelle gracieusement Lise... Tout à coup, au bout de vingt ans, l'enfant a voulu se marier : eh bien, va, marie-toi. Il écrit, elle répond — avec sa tête dans le vinaigre, et... et voilà que dimanche l'enfant sera un homme marié... Pourquoi moi-même ai-je insisté? Pourquoi ai-je écrit ces lettres? Oui, j'oubliais : Lise adore Daria Pavlovna, elle l'assure du moins. « C'est un ange, dit-elle en parlant d'elle, seulement elle est un peu dissimulée. » Elle et sa mère m'ont conseillé... c'est-à-dire que Prascovie ne m'a rien conseillé. Oh! que de venin il y a dans cette Korobotchka! Et même Lise, ce n'est pas précisément un conseil qu'elle m'a donné. « A quoi bon vous marier? m'a-t-elle dit, c'est assez pour vous des joies de la science. » Là-dessus elle s'est mise à rire. Je le lui ai pardonné, parce qu'elle a aussi sa grosse part de chagrin. Pourtant, m'ont-elles dit, vous ne pouvez pas vous passer de femme. Les infirmités vont venir, il vous faut quelqu'un qui s'occupe de votre santé... Ma foi, moi-même, tout le temps que je suis resté enfermé avec vous, je me disais *in petto* que la Providence m'envoyait Daria Pavlovna au déclin de mes jours orageux, qu'elle s'occuperait de ma santé, qu'elle mettrait de l'ordre dans mon ménage... Il fait si sale chez moi! regardez, tout est en déroute, tantôt j'ai ordonné de ranger, eh bien, voilà encore un livre qui traîne sur le plancher. La pauvre amie se fâchait toujours en voyant la malpropreté de mon logement... Oh! maintenant sa voix ne se fera plus entendre! Vingt ans! Elle reçoit, paraît-il, des lettres anonymes; figurez-vous, Nicolas aurait vendu son bien à Lébiadkine. C'est un monstre; et enfin qu'est-ce que c'est que Lébiadkine? Lise écoute, écoute, oh! il faut la voir écouter! Je lui ai pardonné son rire en remarquant quelle attention elle prêtait à cela, et ce Maurice... je ne voudrais pas être à sa place en ce moment; c'est un brave homme tout de même, mais un peu timide; du reste, que Dieu l'assiste!

La fatigue l'obligea à s'arrêter, d'ailleurs ses idées se troublaient de plus en plus; il baissa la tête, et, immobile, se mit à regarder le plancher d'un air las. Je profitai de son silence pour raconter ma visite à la maison Philippoff; à ce propos, j'émis froidement l'opinion qu'en effet la sœur de Lébiadkine (que je n'avais pas vue) pouvait avoir été victime de Nicolas, à l'époque où celui-ci menait, suivant l'expression de Lipoutine, une existence énigmatique : dès lors, il était fort possible que Lébiadkine reçût de l'argent de Nicolas, mais c'était tout. Quant aux racontars concernant Daria Pavlovna, je les traitai de viles calomnies, en m'autorisant du témoignage d'Alexis Nilitch, dont il n'y avait pas lieu de mettre en doute la véracité. Stépan Trophimovitch m'écouta d'un air distrait, comme si la chose ne l'eût aucunement intéressé. Je lui fis part aussi de ma conversation avec Kiriloff, et j'ajoutai que ce dernier était peut-être fou.

— Il n'est pas fou, mais c'est un homme à idées courtes, — répondit-il avec une sorte d'ennui. Ces gens-là supposent la nature et la société humaine autres que Dieu ne les a faites, et qu'elles ne sont réellement. On coquette avec eux, mais du moins ce n'est pas Stépan Trophimovitch. Je les ai vus dans le temps à Pétersbourg, avec cette chère amie (oh! combien je l'ai offensée alors!), et je n'ai eu peur ni de leurs injures, ni même de leurs éloges. Je ne les crains pas davantage maintenant, mais parlons d'autre chose... Je crois que j'ai fait de terribles sottises; imaginez-vous que j'ai écrit hier à Daria Pavlovna, et... combien je m'en repens!

— Qu'est-ce que vous lui avez donc écrit?

— Oh! mon ami, soyez sûr que j'ai obéi à un sentiment très-noble. Je l'ai informée que j'avais écrit cinq jours auparavant à Nicolas; la délicatesse m'avait aussi inspiré cette démarche.

— A présent, je comprends, fis-je avec véhémence, — de quel droit vous êtes-vous permis de les mettre ainsi tous les deux sur la sellette?

— Mais, mon cher, n'achevez pas de m'écraser, épargnez-moi vos cris; je suis déjà aplati comme... comme une blatte, et enfin je trouve que ma conduite a été pleine de noblesse. Supposez qu'il y ait eu en effet quelque chose... en Suisse... ou un commencement. Je dois, au préalable, interroger leurs cœurs, pour... enfin, pour ne pas me jeter à la traverse de leurs amours, pour ne pas être un obstacle sur leur chemin... Tout ce que j'en ai fait, ç'a été par noblesse d'âme.

— Oh! mon Dieu, que vous avez agi bêtement! ne pus-je m'empêcher de m'écrier.

— Bêtement, bêtement! répéta-t-il avec une sorte de jouissance; jamais vous n'avez rien dit de plus sage, c'était bête, mais que faire? tout est dit. De toute façon, je me marie, dussé-je épouser les « péchés d'autrui », dès lors quel besoin avais-je d'écrire? N'est-il pas vrai?

— Vous revenez encore là-dessus!

— Oh! à présent faites-moi grâce de vos reproches,

vous n'avez plus maintenant devant vous l'ancien Stépan Verkhovensky; celui-là est enterré; enfin tout est dit. D'ailleurs, pourquoi criez-vous? Uniquement parce que vous-même ne vous mariez pas, et que vous n'êtes point dans le cas de porter sur la tête certain ornement. Vous froncez encore le sourcil? Mon pauvre ami, vous ne connaissez pas la femme, et moi je n'ai fait que l'étudier. « Si tu veux vaincre le monde, commence par te vaincre », c'est la seule belle parole qu'ait jamais dite un autre romantique comme vous, Chatoff, mon futur beau-frère. Je lui emprunte volontiers son aphorisme. Eh bien, voilà, je suis prêt à me vaincre, je vais me marier, et pourtant je ne vois pas quelle espèce de victoire je remporterai, sans même parler de celle sur le monde! O mon ami, le mariage, c'est la mort morale de toute âme fière, de toute indépendance. La vie conjugale me pervertira, m'enlèvera mon énergie, mon courage pour le service de la cause; j'aurai des enfants, et, qui pis est, des enfants dont je ne serai pas le père : le sage ne craint pas de regarder la vérité en face... Lipoutine me conseillait tantôt de me barricader pour me mettre à l'abri de Nicolas; il est bête, Lipoutine. La femme trompe même l'œil qui voit tout. Le bon Dieu, en créant la femme, savait sans doute à quoi il s'exposait, mais je suis convaincu qu'elle-même lui a imposé ses idées, qu'elle l'a forcé à la créer avec telle forme et... tels attributs; autrement, qui donc aurait voulu s'attirer tant d'ennuis sans aucune compensation?

Il n'aurait pas été lui-même, s'il n'avait pas lâché quelqu'une de ces faciles plaisanteries voltairiennes, qui étaient si à la mode au temps de sa jeunesse, mais, après s'être ainsi égayé durant une minute, il recommença à broyer du noir.

— Oh! pourquoi faut-il que cette journée d'après-demain arrive! s'écria-t-il tout à coup avec un accent désespéré, — pourquoi n'y aurait-il pas une semaine sans dimanche, si le miracle existe? Voyons, qu'est-ce qu'il en coûterait à la Providence de biffer un dimanche du calendrier, ne fût-ce que pour prouver son pouvoir à un athée? Oh! que je l'ai aimée! Vingt années! Vingt années entières, et jamais elle ne m'a compris!

— Mais de qui parlez-vous? Je ne vous comprends pa non plus! demandai-je avec étonnement.

— Vingt ans! Et pas une seule fois elle ne m'a compris oh! c'est dur! Et se peut-il qu'elle croie que je me marie pa crainte, par besoin? Oh! honte! Tante, tante, c'est pour to que je le fais!... Oh! qu'elle sache, cette tante, qu'elle est l seule femme dont j'aie été épris pendant vingt ans! Elle doi le savoir, sinon cela ne se fera pas, sinon il faudra employer la force pour me traîner sous ce qu'on appelle le viénetz[1]!

C'était la première fois que j'entendais cet aveu qu'il formulait si énergiquement. Je ne cacherai pas que j'eus une terrible envie de rire. Elle était fort déplacée.

Soudain une pensée nouvelle s'offrit à l'esprit de Stépan Trophimovitch.

— A présent je n'ai plus que lui, il est ma seule espérance! s'écria-t-il en frappant tout à coup ses mains l'une contre l'autre, — seul, maintenant, mon pauvre garçon me sauvera, et... Oh! pourquoi donc n'arrive-t-il pas? O mon fils! O mon Petroucha!... Sans doute, je suis indigne du nom de père, je mériterais plutôt celui de tigre, mais... laissez-moi, mon ami, je vais me mettre un moment au lit pour recueillir mes idées. Je suis si fatigué, si fatigué, et vous-même, il est temps que vous alliez vous coucher, voyez-vous, il est minuit...

[1] En Russie, une couronne *(viénetz)* est posée sur la tête des jeunes époux pendant la cérémonie nuptiale.

CHAPITRE IV

LA BOITEUSE.

I

Chatoff ne fit pas la mauvaise tête, et, conformément à ce que je lui avais écrit, alla à midi chez Élisabeth Nikolaïevna. Nous arrivâmes presque en même temps lui et moi; c'était aussi la première fois que je me rendais chez les dames Drozdoff. Elles se trouvaient dans la grande salle avec Maurice Nikolaïévitch, et une discussion avait lieu entre ces trois personnes au moment où nous entrâmes. Prascovie Ivanovna avait prié sa fille de lui jouer une certaine valse, et Lisa s'était empressée de se mettre au piano; mais la mère prétendait que la valse jouée n'était pas celle qu'elle avait demandée. Maurice Nikolaïévitch avait pris parti pour la jeune fille avec sa simplicité accoutumée, et soutenait que Prascovie Ivanovna se trompait; la vieille dame pleurait de colère. Elle était souffrante et marchait même avec difficulté. Ses pieds étaient enflés, ce qui la rendait grincheuse; aussi depuis quelques jours ne cessait-elle de chercher noise à tout son entourage, bien qu'elle eût toujours une certaine peur de Lisa. On fut content de nous voir. Élisabeth Nikolaïevna rougit de plaisir, et, après m'avoir dit merci, sans doute parce que je lui avais amené Chatoff, elle s'avança vers ce dernier en l'examinant d'un œil curieux.

Il était resté sur le seuil, fort embarrassé de sa personne Elle le remercia d'être venu, puis le présenta à sa mère.

— C'est M. Chatoff, dont je vous ai parlé, et voic M. G...ff, un grand ami à moi et à Stépan Trophimovitch Maurice Nikolaïévitch a aussi fait sa connaissance hier.

— Lequel est professeur?

— Mais ni l'un ni l'autre, maman.

— Si fait, tu m'as dis toi-même qu'il viendrait un professeur; ce doit être celui-ci, fit Prascovie Ivanovna er montrant Chatoff avec un air de mépris.

— Je ne vous ai jamais annoncé la visite d'un professeur M. G...ff est au service, et M. Chatoff est un ancien étudiant

— Étudiant, professeur, c'est toujours de l'Université. Il faut que tu aies bien envie de me contredire pour chicaner là-dessus. Mais celui que nous avons vu en Suisse avait des moustaches et une barbiche.

— Maman veut parler du fils de Stépan Trophimovitch, elle lui donne toujours le nom de professeur, dit Lisa qui emmena Chatoff à l'autre bout de la salle et l'invita à s'asseoir sur un divan.

— Quand ses pieds enflent, elle est toujours ainsi, vous comprenez, elle est malade, ajouta à voix basse la jeune fille en continuant à observer avec une extrême curiosité le visiteur, dont l'épi de cheveux attirait surtout son attention.

— Vous êtes militaire? me demanda la vieille dame avec qui Lisa avait eu la cruauté de me laisser en tête-à-tête.

— Non, je sers...

— M. G...ff est un grand ami de Stépan Trophimovitch, se hâta de lui expliquer sa fille.

— Vous servez chez Stépan Trophimovitch? Mais il est aussi professeur?

— Ah! maman, vous n'avez que des professeurs dans l'esprit, je suis sûre que vous en voyez même en rêve, cria Lisa impatientée.

— C'est bien assez d'en voir quand on est éveillé. Mais toi, tu ne sais que faire de l'opposition à ta mère. Vous étiez ici il y a quatre ans, quand Nicolas Vsévolodovitch est revenu de Pétersbourg?

Je répondis affirmativement.

— Il y avait un Anglais ici parmi vous?

— Non, il n'y en avait pas.

Lisa se mit à rire.

— Tu vois bien qu'il n'y avait pas du tout d'Anglais, par conséquent ce sont des mensonges. Barbara Pétrovna et Stépan Trophimovitch mentent tous les deux. Du reste, tout le monde ment.

— Ma tante et Stépan Trophimovitch ont trouvé chez Nicolas Vsévolodovitch de la ressemblance avec le prince Harry mis en scène dans le *Henri IV* de Shakespeare, et maman objecte qu'il n'y avait pas d'Anglais, nous expliqua Lisa.

— Puisqu'il n'y avait pas de Harry, il n'y avait pas d'Anglais. Seul Nicolas Vsévolodovitch a fait des fredaines.

— Je vous assure que maman le fait exprès, crut devoir observer la jeune fille en s'adressant à Chatoff, elle connaît fort bien Shakespeare. Je lui ai lu moi-même le premier acte d'*Othello*, mais maintenant elle souffre beaucoup. Maman, entendez-vous? Midi sonne, il est temps de prendre votre médicament.

— Le docteur est arrivé, vint annoncer une femme de chambre.

— Zémirka, Zémirka, viens avec moi! cria Prascovie Ivanovna en se levant à demi.

Au lieu d'accourir à la voix de sa maîtresse, Zémirka, vieille et laide petite chienne, alla se fourrer sous le divan sur lequel était assise Élisabeth Nikolaïevna.

— Tu ne veux pas? Eh bien, reste là. Adieu, batuchka, je ne connais ni votre prénom, ni votre dénomination patronymique, me dit la vieille dame.

— Antoine Lavrentiévitch...

— Peu importe, ça m'entre par une oreille et ça sort par

l'autre. Ne m'accompagnez pas, Maurice Nikolaïévitch, je n'ai appelé que Zémirka. Grâce à Dieu, je sais encore marcher seule, et demain j'irai me promener.

Elle s'en alla fâchée.

— Antoine Lavrentiévitch, vous causerez pendant ce temps-là avec Maurice Nikolaïévitch; je vous assure que vous gagnerez tous deux à faire plus intimement connaissance ensemble, dit Lisa, et elle adressa un sourire amical au capitaine d'artillerie qui devint rayonnant lorsque le regard de la jeune fille se fixa sur lui. Faute de mieux, force me fut de dialoguer avec Maurice Nikolaïévitch.

II

A ma grande surprise, l'affaire qu'Élisabeth Nikolaïevna avait à traiter avec Chatoff était, en effet, exclusivement littéraire. Je ne sais pourquoi, mais je m'étais toujours figuré qu'elle l'avait fait venir pour quelque autre chose. Comme ils ne se cachaient pas de nous et causaient très-haut, nous nous mîmes, Maurice Nikolaïévitch et moi, à écouter leur conversation, ensuite ils nous invitèrent à y prendre part. Il s'agissait d'un livre qu'Élisabeth Nikolaïevna jugeait utile, et que, depuis longtemps, elle se proposait de publier, mais, vu sa complète inexpérience, elle avait besoin d'un collaborateur. Je fus même frappé du sérieux avec lequel elle exposa son plan à Chatoff. « Sans doute elle est dans les idées nouvelles, pensai-je, ce n'est pas pour rien qu'elle a séjourné en Suisse. » Chatoff écoutait attentivement, les yeux fixés à terre, et ne remarquait pas du tout combien le projet dont on l'entretenait était peu en rapport avec les occupations ordinaires d'une jeune fille de la haute société.

Voici de quel genre était cette entreprise littéraire. Il paraît chez nous, tant dans la capitale qu'en province, une foule de gazettes et de revues qui, chaque jour, donnent connaissance d'une quantité d'événements. L'année se passe, les journaux sont entassés dans les armoires, ou bien on les salit, on les déchire, on les fait servir à toutes sortes d'usages. Beaucoup des incidents rendus publics par la presse produisent une certaine impression et restent dans la mémoire du lecteur, mais avec le temps ils s'oublient. Bien des gens plus tard voudraient se renseigner, mais quel travail pour trouver ce que l'on cherche dans cet océan de papier imprimé, d'autant plus que, souvent, on ne sait ni le jour, ni le lieu, ni même l'année où l'événement s'est passé? Si pour toute une année on rassemblait ces divers faits dans un livre, d'après un certain plan et une certaine idée, en mettant des tables, des index, en groupant les matières par mois et par jour, un pareil recueil pourrait, dans son ensemble, donner la caractéristique de la vie russe durant toute une année, bien que les événements livrés à la publicité soient infiniment peu nombreux en comparaison de tous ceux qui arrivent.

— Au lieu d'une multitude de feuilles, on aura quelques gros volumes, voilà tout, observa Chatoff.

Mais Élisabeth Nikolaïevna défendit son projet avec chaleur, nonobstant la difficulté qu'elle avait à s'exprimer. L'ouvrage, assurait-elle, ne devait pas former plus d'un volume, et même il ne fallait pas que ce volume fût très-gros. Si pourtant on était obligé de le faire gros, du moins il devait être clair; aussi l'essentiel était-il le plan et la manière de présenter les faits. Bien entendu, il ne s'agissait pas de tout recueillir. Les ukases, les actes du gouvernement, les règlements locaux, les lois, tous ces faits, malgré leur importance, ne rentraient pas dans le cadre de la publication projetée. On pouvait laisser de côté bien des choses et se borner à choisir les événements exprimant plus ou moins la vie morale de la nation, la personnalité du peuple russe à un moment donné. Sans doute rien n'était systématiquement exclu du livre, tout y avait sa place : les anecdotes curieuses, les incendies, les dons charitables ou patriotiques, les bonnes ou les mauvaises actions, les paroles et les discours, à la rigueur même le compte rendu des inondations et certains édits du gouvernement, pourvu qu'on prît seulement dans tout cela ce qui peignait l'époque; le tout serait classé dans un certain ordre, avec une intention, une idée éclairant l'ensemble du recueil. Enfin le livre devait être intéressant et d'une lecture facile, indépendamment de son utilité comme répertoire. Ce serait, pour ainsi dire, le tableau de la vie intellectuelle, morale, intérieure de la Russie pendant toute une année. « Il faut, acheva Lisa, que tout le monde achète cet ouvrage, qu'il se trouve sur toutes les tables. Je comprends que la grande affaire ici, c'est le plan, voilà pourquoi je m'adresse à vous. » Elle s'animait fort, et quoique ses explications manquassent souvent de netteté et de précision, Chatoff comprenait.

— Alors ce sera une œuvre de tendance, les faits seront groupés suivant une certaine idée préconçue, murmura-t-il sans relever la tête.

— Pas du tout; le groupement des faits ne doit accuser aucune tendance, il ne faut tendre qu'à l'impartialité.

— Mais la tendance n'est pas un mal, reprit Chatoff; d'ailleurs, il n'y a pas moyen de l'éviter du moment qu'on fait un choix. La manière dont les faits seront recueillis et distribués impliquera déjà une appréciation. Votre idée n'est pas mauvaise.

— Ainsi vous croyez qu'un pareil livre est possible? demanda Lisa toute contente.

— Il faut voir et réfléchir. C'est une très-grosse affaire. On ne trouve rien du premier coup, et l'expérience est indispensable. Quand nous publierons le livre, c'est tout au plus si nous saurons comment il faut s'y prendre. On ne réussit qu'après plusieurs tâtonnements, mais il y a là une idée, une idée utile.

Lorsque enfin il releva la tête, ses yeux rayonnaient, tant était vif l'intérêt qu'il prenait à cette conversation.

— C'est vous-même qui avez imaginé cela? demanda-t-il à Lisa d'une voix caressante et un peu timide.

Elle sourit.

— Imaginer n'est pas difficile, le tout est d'exécuter. Je n'entends presque rien à ces choses-là et ne suis pas fort intelligente; je poursuis seulement ce qui est clair pour moi...

— Vous poursuivez?

— Ce n'est probablement pas le mot? questionna vivement la jeune fille.

— N'importe, ce mot-là est bon tout de même.

— Pendant que j'étais à l'étranger, je me suis figuré que je pouvais moi aussi rendre quelques services. J'ai de l'argent dont je ne sais que faire, pourquoi donc ne travaillerais-je pas comme les autres à l'œuvre commune? L'idée que je viens de vous exposer s'est offerte tout à coup à mon esprit, je ne l'avais pas cherchée du tout et j'ai été enchantée de l'avoir, mais j'ai reconnu aussitôt que je ne pouvais me passer d'un collaborateur, attendu que moi-même je ne sais rien. Naturellement ce collaborateur sera aussi mon associé dans la publication de l'ouvrage. Nous y serons chacun pour moitié : vous vous chargerez du plan et du travail, moi je fournirai, outre l'idée première, les capitaux que nécessite l'entreprise. Le livre couvrira ses frais!

— Il se vendra, si nous parvenons à trouver un bon plan.

— Je vous préviens que ce n'est pas pour moi une affaire de lucre, mais je désire beaucoup que l'ouvrage ait du succès, et je serai fière s'il fait de l'argent.

— Eh bien, mais quel sera mon rôle dans cette combinaison?

— Je vous invite à être mon collaborateur... pour moitié. Vous trouverez le plan.

— Comment savez-vous si je suis capable de trouver un plan?

— On m'a parlé de vous, et j'ai entendu dire ici... je sais que vous êtes fort intelligent... que vous vous occupez de l'*affaire* et... que vous pensez beaucoup. Pierre Stépanovitch Verkhovensky m'a parlé de vous en Suisse, ajouta-t-elle précipitamment. — C'est un homme fort intelligent, n'est-il pas vrai?

Chatoff jeta sur elle un regard rapide, puis il baissa les yeux.

— Nicolas Vsévolodovitch m'a aussi beaucoup parlé de vous...

Chatoff rougit tout à coup.

— Du reste, voici des journaux, dit la jeune fille qui se hâta de prendre sur une chaise un paquet de journaux noués avec une ficelle, — j'ai essayé de noter ici les faits qu'on pourrait choisir et j'ai mis des numéros... vous verrez.

Le visiteur prit le paquet.

— Emportez cela chez vous, jetez-y un coup d'œil, où demeurez-vous?

— Rue de l'Épiphanie, maison Philippoff.

— Je sais. C'est là aussi, dit-on, qu'habite un certain capitaine Lébiadkine? reprit vivement Lisa.

Pendant toute une minute, Chatoff resta sans répondre, les yeux attachés sur le paquet.

— Pour ces choses-là vous feriez mieux d'en choisir un autre, moi je ne vous serai bon à rien, dit-il enfin d'un ton extrêmement bas.

Lisa rougit.

— De quelles choses parlez-vous? Maurice Nikolaïévitch! cria-t-elle, donnez-moi la lettre qui est arrivée ici tantôt.

Maurice Nikolaïévitch s'approcha de la table, je le suivis.

— Regardez cela, me dit-elle brusquement en dépliant la lettre avec agitation. Avez-vous jamais rien vu de pareil? Lisez tout haut, je vous prie; je tiens à ce que M. Chatoff entende.

Je lus à haute voix ce qui suit :

A LA PERFECTION DE MADEMOISELLE TOUCHINE.

Mademoiselle Élisabeth Nikolaïevna!

Ah! combien est charmante Élisabeth Touchine,
    Quand, à côté de son parent,
D'un rapide coursier elle presse l'échine
Et que sa chevelure ondoie au gré du vent,

Ou quand avec sa mère on la voit au saint temple
Courber devant l'autel son visage pieux !
En rêvant à l'hymen alors je la contemple,
Et d'un regard mouillé je les suis toutes deux !

« MADEMOISELLE,

« Je regrette on ne peut plus de n'avoir pas perdu un bras pour la gloire à Sébastopol, mais j'ai fait toute la campagne dans le service des vivres, ce que je considère comme une bassesse. Vous êtes une déesse de l'antiquité ; moi, je ne suis rien, mais en vous voyant j'ai deviné l'infini. Ne regardez cela que comme des vers et rien de plus, car les vers ne signifient rien, seulement ils permettent de dire ce qui en prose passerait pour une impertinence. Le soleil peut-il se fâcher contre l'infusoire, si, dans la goutte d'eau où il se compte par milliers, celui-ci compose une poésie en son honneur? Même la Société protectrice des animaux, qui siége à Pétersbourg et qui s'intéresse au chien et au cheval, méprise l'humble infusoire, elle le dédaigne parce qu'il n'a pas atteint son développement. Moi aussi je suis resté à l'état embryonnaire. L'idée de m'épouser pourrait vous paraître bouffonne, mais j'aurai bientôt une propriété de deux cents âmes, actuellement possédée par un misanthrope, méprisez-le. Je puis révéler bien des choses et, grâce aux documents que j'ai en main, je me charge d'envoyer quelqu'un en Sibérie. Ne méprisez pas ma proposition. La lettre de l'infusoire, naturellement, est en vers.

« Le capitaine LÉBIADKINE,
votre très-obéissant ami, qui a des loisirs. »

— Cela a été écrit par un homme en état d'ivresse et par un vaurien! m'écriai-je indigné, — je le connais!

— J'ai reçu cette lettre hier, nous expliqua en rougissant Lisa, — j'ai compris tout de suite qu'elle venait d'un imbécile, et je ne l'ai pas montrée à maman, pour ne pas l'agiter davantage. Mais, s'il revient à la charge, je ne sais comment faire. Maurice Nikolaïévitch veut aller le mettre à la raison.

Vous considérant comme mon collaborateur, dit-elle ensuite à Chatoff, — et sachant que vous demeurez dans la même maison que cet homme, je désirerais vous questionner à son sujet, pour être édifiée sur ce que je puis attendre de lui.

— C'est un ivrogne et un vaurien, fit en rechignant Chatoff.

— Est-ce qu'il est toujours aussi bête?

— Non, quand il n'a pas bu, il n'est pas absolument bête.

— J'ai connu un général qui faisait des vers tout pareils à ceux-là, observai-je en riant.

— Cette lettre même prouve qu'il n'est pas un niais, déclara soudain Maurice Nikolaïévitch qui jusqu'alors était resté silencieux.

— Il a, dit-on, une sœur avec qui il habite? demanda Lisa.

— Oui, il habite avec sa sœur.

— On dit qu'il la tyrannise, c'est vrai?

Chatoff jeta de nouveau sur la jeune fille un regard sondeur, quoique rapide.

— Est-ce que je m'occupe de cela? grommela-t-il en fronçant le sourcil, et il se dirigea vers la porte.

— Ah! attendez un peu! cria Lisa inquiète, — où allez-vous donc? Nous avons encore tant de points à examiner ensemble.....

— De quoi parlerions-nous? Demain, je vous ferai savoir...

— Mais de la chose principale, de l'impression! Croyez bien que je ne plaisante pas, et que je veux sérieusement entreprendre cette affaire, assura Lisa dont l'inquiétude ne faisait que s'accroître. — Si nous nous décidons à publier l'ouvrage, où l'imprimerons-nous? C'est la question la plus importante, car nous n'irons pas à Moscou pour cela, et il est impossible de confier un tel travail à l'imprimerie d'ici. Depuis longtemps j'ai résolu de fonder un établissement typographique qui sera à votre nom, si vous y consentez. A cette condition, maman, je le sais, me laissera carte blanche.....

— Pourquoi donc me supposez-vous capable d'être imprimeur? répliqua Chatoff d'un ton maussade.

— Pendant que j'étais en Suisse, Pierre Stépanovitch vous a désigné à moi comme un homme connaissant le métier d'imprimeur, et en état de diriger un établissement typographique. Il m'avait même donné un mot pour vous, mais je ne sais ce que j'en ai fait.

Chatoff, je me le rappelle maintenant, changea de visage. Au bout de quelques secondes, il sortit brusquement de la chambre.

Lisa se sentit prise de colère.

— Est-ce qu'il s'en va toujours ainsi? me demanda-t-elle.

Je haussai les épaules; tout à coup Chatoff rentra, et alla droit à la table, sur laquelle il déposa le paquet de journaux qu'il avait pris avec lui :

— Je ne serai pas votre collaborateur, je n'ai pas le temps.....

— Pourquoi donc? Pourquoi donc? Vous avez l'air fâché? fit Lisa d'un ton affligé et suppliant.

Le son de cette voix parut produire une certaine impression sur Chatoff; pendant quelques instants, il regarda fixement la jeune fille, comme s'il eût voulu pénétrer jusqu'au fond de son âme.

— N'importe, murmura-t-il presque tout bas, — je ne veux pas.....

Et il se retira cette fois pour tout de bon. Lisa resta positivement consternée; je ne comprenais même pas qu'un incident semblable pût l'affecter à ce point.

— C'est un homme singulièrement étrange! observa d'une voix forte Maurice Nikolaïévitch.

III

Certes, oui, il était « étrange », mais dans tout cela il y avait bien du louche, bien des sous-entendus. Décidément, je ne croyais pas à la publication projetée; ensuite la lettre du capitaine Lébiadkine, toute stupide qu'elle était, ne laissait pas de contenir une allusion trop claire à certaine dénonciation possible, appuyée sur des « documents »; personne pourtant n'avait relevé ce passage, on avait parlé de toute autre chose. Enfin cette imprimerie et le brusque départ de Chatoff dès les premiers mots prononcés à ce sujet? Toutes ces circonstances m'amenèrent à penser qu'avant mon arrivée il s'était passé là quelque chose dont on ne m'avait pas donné connaissance; que, par conséquent, j'étais de trop et que toutes ces affaires ne me regardaient pas. D'ailleurs, il était temps de partir, pour une première visite j'étais resté assez longtemps. Je me mis donc en devoir de prendre congé.

Élisabeth Nikolaïevna semblait avoir oublié ma présence dans la chambre. Toujours debout à la même place, près de la table, elle réfléchissait profondément, et, la tête baissée, tenait ses yeux fixés sur un point du tapis.

— Ah! vous vous en allez aussi, au revoir, fit-elle avec son affabilité accoutumée. — Remettez mes salutations à Stépan Trophimovitch, et engagez-le à venir me voir bientôt. Maurice Nikolaïévitch, Antoine Lavrentiévitch s'en va. Excusez maman, elle ne peut pas venir vous dire adieu.....

Je sortis, et j'étais déjà en bas de l'escalier, quand un domestique me rejoignit sur le perron.

— Madame vous prie instamment de remonter.....

— Madame, ou Élisabeth Nikolaïevna?

— Élisabeth Nikolaïevna.

Je trouvai Lisa non plus dans la grande salle où nous étions tout à l'heure, mais dans une pièce voisine. La porte donnant accès à cette salle, où il n'y avait plus maintenant que Maurice Nikolaïévitch, était fermée hermétiquement.

Lisa me sourit, mais elle était pâle. Debout au milieu de la chambre, elle semblait hésitante, travaillée par une lutte intérieure; tout à coup elle me prit par le bras, et, sans proférer un mot, m'emmena vivement près de la fenêtre.

— Je veux *la* voir sans délai, murmura-t-elle en fixant

sur moi un regard ardent, impérieux, n'admettant pas l'ombre d'une réplique; — je dois *la* voir de mes propres yeux, et je sollicite votre aide.

Elle était dans cet état d'exaltation qui rend capable de tous les coups de tête.

— Qui désirez-vous voir, Élisabeth Nikolaïevna? demandai-je effrayé.

— Cette demoiselle Lébiadkine, cette boiteuse.. C'est vrai qu'elle est boiteuse?

Je restai stupéfait.

— Je ne l'ai jamais vue, mais j'ai entendu dire qu'elle l'est, on me l'a encore dit hier, balbutiai-je rapidement et à voix basse.

— Il faut absolument que je la voie. Pourriez-vous me ménager une entrevue avec elle aujourd'hui même?

Elle m'inspirait une profonde pitié.

— C'est impossible, et même je ne vois pas du tout comment je pourrais m'y prendre, répondis-je, — je passerai chez Chatoff.....

— Si vous n'arrangez pas cela pour demain, j'irai moi-même chez elle, je m'y rendrai seule parce que Maurice Nikolaïévitch a refusé de m'accompagner. Je n'espère qu'en vous, je ne puis plus compter sur aucun autre; j'ai parlé bêtement à Chatoff..... Je suis sûre que vous êtes un très-honnête homme, peut-être m'êtes-vous dévoué, tâchez d'arranger cela.

J'éprouvais le plus vif désir de lui venir en aide par tous les moyens en mon pouvoir.

— Voici ce que je ferai, dis-je après un instant de réflexion, — je vais aller là-bas, et aujourd'hui, aujourd'hui *pour sûr*, je la verrai! Je ferai en sorte de la voir, je vous en donne ma parole d'honneur; seulement permettez-moi de mettre Chatoff dans la confidence de votre dessein.

— Dites-lui que j'ai ce désir et que je ne puis plus attendre, mais que je ne l'ai pas trompé tout à l'heure. S'il est parti, c'est peut-être parce qu'il est très-honnête et qu'il a cru que je voulais le prendre pour dupe. Je lui ai dit la vérité; mon intention est, en effet, de publier un livre et de fonder une imprimerie.

— Il est honnête, fort honnête, confirmai-je avec chaleur.

— Du reste, si la chose n'est pas arrangée pour demain, j'irai moi-même, quoi qu'il advienne, dût toute la ville le savoir.

— Je ne pourrai pas être chez vous demain avant trois heures, observai-je.

— Eh bien, je vous attendrai à trois heures. Ainsi je ne m'étais pas trompée hier chez Stépan Trophimovitch en supposant que vous m'étiez quelque peu dévoué? ajouta-t-elle avec un sourire, puis elle me serra la main, et courut retrouver Maurice Nikolaïévitch.

Je sortis fort préoccupé de ma promesse; je ne comprenais rien à ce qui se passait. J'avais vu une femme au désespoir qui ne craignait pas de se compromettre en se confiant à un homme qu'elle connaissait à peine. Son sourire féminin dans un moment si difficile pour elle, et cette allusion aux sentiments qu'elle avait remarqués en moi la veille, avaient fait leur trouée dans mon cœur comme des coups de poignard, mais ce que j'éprouvais était de la pitié et rien de plus! Les secrets d'Élisabeth Nikolaïevna avaient pris soudain à mes yeux un caractère sacré, et si, en ce moment, on avait entrepris de me les révéler, je crois que je me serais bouché les oreilles pour ne pas en savoir davantage. Je pressentais seulement quelque chose... Avec tout cela je n'avais pas la moindre idée de la manière dont j'arrangerais cette entrevue. Tout mon espoir était dans Chatoff, bien que je pusse prévoir qu'il ne me serait d'aucune utilité. Néanmoins je courus chez lui.

IV

Je ne pus le trouver à son domicile que le soir vers huit heures. Chose qui m'étonna, il avait du monde : Alexis Nilitch et un autre monsieur que je connaissais un peu, un certain Chigaleff, frère de madame Virguinsky.

Ce Chigaleff était depuis deux mois l'hôte de notre ville; je ne sais d'où il venait; j'ai seulement entendu dire qu'il avait publié un article dans une revue progressiste de Pétersbourg. Virguinsky nous avait présentés l'un à l'autre par hasard, dans la rue. Je n'avais jamais vu de physionomie aussi sombre, aussi refrognée, aussi maussade que celle de cet homme. Il avait l'air d'attendre la fin du monde pour demain à dix heures vingt-cinq. Dans la circonstance que je rappelle, nous nous parlâmes à peine et nous bornâmes à échanger une poignée de main avec la mine de deux conspirateurs. Chigaleff me frappa surtout par l'étrangeté de ses oreilles longues, larges, épaisses et très-écartées de la tête. Ses mouvements étaient lents et disgracieux. Si Lipoutine rêvait pour un temps plus ou moins éloigné l'établissement d'un phalanstère dans notre province, celui-ci savait de science certaine le jour et l'heure où cet événement s'accomplirait. Il produisit sur moi une impression sinistre. Dans le cas présent, je fus d'autant plus étonné de le rencontrer chez Chatoff que ce dernier, en général, n'aimait pas les visites.

De l'escalier j'entendis le bruit de leur conversation; ils parlaient tous trois à la fois, et probablement se disputaient; mais à mon apparition ils se turent. Pendant la discussion ils s'étaient levés; lorsque j'entrai, tous s'assirent brusquement, si bien que je dus m'asseoir aussi. Durant trois minutes régna un silence bête. Quoique Chigaleff m'eût reconnu, il fit semblant de ne m'avoir jamais vu, — non par hostilité à mon égard, mais c'était son genre. Alexis Nilitch et moi, nous nous saluâmes sans nous rien dire et sans nous tendre la main. Chigaleff, fronçant le sourcil, se mit à me regarder d'un œil sévère, naïvement convaincu que j'allais décamper aussitôt. Enfin Chatoff se souleva légèrement sur son siége, les visiteurs se levèrent alors et sortirent sans prendre congé. Toutefois, sur le seuil, Chigaleff dit à Chatoff qui le reconduisait :

— Rappelez-vous que vous avez des comptes à rendre.

— Je me moque de vos comptes et je n'en rendrai à aucun diable, répondit Chatoff, après quoi il ferma la porte au crochet.

— Bécasseaux ! fit-il en me regardant avec un sourire désagréable

Son visage exprimait la colère, et je remarquai non sans étonnement qu'il prenait le premier la parole. Presque toujours, quand j'allais chez lui (ce qui, du reste, arrivait très-rarement), il restait maussade dans un coin et répondait d'un ton fâché; à la longue seulement il s'animait et trouvait du plaisir à causer. En revanche, au moment des adieux, sa mine redevenait invariablement grincheuse, et, en vous reconduisant, il avait l'air de mettre à la porte un ennemi personnel.

— J'ai bu du thé hier chez cet Alexis Nilitch, observai-je; — il paraît avoir la toquade de l'athéisme.

— L'athéisme russe n'a jamais dépassé le calembour, grommela Chatoff en remplaçant par une bougie neuve le lumignon qui se trouvait dans le chandelier.

— Celui-là ne m'a pas fait l'effet d'un calembouriste, à peine sait-il parler le langage le plus simple.

— Ce sont des hommes de papier; tout cela vient du servilisme de la pensée, reprit Chatoff qui s'était assis sur une chaise dans un coin et tenait ses mains appuyées sur ses genoux.

— Il y a là aussi de la haine, poursuivit-il après une minute de silence; — ils seraient les premiers horriblement malheureux si, tout d'un coup, la Russie se transformait, même dans un sens conforme à leurs vues; si, de façon ou d'autre, elle devenait extrêmement riche et heureuse. Ils n'auraient plus personne à haïr, plus rien à conspuer! Il n'y a là qu'une haine bestiale, immense, pour la Russie, une haine qui s'est infiltrée dans l'organisme... Et c'est une sottise de chercher, sous le rire visible, des larmes invisibles au monde! La phrase concernant ces prétendues larmes invisibles est la plus mensongère qui ait encore été dite chez nous! vociféra-t-il avec une sorte de fureur.

— Allons, vous voilà parti! fis-je en riant.

Chatoff sourit à son tour.

— C'est vrai, vous êtes un « libéral modéré ». Vous savez, j'ai peut-être eu tort de parler du « servilisme de la pensée », car vous allez sûrement me répondre : « Parle pour toi qui es né d'un laquais, moi je ne suis pas un domestique. »

— Je ne songeais pas du tout à vous répondre cela, comment pouvez-vous supposer une chose pareille?

— Ne vous excusez pas, je n'ai pas peur de ce que vous pouvez dire. Autrefois je n'étais que le fils d'un laquais, à présent je suis devenu moi-même un laquais, tout comme vous. Le libéral russe est avant tout un laquais, il ne pense qu'à cirer les bottes de quelqu'un.

— Comment, les bottes? Qu'est-ce que c'est que cette figure?

— Il n'y a point là de figure. Vous riez, je le vois... Stépan Trophimovitch ne s'est pas trompé en me représentant comme un homme écrasé sous une pierre dont il s'efforce de secouer le poids; la comparaison est très-juste.

— Stépan Trophimovitch assure que l'Allemagne vous a rendu fou, dis-je en riant, — nous avons toujours emprunté quelque chose aux Allemands.

— Ils nous ont prêté vingt kopeks, et nous leur avons rendu cent roubles.

Nous nous tûmes pendant une minute.

— Lui, c'est en Amérique qu'il a gagné son mal.

— Qui?

— Je parle de Kiriloff. Là-bas, pendant quatre mois, nous avons tous les deux couché par terre dans une cabane.

— Mais est-ce que vous êtes allé en Amérique? demandai-je avec étonnement; — vous n'en avez jamais rien dit

— A quoi bon parler de cela? Il y a deux ans, nous sommes partis à trois pour les États-Unis, à bord d'un steamer chargé d'émigrants; nous avons sacrifié nos dernières ressources pour faire ce voyage : nous voulions mener la vie de l'ouvrier américain et connaître ainsi, par notre expérience *personnelle*, l'état de l'homme dans la condition sociale la plus pénible. Voilà quel était notre but.

Je me mis à rire.

— Vous n'aviez pas besoin de traverser la mer pour faire cette expérience, vous n'aviez qu'à aller dans n'importe quel endroit de notre province à l'époque des travaux champêtres.

— Arrivés en Amérique, nous louâmes nos services à un entrepreneur : nous étions là six Russes : des étudiants, et même des propriétaires et des officiers, tous se proposant le même but grandiose. Eh bien, nous travaillâmes comme des nègres, nous souffrîmes le martyre; à la fin, Kiriloff et moi n'y pûmes tenir, nous étions rendus, à bout de forces, malades. En nous réglant, l'entrepreneur nous retint une partie de notre salaire; il nous devait trente dollars, je n'en reçus que huit et Kiriloff quinze; on nous avait aussi battus plus d'une fois. Après cela, nous restâmes quatre mois sans travail dans une méchante petite ville; Kiriloff et moi, nous couchions côte à côte, par terre, lui pensant à une chose et moi à une autre.

— Se peut-il que votre patron vous ait battus, et cela en Amérique? Vous avez dû joliment le rabrouer!

— Pas du tout. Loin de là, dès le début, nous avions posé en principe, Kiriloff et moi, que nous autres Russes, nous étions vis-à-vis des Américains comme de petits enfants, et qu'il fallait être né en Amérique ou du moins y avoir vécu de longues années pour se trouver au niveau de ce peuple. Que vous dirai-je? quand, pour un objet d'un kopek, on nous demandait un dollar, nous payions non-seulement avec plaisir, mais même avec enthousiasme. Nous admirions tout : le spiritisme, la loi de Lynch, les revolvers, les vagabonds. Une fois, pendant un voyage que nous faisions, un quidam introduisit sa main dans ma poche, prit mon peigne et commença à se peigner avec. Nous nous contentâmes, Kiriloff et moi, d'échanger un coup d'œil, et nous décidâmes que cette façon d'agir était la bonne.....

— Il est étrange que, chez nous, non-seulement on ait de pareilles idées, mais qu'on les mette à exécution, observai-je.

— Des hommes de papier, répéta Chatoff.

— Tout de même, s'embarquer comme émigrant, se rendre dans un pays qu'on ne connaît pas, à seule fin d' « apprendre par une expérience personnelle », etc., — cela dénote une force d'âme peu commune..... Et comment avez-vous quitté l'Amérique?

— J'ai écrit à un homme en Europe, et il m'a envoyé cent roubles.

Jusqu'alors, Chatoff avait parlé en tenant ses yeux fixés à terre selon son habitude; tout à coup il releva la tête :

— Voulez-vous savoir le nom de cet homme?

— Qui est-ce?

— Nicolas Stavroguine.

Il se leva brusquement, s'approcha de son bureau en bois de tilleul, et se mit à y chercher quelque chose. Le bruit s'était répandu chez nous que sa femme avait été pendant quelque temps, à Paris, la maîtresse de Nicolas Stavroguine; il y avait deux ans de cela; par conséquent, c'était à l'époque où Chatoff se trouvait en Amérique; — il est vrai que, depuis longtemps, une séparation avait eu lieu à Genève entre les deux époux. « S'il en est ainsi, pensai-je, pourquoi donc a-t-il tant tenu à me dire le nom de son bienfaiteur? »

Il se tourna soudain vers moi :

— Je ne lui ai pas encore remboursé cette somme, continua-t-il, puis, me regardant fixement, il se rassit à sa première place, dans le coin, et me demanda d'une voix saccadée qui jurait singulièrement avec le ton de la conversation précédente :

— Vous êtes sans doute venu pour quelque chose ; qu'est-ce qu'il vous faut ?

Je racontai tout de point en point, j'ajoutai que, tout en comprenant maintenant combien je m'étais imprudemment avancé, je n'en éprouvais que plus d'embarras : je sentais que l'entrevue souhaitée par Élisabeth Nikolaïevna était fort importante pour elle, j'avais le plus vif désir de lui venir en aide, malheureusement je ne savais comment faire pour tenir ma promesse. Ensuite j'affirmai solennellement à Chatoff qu'Élisabeth Nikolaïevna n'avait jamais songé à le tromper, qu'il y avait eu là un malentendu, et que son brusque départ avait causé un grand chagrin à la jeune fille.

Il m'écouta très-attentivement jusqu'au bout.

— Peut-être qu'en effet, selon mon habitude, j'ai fait une bêtise tantôt... Eh bien, si elle n'a pas compris pourquoi je suis parti ainsi, tant mieux pour elle.

Il se leva, alla ouvrir la porte, et se mit aux écoutes sur le carré.

— Vous désirez vous-même voir cette personne ?

— Il le faut, mais comment faire ? répondis-je.

— Il n'y a qu'à aller la trouver pendant qu'elle est seule. Lorsqu'il reviendra, il la battra s'il apprend que nous sommes venus. Je vais souvent la voir en cachette. Tantôt j'ai dû employer la force pour l'empêcher de la battre.

— Bah ! Vraiment ?

— Oui, pendant qu'il la rossait, je l'ai empoigné par les cheveux ; alors, il a voulu me battre à mon tour, mais je lui ai fait peur, et cela a fini ainsi. Quand il reviendra ivre, je crains qu'il ne se venge sur elle, s'il se rappelle la scène que nous avons eue ensemble.

Nous descendîmes au rez-de-chaussée.

V

La porte des Lébiadkine n'était pas fermée à la clef, nous n'eûmes donc pas de peine à entrer. Tout leur logement consistait en deux vilaines petites chambres, dont les murs enfumés étaient garnis d'une tapisserie sale et délabrée. Ces deux pièces avaient jadis fait partie de la gargote de Philippoff, avant que celui-ci eût transféré son établissement dans une maison neuve; sauf un vieux fauteuil auquel manquait un bras, le mobilier se composait de bancs grossiers et de tables en bois blanc. Dans un coin de la seconde chambre se trouvait un lit couvert d'une courte-pointe d'indienne; c'était là que couchait mademoiselle Lébiadkine; quant au capitaine, qui chaque nuit rentrait ivre, il cuvait son vin sur le plancher. Partout régnaient le désordre et la malpropreté; une grande loque toute mouillée traînait au milieu de la pièce, à côté d'une vieille savate. Il était évident que personne, là, ne s'occupait de rien; on n'allumait pas les poêles, on ne faisait pas la cuisine. Les Lébiadkine, à ce que m'apprit Chatoff, ne possédaient même pas de samovar. Quand le capitaine était arrivé avec sa sœur, il tirait le diable par la queue, et, comme l'avait dit Lipoutine, il avait commencé par aller mendier dans les maisons; depuis qu'il avait le gousset garni, il s'adonnait à la boisson, et l'ivrognerie lui faisait négliger complétement le soin de son intérieur.

Mademoiselle Lébiadkine, que je désirais tant voir, était tranquillement assise sur un banc dans un coin de la chambre, devant une table de cuisine. Lorsque nous ouvrîmes la porte, elle ne proféra pas un mot et ne bougea même pas de sa place. Chatoff me dit que l'appartement n'était jamais fermé, et qu'une fois elle avait passé toute la nuit dans le vestibule avec la porte grande ouverte. A la faible clarté d'une mince bougie fichée dans un chandelier de fer, j'aperçus une femme qui pouvait avoir une trentaine d'années, et qui était d'une maigreur maladive. Elle portait une vieille robe d'indienne de couleur sombre; son long cou était entièrement à découvert; ses rares cheveux, d'une nuance foncée, étaient réunis sur sa nuque en un chignon gros comme le poing d'un enfant de deux ans. Elle nous regarda d'un air assez gai; outre le chandelier, il y avait devant elle sur la table une petite glace entourée d'un cadre de bois, un vieux jeu de cartes, un recueil de chansons et un petit pain blanc déjà un peu entamé. On voyait que mademoiselle Lébiadkine se mettait du fard et se colorait les lèvres. Elle se teignait aussi les sourcils, qu'elle avait d'ailleurs longs, fins et noirs. Nonobstant son maquillage, trois longues rides apparaissaient assez nettement sur son front étroit et élevé. Je savais déjà qu'elle était boiteuse, autrement je ne me serais pas douté de son infirmité, car elle ne se leva ni ne marcha en notre présence. Jadis, dans la première jeunesse, ce visage émacié n'avait peut-être pas été laid; les yeux gris, doux et tranquilles, étaient restés remarquables; leur regard paisible, presque joyeux, avait quelque chose de rêveur et de sincère. Cette joie calme, qui se manifestait aussi dans le sourire de la pauvre femme, m'étonna après tout ce que j'avais entendu dire des mauvais traitements auxquels elle était en butte de la part de son frère. Loin d'éprouver la sensation de dégoût et même de crainte qui s'éveille d'ordinaire à la vue de ces malheureuses créatures frappées par la colère de Dieu, dans le premier moment je considérai mademoiselle Lébiadkine avec une sorte de plaisir, et, ensuite, l'impression qu'elle produisit sur moi fut de la pitié, mais nullement du dégoût.

— Elle passe ainsi les journées entières, toute seule, sans bouger : elle se tire les cartes ou se regarde dans la glace, dit Chatoff en me la montrant du seuil, — il ne la nourrit même pas. La vieille du pavillon lui apporte de temps en temps quelque chose pour l'amour du Christ. Comment la laisse-t-on ainsi seule avec une bougie?

J'étais étonné d'entendre Chatoff prononcer ces mots à haute voix comme si elle n'avait pas été dans la chambre.

— Bonjour, Chatouchka! dit d'un ton affable mademoiselle Lébiadkine.

— Je t'amène un visiteur, Marie Timoféievna, répondit Chatoff.

— Eh bien, on lui fera honneur. Je ne sais qui tu m'amènes, je ne me rappelle pas l'avoir jamais vu, reprit-elle en me regardant attentivement à la lueur de la bougie; puis elle se remit à causer avec Chatoff, et pendant toute la durée de la conversation elle ne fit pas plus d'attention à moi que si je ne m'étais pas trouvé à côté d'elle.

— Cela t'ennuyait, n'est-ce pas? de te promener tout seul dans ta chambrette? demanda-t-elle avec un rire qui découvrit deux rangées de dents admirables.

— Oui, c'est pourquoi je suis venu te voir.

Chatoff approcha un escabeau de la table, s'assit et m'invita à en faire autant.

— J'aime toujours à causer, seulement je te trouve drôle, Chatouchka, tu es comme un moine. Quand t'es-tu peigné? Donne-moi encore ta tête, dit-elle en tirant un peigne de sa poche, — je suis sûre que tu n'as pas touché à ta chevelure depuis que je t'ai peigné?

— Mais je n'ai pas de peigne, répondit en riant Chatoff.

— Vraiment? Eh bien, je t'en donnerai un, pas celui-ci, un autre; seulement n'oublie pas de t'en servir.

Elle commença à le peigner de l'air le plus sérieux, lui fit même une raie sur le côté, puis, après s'être un peu rejetée en arrière pour contempler son ouvrage et s'assurer qu'il ne laissait rien à désirer, elle remit son peigne dans sa poche.

— Sais-tu une chose, Chatouchka? dit-elle en hochant la tête, — tu es un homme de sens, et pourtant tu t'ennuies.

Vous m'étonnez tous quand je vous regarde. Je ne comprends pas que des gens s'ennuient. Moi, je m'amuse.

— Tu t'amuses avec ton frère?

— Tu parles de Léb'adkine? C'est mon laquais. Il m'est absolument égal qu'il soit ici ou qu'il n'y soit pas. Je lui crie : Lébiadkine, apporte-moi de l'eau; Lébiadkine, donne-moi mes souliers, il court me les chercher; quelquefois il se trompe, et je me moque de lui.

— C'est la vérité, me fit observer Chatoff parlant cette fois encore à haute voix sans s'inquiéter aucunement de la présence de Marie Timoféievna; — elle le traite tout à fait comme un laquais; je l'ai moi-même entendue crier : « Lébiadkine, apporte-moi de l'eau », et elle riait en lui donnant cet ordre; seulement, au lieu d'obéir, il la bat, mais elle n'a pas du tout peur de lui. Elle est sujette à des attaques nerveuses qui se renouvellent presque chaque jour et lui enlèvent la mémoire; à la suite de ces accès, elle oublie tout ce qui vient de se passer et perd toute notion du temps. Vous croyez qu'elle se rappelle comment nous sommes entrés? c'est possible, mais à coup sûr elle a déjà tout arrangé à sa façon et nous prend maintenant Dieu sait pour qui, bien qu'elle n'oublie pas que je suis Chatouchka. Cela ne fait rien que je parle tout haut; elle cesse au bout d'un instant d'écouter ceux qui causent avec elle, et se met à rêver à part soi. En ce moment, son esprit bat la campagne. Elle est extraordinairement distraite. Durant huit heures consécutives, durant une journée entière, elle reste assise à la même place. Vous voyez ce pain sur la table : elle n'en a peut-être mangé qu'une bouchée depuis ce matin, et elle l'achèvera demain. Tenez, à présent elle se tire les cartes...

— Oui, Chatouchka, je me tire les cartes, mais cela ne sert à rien, dit brusquement Marie Timoféievna qui avait entendu la dernière parole de Chatoff, et elle tendit sa main gauche vers le pain, sans, du reste, le regarder (son attention avait sans doute été attirée aussi par la phrase où il en était question). A la fin, elle prit le pain, mais, entraînée par le plaisir de causer, elle le remit inconsciemment sur la table après l'avoir gardé pendant quelque temps dans sa main gauche sans y mordre une seule fois.

— Ce sont toujours les mêmes réponses : un voyage, un méchant homme, la perfidie de quelqu'un, un lit de mort, une lettre qui arrivera de quelque part, une nouvelle inattendue, — je considère tout cela comme des mensonges, et toi, Chatouchka, qu'en penses-tu? Si les hommes mentent, pourquoi les cartes ne mentiraient-elles pas? ajouta-t-elle en brouillant tout à coup le jeu. — C'est ce que j'ai dit un jour à la Mère Prascovie, une femme respectable, qui venait sans cesse me trouver dans ma cellule, à l'insu de la Mère supérieure, pour me prier de lui tirer les cartes. Et elle ne venait pas seule. Toutes ces religieuses étaient là, poussant des exclamations, hochant la tête, faisant des commentaires. « Voyons, Mère Prascovie, dis-je en riant, comment recevriez-vous une lettre, quand il ne vous en est pas venu depuis douze ans? » Elle avait une fille mariée à quelqu'un qui l'avait emmenée en Turquie, et, depuis douze ans, elle était sans nouvelles d'elle. Le lendemain soir, je pris le thé chez la Mère supérieure (elle appartient à une famille princière). Il y avait là deux personnes étrangères : une dame très-rêveuse et un moine du mont Athos, homme assez drôle à mon avis. Eh bien, Chatouchka, dans la matinée, ce même moine avait apporté de Turquie à la Mère Prascovie une lettre de sa fille! Pendant que nous buvions du thé, le religieux du mont Athos dit à la Mère supérieure : « Révérende Mère igoumène, il faut que votre couvent soit particulièrement béni de Dieu, pour posséder un trésor aussi précieux. » — « Quel trésor? » demanda la supérieure. — « Mais la bienheureuse Mère Élisabeth. » Cette bienheureuse Élisabeth occupe une niche longue d'une sagène et haute de deux archines, pratiquée dans le mur d'enceinte du couvent; elle est là depuis dix-sept ans derrière un grillage; hiver et été elle ne porte qu'une chemise de chanvre dont elle se fait un cilice en fourrant des fétus de paille dans la toile; elle ne dit rien, ne se peigne pas, ne se lave pas depuis dix-sept ans. En hiver, on lui passe une peau de mouton par l'ouverture de sa niche, c'est aussi comme cela qu'on lui donne chaque jour une pinte d'eau et une croûte de pain. Les pèlerins la contemplent avec vénération, et, après l'avoir vue, font une offrande au monastère. « Un fameux trésor! répond avec colère la supérieure qui ne pouvait souffrir Élisabeth, elle ne reste là que par entêtement; c'est une hypocrite. » Ces mots me déplurent, car moi-même je voulais alors adopter le genre de vie des recluses. « Selon moi, dis-je, Dieu et la nature, c'est tout un. » — « En voilà une, celle-là! » s'écrièrent-ils tous d'une commune voix. La supérieure se mit à rire, puis elle parla tout bas à la dame, m'appela auprès d'elle et me fit des caresses; la dame me donna un petit nœud de ruban rose, veux-tu que je te le montre? Quant au moine, il commença aussitôt à me faire un sermon, me parla fort doucement, fort gentiment, et, sans doute, avec beaucoup d'esprit; je l'écoutai sans rien dire. « As-tu compris? » me demanda-t-il. — « Non, répondis-je, je n'ai rien compris, laissez-moi en repos. » Depuis ce moment, Chatouchka, on me laissa parfaitement tranquille. Et, un jour, une de nos religieuses, qui était en pénitence dans le couvent parce qu'elle faisait des prophéties, me dit tout bas au sortir de l'église : « La Mère de Dieu, qu'est-ce que c'est, à ton avis? » — « La grande mère, répondis-je, c'est l'espérance du genre humain. » — « Oui, reprit-elle, la Mère de Dieu, la grande Mère, c'est la terre, et il y a dans cette pensée une grande joie pour l'homme. Tout chagrin terrestre, toute larme terrestre est une jouissance pour nous. Quand tu abreuveras la terre de tes larmes, quand tu lui en feras présent, ta tristesse s'évanouira aussitôt, et tu seras toute consolée : c'est une prophétie. » Ces paroles firent une profonde impression sur moi. Depuis, quand, en priant, je me prosterne contre le sol, je ne manque jamais de baiser la terre chaque fois, je la baise en pleurant. Et, vois-tu, Chatouchka, il n'y a rien de pénible dans ces larmes; quoiqu'on n'ait aucun chagrin, on pleure tout de même, mais c'est de joie. Un jour, je vais sur les bords du lac : notre monastère est situé d'un côté, de l'autre s'élève une montagne escarpée qu'on appelle le mont Aigu. Je gravis cette montagne, je tourne mon visage vers l'orient, je me prosterne contre le sol et je pleure, je pleure je ne sais combien de temps. Ensuite je me relève, je rebrousse chemin, et le soleil se couche, si grand, si splendide, — aimes-tu à regarder le soleil, Chatouchka? C'est beau, mais c'est triste. Je me retourne de nouveau vers l'orient, et l'ombre de notre montagne court comme une flèche au loin sur le lac, elle est étroite et longue, longue de plus d'une verste, elle s'étend jusqu'à l'île même qui est dans le lac, là elle se coupe en deux parties égales. Le soleil a complétement disparu, tout est soudain plongé dans l'obscurité. Alors je commence à m'inquiéter, la mémoire me revient brusquement, j'ai peur des ténèbres, Chatouchka. Quand il fait noir, je pleure toujours davantage mon petit enfant...

— Est-ce que tu as eu un enfant? dit Chatoff en me poussant du coude; il n'avait cessé de prêter la plus grande attention aux paroles de Marie Timoféievna.

— Comment donc! Un joli baby rose avec de si petits ongles... tout mon chagrin est de ne pouvoir me rappeler si c'était un garçon ou une fille. Après sa naissance, je l'ai enveloppé dans de la batiste et de la dentelle, j'ai noué de petits rubans roses tout autour, je l'ai couvert de fleurs, je l'ai bien pomponné; puis j'ai dit une prière au-dessus de lui et je l'ai emporté non baptisé à travers une forêt. J'ai peur dans les bois, et ce qui m'épouvante le plus, ce qui me fait surtout pleurer, c'est que j'ai eu un enfant sans connaître d'homme.

— Mais peut-être que tu as été mariée? hasarda Chatoff.

— Tu m'amuses, Chatouchka, avec ta supposition. Peut-être bien qu'en effet j'ai eu un mari, mais qu'importe, si c'est exactement comme si je n'en avais pas eu? Tiens, voilà une énigme qui n'est pas difficile, devine-la! répondit-elle en riant.

— Où donc as-tu porté ton enfant?

— Je suis allée le jeter dans un étang, soupira-t-elle.

Chatoff me donna encore un coup de coude.

— Mais si, par hasard, tu n'avais jamais eu d'enfant, si tout cela n'était que l'effet du délire? Hein?

En entendant émettre cette conjecture, mademoiselle Lébiadkine ne témoigna aucun étonnement.

— Tu me poses une question difficile, Chatouchka, reprit-elle d'un air pensif; — je ne te dirai rien à ce sujet, peut-être bien n'ai-je pas eu d'enfant; à mon avis, cela n'intéresse que ta curiosité, pour moi peu importe, je ne cesserai pas de le pleurer : ne l'ai-je pas vu en songe? Et de grosses larmes se montrèrent dans ses yeux. — Chatouchka, Chatouchka, est-ce vrai que ta femme t'a abandonné? continua-t-elle en lui mettant brusquement ses deux mains sur les épaules et en le considérant avec une expression de pitié. Ne te fâche pas, j'ai aussi mes peines. Sais-tu, Chatouchka? j'ai fait un rêve : il revient vers moi, il m'appelle de la voix et du geste : « Ma petite chatte, dit-il, viens près de moi! » J'ai été on ne peut plus contente en l'entendant me nommer sa « petite chatte » : il m'aime, je crois.

— Peut-être qu'il viendra aussi en réalité, murmura à demi-voix Chatoff.

— Non, Chatouchka, cela peut arriver en songe, mais pas en réalité. Tu connais la chanson :

> Je n'ai pas besoin d'un palais,
> Je resterai dans cette humble retraite,
> Où je ne cesserai jamais
> D'appeler les faveurs du Très-Haut sur ta tête.

Oh! Chatouchka, Chatouchka, mon cher, pourquoi ne me demandes-tu jamais rien?

— Parce que tu ne répondrais pas, voilà pourquoi je m'abstiens de t'interroger.

— Je ne parlerai pas, je ne parlerai pas, me mît-on le couteau sur la gorge, je ne dirai rien, reprit vivement Marie Timoféievna. — On peut me brûler vive, on peut me faire souffrir tous les tourments, je me tairai, les gens ne sauront rien!

— Tu vois bien; à chacun ses affaires, observa Chatoff d'un ton plus bas encore.

— Pourtant, si tu me le demandais, peut-être que je parlerais, oui, peut-être! répéta-t-elle avec exaltation. — Pourquoi ne m'interroges-tu pas? Questionne-moi, questionne-moi gentiment, Chatouchka, peut-être que je te répondrai; supplie-moi, Chatouchka, afin que je consente... Chatouchka, Chatouchka!

Peine perdue, Chatouchka resta muet. Pendant une minute le silence régna dans la chambre. Des larmes coulaient sur les joues fardées de Marie Timoféievna; elle avait oublié ses mains sur les épaules de Chatoff, mais elle ne le regardait plus.

Il se leva brusquement.

— Eh! qu'ai-je besoin de savoir tes affaires? Levez-vous donc! ajouta-t-il en s'adressant à moi, puis il tira violemment l'escabeau sur lequel j'étais assis et alla le reporter à son ancienne place.

— Quand il reviendra, il ne faut pas qu'il se doute de notre visite; maintenant il est temps de partir.

— Ah! tu parles encore de mon laquais! fit avec un rire subit mademoiselle Lébiadkine, — tu as peur! Eh bien, adieu, bons visiteurs; mais écoute une minute ce que je vais te dire. Tantôt ce Nilitch est arrivé ici avec Philippoff, le propriétaire, qui a une barbe rousse; mon laquais était en train de me maltraiter. Le propriétaire l'a saisi par les cheveux et l'a traîné ainsi à travers la chambre. Le pauvre homme criait : « Ce n'est pas ma faute, je souffre pour la faute d'un autre! » Tu ne saurais croire combien nous avons tous ri!...

— Eh! Timoféievna, ce n'est pas un homme à barbe rousse, c'est moi qui tantôt ai pris ton frère par les cheveux pour l'empêcher de te battre; quant au propriétaire, il est venu faire une scène chez vous avant-hier, tu as confondu.

— Attends un peu, en effet j'ai confondu, c'est peut-être bien toi. Allons, à quoi bon discuter sur des vétilles? que ce soit celui-ci ou celui-là qui l'ait tiré par les cheveux, pour lui n'est-ce pas la même chose? dit-elle en riant.

— Partons, dit Chatoff qui me saisit soudain le bras, — la grand'porte vient de s'ouvrir; s'il nous trouve ici, il la rossera.

Nous n'avions pas encore eu le temps de monter l'escalier que, sous la porte cochère, se fit entendre un cri d'ivrogne, suivi de mille imprécations. Chatoff me poussa dans son logement, dont il ferma la porte.

— Il faut que vous restiez ici une minute, si vous ne voulez pas qu'il y ait une histoire. Il crie comme un cochon de lait, sans doute il aura encore bronché sur le seuil; chaque fois il pique un plat ventre.

Pourtant les choses ne se passèrent pas sans « histoire ».

VI

Debout près de sa porte fermée, Chatoff prêtait l'oreille; tout à coup il fit un saut en arrière.

— Il vient ici, je m'en doutais! murmura-t-il avec rage, — à présent nous n'en serons pas débarrassés avant minuit.

Bientôt retentirent plusieurs vigoureux coups de poing assénés contre la porte.

— Chatoff, Chatoff, ouvre! commença à crier le capitaine, — Chatoff, mon ami!...

> Je suis venu te saluer,
> Te r-raconter que le soleil est levé,
> Que sous sa br-r-rûlante lumière
> Le... bois... commence à tr-r-ressaillir;
> Te raconter que je me suis éveillé, le diable t'emporte!
> Que je me suis éveillé sous la feuillée...

Chatoff, comprends-tu qu'il fait bon vivre en ce bas monde?

— Ne répondez pas, me dit tout bas Chatoff.

— Ouvre donc! comprends-tu qu'il y a quelque chose au-dessus d'une rixe... parmi les humains? il y a les moments d'un noble personnage... Chatoff, je suis bon, je te pardonne... Chatoff, au diable les proclamations, hein?

Silence.

— Comprends-tu, âne, que je suis amoureux? J'ai acheté un frac, regarde un peu ce frac de l'amour, il a coûté quinze roubles; l'amour d'un capitaine doit se plier aux convenances mondaines... Ouvre! beugla tout à coup Lébiadkine, et de nouveau il cogna furieusement à la porte.

— Va-t'en au diable! cria brusquement Chatoff.

— Esclave! serf! Ta sœur aussi est une esclave et une serve... une voleuse!

— Et toi, tu as vendu ta sœur.

— Tu mens! Je subis une accusation calomnieuse quand je puis d'un seul mot... comprends-tu qui elle est?

— Qui est-elle? demanda Chatoff, et, curieux, il s'approcha de la porte.

— Le comprends-tu?

— Je le comprendrai quand tu me l'auras dit.

— J'oserai le dire! J'ose toujours tout dire en public!...

— C'est bien au plus si tu l'oseras, reprit Chatoff, qui espérait le faire parler en irritant son amour-propre, et il me fit signe d'écouter.

— Je n'oserai pas?

— Je ne le crois pas.

— Je n'oserai pas?

— Eh bien, parle, si tu ne crains pas les verges d'un barine... Tu es un poltron, tout capitaine que tu es!

— Je... je... elle... elle est... balbutia Lébiadkine d'une voix agitée et tremblante.

— Allons? dit Chatoff tendant l'oreille.

Il y eut au moins une demi-minute de silence.

— Gr-r-redin! vociféra enfin le capitaine derrière la porte, puis nous l'entendîmes descendre l'escalier; il soufflait comme un samovar et trébuchait contre chaque marche.

— Non, c'est un malin, même en état d'ivresse il sait se taire, observa Chatoff en s'éloignant de la porte.

— Qu'est-ce qu'il y a donc? demandai-je.

Chatoff fit un geste d'impatience; il ouvrit la porte, se mit à écouter sur le palier et descendit même quelques marches tout doucement; après avoir longtemps prêté l'oreille, il finit par rentrer.

— On n'entend rien, il a laissé sa sœur tranquille; à peine arrivé chez lui, il sera sans doute tombé comme une masse sur le plancher, et, maintenant, il dort. Vous pouvez vous en aller.

— Écoutez, Chatoff, que dois-je à présent conclure de tout cela?

— Eh! concluez ce que vous voudrez! me répondit-il d'une voix qui exprimait la lassitude et l'ennui, ensuite il s'assit devant son bureau.

Je me retirai. Dans mon esprit se fortifiait de plus en plus une idée invraisemblable. Je songeais avec inquiétude à la journée du lendemain.....

VII

Cette journée du lendemain, — c'est-à-dire ce même dimanche où le sort de Stépan Trophimovitch devait être irrévocablement décidé, — est une des plus importantes que j'aie à mentionner dans ma chronique. Ce fut une journée pleine d'imprévu, qui dissipa les ténèbres sur plusieurs points et les épaissit sur d'autres, qui dénoua certaines complications et en fit naître de nouvelles. Dans la matinée, le lecteur le sait déjà, j'étais tenu d'accompagner mon ami chez Barbara Pétrovna, qui, elle-même, avait exigé ma présence, et, à trois heures de l'après-midi, je devais être chez Élisabeth Nikolaïevna pour lui raconter — je ne savais quoi, et l'aider —

je ne savais comment. Toutes ces questions furent tranchées comme personne ne se serait attendu à ce qu'elles le fussent. En un mot, le hasard amena, durant cette journée, les rencontres et les événements les plus étranges.

Pour commencer, lorsque nous arrivâmes, Stépan Trophimovitch et moi, chez Barbara Pétrovna à midi précis, heure qu'elle nous avait fixée, nous ne la trouvâmes pas; elle n'était pas encore revenue de la messe. Mon pauvre ami était dans un tel état d'esprit que cette circonstance l'atterra; presque défaillant, il se laissa tomber sur un fauteuil du salon. Je l'engageai à boire un verre d'eau; mais, nonobstant sa pâleur et le tremblement de ses mains, il refusa avec dignité. Je ferai remarquer en passant que son costume se distinguait cette fois par une élégance extraordinaire : sa chemise de batiste brodée était presque une chemise de bal; il avait une cravate blanche, un chapeau neuf qu'il tenait à la main, des gants jaune paille, et il s'était tant soit peu parfumé. A peine fûmes-nous assis que parut Chatoff, introduit par le valet de chambre; il était clair que lui aussi avait reçu de Barbara Pétrovna une invitation en règle. Stépan Trophimovitch se leva à demi pour lui tendre la main, mais Chatoff, après nous avoir examinés attentivement tous les deux, alla s'asseoir dans un coin, sans même nous faire un signe de tête. Stépan Trophimovitch me regarda de nouveau d'un air inquiet.

Plusieurs minutes s'écoulèrent ainsi dans un profond silence. Stépan Trophimovitch se mit soudain à murmurer quelques mots à mon oreille, mais il parlait si bas et si vite que je ne pouvais rien comprendre à ses paroles; du reste, son agitation ne lui permit pas de continuer. Le valet de chambre entra encore une fois sous couleur d'arranger quelque chose sur la table, mais en réalité, je crois, pour jeter un coup d'œil sur nous. Brusquement Chatoff l'interpella d'une voix forte :

— Alexis Égoritch, savez-vous si Daria Pavlovna est allée avec elle?

— Barbara Pétrovna est allée seule à la cathédrale, Daria Pavlovna est restée dans sa chambre, elle ne se porte pas très-bien, répondit Alexis Égoritch avec la gravité compassée d'un domestique bien stylé.

Mon pauvre ami me lança encore un regard anxieux, cela finit par m'ennuyer à un tel point que je me tournai d'un autre côté. Soudain retentit le bruit d'une voiture s'approchant du perron, et un certain mouvement dans la maison nous avertit que la générale était de retour. Nous nous levâmes tous précipitamment, mais une nouvelle surprise nous était réservée : les pas nombreux que nous entendîmes prouvaient que Barbara Pétrovna n'était pas rentrée seule, et cela était déjà assez étrange, attendu qu'elle-même nous avait indiqué cette heure-là. Enfin nous perçûmes le bruit d'une marche extrêmement rapide, d'une sorte de course qui n'était nullement dans les habitudes de Barbara Pétrovna. Et tout à coup celle-ci, essoufflée, en proie à une agitation extraordinaire, fit irruption dans la chambre. Quelques instants après entra beaucoup plus tranquillement Élisabeth Nikolaïevna, tenant par la main — Marie Timoféievna Lébiadkine ! Si j'avais vu la chose en rêve, je n'y aurais pas cru.

Pour expliquer un fait si bizarre, il faut que je raconte une aventure singulière survenue une heure auparavant à Barbara Pétrovna, pendant qu'elle était à la cathédrale.

Je dois d'abord noter que presque toute la ville était à la messe ; quand je dis toute la ville, j'entends, comme bien on pense, les couches supérieures de notre société. On savait que la gouvernante s'y montrerait pour la première fois depuis son arrivée chez nous. Soit dit en passant, le bruit courait déjà qu'elle était libre penseuse et imbue des « nouveaux principes ». Nos dames n'ignoraient pas non plus que Julie Mikhaïlovna serait vêtue avec un luxe et une élégance extraordinaires ; aussi elles-mêmes faisaient-elles assaut de toilettes luxueuses et élégantes. Seule, Barbara Pétrovna était mise simplement, comme de coutume ; depuis quatre ans, elle s'habillait toujours en noir. Arrivée à la cathédrale, elle alla occuper sa place habituelle au premier rang à gauche, et un laquais en livrée déposa devant elle un coussin en velours pour les génuflexions. Bref, tout se passa comme à l'ordinaire. Mais on remarqua aussi que, cette fois, elle pria pendant tout l'office avec une ferveur inaccoutumée; plus tard, quand on se rappela tout, on prétendit même avoir vu des larmes dans ses yeux. A l'issue de la cérémonie, notre archiprêtre, le Père Paul, monta en chaire. Ses sermons étaient très-goûtés chez nous, et on l'engageait souvent à les faire imprimer, mais il ne pouvait s'y résoudre. Dans la circonstance présente, il parla fort longuement.

Pendant qu'il prêchait, une dame arriva à la cathédrale dans une légère voiture de louage, un de ces drochkis du temps passé où les dames ne pouvaient s'asseoir que de côté en se tenant à la ceinture du cocher, ce qui, du reste, ne les empêchait pas d'être secouées comme l'herbe au souffle du vent. Ces véhicules incommodes se rencontrent encore aujourd'hui dans notre ville. Le drochki s'arrêta au coin de la cathédrale, car devant la porte stationnaient une foule d'équipages et même des gendarmes. La dame descendit et offrit quatre kopeks au cocher.

— Eh bien! tu trouves que ce n'est pas assez, Vanka? s'écria-t-elle en voyant qu'il faisait la grimace, et elle ajouta d'une voix plaintive : — C'est tout ce que j'ai.

— Allons, que Dieu t'assiste! je t'ai chargée sans convenir du prix, répondit avec un geste de résignation Vanka dont le regard semblait dire : « Toi, ce serait péché de te faire de la peine. » Ensuite il serra dans son sein sa bourse de cuir, fouetta son cheval et s'éloigna poursuivi par les lazzi des autres cochers. Les railleries et les marques d'étonnement accompagnèrent aussi la dame pendant tout le temps qu'elle mit à se frayer un passage à travers les équipages et les valets qui encombraient les abords de la cathédrale. Le fait est qu'il y avait quelque chose d'étrange dans l'apparition soudaine d'une semblable personne au milieu de la foule. D'une maigreur maladive, elle boitait un peu et avait le visage excessivement fardé de rouge et de blanc. Quoique le temps fût froid et venteux, elle allait le col nu, la tête nue, sans mouchoir, sans bournous, n'ayant pour tout vêtement qu'une vieille robe de couleur sombre. Dans son chignon était piquée une de ces roses artificielles dont on couronne les chérubins le dimanche des Rameaux. Justement la veille, lors de ma visite chez Marie Timoféievna, j'avais remarqué dans un coin, au-dessous des icones, un de ces chérubins dont le chef était ainsi orné de roses en papier. Pour comble, bien que la dame baissât modestement les yeux, elle ne laissait pas d'avoir sur les lèvres un gai et malicieux sourire. Si elle avait encore tardé un instant à pénétrer dans la cathédrale, on lui en aurait peut-être interdit l'entrée; elle réussit néanmoins à s'y glisser, et, une fois dans le temple, continua sa marche à travers la foule des fidèles qui remplissaient le saint lieu.

Le prédicateur était au milieu de son sermon, et tout le monde l'écoutait avec l'attention la plus recueillie; cependant quelques regards curieux se portèrent furtivement vers la nouvelle venue. Elle se prosterna jusqu'à terre, inclina son visage fardé sur le pavement de la cathédrale et resta longtemps dans cette position; on aurait dit qu'elle pleurait. Ensuite elle se releva et ne tarda pas à recouvrer sa bonne humeur. Gaiement, avec tous les signes d'une extrême satisfaction, elle commença à promener ses yeux autour d'elle, contemplant les murs de l'église, examinant les figures des assistants, parfois même se haussant sur la pointe des pieds pour mieux voir certaines dames; à deux reprises elle eut un petit rire étrange. Le sermon fini, la croix fut offerte à la vénération des fidèles. La gouvernante s'approcha la première pour la baiser, mais elle n'avait pas fait deux pas qu'elle s'arrêta avec l'intention évidente de laisser passer Barbara Pétrovna, qui, de son côté, s'avançait bravement sans paraître remarquer qu'il y avait quelqu'un devant elle. Sans doute l'excessive politesse de Julie Mikhaïlovna cachait une arrière-pensée maligne; personne ne s'y trompa, la générale Stavroguine pas plus que les autres; néanmoins son assurance ne se démentit point : imperturbable, elle s'approcha de la croix, et, après l'avoir baisée, se dirigea vers la sortie. Son laquais en livrée la précédait pour lui ouvrir un chemin, ce qui, du reste, était inutile, car tous s'écartaient respectueusement devant elle. Mais, arrivée sur le parvis, Barbara Pétrovna dut s'arrêter un instant en face d'un épais rassemblement qui lui barrait le passage. Soudain une créature d'un aspect bizarre, une femme portant sur la tête une rose artificielle, fendit la foule et vint s'agenouiller devant la générale. Celle-ci, qui ne perdait pas facilement sa présence d'esprit, surtout en public, la regarda d'un air sévère et imposant.

Il faut noter que, tout en étant devenue dans ces dernières années fort économe et même avare, Barbara Pétrovna ne laissait pas, à l'occasion, de faire l'aumône d'une façon très-large. Elle était membre d'une société de bienfaisance établie dans la capitale, et, récemment, lors d'une famine, elle avait envoyé à Pétersbourg cinq cents roubles pour les indigents. Enfin, tout dernièrement, avant la nomination du nouveau gouverneur, elle avait entrepris de créer chez nous un comité de dames charitables, afin de venir en aide aux femmes en couches les plus nécessiteuses de la ville et de la province. Notre société lui reprochait de faire le bien avec trop d'ostentation, mais la fougue de son caractère, jointe à une rare opiniâtreté, avaient presque triomphé de tous les obstacles; le comité était à peu près organisé, et l'idée primitive prenait des proportions de plus en plus vastes dans l'esprit enthousiasmé de la fondatrice; déjà elle rêvait d'établir une société semblable à Moscou et d'en étendre l'action dans toute la Russie. Les choses en étaient là, quand tout à coup Von Lembke fut nommé gouverneur en remplacement d'Ivan Osipovitch. La nouvelle gouvernante ne tarda pas, dit-on, à s'exprimer en termes moqueurs au sujet des visées philanthropiques de Barbara Pétrovna, qui n'étaient, suivant elle, que d'ambitieuses chimères. Ces propos, considérablement amplifiés, comme il arrive toujours, furent rapportés à Barbara Pétrovna. Dieu seul connaît le fond des cœurs, mais je suppose que dans la circonstance présente, la générale était bien aise d'être ainsi arrêtée à la porte de la cathédrale sachant que la gouvernante passerait tout à l'heure à côté d'elle. « Tant mieux ! devait-elle se dire, que tout le monde voie, qu'elle voie elle-même combien me sont indifférentes ses critiques sur ma façon de faire la charité ! »

— Eh bien, ma chère, que demandez-vous? commença Barbara Pétrovna après avoir examiné plus attentivement la femme agenouillée devant elle.

Troublée, confuse, la solliciteuse regarda timidement celle qui lui parlait, puis tout à coup partit d'un éclat de rire.

— Qu'est-ce qu'elle a? Qui est-elle? fit la générale en promenant un regard interrogateur sur le groupe qui l'entourait.

Personne ne répondit.

— Vous êtes malheureuse? Vous avez besoin d'un secours?

— J'ai besoin... je suis venue... balbutia la « malheureuse » d'une voix entrecoupée. Je suis venue seulement pour vous baiser la main... Et elle se remit à rire. Avec le regard câlin des enfants qui veulent obtenir quelque chose, elle tendit le bras pour saisir la main de Barbara Pétrovna; ensuite, comme effrayée, elle ramena brusquement son bras en arrière.

— Vous n'êtes venue que pour cela? dit avec un sourire de compassion Barbara Pétrovna, et, tirant de son porte-monnaie de nacre un assignat de dix roubles, elle l'offrit à l'inconnue. Celle-ci le prit. Cette rencontre intriguait fort la générale, qui, évidemment, se doutait bien qu'elle n'avait pas affaire à une mendiante de profession.

— Eh ! voyez donc, elle lui a donné dix roubles, remarqua quelqu'un dans la foule.

— Donnez-moi votre main, reprit d'une voix hésitante l'étrange créature qui serrait avec force entre les doigts de sa main gauche le billet qu'elle venait de recevoir. Comme elle ne le tenait que par un coin, l'assignat flottait au vent.

Barbara Pétrovna fronça le sourcil, et, d'un air sérieux, presque sévère, tendit sa main. La « malheureuse » la baisa avec le plus profond respect, tandis qu'une reconnaissance exaltée mettait une flamme dans ses yeux. Sur ces entrefaites s'approcha la gouvernante accompagnée d'un grand nombre de dames et de hauts fonctionnaires. Force fut à Julie Mikhaïlovna de s'arrêter durant une minute, tant était compacte le groupe qui encombrait le parvis de la cathédrale.

— Vous tremblez, vous avez froid? observa soudain Barbara Pétrovna; puis se débarrassant de son bournous que le laquais saisit au vol, elle ôta de dessus ses épaules un châle noir d'un assez grand prix, et en enveloppa elle-même la solliciteuse toujours agenouillée.

— Mais levez-vous donc, levez-vous, je vous prie!

L'inconnue obéit.

— Où demeurez-vous? Se peut-il que personne ne sache où elle demeure? fit impatiemment la générale en promenant de nouveaux ses yeux autour d'elle. Mais le rassemblement n'était plus composé des mêmes personnes que tout à l'heure; c'étaient maintenant des connaissances de Barbara Pétrovna, des gens du monde qui contemplaient cette scène, les uns d'un air aussi étonné que sévère, les autres avec une curiosité narquoise et l'espoir d'un petit scandale; plusieurs même commençaient à rire.

Parmi les assistants se trouvait notre respectable marchand Andréieff; il était là en costume russe, avec ses lunettes, sa barbe blanche et un chapeau rond qu'il tenait à la main.

— Je crois que cette personne est une Lébiadkine, dit enfin le brave homme en réponse à la question de Barbara Pétrovna; — elle habite dans la maison Philippoff, rue de l'Épiphanie.

— Lébiadkine? la maison Philippoff? J'en ai entendu parler... je vous remercie, Nikon Séménitch, mais qu'est-ce que c'est que Lébiadkine?

— Il se donne pour capitaine, c'est un homme inconsidéré, on peut le dire. Cette femme est certainement sa sœur; il faut croire qu'elle a réussi à tromper sa surveillance, reprit Nikon Séménitch en baissant la voix, et il adressa à Barbara Pétrovna un regard qui complétait sa pensée.

— Je vous comprends; merci, Nikon Séménitch. Ma chère, vous êtes madame Lébiadkine?

— Non, je ne suis pas madame Lébiadkine.

— Alors, c'est peut-être votre frère qui s'appelle Lébiadkine?

— Oui.

— Voici ce que je vais faire, je vais vous ramener chez moi, ma chère, et ensuite ma voiture vous remettra à votre domicile; vous voulez bien venir avec moi?

— Oh! oui, acquiesça Marie Timoféievna en frappant ses mains l'une contre l'autre.

— Tante, tante! Ramenez-moi aussi avec vous! cria Élisabeth Nikolaïevna.

Elle avait accompagné la gouvernante à la messe, tandis que sa mère, sur l'ordre du médecin, faisait une promenade en voiture et avait pris avec elle, pour se distraire, Maurice Nikolaïévitch. Lisa quitta brusquement Julie Mikhaïlovna et courut à Barbara Pétrovna.

— Ma chère, tu sais que je suis toujours bien aise de t'avoir, mais que dira ta mère? observa avec dignité la générale Stavroguine, qui toutefois se troubla soudain en voyant l'extrême agitation de Lisa.

— Tante, tante, il faut absolument que j'aille avec vous, supplia la jeune fille en embrassant Barbara Pétrovna.

— Mais qu'avez-vous donc, Lise? demanda en français la gouvernante étonnée.

Lisa revint rapidement auprès d'elle.

— Ah! pardonnez-moi, chère cousine, je vais chez ma tante.

Ce disant, Élisabeth Nikolaïevna embrassa par deux fois sa « chère cousine », désagréablement surprise.

— Dites aussi à maman de venir me chercher dans un instant chez ma tante; maman voulait absolument venir, elle me l'a dit elle-même tantôt, j'ai oublié de vous en parler, poursuivit précipitamment Lisa, — pardon, ne vous fâchez pas, Julie... chère cousine... tante, je suis à vous!

— Si vous ne m'emmenez pas, tante, je courrai derrière votre voiture en criant tout le temps, murmura-t-elle avec un accent désespéré à l'oreille de Barbara Pétrovna. Ce fut encore heureux que personne ne l'entendit. Barbara Pétrovna recula d'un pas. Après un regard pénétrant jeté sur la folle jeune fille, elle se décida à emmener Lisa.

— Il faut mettre fin à cela, laissa-t-elle échapper. — Bien, je te prendrai volontiers avec moi, Lisa, ajouta-t-elle à haute voix, — naturellement, si Julie Mikhaïlovna le permet, acheva-t-elle se tournant d'un air plein de dignité vers la gouvernante.

— Oh! sans doute, je ne veux pas la priver de ce plaisir, d'autant plus que moi-même... répondit très-aimablement celle-ci, — moi-même... je sais bien quelle petite tête fantasque et volontaire nous avons sur nos épaules (Julie Mikhaïlovna prononça ces mots avec un charmant sourire)...

— Je vous suis on ne peut plus reconnaissante, dit Barbara Pétrovna en s'inclinant avec une politesse de grande dame.

— Cela m'est d'autant plus agréable, balbutia Julie Mikhaïlovna sous l'influence d'une sorte de transport joyeux qui faisait même monter le rouge à ses joues, — qu'en dehors du plaisir d'aller chez vous, Lisa est en ce moment entraînée par un sentiment si beau, si élevé, puis-je dire... la pitié... (elle montra des yeux la « malheureuse »)... et... et sur le parvis même du temple...

— Cette manière de voir vous fait honneur, approuva majestueusement Barbara Pétrovna. La gouvernante tendit sa main avec élan. La générale Stavroguine ne se montra pas moins empressée à lui donner la sienne. L'impression produite fut excellente, plusieurs des assistants rayonnaient de satisfaction, des sourires courtisanesques apparaissaien[t] sur quelques visages.

Bref, toute la ville découvrit soudain que ce n'était pa[s] Julie Mikhaïlovna qui avait dédaigné jusqu'à présent de fai[re] visite à Barbara Pétrovna, mais que c'était au contraire [la] seconde qui avait tenu la première à distance. Quand on f[ut] convaincu que, sans la crainte d'être mise à la porte, la gou[-] vernante serait allée chez la générale Stavroguine, le prestig[e] de cette dernière se releva d'une façon incroyable.

— Prenez place, ma chère, dit Barbara Pétrovna à made[-] moiselle Lébiadkine en lui montrant la calèche qui s'éta[it] approchée; la « malheureuse » s'avança joyeusement ver[s] la portière, et un laquais l'aida à monter.

— Comment! vous boitez! s'écria la générale épouvanté[e] et elle pâlit. (Tous le remarquèrent alors, mais sans com[-] prendre...)

La voiture partit. De la cathédrale à la maison de Barbar[a] Pétrovna la distance était fort courte. A ce que me racont[a] plus tard Élisabeth Nikolaïevna, mademoiselle Lébiadkine n[e] cessa de rire nerveusement pendant les trois minutes qu[e] dura le trajet. Quant à Barbara Pétrovna, elle était « comm[e] plongée dans un sommeil magnétique », suivant l'expressio[n] même de Lisa.

CHAPITRE V

LE TRÈS-SAGE SERPENT.

I

Barbara Pétrovna sonna et se laissa tomber sur un fauteuil près de la fenêtre.

— Asseyez-vous ici, ma chère, dit-elle à Marie Timoféievna en lui indiquant une place au milieu de la chambre, devant la grande table ronde; — Stépan Trophimovitch, qu'est-ce que c'est? Tenez, regardez cette femme, qu'est-ce que c'est?

— Je... je... commença péniblement Stépan Trophimovitch

Entra un laquais.

— Une tasse de café, tout de suite, le plus tôt possib Qu'on ne dételle pas.

— Mais, chère et excellente amie, dans quelle inquiétud gémit d'une voix défaillante Stépan Trophimovitch.

— Ah! du français, du français! On voit tout le qu'on est ici dans le grand monde! s'écria en battant mains Marie Timoféievna qui, d'avance, se faisait u d'assister à une conversation en français. Barbara Pétro la regarda presque avec effroi.

Nous attendions tous en silence le mot de l'énigme. Chatoff ne levait pas la tête, Stépan Trophimovitch était consterné comme s'il eût eu tous les torts; la sueur ruisselait sur ses tempes. J'observai Lisa (elle était assise dans un coin à très-peu de distance de Chatoff). Le regard perçant de la jeune fille allait sans cesse de Barbara Pétrovna à la boiteuse et *vice versâ*; un mauvais sourire tordait ses lèvres. Barbara Pétrovna le remarqua. Pendant ce temps, Marie Timoféievna s'amusait fort bien. Nullement intimidée, elle prenait un vif plaisir à contempler le beau salon de la générale, — le mobilier, les tapis, les tableaux, les peintures du plafond, le grand crucifix de bronze pendu dans un coin, la lampe de porcelaine, les albums et les bibelots placés sur la table.

— Tu es donc ici aussi, Chatouchka? dit-elle tout à coup; — figure-toi, je te vois depuis longtemps, mais je me disais : Ce n'est pas lui! Par quel hasard serait-il ici? Et elle se mit à rire gaiement.

— Vous connaissez cette femme? demanda aussitôt Barbara Pétrovna à Chatoff.

— Je la connais, murmura-t-il; en faisant cette réponse il fut sur le point de se lever, mais il resta assis.

— Que savez-vous d'elle? Parlez vite, je vous prie!

— Eh bien, quoi?... répondit-il avec un sourire assez peu en situation, — vous le voyez vous-même.

— Qu'est-ce que je vois? Allons, dites quelque chose!

— Elle demeure dans la même maison que moi... avec son frère... un officier.

— Eh bien?

— Ce n'est pas la peine d'en parler... grommela-t-il, et il se tut.

— De vous, naturellement, il n'y a rien à attendre! reprit avec colère Barbara Pétrovna.

Elle voyait maintenant que tout le monde savait quelque chose, mais qu'on n'osait pas répondre à ses questions, qu'on voulait la laisser dans l'ignorance.

Le laquais revint, apportant sur un petit plateau d'argent la tasse de café demandée; il la présenta d'abord à sa maîtresse, qui lui fit signe de l'offrir à Marie Timoféievna.

— Ma chère, vous avez été transie de froid tantôt, buvez vite, cela vous réchauffera.

Marie Timoféievna prit la tasse et dit en français
« merci » au domestique; puis elle se mit à rire à la pensée
de l'inadvertance qu'elle venait de commettre, mais, rencontrant le regard sévère de Barbara Pétrovna, elle se troubla
et posa la tasse sur la table.

— Tante, vous n'êtes pas fâchée? murmura-t-elle d'un ton
enjoué.

Ces mots firent bondir sur son siége Barbara Pétrovna.

— Quoi? cria-t-elle en prenant son air hautain, — est-ce
que je suis votre tante? Que voulez-vous dire par là?

Marie Timoféievna ne s'attendait pas à ce langage courroucé; un tremblement convulsif agita tout son corps, et
elle se recula dans le fond de son fauteuil.

— Je... je pensais qu'il fallait vous appeler ainsi, balbutiat-elle en regardant avec de grands yeux Barbara Pétrovna,
— j'ai entendu Lisa vous donner ce nom.

— Comment? Quelle Lisa?

— Eh bien, cette demoiselle, répondit Marie Timoféievna
en montrant du doigt Élisabeth Nikolaïevna.

— Ainsi, pour vous elle est déjà devenue Lisa?

— C'est vous-même qui tantôt l'a ez appelée ainsi, reprit
avec un peu plus d'assurance Marie Timoféievna. — Il me
semble avoir vu en songe cette charmante personne, ajoutat-elle tout à coup en souriant.

A la réflexion, Barbara Pétrovna se calma un peu; la dernière parole de mademoiselle Lébiadkine amena même un
léger sourire sur ses lèvres. La folle s'en aperçut, se leva et
de son pas boiteux s'avança timidement vers la générale.

— Prenez-le, j'avais oublié de vous le rendre, ne vous
fâchez pas de mon impolitesse, dit-elle en se dépouillant
soudain du châle noir que Barbara Pétrovna lui avait mis
sur les épaules peu auparavant.

— Remettez-le tout de suite et gardez-le. Allez vous
asseoir, buvez votre café, et, je vous en prie, n'ayez pas peur
de moi, ma chère, rassurez-vous. Je commence à vous comprendre.

Stépan Trophimovitch voulut de nouveau prendre la parole :

— Chère amie...

— Oh! faites-nous grâce de vos discours, Stépan Trophimovitch ; nous sommes déjà assez déroutés comme cela ; si vous vous en mêlez, ce sera complet... Tirez, je vous prie, le cordon de sonnette que vous avez près de vous, il communique avec la chambre des servantes.

Il y eut un silence. La maîtresse de la maison promenait sur chacun de nous un regard soupçonneux et irrité. Entra Agacha, sa femme de chambre favorite.

— Donne-moi le mouchoir à carreaux que j'ai acheté à Genève. Que fait Daria Pavlovna ?

— Elle n'est pas très-bien portante.

— Va la chercher. Dis-lui que je la prie instamment de venir malgré son état de santé.

En ce moment, des pièces voisines arriva à nos oreilles un bruit de pas et de voix semblable à celui de tout à l'heure, et soudain parut sur le seuil Prascovie Ivanovna. Elle était agitée et hors d'haleine ; Maurice Nikolaïévitch lui donnait le bras.

— Oh! Seigneur, ce que j'ai eu de peine à me traîner jusqu'ici ! Lisa, tu es folle d'en user ainsi avec ta mère ! grondat-elle, mettant dans ce reproche une forte dose d'acrimonie, selon l'habitude des personnes faibles, mais irascibles.

— Matouchka, Barbara Pétrovna, je viens chercher ma fille chez vous !

La générale Stavroguine la regarda de travers, se leva à demi, et, d'un ton où perçait une colère mal contenue :

— Bonjour, Prascovie Ivanovna, dit-elle, fais-moi le plaisir de t'asseoir. J'étais sûre que tu viendrais.

II

Un pareil accueil n'avait rien qui pût surprendre Prascovie Ivanovna. Depuis l'enfance, Barbara Pétrovna avait toujours traité despotiquement son ancienne camarade de pension, et, sous prétexte d'amitié, elle lui témoignait un véritable mépris. Mais, actuellement, les deux dames se trouvaient vis-à-vis l'une de l'autre dans une situation particulière : elles étaient complétement brouillées depuis quelques jours. Barbara Pétrovna ignorait encore les causes de cette rupture qui, par suite, n'en était que plus offensante pour elle. D'ailleurs, avant même que les choses en vinssent là, Prascovie Ivanovna avait, contre sa coutume, pris une attitude fort hautaine à l'égard de son amie. Comme bien on pense, cela avait profondément ulcéré Barbara Pétrovna. D'un autre côté, il était arrivé jusqu'à elle certains bruits étranges qui l'irritaient surtout par leur caractère vague. Nature franche et droite, la générale Stavroguine ne pouvait souffrir les accusations sourdes et mystérieuses : elle leur préférait toujours la guerre ouverte. Quoi qu'il en soit, depuis cinq jours les deux dames avaient cessé de se voir. La dernière visite avait été faite par Barbara Pétrovna, qui était revenue de chez « la Drozdoff », cruellement blessée. Je crois pouvoir le dire sans crainte de me tromper, en ce moment Prascovie Ivanovna venait chez son amie, naïvement convaincue que celle-ci devait trembler devant elle; cela se voyait sur son visage. Or, Barbara Pétrovna devenait un démon d'orgueil dès qu'elle pouvait soupçonner que quelqu'un pensait la tenir à sa merci. Quant à Prascovie Ivanovna, comme beaucoup de personnes faibles qui se sont longtemps laissé fouler aux pieds sans mot dire, elle s'emportait avec une violence inouïe sitôt que les circonstances lui fournissaient l'occasion de prendre sa revanche. A présent, il est vrai, elle était souffrante, et la maladie la rendait toujours plus irritable. J'ajouterai enfin que notre présence dans le salon n'était pas faite pour imposer beaucoup de réserve aux deux camarades d'enfance et les empêcher de donner un libre cours à leurs ressentiments : nous étions tous plus ou moins des clients, des inférieurs devant qui elles n'avaient pas à se gêner. Stépan Trophimovitch, resté debout depuis l'arrivée de Barbara Pétrovna, s'affaissa sur un siége en entendant crier Prascovie Ivanovna et me jeta un regard désespéré. Chatoff fit brusquement demi-tour sur sa chaise et bougonna à part soi. Je crois qu'il avait envie de s'en aller. Lise se leva à demi, mais se rassit aussitôt, sans même écouter comme elle l'aurait dû la semonce maternelle. Évidemment ce n'était pas le fait d'un « caractère obstiné », mais d'une préoccupation exclusive sous l'influence de laquelle elle se trouvait alors. La jeune fille regardait vaguement en l'air et avait même cessé de faire attention à Marie Timoféievna.

III

— Aïe, ici ! fit Prascovie Ivanovna en indiquant un fauteuil près de la table, puis elle s'assit péniblement avec le secours de Maurice Nikolaïévitch ; sans mes jambes, matouchka, je ne m'assiérais pas chez vous ! ajouta-t-elle d'un ton fielleux.

Barbara Pétrovna leva un peu la tête, sa physionomie exprimait la souffrance ; elle appliqua les doigts de sa main droite contre sa tempe, où elle sentait évidemment un tic douloureux.

— Qu'est-ce que tu dis, Prascovie Ivanovna ? Pourquoi ne t'assiérais-tu pas chez moi ? Ton défunt mari m'a témoigné toute sa vie une sincère amitié ; toi et moi, à la pension, nous avons joué ensemble à la poupée, étant gamines.

Prascovie Ivanovna se mit à agiter les bras.

— J'en étais sûre! La pension vous sert toujours d'entrée en matière quand vous vous préparez à me dire des choses désagréables, c'est votre truc.

— Décidément tu es mal disposée aujourd'hui; comment vont tes jambes? On va t'apporter du café, bois-en une tasse, je t'en prie, et ne te fâche pas.

— Matouchka, Barbara Pétrovna, vous me traitez tout à fait comme une petite fille. Je ne veux pas de café, voilà!

Et, quand le domestique s'approcha d'elle pour la servir, elle le repoussa d'un geste brutal. (Du reste, sauf Maurice Nikolaïévitch et moi, tout le monde refusa de prendre du café. Stépan Trophimovitch, qui en avait d'abord accepté, laissa sa tasse sur la table : Marie Timoféievna aurait bien voulu en avoir encore, déjà même elle tendait la main, mais le sentiment des convenances lui revint, et elle refusa, visiblement satisfaite de cette victoire sur elle-même.)

Un sourire venimeux plissa les lèvres de Barbara Pétrovna.

— Sais-tu une chose, ma chère Prascovie Ivanovna? Tu es sûrement venue ici avec une idée que tu t'es encore mise dans la tête. Toute ta vie tu n'as vécu que par l'imagination. Tout à l'heure, quand j'ai parlé de la pension, tu t'es fâchée, mais te rappelles-tu le jour où tu es venue raconter à toute la classe que le hussard Chablykine t'avait demandée en mariage? Madame Lefébure t'a alors convaincue de mensonge, et pourtant tu ne mentais pas, tu t'étais simplement fourré dans l'esprit une chimère qui te faisait plaisir. Eh bien, parle, qu'est-ce que tu as maintenant? Qu'as-tu encore imaginé pour être si mécontente?

— Et vous, à la pension, vous vous êtes amourachée du pope qui enseignait la loi divine, vous devez vous souvenir de cela aussi, puisque vous avez si bonne mémoire! ha, ha, ha!

Elle eut un rire sardonique auquel succéda un accès de toux.

— Ah! tu n'as pas oublié le pope... reprit Barbara Pétrovna en lançant à son interlocutrice un regard haineux.

Son visage était devenu vert. Prascovie Ivanovna prit tout à coup un air de dignité.

— Maintenant, matouchka, je n'ai pas envie de rire, je désire savoir pourquoi devant toute la ville vous avez mêlé ma fille à votre scandale, voilà pourquoi je suis venue.

Barbara Pétrovna se redressa brusquement.

— A mon scandale? fit-elle d'une voix menaçante.

— Maman, je vous prie de veiller davantage sur vos expressions, observa soudain Élisabeth Nikolaïevna.

— Comment as-tu dit? répliqua la mère, qui allait de nouveau commencer une mercuriale, mais qui s'arrêta court devant le regard étincelant de sa fille.

— Comment avez-vous pu, maman, parler de scandale? continua en rougissant Lisa; — je suis venue ici de moi-même, avec la permission de Julie Mikhaïlovna, parce que je voulais connaître l'histoire de cette malheureuse, pour lui être utile.

— « L'histoire de cette malheureuse! » répéta ironiquement Prascovie Ivanovna; — quel besoin as-tu de t'immiscer dans de pareilles « histoires »? Oh! matouchka! Nous en avons assez, de votre despotisme, poursuivit-elle avec rage en se tournant vers Barbara Pétrovna. — On dit, à tort ou à raison, que vous teniez toute cette ville sous votre joug, mais il paraît que vos beaux jours sont passés!

Barbara Pétrovna était comme une flèche prête à partir. Immobile, elle regarda sévèrement pendant dix secondes Prascovie Ivanovna.

— Allons, prie Dieu, Prascovie, pour que toutes les personnes ici présentes soient des gens sûrs, dit-elle enfin avec une tranquillité sinistre, — tu as beaucoup trop parlé.

— Moi, ma mère, je n'ai pas si peur que d'autres de l'opinion publique; c'est vous qui, nonobstant vos airs hautains, tremblez devant le jugement du monde. Et si les personnes ici présentes sont des gens sûrs, tant mieux pour vous.

— Tu es devenue intelligente cette semaine?

— Non, mais cette semaine la vérité s'est fait jour.

— Quelle vérité s'est fait jour cette semaine? Écoute, Prascovie Ivanovna, ne m'irrite pas, explique-toi à l'instant, je t'adjure de parler : quelle vérité s'est fait jour, et que veux-tu dire par ces mots?

Prascovie Ivanovna se trouvait dans cet état d'esprit où l'homme, tout au désir de frapper un grand coup, ne s'inquiète plus des conséquences.

— Mais la voilà, toute la vérité! elle est assise là! répondit-elle en montrant du doigt Marie Timoféievna. Celle-ci, qui n'avait cessé de considérer Prascovie Ivanovna avec une curiosité enjouée, se mit à rire en se voyant ainsi désignée par la visiteuse irritée, et s'agita gaiement sur son fauteuil.

— Seigneur Jésus-Christ, ils sont tous fous! s'écria Barbara Pétrovna, qui blêmit et se renversa sur le dossier de son siège.

Sa pâleur nous alarma. Stépan Trophimovitch s'élança le premier vers elle; je m'approchai aussi; Lisa elle-même se leva, sans, du reste, s'éloigner de son fauteuil; mais nul ne manifesta autant d'inquiétude que Prascovie Ivanovna; elle se leva du mieux qu'elle put et se mit à crier d'une voix dolente :

— Matouchka, Barbara Pétrovna, pardonnez-moi ma sottise et ma méchanceté! Mais que quelqu'un lui donne au moins de l'eau!

— Ne pleurniche pas, je te prie, Prascovie Ivanovna; et vous, messieurs, écartez-vous, s'il vous plaît, je n'ai pas besoin d'eau! dit avec fermeté Barbara Pétrovna, quoique la parole eût encore peine à sortir de ses lèvres décolorées.

— Matouchka! reprit Prascovie Ivanovna un peu tranquillisée, — ma chère Barbara Pétrovna, sans doute j'ai eu tort de vous tenir un langage inconsidéré, mais toutes ces lettres anonymes dont me bombardent de petites gens m'avaient poussée à bout; si encore ils vous les adressaient, puisque c'est à propos de vous qu'ils les écrivent! moi, matouchka, j'ai une fille!

Les yeux tout grands ouverts, Barbara Pétrovna la regardait en silence et l'écoutait avec étonnement. Sur ces entrefaites, une porte latérale s'ouvrit sans bruit, et Daria Pavlovna fit son apparition. Elle s'arrêta un instant sur le seuil pour promener ses yeux autour d'elle; notre agitation la frappa. Il est probable qu'elle ne remarqua pas tout de suite Marie Timoféievna, dont personne ne lui avait annoncé la présence. Stépan Trophimovitch aperçut le premier la jeune fille; il fit un mouvement brusque et s'écria en rougissant : « Daria Pavlovna! » A ces mots, tous les regards se portèrent vers la nouvelle venue.

— Comment, ainsi c'est là votre Daria Pavlovna! s'exclama Marie Timoféievna; — eh bien, matouchka, ta sœur ne te ressemble pas! Comment donc mon laquais peut-il dire : « la serve, la fille Dachka », en parlant de cette charmante personne!

Daria Pavlovna s'était déjà approchée de Barbara Pétrovna, mais l'exclamation de mademoiselle Lébiadkine lui fit brusquement retourner la tête, et elle resta debout devant sa chaise, les yeux attachés sur la folle.

— Assieds-toi, Dacha, dit Barbara Pétrovna avec un calme effrayant; plus près, là, c'est bien; tu peux voir cette femme, tout en étant assise. Tu la connais?

— Je ne l'ai jamais vue, répondit tranquillement Dacha, et, après un silence, elle ajouta : — C'est sans doute la sœur malade d'un M. Lébiadkine.

— Moi aussi, mon âme, je vous vois aujourd'hui pour la première fois, mais depuis longtemps déjà je désirais faire votre connaissance, parce que chacun de vos gestes témoigne de votre éducation, fit avec élan Marie Timoféievna. — Quant aux criailleries de mon laquais, est-il possible, en vérité, que vous lui ayez pris de l'argent, vous si bien élevée et si gentille? Car vous êtes gentille, gentille, gentille, je vous le dis sincèrement! acheva-t-elle enthousiasmée.

— Comprends-tu quelque chose? demanda avec une dignité hautaine Barbara Pétrovna.

— Je comprends tout...

— De quel argent parle-t-elle?

— Il s'agit sans doute de l'argent que, sur la demande de Nicolas Vsévolodovitch, je me suis chargée d'apporter de Suisse à ce M. Lébiadkine, le frère de cette femme.

Un silence suivit ces mots.

— Nicolas Vsévolodovitch lui-même t'a priée de faire cette commission?

— Il tenait beaucoup à envoyer cet argent, une somme de trois cents roubles, à M. Lébiadkine. Mais il ignorait son adresse, il savait seulement que ce monsieur devait venir dans notre ville, c'est pourquoi il m'a chargée de lui remettre cette somme à son arrivée ici.

— Quel argent a donc été... perdu? A quoi cette femme vient-elle de faire allusion?

— Je n'en sais rien; j'ai entendu dire aussi que M. Lébiadkine m'accusait d'avoir détourné une partie de la somme, mais je ne comprends pas ces paroles. On m'avait donné trois cents roubles, j'ai remis trois cents roubles.

Daria Pavlovna avait presque entièrement recouvré son calme. En général il était difficile de troubler longtemps cette jeune fille et de lui ôter sa présence d'esprit, quelque émotion qu'elle éprouvât dans son for intérieur. Toutes les réponses qu'on a lues plus haut, elle les donna posément, sans hésitation, sans embarras, d'une voix nette, égale et tranquille. Rien en elle ne laissait soupçonner la conscience d'aucune faute. Tant que dura cet interrogatoire, Barbara Pétrovna ne quitta pas des yeux sa protégée, ensuite elle réfléchit pendant une minute.

— Si, dit-elle avec force (tout en ne regardant que Dacha, elle s'adressait évidemment à toute l'assistance), — si Nicolas Vsévolodovitch, au lieu de me confier cette commission, t'en a chargée, c'est sans doute qu'il avait des raisons d'agir ainsi. Je ne me crois pas le droit de les rechercher, du moment qu'on me les cache; d'ailleurs le seul fait de ta participation à cette affaire me rassure pleinement à leur égard, sache cela, Daria. Mais vois-tu, ma chère, quand on ne connaît pas le monde, on peut, avec les intentions les plus pures, commettre un acte inconsidéré, et c'est ce que tu as fait en acceptant d'entrer en rapports avec ce coquin. Les bruits répandus par ce drôle prouvent que tu as manqué de tact. Mais je prendrai des renseignements sur lui, et, comme c'est à moi qu'il appartient de te défendre, je saurai le faire. Maintenant il faut en finir avec tout cela.

— Quand il viendra chez vous, le mieux sera de l'envoyer à l'antichambre, observa tout à coup Marie Timoféievna en se penchant en dehors de son fauteuil. — Là il jouera aux cartes sur le coffre avec les laquais, tandis qu'ici nous boirons du café. Vous pourrez tout de même lui en faire porter une petite tasse, mais je le méprise profondément, acheva-t-elle avec un geste expressif.

— Il faut en finir, répéta Barbara Pétrovna qui avait écouté attentivement mademoiselle Lébiadkine, sonnez, je vous prie, Stépan Trophimovitch.

Celui-ci obéit et brusquement s'avança tout agité vers la maîtresse de la maison.

— Si... si je... bégaya-t-il en rougissant, — si j'ai aussi entendu raconter la nouvelle ou, pour mieux dire, la calomnie la plus odieuse, c'est avec la plus grande indignation... enfin cet homme est un misérable et quelque chose comme un forçat évadé...

Il ne put achever; Barbara Pétrovna l'examina des pieds à la tête en clignant les yeux. Entra le correct valet de chambre Alexis Égorovitch

— La voiture, ordonna la générale Stavroguine, — et toi, Alexis Égorovitch, prépare-toi à ramener mademoiselle Lébiadkine chez elle, elle t'indiquera elle-même où elle demeure.

— M. Lébiadkine l'attend lui-même en bas depuis un certain temps, et il a vivement insisté pour être annoncé.

— Cela ne se peut pas, Barbara Pétrovna, fit aussitôt d'un air inquiet Maurice Nikolaïévitch, qui jusqu'alors avait observé un silence absolu : — permettez-moi de vous le dire, ce n'est pas un homme qu'on puisse recevoir, c'est... c'est... c'est... un homme impossible, Barbara Pétrovna.

— Qu'il attende un peu, répondit cette dernière à Alexis Égorovitch.

Le valet de chambre se retira.

— C'est un homme malhonnête, et je crois même que c'est un forçat évadé ou quelque chose dans ce genre, murmura de nouveau, le rouge au visage, Stépan Trophimovitch.

Prascovie Ivanovna se leva.

— Lisa, il est temps de partir, dit-elle d'un ton rogue.

Elle semblait déjà regretter de s'être traitée elle-même de sotte tantôt dans un moment d'émoi. C'était avec un pli dédaigneux sur les lèvres qu'elle avait écouté tout à l'heure les explications de Daria Pavlovna. Mais rien ne me frappa autant que la physionomie d'Élisabeth Nikolaïevna depuis l'entrée de Dacha : la haine et le mépris se lisaient dans ses yeux flamboyants.

— Attends encore une minute, je te prie, Prascovie Ivanovna, fit, toujours avec le même calme extraordinaire, Barbara Pétrovna, — aie la bonté de te rasseoir, je suis décidée à tout dire, et tu as mal aux jambes. Là, c'est bien, je te remercie. Tantôt je ne me connaissais plus, et je t'ai adressé quelques paroles trop vives. Pardonne-moi, je te prie, j'ai agi bêtement, et je suis la première à le confesser, parce qu'en tout j'aime la justice. Sans doute, toi aussi tu étais hors de toi tout à l'heure, quand tu as parlé de lettres anonymes. Toute communication non signée ne mérite que le mépris. Si tu as une autre manière de voir, je ne te l'envie pas. En tout cas, à ta place, j'aurais cru me salir en relevant de pareilles vilenies. Mais puisque tu as commencé, je te dirai que moi-même, il y a six jours, j'ai aussi reçu une lettre anonyme, une chose bouffonne. Dans cette lettre, un drôle quelconque m'assure que Nicolas Vsévolodovitch est devenu fou, et que je dois craindre une boiteuse qui « jouera un rôle extraordinaire dans ma destinée » : je me rappelle l'expression. Sachant que mon fils a une foule d'ennemis, j'ai aussitôt fait venir ici celui qui le hait secrètement de la haine la plus basse et la plus implacable; en causant avec cet homme, j'ai découvert tout de suite de quelle méprisable officine est sortie la lettre anonyme. Si toi aussi, ma pauvre Prascovie Ivanovna, on t'a inquiétée *à cause de moi*, et, comme tu dis, « bombardée » de ces misérables écrits, sans doute je suis la première à regretter d'en avoir été innocemment la cause. Voilà tout ce que je voulais te dire comme explication. Je vois avec peine que tu n'en peux plus, et qu'en ce moment tu n'es pas dans ton assiette. En outre, je suis bien décidée, non pas à *recevoir*, mais à *laisser entrer* (ce qui n'est pas la même chose) l'équivoque personnage dont il était question tout à l'heure. La présence de Lisa en particulier est inutile ici. Viens près de moi, Lisa, ma chère, et laisse-moi t'embrasser encore une fois.

Lisa traversa la chambre et s'arrêta en silence devant Barbara Pétrovna. Celle-ci l'embrassa, lui prit les mains et, l'écartant un peu de sa personne, la considéra avec émotion, puis elle fit le signe de la croix sur la jeune fille et se remit à l'embrasser.

— Allons, adieu, Lisa (il y avait comme des larmes dans la voix de Barbara Pétrovna), crois que je ne cesserai pas de t'aimer, quoi que te réserve désormais la destinée... Que Dieu t'assiste. J'ai toujours béni sa sainte volonté...

Elle voulait encore ajouter quelque chose, mais, faisant un effort sur elle-même, elle se tut. Lisa retournait à sa place, toujours silencieuse et pensive, quand, soudain, elle s'arrêta devant sa mère.

— Maman, je ne pars pas tout de suite, je vais encore rester un moment chez ma tante, dit-elle d'une voix douce, mais dénotant néanmoins une résolution indomptable.

— Mon Dieu, qu'est-ce que c'est? cria, en frappant ses mains l'une contre l'autre, Prascovie Ivanovna.

Lisa, sans répondre, sans même paraître entendre, alla se rasseoir dans son coin et regarda de nouveau en l'air.

Une expression de triomphe se montra sur le visage de Barbara Pétrovna.

— Maurice Nikolaïévitch, j'ai un grand service à vous demander : ayez la bonté d'aller en bas jeter un coup d'œil sur cet homme, et, s'il y a quelque possibilité de le *laisser entrer*, amenez-le ici.

Maurice Nikolaïévitch s'inclina et sortit. Une minute après, il revint avec M. Lébiadkine.

IV

J'ai déjà esquissé le portrait du capitaine : c'était un grand et gros gaillard de quarante ans, portant barbe et moustaches; il avait des cheveux crépus, un visage rouge et un peu bouffi, des joues flasques qui tremblaient à chaque mouvement de sa tête, et de petits yeux injectés, parfois assez malins. La pomme d'Adam était, chez lui, très-saillante, ce qui ne l'avantageait pas. Mais, dans la circonstance présente, je remarquai surtout son frac et son linge propre. « Il y a des gens à qui le linge propre ne va pas », comme disait Lipoutine, un jour que Stépan Trophimovitch lui reprochait sa malpropreté. Le capitaine avait aussi des gants noirs; il était parvenu, non sans peine, à mettre à demi celui de la main gauche; quant à l'autre, il le tenait dans sa main droite, ainsi qu'un superbe chapeau rond qui, assurément, servait pour la première fois. Je pus donc me convaincre que le « frac de l'amour » dont il avait parlé la veille à Chatoff était bel et bien une réalité. Habit et linge avaient été achetés (je le sus plus tard) sur le conseil de Lipoutine, en vue de certains projets mystérieux. Il n'y avait pas à douter non plus que la visite actuelle de Lébiadkine ne fût due également à une inspiration étrangère : seul, il n'aurait pu ni en concevoir l'idée, ni la mettre à exécution dans l'espace de trois quarts d'heure, à supposer même qu'il eût été immédiatement instruit de la scène qui s'était passée sur le parvis de la cathédrale. Il n'était pas ivre, mais se trouvait dans cet état de pesanteur et d'abrutissement où vous laisse une orgie prolongée durant plusieurs jours consécutifs.

Au moment où il entrait comme une trombe dans le salon, il trébucha dès le seuil sur le tapis. Marie Timoféievna éclata de rire. Le capitaine lui lança un regard féroce et s'avança rapidement vers Barbara Pétrovna.

— Je suis venu, madame... commença-t-il d'une voix tonnante.

— Faites-moi le plaisir, monsieur, dit Barbara Pétrovna en se redressant, de vous asseoir là, sur cette chaise. Je vous entendrai fort bien de là, et je pourrai mieux vous voir.

Le capitaine s'arrêta, regarda devant lui d'un air hébété, mais revint sur ses pas et s'assit à la place indiquée, c'est-à-dire tout près de la porte. Sa physionomie était celle d'un homme qui joint à une grande défiance de lui-même une forte dose d'impudence et d'irascibilité. Il ne se sentait pas à son aise, cela était évident, mais, d'un autre côté, son amour-propre souffrait, et l'on pouvait prévoir que, le cas échéant, l'orgueil blessé ferait un effronté de ce timide. Conscient de sa gaucherie, il osait à peine bouger. Comme tout le monde l'a remarqué, la principale souffrance des messieurs de ce genre, quand par grand hasard ils apparaissent dans un salon, c'est de ne savoir que faire de leurs mains. Le capitaine, tenant dans les siennes son chapeau et ses gants, restait les yeux fixés sur le visage sévère de Barbara Pétrovna. Il aurait peut-être voulu regarder plus attentivement autour de lui, mais il ne pouvait encore s'y résoudre. Marie Timoféievna partit d'un nouvel éclat de rire, trouvant sans doute fort ridicule la contenance embarrassée de son frère. Celui-ci ne remua pas. Barbara Pétrovna eut l'inhumanité de le laisser ainsi sur les épines pendant toute une minute.

— D'abord, permettez-moi d'apprendre de vous-même

votre nom, dit-elle enfin d'un ton glacial, après avoir longuement examiné le visiteur.

— Le capitaine Lébiadkine, répondit ce dernier de sa voix sonore ; je suis venu, madame...

— Permettez ! interrompit de nouveau Barbara Pétrovna, — cette malheureuse personne qui m'a tant intéressée est en effet votre sœur ?

— Oui, madame ; elle a échappé à ma surveillance, car elle est dans une position...

Il rougit soudain et commença à patauger.

— Entendez-moi bien, madame, un frère ne salira pas... dans une position, cela ne veut pas dire dans une position... qui entache la réputation... depuis quelque temps...

Il s'arrêta tout à coup.

— Monsieur ! fit la maîtresse de la maison en relevant la tête.

— Voici dans quelle position elle est, acheva brusquement le visiteur, et il appliqua son doigt sur son front.

Il y eut un silence.

— Et depuis quand souffre-t-elle de cela ? demanda négligemment Barbara Pétrovna.

— Madame, je suis venu vous remercier de la générosité dont vous avez fait preuve sur le parvis, je suis venu vous remercier à la russe, fraternellement...

— Fraternellement ?

— C'est-à-dire, pas fraternellement, mais en ce sens seulement que je suis le frère de ma sœur, madame, et croyez, madame, poursuivit-il précipitamment, tandis que son visage devenait cramoisi, — croyez que je ne suis pas aussi mal élevé que je puis le paraître à première vue dans votre salon. Ma sœur et moi, nous ne sommes rien, madame, comparativement au luxe que nous remarquons ici. Ayant, de plus, des calomniateurs... Mais Lébiadkine tient à sa réputation, madame, et... et... je suis venu vous remercier... Voilà l'argent, madame !

Sur ce, il tira de sa poche un portefeuille et y prit une

liasse de petites coupures qu'il se mit à compter. Mais l'impatience faisait trembler ses doigts, d'ailleurs lui-même sentait qu'il avait l'air encore plus bête avec cet argent dans les mains. Aussi se troubla-t-il définitivement; pour l'achever un billet de banque vert s'échappa du portefeuille et s'envol[a] sur le tapis.

— Vingt roubles, madame, dit le capitaine dont le visag[e] ruisselait de sueur, et, sa liasse de papier-monnaie à la main il s'avança vivement vers la maîtresse de la maison. Apercevant le billet de banque tombé par terre, il se baissa d'abor[d] pour le ramasser, puis il rougit de ce premier mouvement et, avec un geste d'indifférence :

— Ce sera pour vos gens, madame, dit-il, — pour le laquai[s] qui le ramassera; il se souviendra de Lébiadkine.

— Je ne puis permettre cela, se hâta de répondre Barbar[a] Pétrovna un peu inquiète.

— En ce cas...

Il ramassa l'assignat, devint pourpre, et, s'approchant brusquement de son interlocutrice, lui tendit l'argent qu'il venai[t] de compter.

— Qu'est-ce que c'est? s'écria-t-elle positivement effrayé[e] cette fois, et elle se recula même dans son fauteuil. Mauric[e] Nikolaïévitch, Stépan Trophimovitch et moi, nous nous avançâmes aussitôt vers elle.

— Calmez-vous, calmez-vous, je ne suis pas fou, je vou[s] assure que je ne suis pas fou! répétait à tout le monde l[e] capitaine fort agité.

— Si, monsieur, vous avez perdu l'esprit.

— Madame, tout cela n'est pas ce que vous pensez! San[s] doute, je suis un insignifiant chaînon... Oh! madame, somptueuse est votre demeure, tandis que bien pauvre est celle d[e] Marie l'Inconnue, ma sœur, née Lébiadkine, mais que nou[s] appellerons pour le moment Marie l'Inconnue, en attendant, madame, *en attendant* seulement, car Dieu ne permettra pas qu'il en soit toujours ainsi! Madame, vous lui avez donné dix roubles, et elle les a reçus, mais parce qu'ils venaient de *vous*, madame! Écoutez, madame! De personne au monde cette Marie l'Inconnue n'acceptera rien, autrement frémirait dans la tombe l'officier d'état-major, son grand-père, qui a été tué au Caucase sous les yeux mêmes d'Ermoloff, mais de vous, madame, de vous elle acceptera tout. Seulement, si d'une main elle reçoit, de l'autre elle vous offre vingt roubles sous forme de don à l'un des comités philanthropiques dont vous êtes membre, madame..... car vous-même, madame, avez fait insérer dans la *Gazette de Moscou* un avis comme quoi l'on peut souscrire ici chez vous au profit d'une société de bienfaisance...

Le capitaine s'interrompit tout à coup; il respirait péniblement, comme après l'accomplissement d'une tâche laborieuse. La phrase sur la société de bienfaisance avait été probablement préparée d'avance, peut-être dictée par Lipoutine. Le visiteur était en nage. Barbara Pétrovna fixa sur lui un regard pénétrant.

— Le livre se trouve toujours en bas chez mon concierge, répondit-elle sévèrement, — vous pouvez y inscrire votre offrande, si vous voulez. En conséquence, je vous prie maintenant de serrer votre argent et de ne pas le brandir en l'air. C'est cela. Je vous prie aussi de reprendre votre place. C'est cela. Je regrette fort, monsieur, de m'être trompée sur le compte de votre sœur et de lui avoir fait l'aumône, alors qu'elle est si riche. Il y a seulement un point que je ne comprends pas : pourquoi de moi seule peut-elle accepter quelque chose, tandis qu'elle ne voudrait rien recevoir des autres? Vous avez tellement insisté là-dessus que je désire une explication tout à fait nette.

— Madame, c'est un secret qui ne peut être enseveli que dans la tombe! reprit le capitaine.

— Pourquoi donc? demanda Barbara Pétrovna d'un ton qui semblait déjà un peu moins ferme.

— Madame, madame!...

S'enfermant dans un sombre silence, il regardait à terre, la main droite appuyée sur son cœur. Barbara Pétrovna attendait, sans le quitter des yeux.

— Madame, cria-t-il tout à coup, — me permettez-vous de vous faire une question, une seule, mais franchement, ouvertement, à la russe?

— Parlez.

— Avez-vous souffert dans votre vie, madame?

— Vous voulez dire simplement que vous avez souffert ou que vous souffrez par le fait de quelqu'un?

— Madame, madame! Dieu lui-même, au jugement dernier, s'étonnera de tout ce qui a bouillonné dans ce cœur! répliqua le capitaine en se frappant la poitrine.

— Hum, c'est beaucoup dire.

— Madame, je me sers peut-être d'expressions trop vives...

— Ne vous inquiétez pas, je saurai vous arrêter moi-même quand il le faudra.

— Puis-je vous soumettre encore une question, madame?

— Voyons?

— Peut-on mourir par le seul fait de la noblesse de son âme?

— Je n'en sais rien, je ne me suis jamais posé cette question.

— Vous n'en savez rien! Vous ne vous êtes jamais posé cette question! cria Lébiadkine avec une douloureuse ironie; — eh bien, puisqu'il en est ainsi, puisqu'il en est ainsi, —

Tais-toi, cœur sans espoir!

Et il s'allongea un violent coup de poing dans la poitrine.

Ensuite il commença à se promener dans la chambre. Le trait caractéristique de ces gens-là est une complète impuissance à refouler en soi leurs désirs: ceux-ci à peine conçus tendent irrésistiblement à se manifester, et souvent au mépris de toutes les convenances. Hors de son milieu, un monsieur de ce genre commencera d'ordinaire par se sentir gêné, mais, pour peu que vous lui lâchiez la bride, il deviendra tout de suite insolent. Le capitaine fort échauffé allait çà et là en gesticulant, il n'écoutait pas ce qu'on lui disait, et parlait avec une telle rapidité que parfois il bredouillait; alors, sans achever sa phrase, il en commençait une autre. A la vérité, il était peut-être en partie sous l'influence d'une sorte d'ivresse : dans le salon se trouvait Élisabeth Nikolaïevna qu'il ne regardait pas, mais dont la présence devait suffire pour lui tourner la tête. Du reste, ce n'est là qu'une supposition de ma part. Sans doute Barbara Pétrovna avait ses raisons pour triompher de son dégoût et consentir à entendre un pareil homme. Prascovie Ivanovna était toute tremblante, bien que, à vrai dire, elle ne parût pas savoir au juste de quoi il s'agissait. Stépan Trophimovitch tremblait aussi, mais lui c'était, au contraire, parce qu'il croyait trop bien comprendre. Maurice Nikolaïévitch semblait être là comme un ange tutélaire; Lisa était pâle, et ses yeux grands ouverts ne pouvaient se détacher de l'étrange capitaine. Chatoff avait toujours la même attitude ; mais, chose plus surprenante que tout le reste, la gaieté de Marie Timoféievna avait fait place à la tristesse; le coude droit appuyé sur la table, la folle, pendant que son frère pérorait, ne cessait de le considérer d'un air chagrin. Seule, Daria Pavlovna me parut calme.

A la fin, Barbara Pétrovna se fâcha :

— Toutes ces allégories ne signifient rien, vous n'avez pas répondu à ma question : « Pourquoi? » J'attends impatiemment une réponse.

— Je n'ai pas répondu au « pourquoi? » Vous attendez une réponse au « pourquoi? » reprit le capitaine avec un clignement d'yeux; — ce petit mot « pourquoi? » est répandu dans tout l'univers depuis la naissance du monde, madame : à chaque instant toute la nature crie à son créateur : pourquoi? » et voilà sept mille ans qu'elle attend en vain une réponse. Se peut-il que le capitaine Lébiadkine seul réponde à cette question et que sa réponse soit juste, madame?

— Tout cela est absurde et ne rime à rien! répliqua Barbara Pétrovna irritée, — ce sont des allégories; de plus, vous parlez trop pompeusement, monsieur, ce que je considère comme une impertinence.

— Madame, poursuivit le capitaine sans l'écouter, — je

désirerais peut-être m'appeler Ernest, et pourtant je suis condamné à porter le vulgaire nom d'Ignace, — pourquoi cela, selon vous? Je voudrais pouvoir m'intituler prince de Montbar, et je ne suis que Lébiadkine tout court, — pourquoi cela? Je suis poëte, madame, poëte dans l'âme, je pourrais recevoir mille roubles d'un éditeur, et cependant je suis forcé de vivre dans un taudis, pourquoi? pourquoi? Madame, à mon avis, la Russie est un jeu de la nature, rien de plus!

— Décidément vous ne pouvez rien dire de plus précis?

— Je puis vous réciter une poésie, le *Cancrelas*, madame!

— Quoi?

— Madame, je ne suis pas encore fou! Je le deviendrai certainement, mais je ne le suis pas encore! Madame, un de mes amis, un homme très-noble, a écrit une fable de Kryloff, intitulée le *Cancrelas*, — puis-je vous en donner connaissance?

— Vous voulez réciter une fable de Kryloff?

— Non, ce n'est pas une fable de Kryloff que je veux réciter, mais une fable de moi, de ma composition. Croyez-le bien, madame, je ne suis ni assez inculte, ni assez abruti pour ne pas comprendre que la Russie possède dans Kryloff un grand fabuliste à qui le ministre de l'instruction publique a érigé un monument dans le Jardin d'Été. Tenez, madame, vous demandez : « pourquoi? » La réponse est au fond de cette fable, en lettres de feu!

— Récitez votre fable.

> — Il existait sur la terre
> Un modeste cancrelas ;
> Un jour le pauvret, hélas !
> Se laissa choir dans un verre.
> Or, ce verre était rempli
> D'un aliment pour les mouches...

— Seigneur, qu'est-ce que c'est que ça? s'écria Barbara Pétrovna.

— En été, quand on veut prendre des mouches, on met dans un verre un aliment dont elles sont friandes, se hâta d'expliquer le capitaine avec la mauvaise humeur d'un auteur troublé dans sa lecture, — n'importe quel imbécile comprendra, n'interrompez pas, n'interrompez pas, vous verrez, vous verrez...

> À cette vue, un grand cri,
> S'adressant à Jupiter,
> Sort aussitôt de leurs bouches :
> « Ne peux-tu donc pas ôter
> « Cet intrus de notre verre ? »
> Arrive un vieillard sévère,
> Le très-noble Nikifor.

Je n'ai pas encore fini, mais cela ne fait rien, je vais vous raconter le reste en prose : Nikifor prend le verre, et, sans s'inquiéter des cris, jette les mouches, le cancrelas et tout le tremblement dans le bac aux ordures, ce qu'il aurait fallu faire depuis longtemps. Mais remarquez, remarquez, madame, que le cancrelas ne murmure pas! Voilà la réponse à votre question, ajouta le capitaine en élevant la voix avec un accent de triomphe : « le cancrelas ne murmure pas! » — Quant à Nikifor, il représente la nature, acheva-t-il rapidement, et, enchanté de lui-même, il reprit sa promenade dans la chambre.

— Permettez-moi de vous demander, dit Barbara Pétrovna outrée de colère, — comment vous avez osé accuser une personne appartenant à ma maison d'avoir détourné une partie de l'argent à vous envoyé par Nicolas Vsévolodovitch.

— Calomnie! vociféra Lébiadkine avec un geste tragique.

— Non, ce n'est pas une calomnie.

— Madame, dans certaines circonstances on se résigne à subir un déshonneur domestique, plutôt que de proclamer hautement la vérité. Lébiadkine se taira, madame!

Sentant sa position très-forte, il était comme grisé par la conscience de ses avantages sur son interlocutrice; il éprouvait un besoin de blesser, de salir, de montrer sa puissance.

— Sonnez, s'il vous plaît, Stépan Trophimovitch, dit Barbara Pétrovna.

— Lébiadkine n'est pas un niais, madame! continua le capitaine en clignant de l'œil avec un vilain sourire, — c'est un malin, mais chez lui aussi un vestibule est ouvert aux passions! Et ce vestibule, c'est la vieille bouteille du hussard, chantée par Denis Davydoff. Voilà, quand il est dans ce vestibule, madame, il lui arrive d'envoyer une lettre en vers, lettre très-noble, mais qu'il voudrait ensuite n'avoir pas écrite; oui, il donnerait, pour la ravoir, les larmes de toute sa vie, car le sentiment du beau y est blessé. Malheureusement, lorsque l'oiseau a pris son vol, on ne peut pas le saisir par la queue! Eh bien, dans ce vestibule, madame, sous le coup de la généreuse indignation éveillée en lui par les affronts dont il est abreuvé, Lébiadkine a pu aussi s'exprimer en termes inconsidérés sur le compte d'une noble demoiselle, et ses calomniateurs en ont profité. Mais Lébiadkine est rusé, madame! En vain un loup sinistre l'obsède continuellement et ne cesse de lui verser à boire, espérant le faire parler : Lébiadkine se tait, et, au fond de la bouteille, ce qui chaque fois se rencontre au lieu du mot attendu, c'est — la ruse de Lébiadkine! Mais assez, oh! assez! Madame, votre somptueuse habitation pourrait appartenir au plus noble des êtres, mais le cancrelas ne murmure pas! Remarquez donc, remarquez enfin qu'il ne murmure pas, et reconnaissez sa grandeur d'âme!

En bas, dans la loge du concierge, se fit entendre un coup de sonnette, et presque au même instant se montra Alexis Égoritch que Stépan Trophimovitch avait sonné tout à l'heure. Le vieux domestique aux allures si correctes était en proie à une agitation extraordinaire.

— Nicolas Vsévolodovitch vient d'arriver, et il sera ici dans un moment, déclara-t-il en réponse au regard interrogateur de sa maîtresse.

Je me rappelle très-bien comment Barbara Pétrovna accueillit cette nouvelle : d'abord elle pâlit, mais soudain ses yeux étincelèrent. Elle se redressa sur son fauteuil, et son visage prit une expression d'énergie qui frappa tout le monde. Outre que l'arrivée de Nicolas Vsévolodovitch était complétement imprévue, puisqu'on ne l'attendait pas avant un mois, cet événement, dans les conjonctures présentes, semblait un véritable coup de la fatalité. Le capitaine lui-même s'arrêta, comme pétrifié, au milieu de la chambre, et resta bouche béante, regardant la porte d'un air extrêmement bête.

Dans la pièce voisine retentirent des pas légers et rapides, puis quelqu'un fit brusquement irruption dans le salon, mais ce n'était pas Nicolas Vsévolodovitch.

V

Je demande la permission de décrire en quelques mots ce visiteur inattendu. C'était un jeune homme de vingt-sept ans environ, d'une taille un peu au-dessus de la moyenne, aux cheveux blonds, clair-semés et assez longs, avec un soupçon de moustaches et de barbiche. Il était vêtu proprement et même à la mode, mais sans recherche. A première vue, il paraissait voûté et lent dans ses mouvements, quoiqu'il ne fût ni l'un ni l'autre. Il avait aussi un faux air d'excentrique; pourtant, quand on le connut chez nous, on fut unanime à trouver ses manières très-convenables et son langage des plus sérieux.

Personne ne le disait laid, mais sa figure ne plaisait à personne. Sa tête était allongée vers la nuque et comme aplatie sur les côtés, disposition qui prêtait à son visage quelque chose d'anguleux. Il avait le front haut et étroit, l'œil perçant, le nez petit et pointu, les lèvres longues et minces. Avec le pli sec qui se remarquait sur ses joues et autour de ses pommettes, il donnait l'impression d'un convalescent à peine remis d'une maladie grave, mais ce n'était qu'une apparence : en réalité, il se portait à merveille et n'avait même jamais été malade.

Sans être pressé, il marchait précipitamment. Il semblait

que rien ne pût le troubler. Dans quelques circonstances, dans quelque société qu'il se trouvât, il conservait une assurance imperturbable. A son insu, il possédait une dose énorme de présomption.

Extraordinairement disert, il parlait avec une volubilité qui ne nuisait, d'ailleurs, ni à la netteté, ni à la distinction de son débit. Sa parole abondante était en même temps d'une clarté, d'une précision et d'une justesse remarquables. D'abord on l'écoutait avec plaisir, mais ensuite cette élocution facile et toujours prête éveillait des idées désagréables dans l'esprit de l'auditeur : on se demandait quelle conformation étrange devait avoir la langue d'un monsieur si loquace.

Dès son entrée dans le salon, ce jeune homme donna cours à sa faconde, je crois même qu'il entra en continuant un *speech* commencé dans la pièce voisine. En un clin d'œil il fut devant Barbara Pétrovna et se mit à dégoiser :

— Figurez-vous, Barbara Pétrovna, j'entre croyant le trouver ici depuis un quart d'heure déjà; il y a une heure et demie qu'il est arrivé, nous avons été ensemble chez Kiriloff; voilà une demi-heure qu'il l'a quitté pour venir directement ici où il m'avait donné rendez-vous dans un quart d'heure...

— Mais qui? demanda Barbara Pétrovna, — qui vous a donné rendez-vous ici?

— Eh bien, Nicolas Vsévolodovitch! se peut-il que vous ignoriez encore son arrivée? Son bagage, du moins, doit être ici depuis longtemps, comment donc ne vous a-t-on rien dit? Alors, je suis le premier à vous donner cette nouvelle. On pourrait l'envoyer chercher, mais, du reste, il va venir lui-même tout à l'heure, il viendra à coup sûr, et, autant que j'en puis juger, le moment sera des mieux choisis, ajouta le visiteur, tandis que ses yeux parcouraient la chambre et s'arrêtaient avec une attention particulière sur le capitaine.

— Ah! Élisabeth Nikolaïevna, que je suis aise de vous rencontrer dès mon premier pas! Enchanté de vous serrer la main! Et il s'élança vers Lisa pour saisir la main que la jeune fille lui tendait avec un gai sourire. — A ce qu'il me semble, la très-honorée Prascovie Ivanovna n'a pas oublié non plus son « professeur », et même elle n'est pas fâchée contre lui, comme elle l'était toujours en Suisse. Mais ici comment vont vos jambes, Prascovie Ivanovna? Les médecins suisses ont-ils eu raison de vous ordonner l'air natal?... Comment? Des épithèmes liquides? Ce doit être fort bon. Mais combien j'ai regretté, Barbara Pétrovna, poursuivit-il en s'adressant de nouveau à la maîtresse de la maison, — combien j'ai regretté de n'avoir pu me rencontrer avec vous à l'étranger pour vous offrir personnellement l'hommage de mon respect! De plus, j'avais tant de choses à vous communiquer... J'ai bien écrit à mon vieux, mais sans doute, selon son habitude, il...

— Pétroucha! s'écria Stépan Trophimovitch qui, sortant soudain de sa stupeur, frappa ses mains l'une contre l'autre et courut à son fils. — Pierre, mon enfant, je ne te reconnaissais pas!

Il le serrait dans ses bras, et des larmes coulaient de ses yeux.

— Allons, ne fais pas de sottises, ces gestes sont inutiles; allons, assez, assez, je te prie, murmurait Pétroucha en cherchant à se dégager.

— Toujours, toujours j'ai été coupable envers toi!

— Allons, assez; nous parlerons de cela plus tard. Je m'en doutais, que tu ferais des enfantillages. Allons, sois un peu plus raisonnable, je te prie.

— Mais je ne t'ai pas vu depuis dix ans!

— C'est une raison pour être moins démonstratif.....

— Mon enfant!

— Eh bien, je crois à ton affection, j'y crois, mais ôte tes mains. Tu vois bien que tu gênes les autres... Ah! voilà Nicolas Vsévolodovitch; tâche donc de te tenir tranquille à la fin, je te prie!

Nicolas Vsévolodovitch venait, en effet, d'arriver; il entra sans bruit, et, avant de pénétrer dans la chambre, promena un regard tranquille sur toute la société.

Comme quatre ans auparavant, lors de ma première rencontre avec lui, en ce moment encore son aspect me frappa. Certes je ne l'avais pas oublié, mais il y a, je crois, des physionomies qui, à chaque apparition nouvelle, offrent toujours, si l'on peut ainsi parler, quelque chose d'inédit, quelque chose que vous n'avez pas encore remarqué en elles, les eussiez-vous déjà vues cent fois. En apparence, Nicolas Vsévolodovitch n'avait pas changé depuis quatre ans : son extérieur était aussi distingué, sa démarche aussi imposante qu'à cette époque; il semblait même être resté presque aussi jeune. Je retrouvai dans son léger sourire la même affabilité de commande, dans son regard la même expression sévère, pensive et distraite qu'au temps où il m'était apparu pour la première fois. Mais un détail me surprit. Jadis, quoiqu'on le considérât déjà comme un bel homme, son visage en effet « avait l'air d'un masque », ainsi que le faisaient observer certaines mauvaises langues féminines. A présent, autant que j'en pouvais juger, on ne pouvait plus dire cela, et Nicolas Vsévolodovitch avait acquis, à mon sens, une beauté qui défiait toute critique. Était-ce parce qu'il était un peu plus pâle qu'autrefois et semblait légèrement maigri? Ou parce qu'une pensée nouvelle mettait maintenant une flamme dans ses yeux?

Barbara Pétrovna n'alla pas au-devant de lui, elle se redressa sur son fauteuil, et, arrêtant son fils d'un geste impérieux, lui cria :

— Nicolas Vsévolodovitch, attends une minute !

Pour expliquer la terrible question qui suivit tout à coup ce geste et cette parole, — question dont l'audace me stupéfia même chez une femme comme Barbara Pétrovna, je prie le lecteur de se rappeler que, dans certains cas extraordinaires, cette dame, nonobstant sa force d'âme, son jugement et son tact pratique, s'abandonnait sans réserve à toute l'impétuosité de son caractère. Peut-être le moment était-il pour elle un de ceux où se concentre brusquement comme en un foyer le fond de toute la vie, — passée, présente et future.

Je signalerai aussi la lettre anonyme qu'elle avait reçue et dont elle avait parlé tout à l'heure en termes si irrités à Prascovie Ivanovna, mais sans en citer le passage principal. Dans cette lettre se trouvait peut-être l'explication de la hardiesse avec laquelle la mère interpella soudain son fils.

— Nicolas Vsévolodovitch, répéta-t-elle en détachant chaque syllabe d'une voix forte où perçait un menaçant défi, — avant de quitter votre place, dites-moi, je vous prie : est-il vrai que cette pauvre créature, cette boiteuse... tenez, regardez-la! Est-il vrai qu'elle soit... votre femme légitime?

Je me rappelle très-bien ce moment : le jeune homme ne sourcilla pas; il regarda fixement sa mère, et pas un muscle de son visage ne tressaillit. A la fin, une sorte de sourire indulgent lui vint aux lèvres; sans répondre un mot, il s'approcha doucement de Barbara Pétrovna, lui prit la main et la baisa avec respect. Dans cette circonstance même la générale subissait à un tel point l'ascendant de son fils qu'elle n'osa pas lui refuser sa main. Elle se borna à attacher ses yeux sur Nicolas Vsévolodovitch, mettant dans ce regard l'interrogation la plus pressante.

Mais il resta silencieux. Après avoir baisé la main de sa mère, il examina de nouveau les personnes qui l'entouraient, puis, sans se hâter, alla droit à Marie Timoféievna. Il est des minutes dans la vie des gens où leur physionomie est fort difficile à décrire. Par exemple, je me souviens qu'à l'approche de Nicolas Vsévolodovitch, Marie Timoféievna, saisie de frayeur, se leva et joignit les mains comme pour le supplier; mais en même temps, je me le rappelle aussi, dans son regard brillait une joie insensée qui altérait presque ses traits, une de ces joies immenses que l'homme est souvent incapable de supporter... Je ne me charge pas d'expliquer cette coexistence de sentiments contraires, toujours est-il que, me trouvant alors à peu de distance de mademoiselle Lébiadkine, je m'avançai vivement vers elle : je croyais qu'elle allait s'évanouir.

— Votre place n'est pas ici, — lui dit Nicolas Vsévolodovitch d'une voix caressante et mélodique, tandis que ses yeux avaient une expression extraordinaire de tendresse. Il était debout devant elle, dans l'attitude la plus respectueuse, lui parlant comme on parle à la femme que l'on considère le plus. Marie Timoféievna haletante balbutia sourdement quelques mots entrecoupés :

— Est-ce que je puis... tout maintenant... me mettre à genoux devant vous?

— Non, vous ne le pouvez pas, répondit-il avec un beau sourire qui fit rayonner le visage de la malheureuse ; puis, du ton grave et doux qu'on prend pour faire entendre raison à un enfant, il ajouta :

— Songez que vous êtes une jeune fille et que, tout en étant votre ami le plus dévoué, je ne suis cependant qu'un étranger pour vous : je ne suis ni un mari, ni un père, ni un fiancé. Donnez-moi votre bras et allons-nous-en; je vais vous mettre en voiture, et, si vous le permettez, je vous ramènerai moi-même chez vous.

Marie Timoféievna l'écouta jusqu'au bout et inclina la tête d'un air pensif.

— Allons-nous-en, dit-elle avec un soupir, et elle lui donna son bras.

Mais alors il arriva un petit malheur à la pauvre femme. Au moment où elle se retournait, un faux mouvement de sa jambe boiteuse lui fit perdre l'équilibre, et elle serait tombée par terre si un fauteuil ne se fût trouvé là pour l'arrêter dans sa chute. Nicolas Vsévolodovitch la saisit aussitôt et la soutint solidement contre son bras. Cette mésaventure affligea vivement Marie Timoféievna; confuse, rouge de honte, elle se retira en silence et les yeux baissés, accompagnée de son cavalier qui la conduisait avec des précautions infinies. Lorsqu'ils se dirigèrent vers la porte, je vis Lisa se lever brusquement. Elle les suivit du regard jusqu'à ce qu'ils eussent disparu, puis elle se rassit sans mot dire, mais un mouvement convulsif agitait son visage comme si elle avait touché un reptile.

Durant toute cette scène entre Nicolas Vsévolodovitch et Marie Timoféievna, la stupéfaction nous avait tous rendus muets; on aurait entendu une mouche voler dans la chambre; mais à peine furent-ils sortis que s'engagea une conversation fort animée.

VI

Du reste, on proférait des cris plutôt que des paroles suivies, et les propos échangés étaient si incohérents qu'il m'est impossible d'en donner un compte rendu. Stépan Trophimovitch lâcha une exclamation en français et frappa ses mains l'une contre l'autre, mais Barbara Pétrovna ne fit pas la moindre attention à lui. Maurice Nikolaïévitch lui-même murmura précipitamment quelques mots. Le plus échauffé de tous était Pierre Stépanovitch; à grand renfort de gestes il s'efforçait de persuader quelque chose à Barbara Pétrovna, mais je fus longtemps sans pouvoir comprendre ce qu'il lui disait. Il s'adressait aussi à Prascovie Ivanovna et à Élisabeth Nikolaïevna, une fois même il cria je ne sais quoi à son père. Bref, il s'agitait extrêmement. Barbara Pétrovna, toute rouge, quitta brusquement sa place : « As-tu entendu, as-tu entendu ce qu'il lui a dit ici tout à l'heure? » cria-t-elle à Prascovie Ivanovna. Celle-ci, pour toute réponse, remua le bras en grommelant quelques paroles inintelligibles. La pauvre femme avait bien du souci : à chaque instant elle tournait la tête vers Lisa qu'elle regardait d'un air inquiet, mais elle n'osait pas se lever, avant que sa fille eût donné le signal du départ. Pendant ce temps, le capitaine, je m'en aperçus, essaya de s'esquiver. Depuis l'apparition de Nicolas Vsévolodovitch, il était en proie à une frayeur incontestable, mais Pierre Stépanovitch le saisit par le bras et lui coupa la retraite.

— C'est nécessaire, il le faut, — ne cessait de dire le jeune homme debout devant le fauteuil sur lequel Barbara Pétrovna s'était rassise; elle l'écoutait avidement; il avait réussi à captiver toute l'attention de son interlocutrice.

— C'est nécessaire. Vous voyez vous-même, Barbara Pétrovna, qu'il y a ici un malentendu et que l'affaire paraît fort étrange, pourtant elle est claire comme une chandelle et simple comme le doigt. Je comprends très-bien que personne ne m'a chargé de parler, et que j'ai l'air passablement ridicule quand je me mets ainsi en avant. Mais d'abord Nicolas Vsévolodovitch lui-même n'attache aucune importance à la chose, et enfin il y a des cas où l'intéressé se résout malaisément à donner une explication personnelle, il est plus facile à un tiers de raconter certaines particularités délicates. Croyez-le bien, Barbara Pétrovna, Nicolas Vsévolodovitch n'a aucun tort, quoiqu'il n'ait pas répondu à la question que vous lui avez adressée tout à l'heure. J'étais à Pétersbourg quand l'affaire s'est passée, il n'y a pas là de quoi fouetter un chat. Bien plus, toute cette aventure ne peut que faire honneur à Nicolas Vsévolodovitch, s'il faut absolument employer un terme aussi vague que le mot « honneur »...

— Vous voulez dire que vous avez été témoin du fait qui a donné naissance à ce... malentendu? demanda Barbara Pétrovna.

— J'en ai été témoin et j'y ai pris part, se hâta de répondre Pierre Stépanovitch.

— Si vous me donnez votre parole que cela ne blessera pas Nicolas Vsévolodovitch dans la délicatesse de ses sentiments pour moi à qui il ne cache rien... et si, en outre, vous êtes si convaincu que par là vous lui ferez même plaisir...

— Certainement, et c'est pour cela que je tiens à parler. Je suis sûr que lui-même m'en prierait.

Ce monsieur tombé du ciel qui, de but en blanc, manifestait un si vif désir de raconter les affaires d'autrui, pouvait paraître assez étrange; en tout cas, sa manière d'agir choquait les usages reçus. Mais il avait touché un endroit fort sensible, et Barbara Pétrovna était comme prise à l'hameçon. Je ne connaissais pas encore bien le caractère de cet homme, à plus forte raison ignorais-je ses desseins.

— On vous écoute, dit d'un ton plein de réserve Barbara Pétrovna qui s'en voulait un peu de sa condescendance.

— L'histoire n'est pas longue ; si vous voulez, ce n'est même pas, à proprement parler, une anecdote, commença Pierre Stépanovitch. — Du reste, un romancier désœuvré pourrait en tirer un roman. C'est une petite affaire assez intéressante, Prascovie Ivanovna, et je suis sûr qu'Élisabeth Nikolaïevna en écoutera le récit avec curiosité, parce qu'il s'y trouve plus d'un détail, je ne dis pas bizarre, mais très-bizarre. Il y a cinq ans, à Pétersbourg, Nicolas Vsévolodovitch a connu ce monsieur, — tenez, ce même M. Lébiadkine qui est là bouche béante et qui tout à l'heure paraissait désireux de nous fausser compagnie. Excusez-moi, Barbara Pétrovna. Du reste, je ne vous conseille pas de lever le pied, monsieur l'ex-employé aux subsistances (vous voyez que je me rappelle qui vous êtes). Nicolas Vsévolodovitch et moi savons trop bien les agissements auxquels vous vous êtes livré ici, n'oubliez pas que vous devrez en rendre compte. Encore une fois, je vous demande pardon, Barbara Pétrovna. Nicolas Vsévolodovitch appelait alors ce monsieur son Falstaff : ce nom doit servir à désigner un personnage burlesque dont tout le monde se moque et qui se laisse tourner en ridicule, pourvu qu'on lui donne de l'argent. Nicolas Vsévolodovitch menait dans ce temps-là à Pétersbourg une vie « ironique », si l'on peut ainsi parler, — je ne trouve pas d'autre terme pour la définir ; il ne faisait rien et se moquait de tout. Ce que je dis ne s'applique qu'au passé, Barbara Pétrovna. Ce Lébiadkine avait une sœur, — c'est cette même personne qui tout à l'heure était assise là. Le frère et la sœur, n'ayant ni feu ni lieu, logeaient un peu partout. Le premier, toujours vêtu de son ancien uniforme, errait sous les arcades de Gostinoï Dvor, demandait l'aumône aux passants qui avaient l'air plus ou moins cossu, et buvait l'argent recueilli de la sorte. La seconde se nourrissait comme l'oiseau du ciel ; elle rendait quelques services dans les garnis où l'on consentait à la recevoir. Je ne raconterai pas en détail l'existence que, par originalité, Nicolas Vsévolodovitch menait alors dans les bas-fonds pétersbourgeois. Je parle seulement d'alors, Barbara Pétrovna ; quant au mot « originalité », c'est une expression que je lui emprunte à lui-même. Il n'a pas grand'chose de caché pour moi. Mademoiselle Lébiadkine qui, pendant un temps, eut trop souvent l'occasion de rencontrer Nicolas Vsévolodovitch, fut frappée de son extérieur. C'était, pour cette pauvre fille, comme un diamant tombé dans le fond vaseux de son existence. L'analyse des sentiments n'est pas mon fait ; aussi laisserai-je cela de côté ; quoi qu'il en soit, de vilaines petites gens en firent aussitôt des gorges chaudes, ce qui affligea vivement mademoiselle Lébiadkine. En général, on avait l'habitude de se moquer d'elle, mais auparavant elle ne le remarquait pas. A cette époque, elle avait déjà le cerveau détraqué, bien que ce ne fût pas encore comme maintenant. Il y a lieu de supposer que, dans son enfance, elle a reçu quelque éducation grâce à une bienfaitrice. Nicolas Vsévolodovitch ne faisait jamais la moindre attention à elle ; la plupart du temps, il jouait aux cartes avec des employés, à quatre kopeks la partie. Mais un jour qu'on l'avait chagrinée, il saisit au collet un de ces individus, et, sans lui demander d'explication, le jeta par la fenêtre d'un deuxième étage. Il ne faut nullement voir là l'indignation d'une âme chevaleresque prenant parti pour l'innocence opprimée : l'exécution de l'insolent s'accomplit au milieu d'un rire général, et celui qui rit le plus fut Nicolas Vsévolodovitch lui-même ; l'affaire n'ayant eu aucune suite fâcheuse, on se réconcilia et l'on se mit à boire du punch. Mais l'innocence opprimée n'oublia pas la chose. Naturellement, il en résulta chez elle un ébranlement définitif des facultés mentales. Je le répète, je ne suis pas fort sur l'analyse des sentiments ; tout ce que je puis dire, c'est que le rêve tient ici la plus grande place. Et, comme s'il l'eût fait exprès, Nicolas Vsévolodovitch contribua encore par sa manière d'être à exciter cette imagination malade : au lieu de rire, il commença dès lors à témoigner une considération toute particulière à mademoiselle Lébiadkine. Kiriloff était alors à Pétersbourg (c'est un excentrique numéro un, Barbara Pétrovna; vous le verrez peut-être quelque jour, il est maintenant ici); eh bien, ce Kiriloff, qui, d'ordinaire, n'ouvre pas la bouche, se fâcha soudain, et, je m'en souviens, fit observer à Nicolas Vsévolodovitch qu'en traitant cette dame comme une marquise, il portait le dernier coup à sa raison. J'ajoute que Nicolas Vsévolodovitch avait une certaine estime pour ce Kiriloff. Imaginez-vous ce qu'il lui a répondu : « Vous supposez, monsieur Kiriloff, que je me moque d'elle; détrompez-vous, je la respecte en effet, parce qu'elle vaut mieux que nous tous. » Et si vous saviez de quel ton sérieux cette réponse a été faite! Pourtant, durant ces deux ou trois mois, il n'adressa jamais la parole à mademoiselle Lébiadkine que pour lui dire *bonjour* et *adieu*. Moi qui étais là, je me rappelle très-bien qu'elle en vint à le considérer comme un amoureux qui n'osait pas l' « enlever », uniquement parce qu'il avait beaucoup d'ennemis et qu'il rencontrait des obstacles dans sa famille. Ce que l'on riait! Enfin, lorsque Nicolas Vsévolodovitch dut se rendre ici, il voulut, avant son départ, assurer le sort de cette malheureuse et lui fit une pension annuelle assez importante : trois cents roubles, si pas plus. Bref, mettons que tout cela n'ait été de sa part qu'un caprice, un amusement d'homme blasé, ou même, comme le disait Kiriloff, une étude d'un genre bizarre entreprise par un désœuvré pour savoir jusqu'où l'on peut mener une femme folle et impotente. Soit, tout cela est possible, mais, au bout du compte, en quoi un homme est-il responsable des fantaisies d'une toquée, surtout, notez-le bien, quand il a tout au plus échangé deux phrases avec elle? Il est des choses, Barbara Pétrovna, dont on ne peut parler sensément, et c'est même une sottise de les mettre sur le tapis. Enfin l'on peut voir là de l'originalité, si l'on veut, mais on n'y peut voir que cela, et pourtant on a bâti là-dessus une histoire... Je ne suis pas sans connaître un peu, Barbara Pétrovna, ce qui se passe ici.

Le narrateur s'interrompit brusquement et se tourna vers Lébiadkine, mais, au moment où il allait interpeller le capitaine, Barbara Pétrovna l'arrêta; ce qu'elle venait d'entendre l'avait fort exaltée.

— Vous avez fini? demanda-t-elle.

— Pas encore; pour compléter mon récit, il me faudrait, si vous le permettiez, adresser quelques questions à ce monsieur... Vous verrez tout de suite de quoi il s'agit, Barbara Pétrovna.

— Assez, plus tard, reposez-vous une minute, je vous prie. Oh! que j'ai bien fait de vous laisser parler!

— Eh bien, Barbara Pétrovna, reprit Pierre Stépanovitch, — est-ce que Nicolas Vsévolodovitch pouvait lui-même vous expliquer tout cela tantôt, en réponse à votre question, — peut-être trop catégorique?

— Oh! oui, elle l'était trop!

— Et n'avais-je pas raison de vous dire que, dans certains cas, un tiers peut fournir des explications beaucoup plus facilement que l'intéressé lui-même?

— Oui, oui... Mais vous vous êtes trompé sur un point, et je vois avec peine que vous persistez dans votre erreur.

— Vraiment? En quoi me suis-je trompé?

— Voyez-vous... Mais si vous vous asseyiez, Pierre Stépanovitch...

— Oh! comme il vous plaira, le fait est que je suis fatigué, je vous remercie.

Il prit aussitôt un fauteuil et le plaça de façon à se trouver entre Barbara Pétrovna d'un côté et Prascovie Ivanovna de l'autre. Dans cette position il faisait face à M. Lébiadkine, qu'il ne quittait pas des yeux une minute.

— Vous vous trompez en appelant cela « originalité »......

— Oh! si ce n'est que cela...

— Non, non, non, attendez, interrompit Barbara Pétrovna dont l'enthousiasme éprouvait évidemment le besoin de s'épancher dans un long discours. A peine Pierre Stépanovitch s'en fut-il aperçu qu'il devint tout attention.

— Non, il y avait là quelque chose de plus que de l'originalité, j'oserai dire quelque chose de sacré! Mon fils est un homme fier, dont l'orgueil a été prématurément blessé, et qui en est venu à mener cette vie si justement qualifiée par vous d'ironique; — en un mot, c'est un prince Harry, comme l'appelait alors Stépan Trophimovitch; cette comparaison serait tout à fait exacte, s'il ne ressemblait plus encore à Hamlet, du moins à mon avis.

— Et vous avez raison, observa avec sentiment Stépan Trophimovitch.

— Je vous remercie, Stépan Trophimovitch, je vous remercie surtout d'avoir toujours eu foi en Nicolas, d'avoir toujours cru à l'élévation de son âme et à la grandeur de sa mission. Cette foi, vous l'avez même soutenue en moi aux heures de doute et de découragement.

— Chère, chère... commença Stépan Trophimovitch.

Il fit un pas en avant, puis s'arrêta, jugeant qu'il serait dangereux d'interrompre.

— Et si Nicolas, poursuivit Barbara Pétrovna d'un ton un peu déclamatoire, — si Nicolas avait toujours eu auprès de lui un Horatio tranquille, grand dans son humilité, — autre belle expression de vous, Stépan Trophimovitch, — peut-être depuis longtemps aurait-il échappé à ce triste « démon de l'ironie » qui a désolé toute son existence. (Le « démon de l'ironie » est encore un beau mot que je vous restitue, Stépan Trophimovitch.) Mais Nicolas n'a jamais eu ni Horatio, ni Ophélie. Il n'a eu que sa mère, et que peut faire une mère seule et dans des conditions pareilles? Vous savez, Pierre Stépanovitch, je comprends à merveille qu'un être comme Nicolas ait pu fréquenter les bas-fonds fangeux dont vous avez parlé. Je me représente si bien maintenant cette vie « ironique » (comme vous l'avez appelée avec tant de justesse), cette soif inextinguible de contraste, ce sombre fond de tableau, sur lequel il se détache comme un diamant, pour me servir encore de votre comparaison, Pierre Stépanovitch ! Et voilà qu'il rencontre là une créature maltraitée par tout le monde, une infirme à demi folle qui, en même temps, possède peut-être les sentiments les plus nobles!...

— Hum! oui, c'est possible.

— Et après cela vous vous étonnez qu'il ne se moque pas d'elle comme les autres! Oh! les gens! Vous ne comprenez pas qu'il la défende contre ses insulteurs, qu'il l'entoure de respect « comme une marquise » (ce Kiriloff doit avoir une profonde connaissance des hommes, bien qu'il n'ait pas compris Nicolas)! Si vous voulez, c'est justement ce contraste qui a fait le mal; si la malheureuse s'était trouvée dans d'autres conditions, peut-être n'en serait-elle pas venue à imaginer un tel rêve. Une femme, une femme seule peut comprendre cela, Pierre Stépanovitch, et quel dommage que vous... c'est-à-dire, non pas que vous ne soyez pas une femme, mais du moins pour cette fois, pour comprendre!

— Je vous comprends, Barbara Pétrovna, soyez tranquille.

— Dites-moi, Nicolas devait-il, vraiment, pour étouffer le rêve dans l'organisme de l'infortunée (pourquoi Barbara Pétrovna se servait-elle ici du mot organisme? je me le demande), devait-il lui-même se moquer d'elle et la traiter comme le faisaient les employés? Se peut-il que vous méconnaissiez la pitié supérieure qui a inspiré la réponse de Nicolas à Kiriloff : « Je ne me moque pas d'elle. » Grande, sainte réponse!

— Sublime, murmura en français Stépan Trophimovitch.

— Et remarquez qu'il est loin d'être aussi riche que vous le pensez; je suis riche, moi, mais lui pas, et alors il ne recevait presque rien de moi.

— Je comprends, je comprends tout cela, Barbara Pétrovna, répondit avec un peu d'impatience Pierre Stépanovitch.

— Oh! c'est mon caractère! Je me reconnais dans Nicolas. Je me retrouve dans cette jeunesse susceptible de fougues violentes, d'élans orageux... Et si un jour nous nous lions davantage ensemble, Pierre Stépanovitch, ce que pour mon compte je désire très-sincèrement, surtout après les obligations que je vous ai, vous comprendrez peut-être alors...

— Oh! croyez bien que je le désire aussi de mon côté, s'empressa de dire Pierre Stépanovitch.

— Vous comprendrez alors cette cécité d'un cœur ardent et noble, qui lui fait brusquement choisir un homme indigne de lui sous tous les rapports, un homme dont il est profondément méconnu, et qui en toute occasion l'abreuvera de chagrin; malgré tout, on incarne dans un tel homme son idéal, son rêve, toutes ses espérances; on s'incline devant lui, on l'aime toute sa vie, sans savoir pourquoi — peut-être justement parce qu'il est indigne de cet amour... Oh! que j'ai souffert toute ma vie, Pierre Stépanovitch!

Stépan Trophimovitch, dont le visage avait pris une expression pénible, cherchait mon regard, mais je détournai à temps les yeux.

— ...Et dernièrement encore, dernièrement, — oh! que j'ai de torts envers Nicolas!... Vous ne le croirez pas, ils m'ont persécutée de toutes parts, tous, tous, les ennemis, les petites gens et les amis; ces derniers peut-être plus que les ennemis. Quand j'ai reçu la première lettre anonyme, Pierre Stépanovitch, vous ne pourrez pas le croire, je n'ai pas eu la force de répondre par le mépris à cette infamie... Jamais, jamais je ne me pardonnerai ma lâcheté!

— J'ai déjà quelque peu entendu parler de ces lettres anonymes, fit avec une animation soudaine Pierre Stépanovitch, — et je saurai vous en découvrir les auteurs, soyez tranquille.

— Mais vous ne pouvez vous imaginer quelles intrigues ont été ourdies ici! — on a même tourmenté notre pauvre Prascovie Ivanovna, — et elle, pour quel motif, je vous le demande? J'ai peut-être été bien coupable envers toi aujourd'hui, ma chère Prascovie Ivanovna, ajouta-t-elle dans un magnanime transport dont l'attendrissement n'excluait pas une certaine pointe d'ironie triomphante.

— Laissez donc, matouchka, murmura d'un ton de mauvaise humeur la générale Drozdoff, — à mon sens, il faudrait en finir avec tout cela; on a trop parlé... Et de nouveau elle regarda timidement Lisa, mais celle-ci avait les yeux fixés sur Pierre Stépanovitch.

— Et cette pauvre, cette malheureuse créature, cette folle qui a tout perdu et n'a conservé qu'un cœur, j'ai maintenant l'intention de l'adopter, s'écria tout à coup Barbara Pétrovna, — c'est un devoir que je suis décidée à remplir saintement. A partir d'aujourd'hui, je la prends sous ma protection.

— Et ce sera même très-bien en un certain sens, approuva chaleureusement Pierre Stépanovitch. — Excusez-moi, je n'ai pas fini tantôt. J'en étais au chapitre de la protection. Figurez-vous qu'après le départ de Nicolas Vsévolodovitch (je reprends mon récit juste à l'endroit où je l'ai interrompu, Barbara Pétrovna), ce monsieur, ce même M. Lébiadkine ici présent, se crut aussitôt en droit de s'approprier la pension allouée à sa sœur et se l'appropria tout entière. Je ne sais pas exactement de quelle façon les choses avaient été réglées alors par Nicolas Vsévolodovitch, mais un an après, étant à l'étranger, il apprit ce qui se passait et dut prendre d'autres dispositions. Ici encore je ne connais pas les détails, il vous les dira lui-même, je sais seulement qu'on plaça l'intéressante personne dans un monastère éloigné; elle vivait là dans les meilleures conditions de confortable, mais sous une surveillance amicale, vous comprenez? Devinez ce que fit alors M. Lébiadkine! Il mit tout en œuvre pour découvrir le lieu où était cachée sa poule aux œufs d'or, autrement dit, sa sœur. C'est depuis peu seulement qu'il a atteint son but. S'autorisant de sa qualité de frère, il a fait sortir la pauvre femme du couvent et l'a amenée ici. Maintenant qu'ils habitent ensemble, il la laisse sans nourriture, la bat, la tyrannise. Il reçoit enfin de Nicolas Vsévolodovitch, par une voie quelconque, une somme importante, et aussitôt il s'adonne à la boisson; au lieu de remercier, il en vient à provoquer insolemment Nicolas Vsévolodovitch, à lui adresser des sommations stupides, à le menacer d'un procès si, désormais, le payement de la pension n'est pas effectué entre ses mains. Ainsi il considère comme un tribut le don volontaire de Nicolas Vsévolodovitch, — pouvez-vous vous imaginer cela? Monsieur Lébiadkine, est-ce vrai, *tout* ce que je viens de dire ici?

Le capitaine, qui jusqu'alors était resté silencieux et tenait ses yeux fixés à terre, fit soudain deux pas en avant; il était tout rouge.

— Pierre Stépanovitch, vous m'avez traité durement, articula-t-il avec effort.

— Durement? Comment cela et pourquoi? Mais permettez, nous parlerons plus tard de la dureté ou de la douceur, maintenant je vous prie seulement de répondre à cette question : *Tout* ce que j'ai dit est-il vrai, oui ou non? Si vous y trouvez quelque chose de faux, vous pouvez immédiatement le déclarer.

— Je... vous savez vous-même, Pierre Stépanovitch... balbutia le capitaine, et il ne put en dire davantage.

Je dois noter que Pierre Stépanovitch était assis dans un fauteuil, les jambes croisées l'une sur l'autre, tandis que le capitaine se tenait debout devant lui dans l'attitude la plus respectueuse.

Les hésitations de M. Lébiadkine parurent déplaire vivement à son interlocuteur : dans l'irritation qu'éprouvait Pierre Stépanovitch, les muscles de son visage se contractèrent.

— Au fait, voulez-vous déclarer quelque chose? reprit-il en observant le capitaine d'un œil cauteleux; — en ce cas, parlez, on vous attend.

— Vous savez vous-même, Pierre Stépanovitch, que je ne puis rien déclarer.

— Non, je ne sais pas cela, c'est même la première nouvelle que j'en ai; pourquoi donc ne pouvez-vous rien déclarer?

Le capitaine garda le silence et baissa les yeux.

— Permettez-moi de me retirer, Pierre Stépanovitch, dit-il résolûment.

— Pas avant que vous n'ayez fait une réponse quelconque à ma première question : *Tout* ce que j'ai dit est-il vrai?

— Oui, fit d'une voix sourde Lébiadkine, et il leva les yeux sur son bourreau. La sueur ruisselait de ses tempes.

— *Tout* est vrai?

— Tout est vrai.

— Ne trouvez-vous rien à ajouter, à faire observer? Si vous vous sentez victime d'une injustice, déclarez-le; protestez, révélez hautement vos griefs.

— Non, je ne trouve rien.

— Vous avez menacé dernièrement Nicolas Vsévolodovitch

— C'était... c'était surtout l'effet du vin, Pierre Stépanovitch. (Il releva brusquement la tête.) Pierre Stépanovitch Est-il possible qu'on soit coupable si, parmi les hommes s'élève le cri de l'honneur domestique et d'une honte imméritée? vociféra-t-il, s'oubliant tout à coup.

— N'êtes-vous pas pris de boisson en ce moment monsieur Lébiadkine? répliqua Pierre Stépanovitch en attachant sur le capitaine un regard sondeur.

— Non.

— Alors que signifient ces mots d'honneur domestique et de honte imméritée?

— Je n'ai parlé de personne, je n'ai voulu désigner personne. C'est de moi qu'il s'agit... balbutia le capitaine de nouveau intimidé.

— Vous avez été très-blessé, paraît-il, des expressions dont je me suis servi en parlant de vous et de votre conduite? Vous êtes fort irascible, monsieur Lébiadkine. Mais permettez, je n'ai pas encore commencé à montrer votre conduite sous son vrai jour. Jusqu'ici j'ai réservé ce sujet d'entretien: il peut fort bien arriver que je l'aborde, mais je ne l'ai pas encore fait.

Le capitaine frissonna et regarda son interlocuteur d'un air étrange.

— Pierre Stépanovitch, maintenant seulement je commence à me réveiller!

— Hum! et c'est moi qui vous ai éveillé?

— Oui, c'est vous qui m'avez éveillé, Pierre Stépanovitch; pendant quatre ans j'ai dormi sous un nuage. Puis-je enfin m'en aller, Pierre Stépanovitch?

— A présent vous le pouvez, si toutefois Barbara Pétrovna elle-même ne croit pas nécessaire...

Mais d'un geste dédaigneux elle congédia le capitaine.

Lébiadkine s'inclina, fit deux pas pour se retirer, puis s'arrêta brusquement; il mit la main sur son cœur, voulut dire quelque chose, ne le dit pas et gagna la porte en toute hâte, mais sur le seuil il rencontra Nicolas Vsévolodovitch; celui-ci se rangea pour le laisser passer; le capitaine se fit soudain tout petit devant lui et resta cloué sur place, fasciné à la vue du jeune homme, comme un lapin par le regard d'un boa. Après avoir attendu un moment, Nicolas Vsévolodovitch l'écarta doucement et entra dans le salon.

VII

Il était gai et tranquille. Peut-être venait-il de lui arriver quelque chose de très-heureux que nous ignorions encore; quoi qu'il en soit, il semblait éprouver une satisfaction particulière.

A son approche, Barbara Pétrovna se leva vivement.

— Me pardonnes-tu, Nicolas? se hâta-t-elle de lui dire.

Il se mit à rire.

— C'en est fait! s'écria-t-il plaisamment, — je vois que vous savez tout. Après être sorti d'ici, je songeais à part moi dans la voiture : « Il aurait fallu au moins raconter une anecdote, on ne s'en va pas ainsi! » Mais je me suis souvenu que Pierre Stépanovitch était resté chez vous, et cela m'a rassuré.

Tandis qu'il prononçait ces mots, il promenait ses yeux autour de lui.

— Pierre Stépanovitch, reprit solennellement Barbara Pétrovna, — nous a raconté une aventure qu'eut jadis à Pétersbourg un homme fantasque, capricieux, insensé, mais toujours noble dans ses sentiments, toujours d'une générosité chevaleresque...

— Chevaleresque? C'est aller un peu loin, répondit en riant Nicolas. — Du reste, je suis très-reconnaissant à Pierre Stépanovitch de sa précipitation dans cette circonstance (en même temps il échangeait un rapide coup d'œil avec celui dont il parlait). Il faut vous dire, maman, que Pierre Stépanovitch est un réconciliateur universel; c'est là son rôle, sa maladie, son dada, et je vous le recommande particulièrement à ce point de vue. Je devine le beau récit qu'il a dû vous faire; quand il raconte, c'est comme s'il écrivait; il a toute une chancellerie dans sa tête. Notez qu'en sa qualité de réaliste il ne peut pas mentir, et que la vérité lui est plus chère que le succès... bien entendu en dehors des cas particuliers où le succès lui est plus cher que la vérité. (Tout en parlant, il continuait à regarder autour de lui.) Ainsi vous voyez, maman, que vous n'avez pas à me demander pardon, et que si une folie a été faite, c'est sans doute par moi. Au bout du compte, voilà une nouvelle preuve que je suis fou, — il faut bien soutenir la réputation dont je jouis ici.

Sur ce, il embrassa tendrement sa mère.

— En tout cas, cette affaire est maintenant finie, elle a été racontée, on peut par conséquent parler d'autre chose.

Ces derniers mots furent dits par Nicolas Vsévolodovitch d'un ton qui avait quelque chose de sec et de décidé. Barbara Pétrovna le remarqua, mais son exaltation ne tomba point, au contraire.

— Je ne t'attendais pas avant un mois, Nicolas!

— Bien entendu, maman, je vous expliquerai tout, mais maintenant...

Et il s'approcha de Prascovie Ivanovna.

Elle tourna à peine la tête de son côté, bien qu'une demi-heure auparavant la première apparition du jeune homme l'eût fort intriguée. Mais en ce moment la générale Drozdoff avait de nouveaux soucis : lorsque le capitaine avait rencontré sur le seuil Nicolas Vsévolodovitch, Élisabeth Nikolaïevna, jusqu'alors fort sombre, s'était brusquement mise à rire, et cette hilarité, loin de cesser avec l'incident qui y avait donné lieu, devenait d'instant en instant plus bruyante. La jeune fille était toute rouge. Pendant l'entretien de Nicolas Vsévolodovitch avec Barbara Pétrovna, elle appela deux fois Maurice Nikolaïévitch auprès d'elle comme pour lui parler à voix basse; mais sitôt que celui-ci se penchait vers elle, Lisa partait d'un éclat de rire; on aurait pu en conclure qu'elle se moquait du pauvre Maurice Nikolaïévitch. Du reste, elle s'efforçait visiblement de reprendre son sérieux et appliquait un mouchoir contre ses lèvres. Nicolas Vsévolodovitch lui présenta ses civilités de l'air le plus innocent et le plus ingénu.

— Excusez-moi, je vous prie, répondit-elle précipitamment, vous... vous avez vu sans doute Maurice Nikolaïévitch... Mon Dieu, il n'est pas permis d'être grand comme vous l'êtes, Maurice Nikolaïévitch!

Nouveau rire. Le capitaine d'artillerie était grand, mais pas au point d'en être ridicule.

— Vous... vous êtes arrivé depuis longtemps? murmura-t-elle en essayant de se contenir; elle était même confuse, mais ses yeux étincelaient.

— Depuis plus de deux heures, répondit Nicolas qui l'observait attentivement.

Il était très-convenable et très-poli, mais avec cela il avait l'air fort indifférent, ennuyé même.

— Et où habiterez-vous?

— Ici.

Barbara Pétrovna considérait aussi Lisa avec attention, mais une idée la frappa tout à coup.

— Où donc as-tu été pendant tout ce temps, Nicolas?

12.

demanda-t-elle en s'approchant de son fils; — le train arrive à dix heures.

— J'ai d'abord mené Pierre Stépanovitch chez Kiriloff; je l'avais rencontré à la station de Matvéievo (la troisième avant d'arriver ici), et nous avions fait ensemble le reste du voyage.

— J'attendais à Matvéievo depuis l'aube, dit Pierre Stépanovitch, — les dernières voitures de notre train ont déraillé pendant la nuit, et nous avons failli avoir les jambes cassées.

— Les jambes cassées! s'écria Lisa; — maman, maman, nous voulions aller la semaine dernière à Matvéievo; eh bien, nous aurions eu aussi les jambes cassées!

— Que le Seigneur ait pitié de nous! fit en se signant Prascovie Ivanovna.

— Maman, maman, chère maman, ne vous effrayez pas si par hasard je me casse en effet les deux jambes; cela peut fort bien m'arriver, vous dites vous-même que j'ai tort de lancer mon cheval au grand galop comme je le fais chaque matin. Maurice Nikolaïévitch, vous me conduirez, quand je serai boiteuse? ajouta la jeune fille en se mettant de nouveau à rire. — Si cela arrive, je ne me laisserai conduire par aucun autre que par vous, comptez-y hardiment. Eh bien, mettons que je ne me casse qu'une jambe... Allons, soyez donc aimable, dites que ce sera un bonheur pour vous.

— Pourquoi voulez-vous que je sois heureux si vous vous cassez une jambe? demanda sérieusement Maurice Nikolaïévitch dont la mine se refrogna.

— Parce que seul vous aurez le privilége de me conduire, je ne veux personne d'autre!

— Même alors, c'est vous qui me conduirez, Élisabeth Nikolaïevna, grommela Maurice Nikolaïévitch devenu encore plus sérieux.

— Mon Dieu, mais il a voulu faire un calembour! s'écria Lisa avec une sorte de frayeur. — Maurice Nikolaïévitch, ne vous avisez jamais de vous lancer dans cette voie! Mais que vous êtes égoïste pourtant! J'aime à croire, pour votre honneur, qu'en ce moment vous vous calomniez; au contraire, du matin au soir vous ne cesserez alors de me répéter que, privée d'une jambe, je suis devenue plus intéressante! Par malheur, vous êtes démesurément grand, et moi, avec une jambe de moins, je serai toute petite : comment donc ferez-vous pour me donner le bras? ce ne sera pas commode!

En achevant ces mots, elle eut un rire nerveux. Ses plaisanteries étaient fort plates, mais évidemment elle ne visait pas au bel esprit.

— C'est une crise d'hystérie! me dit à voix basse Pierre Stépanovitch. — Il faudrait lui donner tout de suite un verre d'eau.

Il avait deviné juste; un instant après on s'empressa autour de Lisa, on lui apporta de l'eau. Elle embrassa chaleureusement sa mère et pleura sur l'épaule de la vieille; puis, se rejetant en arrière, elle la regarda en pleine figure et éclata de rire. A la fin, Prascovie Ivanovna se mit elle-même à pleurer. Barbara Pétrovna se hâta de les conduire toutes deux dans sa chambre. Les trois dames sortirent par cette même porte qui tantôt s'était ouverte pour livrer passage à Daria Pavlovna. Mais leur absence ne dura pas plus de quatre minutes...

Je tâche de n'oublier aucune des particularités qui signalèrent les derniers moments de cette mémorable matinée. Quand les dames se furent retirées (Daria Pavlovna seule ne bougea pas de sa place), je me souviens que Nicolas Vsévolodovitch s'approcha successivement de chacun de nous pour lui souhaiter le bonjour; toutefois il s'abstint d'aborder Chatoff toujours assis dans son coin et de plus en plus morose. Stépan Trophimovitch voulut dire quelque chose de très-spirituel à son ancien élève; celui-ci néanmoins le quitta dès les premiers mots pour se diriger vers Daria Pavlovna. Il avait compté sans Pierre Stépanovitch, qui le saisit au passage et l'emmena presque de force dans l'embrasure d'une fenêtre, où il commença à lui parler tout bas. Il s'agissait sans doute d'une communication très-importante, à en juger par les gestes de Pierre Stépanovitch et par l'expression de son visage. Cependant Nicolas Vsévolodovitch, son sourire officiel sur les lèvres, ne prêtait aux propos de son interlocuteur qu'une oreille fort distraite, à la fin même l'impatience de s'en aller devint visible chez lui. Il s'éloigna de la croisée juste au moment où les dames rentrèrent. Barbara Pétrovna força Lisa à reprendre son ancienne place, lui assurant qu'elle devait rester encore, ne fût-ce qu'une dizaine de minutes, pour donner à ses nerfs malades le temps de se calmer un peu avant d'affronter le grand air. Elle témoignait le plus vif intérêt à la jeune fille et s'assit elle-même à ses côtés. Pierre Stépanovitch accourut aussitôt auprès des deux dames, avec qui il se mit à causer d'une façon fort gaie et fort animée. Sans se presser, selon son habitude, Nicolas Vsévolodovitch s'avança alors vers Daria Pavlovna; en le voyant s'approcher d'elle, Dacha fut fort émue, elle fit un brusque mouvement sur sa chaise, tandis que ses joues se couvraient de rougeur.

— Il paraît qu'on peut vous féliciter... ou bien est-il encore trop tôt? dit le jeune homme dont la physionomie avait pris une expression particulière.

La réponse de Dacha n'arriva pas jusqu'à moi.

— Pardonnez-moi mon indiscrétion, reprit en élevant la voix Nicolas Vsévolodovitch, — mais j'avais reçu un avis spécial. Savez-vous cela?

— Oui, je sais que vous avez été spécialement avisé.

— J'espère pourtant n'avoir rien gâté par mes félicitations, dit-il en riant, — et si Stépan Trophimovitch...

A ces mots, accourut Pierre Stépanovitch.

— A propos de quoi des félicitations? demanda-t-il, — de quoi faut-il vous féliciter, Daria Pavlovna? Bah! mais n'est-ce pas de cela même? L'incarnat qui colore votre visage prouve que je ne me suis pas trompé. Au fait, de quoi donc féliciter nos belles et vertueuses demoiselles, et quelles sont les félicitations qui les font le plus rougir? Allons, recevez aussi les miennes, si j'ai deviné juste, et payez votre pari : vous vous rappelez, en Suisse vous aviez parié avec moi que vous ne vous marieriez jamais... Ah! mais à propos de la Suisse, — où avais-je donc la tête? Figurez-vous, c'est moitié pour cela que je suis venu, et un peu plus j'allais l'oublier : dis donc, ajouta-t-il tout à coup en s'adressant à son père, — quand vas-tu en Suisse?

— Moi... en Suisse? fit Stépan Trophimovitch interloqué.

— Comment? est-ce que tu n'y vas pas? Mais voyons, tu te maries aussi... tu me l'as écrit?

— Pierre! s'écria Stépan Trophimovitch.

— Quoi, Pierre... Vois-tu, si cela peut te faire plaisir, je suis venu par grande vitesse te déclarer que je n'ai absolument aucune objection là contre, puisque tu tenais tant à avoir mon avis le plus tôt possible; mais s'il faut te « sauver », comme tu m'en supplies dans cette même lettre; eh bien, je suis encore à ta disposition Est-ce vrai qu'il se marie, Barbara Pétrovna? demanda-t-il brusquement à la maîtresse de la maison. — J'espère que je ne commets pas d'indiscrétion; lui-même m'écrit que toute la ville le sait et que tout le monde le félicite, à ce point que, pour échapper aux compliments, il ne sort plus que la nuit. J'ai la lettre dans ma poche. Mais croirez-vous, Barbara Pétrovna, que je n'y comprends rien! Dis-moi seulement une chose, Stépan Trophimovitch : faut-il te féliciter ou te « sauver »? Figurez-vous qu'à côté de lignes ne respirant que le bonheur il s'en trouve de tout à fait désespérées. D'abord, il me demande pardon; passe pour cela, c'est dans son caractère... Pourtant, il faut bien le dire, la chose est drôle tout de même : voilà un homme qui m'a vu deux fois dans sa vie, et comme par hasard; or, maintenant, à la veille de convoler en troisièmes noces, il s'imagine tout à coup que ce mariage est une infraction à je ne sais quels devoirs paternels, il m'envoie à mille verstes de distance une lettre dans laquelle il me supplie de ne pas me fâcher et sollicite mon autorisation! Je t'en prie, ne t'offense pas de mes paroles, Stépan Trophimovitch, tu es l'homme de ton temps, je me place à un point de vue large et je ne te condamne pas; si tu veux, je dirai même que cela te fait honneur, etc., etc. Mais il y a un autre point que je ne comprends pas et qui a plus d'importance. Il me parle de « péchés commis en Suisse ». Je me marie, dit-il, pour les péchés ou à cause des péchés d'un autre. Bref, il est question de péchés dans sa lettre. « La jeune fille, écrit-il, est une perle, un diamant », et, bien entendu, « il est indigne d'elle » — c'est son style; mais, par suite de certains péchés commis là-bas ou de certaines circonstances, « il est forcé de subir le conjungo et d'aller en Suisse »; puis la conclusion : « Plante-là tout et viens me sauver. » Comprenez-vous quelque chose à tout cela? Mais, du reste, poursuivit Pierre Stépanovitch qui, la lettre à la main, considérait avec un innocent sourire les personnes présentes, — je m'aperçois, à l'expression des visages, que, selon mon habitude, je viens encore de faire une gaffe... c'est la faute de ma stupide franchise, ou, comme dit Nicolas Vsévolodovitch, de ma précipitation. Je pensais que nous étions ici entre nous, je veux dire, qu'il n'y avait ici que des amis, j'entends des amis à toi, Stépan Trophimovitch, car moi, je suis au fond un étranger, et je vois... je vois que tout le monde sait quelque chose dont moi j'ignore le premier mot.

Il regardait toujours l'assistance.

Livide, les traits altérés, les lèvres tremblantes, Barbara Pétrovna s'avança vers lui.

— Ainsi, demanda-t-elle, — Stépan Trophimovitch vous a écrit qu'il épousait « les péchés commis en Suisse par un autre », et il vous a prié de venir le « sauver », ce sont là ses expressions?

— Voyez-vous, répondit d'un air effrayé Pierre Stépanovitch, — s'il y a là quelque chose que je n'ai pas compris, c'est sa faute, naturellement : pourquoi écrit-il ainsi? Vous savez, Barbara Pétrovna, il barbouille du papier à la toise, dans ces deux ou trois derniers mois je recevais de lui lettres sur lettres, et, je l'avoue, j'avais fini par ne plus les lire jusqu'au bout. Pardonne-moi, Stépan Trophimovitch, un aveu aussi bête, mais, tu dois en convenir, tes lettres, bien qu'elles me fussent adressées, étaient plutôt écrites pour la postérité; par conséquent peu t'importait que je les lusse... Allons, allons, ne te fâche pas; toi et moi nous sommes toujours parents! Mais cette lettre, Barbara Pétrovna, cette lettre, je l'ai lue tout entière. Ces « péchés » — ces « péchés d'un autre », ce sont, pour sûr, nos petits péchés à nous, et il y a gros à parier qu'ils sont les plus innocents du monde, mais nous avons imaginé de bâtir là-dessus une histoire terrible pour nous donner un vernis de noblesse, pas pour autre chose. C'est que, voyez-vous, nos comptes boitent un peu, il faut bien l'avouer enfin. Vous savez, nous avons la passion des cartes... du reste, ce sont là des paroles superflues, absolument superflues, pardon, je suis trop bavard, mais je vous assure, Barbara Pétrovna, qu'il m'avait positivement effrayé et que j'étais accouru en partie pour le « sauver ». Enfin, c'est pour moi-même une affaire de conscience. Est-ce que je viens lui mettre le couteau sur la gorge? Est-ce que je suis un créancier impitoyable? Il m'écrit quelque chose au sujet de la dot... Du reste, tu te maries, n'est-ce pas, Stépan Trophimovitch? Eh bien, alors, trêve de vaines paroles, c'est bavarder uniquement pour faire du style... Ah! Barbara Pétrovna, tenez, je suis sûr qu'à présent vous me condamnez, et justement parce que j'ai aussi fait du style...

— Au contraire, au contraire, je vois que vous êtes à bout de patience, et sans doute vous avez vos raisons pour cela, répondit d'un ton irrité Barbara Pétrovna.

Elle avait écouté avec un malin plaisir Pierre Stépanovitch témoignant ses regrets d'avoir bavardé de la sorte. Évidemment il venait de jouer un rôle, — lequel? je l'ignorais encore, mais il était visible que sa prétendue « gaffe » avait été préméditée.

— Au contraire, continua Barbara Pétrovna, — je vous suis très-reconnaissante d'avoir parlé; sans vous je ne saurais rien encore. Pour la première fois depuis vingt ans j'ouvre les yeux. Nicolas Vsévolodovitch, vous avez dit tout à l'heure que vous aviez été informé spécialement : Stépan Trophimovitch vous aurait-il écrit aussi quelque chose dans le même genre?

— J'ai reçu de lui une lettre très-innocente et... et... très-noble...

— Vous êtes embarrassé, vous cherchez vos mots, — assez! Stépan Trophimovitch, j'attends de vous un dernier service, ajouta-t-elle tout à coup en regardant mon malheureux ami avec des yeux enflammés de colère, — faites-moi le plaisir de nous quitter à l'instant même, et ne franchissez plus jamais le seuil de ma maison.

Je prie le lecteur de se rappeler que la générale Stavroguine se trouvait encore dans un état particulier d' « exaltation ». A la vérité, ce n'était pas la faute de Stépan Trophimovitch! Mais ce qui m'étonna au plus haut point, ce fut l'admirable fermeté de son attitude aussi bien devant les « accusations » de Pétroucha qu'il ne songea pas à interrompre, que devant la « malédiction » de Barbara Pétrovna. Où avait-il puisé tant de force d'âme? Je savais seulement que, tantôt, lors de sa première rencontre avec Pétroucha, il avait été atteint au plus profond de son être par la froideur insultante de son fils. De même qu'un *vrai* chagrin donne parfois de l'intelligence aux imbéciles, il peut aussi, — momentanément du moins, — faire un stoïque de l'homme le plus pusillanime.

Stépan Trophimovitch salua avec dignité Barbara Pétrovna et ne prononça pas un mot (il est vrai qu'il ne lui restait plus rien à dire). Il voulait se retirer sur-le-champ, mais malgré lui il s'approcha de Daria Pavlovna. C'était sans doute ce qu'avait prévu la jeune fille, qui, inquiète, se hâta de prendre la parole :

— Je vous en prie, Stépan Trophimovitch, pour l'amour de Dieu, ne dites rien, commença-t-elle d'une voix agitée tandis que sa physionomie trahissait une sensation de malaise. — Soyez sûr, poursuivit-elle en lui tendant la main, —

que je vous a[i app]récié toujours autant... que j'ai toujours pour vous la même estime... et pensez aussi du bien de moi, Stépan Trophimovitch, j'apprécierai extrêmement cela...

Il s'inclina fort bas devant elle.

— Tu es libre, Daria Pavlovna, tu sais que dans toute cette affaire une liberté complète t'a été laissée! Tu l'as eue, tu l'as et tu l'auras toujours, dit gravement Barbara Pétrovna.

— Bah! Mais maintenant je comprends tout! s'écria en se frappant le front Pierre Stépanovitch. — Eh bien, dans quelle situation ai-je été placé? Daria Pavlovna, je vous en prie, pardonnez-moi!... Voilà les sottises que tu me fais faire! ajouta-t-il en s'adressant à son père.

— Pierre, tu pourrais bien prendre un autre ton avec moi, n'est-ce pas, mon ami? observa avec la plus grande douceur Stépan Trophimovitch.

— Ne crie pas, je te prie, répliqua Pierre en agitant le bras, — sois bien persuadé que tout cela, c'est l'effet de nerfs vieux et malades, et qu'il ne sert à rien de crier. Réponds à ma question : tu devais bien supposer qu'à peine arrivé ici, je parlerais de cela : pourquoi donc ne m'as-tu pas prévenu?

Stépan Trophimovitch attacha sur son fils un regard pénétrant.

— Pierre, se peut-il que toi, si au courant de ce qui se passe ici, tu n'aies réellement rien su de cette affaire, rien entendu dire?

— Quo-o-i! Voilà les gens! Ainsi ce n'est pas assez pour nous d'être un vieil enfant, nous sommes, qui plus est, un enfant méchant? Barbara Pétrovna, avez-vous entendu ce qu'il a dit?

Le salon se remplissait de bruit; mais alors se produisit soudain un incident auquel personne ne pouvait s'attendre.

VIII

Avant tout, je signalerai l'agitation nouvelle qui se manifestait chez Élisabeth Nikolaïevna depuis deux ou trois minutes; la jeune fille parlait rapidement à l'oreille de sa mère et de Maurice Nikolaïévitch penché vers elle. Son visage était inquiet, mais en même temps respirait l'énergie. A la fin elle se leva, visiblement pressée de partir et d'emmener sa mère; de son côté celle-ci se mit en devoir de quitter son fauteuil avec le secours de Maurice Nikolaïévitch. Mais il était écrit que les dames Drozdoff ne s'en iraient pas avant d'avoir tout vu.

Chatoff était toujours assis dans son coin (non loin d'Élisabeth Nikolaïevna); tout le monde avait complétement oublié sa présence, et lui-même ne paraissait pas savoir pourquoi il restait là au lieu de s'en aller; tout à coup il se leva, et, les yeux fixés sur le visage de Nicolas Vsévolodovitch, se dirigea vers ce dernier en traversant toute la chambre d'un pas lent, mais ferme. A son approche, Nicolas Vsévolodovitch sourit légèrement, mais, quand il le vit tout près de lui, il cessa de sourire.

Au moment où les deux hommes se trouvèrent vis-à-vis l'un de l'autre, le silence se fit dans le salon, celui qui se tut le dernier fut Pierre Stépanovitch; Lisa et sa mère s'arrêtèrent au milieu de la chambre. Ainsi s'écoulèrent cinq secondes; sans dire un mot, Chatoff regardait en face Nicolas Vsévolodovitch; celui-ci, dont la physionomie n'avait d'abord exprimé qu'une surprise insolente, fronça le sourcil avec colère, et soudain...

Soudain le bras long et lourd de Chatoff s'éleva en l'air, puis s'abattit de toute sa force sur la figure de Nicolas Vsévolodovitch, qui faillit être terrassé.

Au lieu de frapper avec le plat de la main comme il est reçu de donner les soufflets (si toutefois on peut s'exprimer ainsi), Chatoff avait frappé avec le poing, un gros poing pesant, osseux, couvert de poils roux et de lentilles. Si le coup avait atteint le nez, il l'aurait brisé. Mais il tomba sur la joue, frôlant le côté gauche de la lèvre et de la mâchoire supérieure, d'où le sang jaillit aussitôt.

Au même instant retentit, je crois, un cri, poussé peut-être par Barbara Pétrovna; du reste, je n'affirme rien, car immédiatement tout retomba dans le silence. Cette scène ne dura guère plus d'une dizaine de secondes.

Néanmoins pendant un si court laps de temps bien des choses se passèrent.

Je rappellerai de nouveau au lecteur que Nicolas Vsévolodovitch avait un tempérament inaccessible à la peur. Dans un duel il pouvait attendre de sang-froid le coup de feu de son adversaire, viser lui-même ce dernier, et le tuer le plus tranquillement du monde. Souffleté, il était homme, non pas à appeler son insulteur sur le terrain, mais à le tuer sur place, et cela sans emportement, avec la pleine conscience de son acte. Je crois même qu'il n'a jamais connu ces aveugles transports de fureur qui suppriment la faculté de raisonner. Au plus fort de la colère, il restait toujours maître de lui-même et pouvait, par conséquent, comprendre quelle différence existe au point de vue juridique entre le duel et l'assassinat; néanmoins il aurait sans aucune hésitation assassiné un insulteur.

Plus tard j'ai beaucoup étudié Nicolas Vsévolodovitch, et je sais nombre d'anecdotes sur son compte. Je le comparerais volontiers à certains personnages d'autrefois dont le souvenir s'est conservé à l'état de légende dans notre société. Le dékabriste[1] L...ine, par exemple, a, dit-on, cherché toute sa vie le danger; la sensation du péril l'enivrait et était devenue un besoin de sa nature; jeune, il se battait en duel à propos de bottes; en Sibérie, il allait chasser l'ours, n'ayant

---

[1] Nom donné en Russie aux insurgés du 14/26 décembre 1825.

pour toute arme qu'un couteau; il aimait à rencontrer dans les bois les forçats évadés qui, soit dit en passant, sont plus à craindre que les ours. Assurément ces braves légendaires étaient susceptibles d'éprouver, et peut-être même à un haut degré, le sentiment de la peur; autrement ils auraient été beaucoup plus calmes et n'auraient pas transformé la sensation du danger en un besoin de leur nature. Mais vaincre en eux la poltronnerie, avoir conscience de cette victoire et penser que rien ne pouvait les faire reculer, — voilà, sans doute, ce qui les séduisait. Avant d'être envoyé en Sibérie, ce L...ine avait, durant un certain temps, lutté contre la faim et gagné sa vie par un travail pénible; il appartenait cependant à une famille riche, mais il s'était résigné à la misère plutôt que de se soumettre à la volonté paternelle qu'il jugeait injuste. Donc il comprenait la lutte sous toutes les formes; ce n'était pas seulement dans la chasse à l'ours et dans les duels qu'il appréciait chez lui le stoïcisme et la force de caractère.

Mais le nervosisme de la génération actuelle n'admet même plus le besoin de ces sensations franches et immédiates que recherchaient avec une telle ardeur certaines personnalités inquiètes du bon vieux temps. Nicolas Vsévolodovitch aurait peut-être méprisé L.. ine comme un fanfaron et un bravache, — à la vérité, il ne le lui aurait pas dit en face Sur le terrain, il était tout aussi courageux que le célèbre dékabriste, et, le cas échéant, il aurait déployé la même intrépidité que lui vis-à-vis d'un ours ou d'un brigand rencontré dans un bois. Seulement, il n'aurait trouvé aucun plaisir dans cette lutte, il l'eût acceptée avec indolence et ennui, comme on subit une nécessité désagréable. Pour la colère, ni L...ine, ni même Lermontoff ne pouvaient être comparés à Nicolas Vsévolodovitch; la colère de celui-ci était froide, calme, *raisonnable*, si l'on peut ainsi parler, — par conséquent plus terrible qu'aucune autre. Je le répète: tel que je l'ai connu, il était homme à égorger incontinent l'individu de qui il aurait reçu un soufflet ou quelque offense analogue.

Et néanmoins, dans la circonstance présente, il en fut tout autrement.

La violence du coup l'avait fait chanceler. Dès qu'il eut recouvré l'équilibre, son premier mouvement fut de saisir Chatoff par les épaules, mais, presque au même instant, il retira ses mains, les croisa derrière son dos, et, pâle comme un linge, regarda silencieusement Chatoff. Chose étrange, il n'y avait aucune flamme dans son regard. Au bout de dix secondes, — je suis sûr de ne pas mentir, — ses yeux étaient devenus froids et calmes. Seulement sa pâleur était effrayante. J'ignore, naturellement, ce qui se passait au dedans de lui; je me borne à raconter le spectacle dont je fus témoin. Un homme qui saisirait une barre de fer rougie au feu et la tiendrait dans sa main durant dix secondes pour essayer sa force d'âme, — cet homme-là aurait, je crois, une impression pareille à celle qu'éprouvait alors Nicolas Vsévolodovitch.

Le premier des deux qui baissa les yeux fut Chatoff, évidemment il fut forcé de les baisser. Ensuite il tourna lentement sur ses talons et se retira, mais sa démarche n'était plus la même que tantôt, quand il s'était approché de Nicolas Vsévolodovitch. Il sortit sans bruit, la tête inclinée vers le plancher, tandis qu'un mouvement particulièrement disgracieux soulevait ses épaules. Chemin faisant, il semblait raisonner à part soi et dialoguer avec lui-même. Après avoir traversé le salon en prenant ses précautions pour ne rien culbuter sur son passage, il entre-bâilla la porte et se glissa presque de côté dans l'étroite ouverture.

Saisissant sa mère par l'épaule et Maurice Nikolaïévitch par le bras, Élisabeth Nikolaïevna se mit en devoir de les entraîner à sa suite hors de la chambre, mais tout à coup elle poussa un cri effrayant et tomba évanouie sur le parquet. En ce moment je crois encore entendre le bruit que fit le choc de sa nuque contre le tapis.

DEUXIÈME PARTIE

CHAPITRE PREMIER

LA NUIT.

I

Huit jours s'écoulèrent. Maintenant que tout cela est passé et que j'en écris la chronique, nous savons de quoi il s'agissait; mais alors nous en étions réduits aux conjectures, et naturellement nous faisions les suppositions les plus étranges. Pendant les premiers temps, Stépan Trophimovitch et moi, nous restâmes enfermés, attendant avec inquiétude ce qui allait arriver. A vrai dire, je sortais encore un peu, et je rapportais à mon malheureux compagnon les nouvelles sans lesquelles il lui aurait été impossible de vivre.

Comme bien on pense, la ville n'avait pas tardé à apprendre le soufflet donné à Nicolas Vsévolodovitch, l'évanouissement d'Élisabeth Nikolaïevna, et les autres incidents survenus dans la journée du dimanche. Mais une chose nous intriguait : par qui tous ces faits avaient-ils pu être portés si vite et si exactement à la connaissance du public? Aucune des personnes qui en avaient été témoins n'avait, semblait-il, le moindre intérêt à les ébruiter. Quant aux domestiques, pas un ne s'était trouvé présent à cette scène. Lébiadkine seul aurait pu jaser, plutôt parce qu'il ne savait pas retenir sa langue que par esprit de vengeance, car il était sorti alors en proie à une frayeur extrême, et la peur paralyse la rancune. Mais, le lendemain même, Lébiadkine avait brusquement quitté avec sa sœur la maison Philippoff, et l'on ne savait pas ce qu'ils étaient devenus. Chatoff, à qui je voulais demander des nouvelles de Marie Timoféievna, s'était enfermé chez lui, et, pendant ces huit jours, il ne bougea pas de son logement, laissant même en souffrance ses occupations au dehors. Je me rendis à son domicile le mardi et frappai à sa porte. Je n'obtins pas de réponse, mais convaincu, d'après des indices certains, qu'il était chez lui, je cognai une seconde fois. Alors, à ce que je crus remarquer, il sauta en bas de son lit, puis il s'approcha vivement de la porte et me cria de sa voix la plus sonore : « Chatoff est absent! » Là-dessus je m'en allai.

Tout en craignant de porter un jugement téméraire, Stépan Trophimovitch et moi nous nous arrêtâmes finalement à l'idée que le seul auteur des indiscrétions commises devait être Pierre Stépanovitch; pourtant ce dernier, dans un entretien qu'il eut peu après avec son père, lui assura qu'il avait trouvé l'histoire dans toutes les bouches, notamment au club, et que la gouvernante et son mari la connaissaient déjà jusque dans ses moindres détails. Voici encore un point à noter : le lundi, c'est-à-dire le lendemain, je rencontrai dans la soirée Lipoutine, et il était déjà parfaitement instruit de tout ce qui s'était passé la veille chez Barbara Pétrovna : donc il avait été informé un des premiers.

Nombre de dames (et des plus mondaines) témoignaient aussi quelque curiosité à l'endroit de l' « énigmatique boiteuse », comme on appelait Marie Timoféievna. Plusieurs même désiraient vivement la voir et entrer en rapports avec elle : les messieurs qui s'étaient hâtés de faire disparaître les Lébiadkine avaient donc agi avec un à-propos incontestable. Mais ce qui tenait le premier rang dans les préoccupations publiques, c'était l'évanouissement d'Élisabeth Nikolaïevna;

tout le monde s'y intéressait par cela seul que cette affaire touchait directement Julie Mikhaïlovna en tant que parente et protectrice de mademoiselle Touchine. Et que ne racontait-on pas? Le mystère même faisait la partie belle au bavardage : les deux maisons ne s'ouvraient plus pour personne; Élisabeth Nikolaïevna, assurait-on, était au lit, en proie à un accès de *delirium tremens;* on en disait autant de Nicolas Vsévolodovitch, on ajoutait qu'il avait eu une dent cassée et que sa joue était gonflée par suite d'une fluxion. Bien plus, il se chuchotait dans les coins qu'un assassinat serait peut-être commis chez nous, que Stavroguine n'était pas homme à laisser impuni un tel outrage, et qu'il tuerait Chatoff, mais secrètement, à la façon corse. Cette idée rencontrait beaucoup de faveur; cependant la majorité de notre jeunesse dorée écoutait tout cela avec mépris et d'un air de profonde indifférence; bien entendu, c'était une pose. En général, l'opinion, depuis longtemps hostile à Nicolas Vsévolodovitch, se prononçait vivement contre lui. Les gens de poids eux-mêmes inclinaient à le condamner, sans, du reste, savoir pourquoi. De sourdes rumeurs l'accusaient d'avoir déshonoré Élisabeth Nikolaïevna : on prétendait qu'ils avaient eu ensemble une intrigue en Suisse. Sans doute les hommes sérieux se taisaient, mais ils ne laissaient pas de prêter avidement l'oreille à ce concert de diffamations. Dans un milieu plus restreint circulaient d'autres bruits d'une nature fort étrange : à en croire quelques personnes qui parlaient de cela en fronçant le sourcil, et Dieu sait sur quel fondement, Nicolas Vsévolodovitch remplissait dans notre province une mission particulière, le comte K... l'avait mis en relation à Pétersbourg avec plusieurs sommités du monde politique, et peut-être on l'avait envoyé chez nous comme fonctionnaire en lui donnant certaines instructions spéciales. Les gens raisonnables souriaient, ils faisaient judicieusement remarquer qu'un homme dont la vie n'avait été qu'une suite de scandales, et qui, pour ses débuts chez nous, avait reçu un soufflet, ne répondait guère à l'idée qu'on se fait généralement d'un employé de l'État. A quoi l'on répliquait que la mission de Nicolas Vsévolodovitch n'avait pas, à proprement parler, de caractère officiel, et que, pour un agent secret, le mieux était de ressembler le moins possible à un fonctionnaire public. Cette observation paraissait assez plausible; on savait dans notre ville que le zemstvo[1] de la province était à Pétersbourg l'objet d'une attention particulière. Plusieurs des bruits que je viens de mentionner avaient leur origine dans certains propos obscurs, mais malveillants, tenus au club par Artémii Pétrovitch Gaganoff, ancien capitaine de la garde revenu depuis peu de la capitale. Cet Artémii Pétrovitch, un des plus grands propriétaires de notre province en même temps qu'un des hommes les plus répandus dans la société pétersbourgeoise, était le fils de feu Pierre Pavlovitch Gaganoff, ce respectable vieillard que Nicolas Vsévolodovitch avait si grossièrement insulté quatre ans auparavant.

Il fut bientôt de notoriété publique que Julie Mikhaïlovna avait fait une visite extraordinaire à Barbara Pétrovna, et que, sur le perron de la maison, on lui avait déclaré que la générale Stavroguine « étant malade ne pouvait recevoir ». On sut aussi que, deux jours après, Julie Mikhaïlovna avait envoyé demander des nouvelles de la santé de Barbara Pétrovna. Finalement on la vit « défendre » partout cette dernière. Faisait-on devant elle quelque allusion à l'histoire du dimanche, sa mine devenait froide et sévère, si bien que, les jours suivants, personne n'osa plus mettre, en sa présence, la conversation sur ce sujet. Ainsi s'accrédita partout l'idée que non-seulement Julie Mikhaïlovna n'ignorait rien de cette mystérieuse affaire, mais qu'elle en connaissait aussi le sens caché et qu'elle-même était pour quelque chose là dedans. Je noterai à ce propos que la gouvernante commençait à acquérir chez nous cette haute influence, but de tous

---

[1] Les *zemstvos* sont des assemblées provinciales qui correspondent à peu près à nos conseils généraux.

ses efforts, et que déjà elle se voyait « entourée ». Dans le monde beaucoup de gens lui trouvaient de l'esprit pratique et du tact. Par sa protection s'expliquaient pour nous jusqu'à un certain point les rapides succès de Pierre Stépanovitch dans notre société, — succès dont Stépan Trophimovitch était alors très-frappé.

Peut-être nous trompions-nous un peu, lui et moi. Quatre jours après son apparition dans notre ville, Pierre Stépanovitch y connaissait déjà à peu près tout le monde. Il était arrivé le dimanche, et le mardi je le rencontrai se promenant en calèche avec Artémii Pétrovitch Gaganoff, homme fier, irascible et d'un commerce assez difficile nonobstant ses façons mondaines. Pierre Stépanovitch était aussi reçu dans la maison du gouverneur, où sa position fut tout de suite celle d'un intime; presque chaque jour il dînait à la table de Julie Mikhaïlovna. Il avait fait en Suisse la connaissance de cette dame, mais il n'en était pas moins singulier qu'un homme considéré naguère, à tort ou à raison, comme un réfugié politique, eût si vite réussi à se faufiler dans l'entourage de Son Excellence. A l'étranger, Pierre Stépanovitch avait pris part à des publications et à des congrès socialistes, « ce qu'on pouvait même prouver par les journaux », comme me le disait avec irritation Alexis Téliatnikoff, ce jeune favori d'Ivan Osipovitch qui, après le départ de son protecteur, avait dû, hélas! quitter le service. Quoi qu'il en soit, une chose était certaine : de retour dans sa chère patrie, l'ancien révolutionnaire, loin d'être inquiété, avait au contraire trouvé en haut lieu des sympathies et des encouragements : donc on s'était peut-être trop pressé de voir en lui un conspirateur ayant des comptes à régler avec la troisième section. Un jour, Lipoutine me parla tout bas d'un bruit qui courait au sujet de Pierre Stépanovitch : rentré en Russie, il avait, disait-on, fait amende honorable de ses erreurs passées, et acheté la faveur du gouvernement en dénonçant plusieurs de ses coreligionnaires politiques. Je rapportai ce vilain propos à Stépan Trophimovitch, et il en fut très-préoccupé, bien qu'il ne se trouvât guère alors en état de réfléchir. On découvrit plus tard que Pierre Stépanovitch était arrivé chez nous muni des meilleures références. Du moins, la lettre de recommandation qu'il remit à la gouvernante émanait d'une vieille dame dont le mari comptait parmi les hommes les plus influents de la capitale. Cette vieille dame, marraine de Julie Mikhaïlovna, lui écrivait que le comte K... avait fait, par l'entremise de Nicolas Vsévolodovitch, la connaissance de Pierre Stépanovitch, et qu'il le tenait pour « un jeune homme de mérite malgré ses anciens égarements ». Julie Mikhaïlovna mettait tous ses soins à conserver le peu de relations qu'elle avait dans la société dirigeante de Pétersbourg, elle accueillit donc avec une extrême affabilité le nouveau venu recommandé par sa marraine. Je noterai encore, pour mémoire, que le grand écrivain se montra fort aimable à l'égard de Pierre Stépanovitch et lui adressa tout de suite une invitation. Un tel empressement chez un homme aussi infatué de lui-même étonna au plus haut point Stépan Trophimovitch, mais je m'expliquai facilement le fait. Ignorant l'état vrai des choses, M. Karmazinoff croyait l'avenir de la Russie entre les mains de la jeunesse révolutionnaire, et il s'aplatissait d'autant plus devant les nihilistes que ceux-ci ne faisaient aucune attention à lui.

II

Pierre Stépanovitch passa aussi deux fois chez son père, et, malheureusement pour moi, je me trouvai là chaque fois. Sa première visite eut lieu le mercredi, c'est-à-dire quatre jours seulement après leur première rencontre, encore vint-il pour affaire. Les comptes entre le père et le fils au sujet du bien de ce dernier se réglèrent sans tapage, grâce à l'intervention de Barbara Pétrovna qui se chargea de tous les frais et désintéressa Pierre Stépanovitch, bien entendu en acquérant le domaine. Elle se contenta d'informer Stépan Trophimovitch que tout était terminé et de lui envoyer par son valet de chambre un papier à signer, ce qu'il fit en silence et avec une extrême dignité. Durant ces jours, j'avais peine à reconnaître notre « vieux », tant il était digne, silencieux et calme. Il n'écrivait même pas à Barbara Pétrovna, chose que j'aurais volontiers considérée comme un prodige. Évidemment il avait trouvé quelque idée qui lui procurait une sorte de sérénité, et il s'affermissait dans cette idée. Du reste, au commencement, il fut malade, surtout le lundi : il eut une cholérine. Il ne pouvait pas non plus se passer de nouvelles, mais c'étaient seulement les faits qui l'intéressaient, et, dès que j'abordais le chapitre des conjectures, il me faisait signe de me taire. Ses deux entrevues avec son fils l'affectèrent douloureusement, sans toutefois ébranler sa fermeté. A la suite de chacune d'elles, il passa le reste de la journée couché sur un divan, ayant autour de la tête une compresse imbibée de vinaigre.

Parfois cependant il me laissait parler. Je croyais aussi remarquer de temps à autre que sa mystérieuse résolution semblait l'abandonner, et qu'il commençait à lutter contre la séduction d'une idée nouvelle. Je soupçonnais qu'il aurait bien voulu se rappeler à l'attention, sortir de sa retraite, livrer une dernière bataille.

— Cher, je les écraserais ! laissa-t-il échapper le jeudi soir, après la seconde visite de Pierre Stépanovitch, tandis qu'il était étendu sur un divan, la tête entourée d'un essuie-mains.

C'était la première parole qu'il m'adressait depuis le commencement de la journée.

— « Fils, fils chéri », etc., je conviens que toutes ces expressions sont absurdes et empruntées au lexique des cuisinières, je vois moi-même à présent qu'il y a lieu de les laisser de côté. Je ne lui ai donné ni le manger ni le boire ;

avant même qu'il fût sevré, je l'ai expédié, comme un colis postal, de Berlin dans le gouvernement de ***; allons, oui, je reconnais tout cela... « Tu ne m'as pas nourri, dit-il, tu t'es débarrassé de moi en m'envoyant au loin comme un colis postal, et, qui plus est, ici tu m'as volé. » « Tu parles de colis postal, répliqué-je, mais, malheureux, toute ma vie j'ai eu le cœur malade en pensant à toi! » Il rit. Allons, je conviens qu'il a raison... va pour colis postal! acheva-t-il comme en délire.

— Passons, reprit-il au bout de cinq minutes. — Je ne comprends pas Tourguénieff. Son Bazaroff est un personnage fictif, dépourvu de toute réalité; eux-mêmes, dans le temps, ont été les premiers à le désavouer, comme ne ressemblant à rien. Ce Bazaroff est un mélange obscur de Nozdreff et de Byron, c'est le mot! Observez-les attentivement : ils gambadent et poussent des cris de joie comme les chiens au soleil, ils sont heureux, ils sont vainqueurs! Où y a-t-il là du byronisme?... Et avec cela quelle agitation! Quelle misérable irritabilité d'amour-propre! quelle banale manie de faire du bruit autour de son nom, sans songer que son nom... O caricature! « Voyons, lui crié-je, tel que tu es, se peut-il que tu veuilles t'offrir aux hommes pour remplacer le Christ? » Il rit. Il rit beaucoup, il rit trop, son sourire est étrange, sa mère ne souriait pas ainsi. Il rit toujours.

Il y eut de nouveau un silence.

— Ils sont rusés; dimanche ils s'étaient concertés. lâcha-t-il tout à coup.

— Oh! sans doute, répondis-je en dressant l'oreille, — tout cela n'était qu'une comédie arrangée d'avance, comédie fort mal jouée et dont les ficelles sautaient aux yeux.

— Je ne parle pas de cela. Savez-vous qu'ils ont fait exprès de ne pas cacher ces ficelles, pour qu'elles fussent remarquées de ceux... qui devaient les voir? Comprenez-vous?

— Non, je ne comprends pas.

— Tant mieux. Passons. Je suis fort agacé aujourd'hui.

— Mais pourquoi donc avez-vous disputé avec lui, Stépan Trophimovitch? demandai-je d'un ton de reproche.

— Je voulais le convertir. Oui, vous pouvez rire, en effet. Cette pauvre tante, elle entendra de belles choses! Oh! mon ami, le croirez-vous? tantôt j'ai reconnu en moi un patriote! Du reste, je me suis toujours senti Russe..... un vrai Russe, d'ailleurs, ne peut pas être autrement que vous et moi. Il y a là dedans quelque chose d'aveugle et de louche.

— Certainement, répondis-je.

— Mon ami, la vérité vraie est toujours invraisemblable, savez-vous cela? Pour rendre la vérité vraisemblable, il faut absolument l'additionner de mensonge. C'est ce que les hommes ont toujours fait. Il y a peut-être ici quelque chose que nous ne comprenons pas. Qu'en pensez-vous? y a-t-il quelque chose d'incompris pour nous dans ce cri de triomphe? Je le voudrais.

Je gardai le silence. Il se tut aussi pendant fort longtemps.

— C'est, dit-on, l'esprit français... fit-il soudain avec véhémence, — mensonge! il en a toujours été ainsi. Pourquoi calomnier l'esprit français? Il n'y a ici que la paresse russe, notre humiliante impuissance à produire une idée, notre dégoûtant parasitisme. Ils sont tout simplement des paresseux, et l'esprit français n'a rien à voir là dedans. Oh! les Russes devraient être exterminés pour le bien de l'humanité comme de malfaisants parasites! Ce n'étaient nullement là nos aspirations; je n'y comprends rien. J'ai cessé de comprendre! « Si chez vous, lui criai-je, on met la guillotine au premier plan, c'est uniquement parce qu'il n'y a rien de plus facile que de couper des têtes, et rien de plus difficile que d'avoir une idée! Vous êtes des paresseux! votre drapeau est une guenille, une impuissance! Ces charrettes qui apportent du blé aux hommes sont, dit-on, plus utiles que la Madone Sixtine. Mais comprends donc que le malheur est tout aussi nécessaire à l'homme que le bonheur! » Il rit. « Toi, dit-il, tu es là à faire des phrases pendant que tu reposes tes membres (il s'est servi d'un terme beaucoup plus cru) sur un confortable divan de velours... » Et remarquez où l'on en arrive avec ce tutoiement que les pères et les fils ont adopté entre eux, c'est très-bien quand ils sont d'accord, mais s'ils s'injurient?

La conversation resta de nouveau suspendue durant une minute, puis Stépan Trophimovitch se souleva à demi par un brusque mouvement.

— Cher, acheva-t-il, — savez-vous que cela finira nécessairement par quelque chose?

— Sans doute, dis-je.

— Vous ne comprenez pas. Passons. Mais... d'ordinaire dans le monde rien ne finit, mais ici il y aura nécessairement une fin, nécessairement!

Il se leva, se promena dans la chambre comme un homme très-agité, puis, à bout de forces, se recoucha sur le divan.

Le vendredi matin, Pierre Stépanovitch alla quelque part dans le district, et resta absent jusqu'au lundi. J'appris son départ de la bouche de Lipoutine qui, au cours de la conversation, me dit aussi que les Lébiadkine s'étaient transportés de l'autre côté de la rivière, dans le faubourg de la Poterie. « J'ai moi-même fait leur déménagement », ajouta Lipoutine; ensuite, sans transition, il m'annonça qu'Élisabeth Nikolaïevna allait épouser Maurice Nikolaïévitch : les bans n'étaient pas encore publiés, mais les promesses de mariage avaient été échangées, et c'était une affaire finie. Le lendemain, je rencontrai Élisabeth Nikolaïevna qui se promenait à cheval, escortée de Maurice Nikolaïévitch; c'était la première sortie de la jeune fille depuis sa maladie. Elle tourna vers moi des yeux brillants, se mit à rire et me fit de la tête un salut très-amical. Je racontai tout cela à Stépan Trophimovitch; il n'accorda une certaine attention qu'à la nouvelle concernant les Lébiadkine.

Maintenant que j'ai décrit notre situation énigmatique durant ces huit jours où nous ne savions encore rien, je passe au récit des événements ultérieurs; je les rapporterai tels qu'ils nous apparaissent aujourd'hui, à la lumière des révélations qui ont surgi dernièrement.

A partir du lundi commença, à proprement parler, une « nouvelle histoire ».

III

Il était sept heures du soir. Nicolas Vsévolodovitch se trouvait seul dans son cabinet; cette chambre qui lui avait toujours plu particulièrement était haute de plafond; des meubles assez lourds, d'ancien style, la garnissaient; des tapis couvraient le plancher. Assis sur le coin d'un divan, le jeune homme était habillé comme s'il avait eu à sortir, quoiqu'il ne se proposât d'aller nulle part. Sur la table en face de lui était posée une lampe munie d'un abat-jour. Les côtés et les coins de la vaste pièce restaient dans l'ombre. Le regard de Nicolas Vsévolodovitch avait une expression pensive, concentrée et un peu inquiète; son visage était fatigué et légèrement amaigri. Il souffrait, en effet, d'une fluxion; pour le surplus, la voix publique avait exagéré. La dent prétendument cassée n'avait été qu'ébranlée, et maintenant elle s'était raffermie; la lèvre supérieure avait été fendue intérieurement, mais la plaie s'était cicatrisée. Quant à la fluxion, si elle subsistait encore au bout de huit jours, la faute en était au malade qui se refusait à voir un médecin et préférait attendre du temps seul sa guérison. Non content de repousser les secours de la science, il souffrait à peine que sa mère lui fît chaque jour une visite d'une minute; quand il la laissait entrer dans sa chambre, c'était toujours à l'approche de la nuit et avant qu'on eût apporté la lampe. Il ne recevait pas non plus Pierre Stépanovitch, qui, pourtant, avant son départ, venait deux et trois fois par jour chez Barbara Pétrovna. Le lundi matin, après trois jours d'absence,

Pierre Stépanovitch reparut chez nous; il courut toute la ville, dîna chez Julie Mikhaïlovna, et, le soir, se rendit chez Barbara Pétrovna qui l'attendait avec impatience. La consigne fut levée, Nicolas Vsévolodovitch consentit à recevoir le visiteur. La générale conduisit elle-même ce dernier jusqu'à la porte du cabinet de son fils; depuis longtemps elle désirait cette entrevue, et Pierre Stépanovitch lui avait donné sa parole qu'en sortant de chez Nicolas il viendrait la lui raconter. Barbara Pétrovna frappa timidement, et, ne recevant pas de réponse, se permit d'entre-bâiller la porte.

— Nicolas, puis-je introduire Pierre Stépanovitch? demanda-t-elle d'un ton bas en cherchant des yeux le visage de son fils que la lampe lui masquait.

Pierre Stépanovitch fit lui-même la réponse:

— On le peut, on le peut, sans doute! cria-t-il gaiement, et, ouvrant la porte, il entra.

Nicolas Vsévolodovitch n'avait pas entendu cogner à la porte, l'apparition du visiteur le surprit avant qu'il eût pu répondre à la timide question de sa mère. Devant lui se trouvait une lettre qu'il venait de lire et qui l'avait rendu songeur. La voix de Pierre Stépanovitch le fit tressaillir, et il se hâta de fourrer la lettre sous un presse-papier, mais il ne réussit pas à la cacher entièrement: un des coins et presque toute l'enveloppe restaient à découvert.

— J'ai crié exprès le plus haut possible, pour vous donner le temps de prendre vos précautions, fit tout bas Pierre Stépanovitch.

Son premier mouvement avait été de courir vers la table, et il avait tout de suite aperçu le presse-papier et le bout de lettre.

— Et sans doute vous avez déjà remarqué qu'à votre arrivée j'ai caché sous un presse-papier une lettre que je venais de recevoir, dit tranquillement Nicolas Vsévolodovitch, sans bouger de sa place.

— Une lettre? Grand bien vous fasse, que m'importe, à moi? s'écria le visiteur, mais... le principal, ajouta-t-il en sourdine, tandis qu'il se tournait du côté de la porte et faisait un signe de tête dans cette direction.

— Elle n'écoute jamais à la porte, observa froidement Nicolas Vsévolodovitch.

— C'est pour le cas où elle écouterait! reprit Pierre Stépanovitch en élevant gaiement la voix, et il s'assit sur un fauteuil. — Je ne blâme pas cela, seulement je suis venu pour causer avec vous en tête-à-tête... Allons, enfin j'ai pu arriver jusqu'à vous! Avant tout, comment va votre santé? Je vois que vous allez bien, et que demain peut-être vous sortirez, hein?

— Peut-être.

— Faites enfin cesser ma corvée! s'écria-t-il avec une gesticulation bouffonne. — Si vous saviez ce que j'ai dû leur débiter de sottises! Mais, du reste, vous le savez.

Il se mit à rire.

— Je ne sais pas tout. Ma mère m'a seulement dit que vous vous étiez beaucoup... remué.

— C'est-à-dire que je n'ai rien précisé, se hâta de répondre Pierre Stépanovitch, comme s'il eût eu à se défendre contre une terrible accusation, — vous savez, j'ai mis en avant la femme de Chatoff, ou, du moins, les bruits concernant vos relations avec elle à Paris, cela expliquait sans doute l'incident de dimanche... Vous n'êtes pas fâché?

— Je suis sûr que vous avez fait tous vos efforts.

— Allons, voilà ce que je craignais. Qu'est-ce que cela signifie : « vous avez fait tous vos efforts » ? C'est un reproche. Du reste, vous y allez carrément. Ma grande crainte en venant ici était que vous ne pussiez vous résoudre à poser franchement la question.

— Je ne mérite pas l'éloge que vous m'adressez, dit Nicolas Vsévolodovitch avec une certaine irritation, mais aussitôt après il sourit.

— Je ne parle pas de cela, je ne parle pas de cela, comprenez-moi bien, il n'en est pas question, reprit en agitant les bras Pierre Stépanovitch qui s'amusait du mécontentement de son interlocuteur. — Je ne vous ennuierai pa[s] avec *notre* affaire, surtout dans votre situation présente. M[a] visite se rapporte uniquement à l'histoire de dimanche, e[t] encore je ne veux vous en parler que dans la mesure la plu[s] strictement indispensable. Il faut que nous ayons ensembl[e] l'explication la plus franche, c'est surtout moi qui en a[i] besoin et non vous, — ceci soit dit pour rassurer votr[e] amour-propre, et d'ailleurs c'est la vérité. Je suis venu pou[r] être désormais franc.

— Alors vous ne l'étiez pas auparavant?

— Vous le savez vous-même. J'ai rusé plus d'une fois.. Vous avez souri, je suis enchanté de ce sourire qui m[e] fournit l'occasion de vous donner un éclaircissement : c'es[t] exprès que je me suis vanté de ma « ruse », je voulais vou[s] mettre en colère. Vous voyez comme je suis devenu sincère à présent! Eh bien, vous plaît-il de m'entendre?

Bien que, par l'effronterie de ses naïvetés préparées d'avance et intentionnellement grossières, le visiteur eût évidemment pris à tâche d'irriter Nicolas Vsévolodovitch, celui-ci l'avait jusqu'alors écouté avec un flegme dédaigneux et même moqueur; à la fin pourtant une curiosité un peu inquiète se manifesta sur son visage.

— Écoutez donc, poursuivit Pierre Stépanovitch en s'agitant de plus en plus: — quand je me suis rendu ici, c'est-à-dire dans cette ville, il y a dix jours, mon intention, sans doute, était de jouer un rôle. Le mieux serait de n'en prendre aucun et d'être soi, n'est-ce pas? Être naturel, c'est le moyen de tromper tout le monde, parce que personne ne croit que vous l'êtes. J'avoue que je voulais d'abord me poser en imbécile, attendu que ce personnage est plus facile à jouer que le mien propre. Mais l'imbécillité est un extrême, et les extrêmes éveillent la curiosité; cette considération m'a décidé en fin de compte à rester moi. Or que suis-je? l'*aurea mediocritas*, un homme ni bête ni intelligent, passablement incapable, et tombé de la lune, comme disent ici les gens sages, n'est-il pas vrai?

— Peut-être bien, fit avec un léger sourire Nicolas Vsévolodovitch.

— Ah! vous l'admettez — enchanté! Je savais d'avance que c'était votre opinion... Ne vous inquiétez pas, ne vous inquiétez pas, je ne suis pas fâché, et si tout à l'heure je me suis défini de la sorte, ce n'était nullement pour provoquer de votre part une protestation flatteuse, pour vous faire dire : « Allons donc, vous n'êtes pas incapable, vous êtes intelligent... » Ah! vous souriez encore!... Je n'ai pas rencontré juste. Vous n'auriez pas dit : « vous êtes intelligent », allons, soit, je ne me formalise de rien. Passons, comme dit papa. Entre parenthèses, soyez indulgent pour ma prolixité. Je suis diffus, parce que je ne sais pas parler. Ceux qui savent bien parler sont laconiques. Cela prouve encore mon incapacité, n'est-ce pas? Mais, puisque je possède naturellement cette incapacité, pourquoi n'en pas profiter artificiellement? J'en profite. A la vérité, en venant ici, je pensais d'abord me taire, mais le silence est un grand talent, par conséquent il aurait été déplacé chez moi; de plus, on se défie d'un homme silencieux. J'ai donc jugé décidément que le mieux pour moi était de parler, mais de parler en incapable, c'est-à-dire de bavarder à jet continu, de démontrer et de toujours m'embrouiller à la fin dans mes propres démonstrations, bref de fatiguer la patience de mes auditeurs. Il résulte de là trois avantages : vous faites croire à votre bonhomie, vous assommez votre monde, et vous n'êtes pas compris! Qui donc, après cela, vous soupçonnera de desseins secrets? Si quelqu'un vous en attribuait, il se ferait conspuer. En outre, j'amuse quelquefois les gens, et c'est précieux. A présent ils me pardonnent tout, par cela seul que l'habile agitateur de là-bas s'est montré ici plus bête qu'eux-mêmes. N'est-ce pas vrai? Je vois à votre sourire que vous m'approuvez.

Nicolas Vsévolodovitch ne souriait pas du tout; loin de là, il écoutait d'un air maussade et légèrement impatienté.

— Hein? Quoi? Vous avez dit, je crois : « Cela m'est

égal »? reprit Pierre Stépanovitch. (Nicolas Vsévolodovitch n'avait pas prononcé un mot.) — Sans doute, sans doute; ce que j'en dis, je vous l'assure, n'est nullement pour vous compromettre dans mes agissements. Mais vous êtes aujourd'hui terriblement ombrageux, je venais chez vous pour causer gaiement, à cœur ouvert, et vous cherchez des arrière-pensées sous mes moindres paroles. Je vous jure qu'aujourd'hui je laisse de côté tout sujet délicat et que je souscris d'avance à toutes vos conditions!

Nicolas Vsévolodovitch gardait un silence obstiné.

— Hein? Quoi? Vous avez dit quelque chose? Je vois que j'ai encore donné une entorse à la vérité, vous n'avez pas posé de conditions et vous n'en poserez pas, je le crois, je le crois, allons, calmez-vous; je sais moi-même que ce n'est pas la peine d'en poser, n'est-ce pas? Je réponds pour vous, et c'est sans doute encore l'effet de mon incapacité; que voulez-vous? quand on est incapable... Vous riez? Hein? Quoi?

— Rien, répondit Nicolas Vsévolodovitch qui finit par sourire, — je viens de me rappeler qu'en effet je vous ai traité d'incapable, mais ce n'était pas en votre présence; on vous a donc rapporté ce propos... Je vous prierais d'arriver un peu plus vite à la question.

— Mais j'y suis en plein, il s'agit précisément de l'affaire de dimanche! Comment me suis-je montré ce jour-là, selon vous? Avec ma précipitation d'incapable je me suis emparé de la conversation d'une façon fort sotte, de force, pour ainsi dire. Mais on m'a tout pardonné, d'abord parce que je suis un échappé de la lune, c'est maintenant l'opinion universellement admise ici, ensuite parce que j'ai raconté une gentille petite histoire et tiré tout le monde d'embarras, n'est-ce pas?

— C'est-à-dire que votre récit était fait pour donner l'idée d'une entente préalable, d'une connivence entre nous, tandis qu'il n'en existait aucune et que je ne vous avais nullement prié d'intervenir.

— Justement, justement! reprit, comme transporté de joie, Pierre Stépanovitch. — J'ai fait exprès de vous laisser voir tout ce ressort; c'est surtout pour vous que je me suis tant remué : je vous tendais un piège et voulais vous compromettre. Je tenais principalement à savoir jusqu'à quel point vous aviez peur.

— Je serais curieux d'apprendre pourquoi maintenant vous démasquez ainsi vos batteries!

— Ne vous fâchez pas, ne vous fâchez pas, ne me regardez pas avec des yeux flamboyants... Du reste, vos yeux ne flamboient pas. Vous êtes curieux de savoir pourquoi j'ai ainsi démasqué mes batteries? Mais justement parce que maintenant tout est changé, tout est fini, mort et enterré. J'ai tout d'un coup changé d'idée sur votre compte. A présent j'ai complétement renoncé à l'ancien procédé, je ne vous compromettrai plus jamais par ce moyen, il en faut un nouveau.

— Vous avez modifié votre tactique?

— Il n'y a pas de tactique. Maintenant vous êtes en tout parfaitement libre, c'est-à-dire que vous pouvez à votre gré dire *oui* ou *non*. Quant à *notre* affaire, je n'en soufflerai pas mot avant que vous-même me l'ordonniez. Vous riez? A votre aise; je ris aussi. Mais maintenant je parle sérieusement, très-sérieusement, quoique celui qui se presse ainsi soit sans doute un incapable, n'est-il pas vrai? N'importe, va pour incapable, mais je parle sérieusement.

En effet, son ton était devenu tout autre, et une agitation particulière se remarquait en lui; Nicolas Vsévolodovitch le regarda avec curiosité.

— Vous dites que vous avez changé d'idée sur moi? demanda-t-il.

— J'ai changé d'idée sur vous à l'instant où, ayant reçu un soufflet de Chatoff, vous vous êtes croisé les mains derrière le dos. Assez, assez, je vous prie, ne m'interrogez pas, je ne dirai rien de plus.

Le visiteur se leva vivement en agitant les bras comme pour repousser les questions qu'il prévoyait, mais Nicolas Vsévolodovitch ne lui en fit aucune. Alors Pierre Stépanovitch, qui n'avait aucune raison pour s'en aller, se rassit sur son fauteuil et se calma un peu.

— A propos, dit-il précipitamment, — il y a ici des gens qui disent que vous le tuerez, ils en font le pari, si bien que Lembke pensait à mettre la police en mouvement, mais Julie Mikhaïlovna l'en a empêché... Assez, assez là-dessus, c'était seulement pour vous prévenir. Ah! encore une chose : ce jour-là même j'ai fait passer l'eau aux Lébiadkine, vous le savez ; vous avez reçu le billet dans lequel je vous donnais leur adresse ?

— Oui.

— Ce que j'en ai fait, ce n'est pas par « incapacité », mais par zèle, par un zèle sincère. Il se peut que j'aie été incapable, du moins j'ai agi sincèrement.

— Oui, peut-être qu'il le fallait... dit d'un air pensif Nicolas Vsévolodovitch ; — seulement ne m'écrivez plus de lettres, je vous prie.

— Cette fois il n'y avait pas moyen de faire autrement.

— Alors Lipoutine sait?

— Il était impossible de lui cacher la chose ; mais Lipoutine, vous le savez vous-même, n'osera pas... A propos, il faudrait aller chez les nôtres, chez eux, veux-je dire, car *les nôtres,* c'est une expression que vous n'aimez pas. Mais soyez tranquille, il n'est pas question d'y aller tout de suite, rien ne presse. Il va pleuvoir. Je les avertirai, ils se réuniront, et nous nous rendrons là un soir. Ils attendent la bouche ouverte, comme une nichée de choucas, le cadeau que nous allons leur faire. Ce sont des gens pleins d'ardeur, ils se préparent à discuter. Virguinsky est un humanitaire, Lipoutine un fouriériste avec un penchant marqué pour les besognes policières ; je vous le dis, c'est un homme précieux sous un rapport, mais qui, sous tous les autres, demande à être sévèrement tenu en bride. Enfin il y a cet homme aux longues oreilles qui donnera lecture d'un système de son invention. Et, vous savez, ils sont froissés parce que je ne me gêne pas avec eux, hé, hé! Mais il faut absolument leur faire visite.

— Vous m'avez donné là comme un chef? fit d'un

ton aussi indifférent que possible Nicolas Vsévolodovitch.

Pierre Stépanovitch jeta sur son interlocuteur un regard rapide.

— A propos, se hâta-t-il de reprendre sans paraître avoir entendu la question qui lui était adressée, — j'ai passé deux ou trois fois chez la très-honorée Barbara Pétrovna, et j'ai dû aussi beaucoup parler.

— Je me figure cela.

— Non, ne vous figurez rien, j'ai seulement dit que vous ne tueriez pas Chatoff, et j'ai ajouté d'autres bonnes paroles. Imaginez-vous : le lendemain elle savait déjà que j'avais fait passer la rivière à Marie Timoféievna; c'est vous qui le lui avez dit?

— Je n'y ai même pas pensé.

— Je me doutais bien que ce n'était pas vous, mais alors qui donc a pu le lui dire? C'est curieux.

— Lipoutine, naturellement.

— N-non, ce n'est pas Lipoutine, murmura en fronçant le sourcil Pierre Stépanovitch; — je saurai qui. M'est avis qu'il y a du Chatoff là dedans... Du reste, c'est insignifiant, laissons cela! Si, pourtant, c'est une chose fort importante... A propos, je croyais toujours que votre mère allait tout d'un coup me poser la question principale... Ah! oui, les autres fois elle était très-sombre, et aujourd'hui, en arrivant, je l'ai trouvée rayonnante. D'où vient cela?

— C'est que je lui ai donné aujourd'hui ma parole que dans cinq jours je demanderais la main d'Élisabeth Nikolaïevna, répondit avec une franchise inattendue Nicolas Vsévolodovitch.

— Ah! eh bien... oui, sans doute, balbutia d'un air hésitant Pierre Stépanovitch, le bruit court qu'elle est fiancée; — vous savez? Elle l'est certainement. Mais vous avez raison, elle serait sous la couronne qu'elle accourrait au premier appel de vous. Vous n'êtes pas fâché que je parle ainsi?

— Non, je ne suis pas fâché.

— Je remarque qu'aujourd'hui il est extrêmement difficile de vous mettre en colère, et je commence à avoir peur de vous. Je suis bien curieux de voir comment vous vous présenterez demain. Pour sûr, vous avez préparé plus d'un tour. Ce que je vous dis ne vous fâche pas?

Nicolas Vsévolodovitch ne répondit rien, ce qui agaça au plus haut point son interlocuteur.

— A propos, c'est sérieux, ce que vous avez dit à votre maman au sujet d'Élisabeth Nikolaïevna? demanda-t-il.

L'interpellé attacha sur Pierre Stépanovitch un regard froid et pénétrant.

— Ah! je comprends, vous lui avez dit cela à seule fin de la tranquilliser; allons, oui.

— Et si c'était sérieux? fit d'une voix ferme Nicolas Vsévolodovitch.

— Eh bien, à la grâce de Dieu, comme on dit en pareil cas; cela ne nuira pas à l'affaire (vous voyez, je n'ai pas dit: à notre affaire, *notre* est un mot qui vous déplaît), et moi... moi, je suis à votre service, vous le savez vous-même.

— Vous pensez?

— Je ne pense rien, reprit en riant Pierre Stépanovitch, car je sais que vous avez d'avance réfléchi à vos affaires et que votre parti est pris. Je me borne à vous dire sérieusement que je suis à votre disposition, toujours, partout, et en toute circonstance, en toute, vous comprenez?

Nicolas Vsévolodovitch bâilla.

— Vous en avez assez de moi, dit le visiteur qui se leva brusquement et prit son chapeau rond tout neuf, comme s'il eût voulu sortir; toutefois il ne s'en alla point et continua à parler, tantôt se tenant debout devant son interlocuteur, tantôt se promenant dans la chambre; quand sa parole s'animait, il frappait sur son genou avec son chapeau.

— Je comptais vous amuser encore un peu en vous parlant des Lembke, dit-il gaiement.

— Non, plus tard. Pourtant comment va la santé de Julie Mikhaïlovna?

— Quel genre mondain vous avez tous! Vous vous souciez de sa santé tout juste autant que de celle d'un chat gris, et cependant vous en demandez des nouvelles. Cela me plaît. Julie Mikhaïlovna va bien, et elle a pour vous une considération que j'appellerai superstitieuse, elle attend beaucoup de choses de vous. Pour ce qui est de l'affaire de dimanche, elle n'en dit rien et elle est sûre que vous n'aurez qu'à paraître pour vaincre. Elle s'imagine, vraiment, que vous pouvez Dieu sait quoi. Du reste, vous êtes maintenant plus que jamais un personnage énigmatique et romanesque, — position extrêmement avantageuse. Vous avez mis ici tous les esprits en éveil; ils étaient déjà fort échauffés quand je suis parti, mais je les ai retrouvés bien plus excités encore. A propos, je vous remercie de nouveau pour la lettre. Ils ont tous peur du comte K... Vous savez, ils vous considèrent, paraît-il, comme un mouchard. Je les confirme dans cette opinion. Vous n'êtes pas fâché?

— Non.

— C'est sans importance, et plus tard cela aura son utilité. Ils ont ici leurs façons de voir. Moi, naturellement, j'abonde dans leur sens, je hurle avec les loups, avec Julie Mikhaïlovna d'abord, et ensuite avec Gaganoff... Vous riez? Mais c'est une tactique de ma part : je débite force inepties, et tout à coup je fais entendre une parole sensée. Ils m'entourent, et je recommence à dire des sottises. Tous désespèrent déjà de faire quelque chose de moi : « Il a des moyens, disent-ils, mais il est tombé de la lune. » Lembke m'engage à entrer au service pour me réformer. Vous savez, j'en use abominablement avec lui, c'est-à-dire que je le compromets, et il me regarde alors avec de grands yeux. Julie Mikhaïlovna me soutient. Ah! dites donc, Gaganoff vous en veut horriblement. Hier, à Doukhovo, il m'a parlé de vous dans les termes les plus injurieux. Aussitôt je lui ai dit toute la vérité — plus ou moins, bien entendu. J'ai passé une journée entière chez lui à Doukhovo. Il a une belle maison, une propriété magnifique.

Nicolas Vsévolodovitch fit un brusque mouvement en avant.

— Est-ce qu'il est maintenant encore à Doukhovo? demanda-t-il.

— Non, il m'a ramené ici ce matin, nous sommes revenus ensemble, répondit Pierre Stépanovitch sans paraître remarquer aucunement l'agitation subite de son interlocuteur. — Tiens, j'ai fait tomber un livre, ajouta-t-il en se baissant pour ramasser un keepsake qu'il venait de renverser. — Les femmes de Balzac, avec des gravures. Je n'ai pas lu cela. Lembke écrit aussi des romans.

— Oui? fit Nicolas Vsévolodovitch avec une apparence d'intérêt.

— Il écrit des romans russes, en secret, bien entendu. Julie Mikhaïlovna le sait et le lui permet. C'est un niais; du reste, il a de la tenue, des manières parfaites, une irréprochable correction d'attitude. Voilà ce qu'il nous faudrait.

— Vous faites l'éloge de l'administration?

— Certainement! Il n'y a que cela de réussi en Russie... Allons, je me tais, adieu; vous avez mauvaise mine.

— J'ai la fièvre.

— On s'en aperçoit, couchez-vous. A propos, il y a des skoptzi ici dans le district, ce sont des gens curieux... Du reste, nous en parlerons plus tard. Allons, qu'est-ce que je vous dirai encore? La fabrique des Chpigouline est intéressante; elle occupe, comme vous le savez, cinq cents personnes; il y a quinze ans qu'on ne l'a nettoyée, c'est un foyer d'épidémies. Les patrons sont millionnaires, et ils exploitent atrocement leurs ouvriers. Je vous assure que parmi ceux-ci plusieurs ont une idée de l'Internationale. Quoi? Vous souriez? Vous verrez vous-même, seulement donnez-moi un peu de temps, je ne vous en demande pas beaucoup pour vous montrer... pardon, je ne dirai plus rien, ne faites pas la moue. Allons, adieu. Tiens, mais j'oubliais le principal, ajouta Pierre Stépanovitch en revenant tout à coup sur ses pas, — on m'a dit tout à l'heure que notre malle était arrivée de Pétersbourg.

— Eh bien? fit Nicolas Vsévolodovitch qui le regarda sans comprendre.

— Je veux dire votre malle, vos effets. C'est vrai?

— Oui, on me l'a dit tantôt.

— Ah! alors ne pourrais-je pas tout de suite...
— Demandez à Alexis.
— Allons, ce sera pour demain. Avec vos affaires se trouvent là mon veston, mon frac, et les trois pantalons que Charmer m'a faits sur votre recommandation, vous vous rappelez?
— A ce que j'ai entendu dire, vous posez ici pour le gentleman, observa en souriant Nicolas Vsévolodovitch. — Est-ce vrai que vous voulez apprendre à monter à cheval?

Un sourire ou plutôt une grimace désagréable se montra sur les lèvres de Pierre Stépanovitch.

— Vous savez, répliqua-t-il d'une voix tremblante et saccadée, — vous savez, Nicolas Vsévolodovitch, nous laisserons de côté, une fois pour toutes, les personnalités, n'est-ce pas? Libre à vous, sans doute, de me mépriser tant qu'il vous plaira si vous trouvez ma conduite si ridicule, mais pour le moment vous pourriez bien, n'est-ce pas, m'épargner vos moqueries?

— Bien, je ne le ferai plus, dit Nicolas Vsévolodovitch.

Le visiteur sourit, frappa avec son chapeau sur son genou, et ses traits recouvrèrent leur sérénité.

— Ici plusieurs me considèrent même comme votre rival auprès d'Élisabeth Nikolaïevna, comment donc ne soignerais-je pas mon extérieur? fit-il en riant. — Qui pourtant vous a ainsi parlé de moi? Hum. Il est juste huit heures; allons, en route : j'avais promis à Barbara Pétrovna de passer chez elle, mais je lui ferai faux bond. Vous, couchez-vous, et demain vous serez plus dispos. Il pleut et il fait sombre, du reste j'ai pris une voiture parce qu'ici les rues ne sont pas sûres la nuit... Ah! à propos, dans la ville et aux environs rôde à présent un forçat évadé de Sibérie, un certain Fedka; figurez-vous que cet homme est un de mes anciens serfs; il y a quinze ans, papa l'a mis, moyennant finances, à la disposition du ministre de la guerre. C'est une personnalité très-remarquable.

Nicolas Vsévolodovitch fixa soudain ses yeux sur Pierre Stépanovitch.

— Vous... lui avez parlé? demanda-t-il.

— Oui. Il ne se cache pas de moi. C'est une personnalité prête à tout, à tout; pour de l'argent, bien entendu. Du reste, il a aussi des principes, à sa façon, il est vrai. Ah! oui, dites donc, si vous avez parlé sérieusement tantôt, vous vous rappelez, au sujet d'Élisabeth Nikolaïevna, je vous répète encore une fois que je suis moi aussi une personnalité prête à tout, dans tous les genres qu'il vous plaira, et entièrement à votre service... Eh bien, vous prenez votre canne? Ah! non, vous ne la prenez pas. Figurez-vous, il m'avait semblé que vous cherchiez une canne.

Nicolas Vsévolodovitch ne cherchait rien et ne disait mot, mais il s'était brusquement levé à demi, et son visage avait pris une expression étrange.

— Si, en ce qui concerne M. Gaganoff, vous avez aussi besoin de quelque chose, lâcha tout à coup Pierre Stépanovitch en montrant d'un signe de tête le presse-papier, — naturellement je puis tout arranger et je suis convaincu que vous ne me tromperez pas.

Il sortit sans laisser à Nicolas Vsévolodovitch le temps de lui répondre; mais avant de s'éloigner définitivement, il entre-bâilla la porte et cria par l'ouverture :

— Je dis cela, parce que Chatoff, par exemple, n'avait pas non plus le droit de risquer sa vie le dimanche où il s'est porté à une voie de fait sur vous, n'est-il pas vrai? Je désirerais appeler votre attention là-dessus.

Il disparut sans attendre la réponse à ces paroles.

IV

Peut-être pensait-il que Nicolas Vsévolodovitch, laissé seul, allait frapper le mur à coups de poing, et sans doute il aurait été bien aise de s'en assurer si cela avait été possible ; mais son attente aurait été trompée : Nicolas Vsévolodovitch conserva son calme. Pendant deux minutes il garda la position qu'il occupait tout à l'heure debout devant la table et parut très-songeur ; mais bientôt un vague et froid sourire se montra sur ses lèvres. Il reprit lentement son ancienne place sur le coin du divan et ferma les yeux comme par l'effet de la fatigue. Une partie de la lettre, incomplétement cachée sous le presse-papier, était toujours en évidence ; il ne fit rien pour la dérober à la vue.

Le sommeil ne tarda pas à s'emparer de lui. Après le départ de Pierre Stépanovitch qui, contrairement à sa promesse, s'était retiré sans voir Barbara Pétrovna, celle-ci, fort tourmentée depuis quelques jours, ne put y tenir et prit sur elle de se rendre auprès de son fils, bien qu'elle ne fût pas autorisée à pénétrer en ce moment dans la chambre du jeune homme. « Ne me dira-t-il pas enfin quelque chose de définitif ? » se demandait-elle. Comme tantôt, elle frappa doucement à la porte et, ne recevant pas de réponse, se hasarda à ouvrir. A la vue de Nicolas assis et absolument immobile, elle s'approcha avec précaution du divan. Son cœur battait très-fort. C'était pour Barbara Pétrovna une chose surprenante que son fils eût pu s'endormir si vite et d'un sommeil si profond dans une position à demi verticale. Sa respiration était presque imperceptible ; son visage était pâle et sévère, mais complétement inanimé ; ses sourcils étaient quelque peu froncés ; dans cet état il ressemblait tout à fait à une figure de cire. La générale, retenant son souffle, resta penchée au-dessus de lui pendant trois minutes ; puis, saisie de peur, elle s'éloigna sur la pointe des pieds ; avant de quitter la chambre, elle fit le signe de la croix sur le dormeur, et se retira sans avoir été remarquée, emportant de ce spectacle une nouvelle sensation d'angoisse.

Pendant longtemps, pendant plus d'une heure, Nicolas Vsévolodovitch demeura plongé dans ce lourd sommeil : pas un muscle de son visage ne remuait, pas la moindre trace d'activité motrice ne se manifestait dans toute sa personne, ses sourcils étaient toujours rapprochés, donnant ainsi à sa figure une expression de dureté. Si Barbara Pétrovna était restée encore trois minutes, il est probable qu'elle n'aurait pu supporter la terrifiante impression de cette immobilité léthargique et qu'elle aurait réveillé son fils. Tout à coup celui-ci ouvrit les yeux, mais durant dix minutes il ne fit aucun mouvement : il semblait considérer avec une curiosité obstinée un objet placé dans un coin de la chambre, quoiqu'il n'y eût là rien de nouveau, rien qui dût attirer particulièrement son attention.

A la fin retentit le timbre d'une horloge sonnant un coup. Nicolas Vsévolodovitch tourna la tête avec une certaine inquiétude pour regarder l'heure au cadran, mais presque aussitôt s'ouvrit la porte de derrière, qui donnait accès dans le corridor, et le valet de chambre Alexis Égorovitch se montra. Il tenait d'une main un paletot chaud, une écharpe et un chapeau, de l'autre une petite assiette d'argent sur laquelle se trouvait une lettre.

— Il est neuf heures et demie, dit-il à voix basse, et, après avoir déposé sur une chaise dans un coin les vêtements qu'il avait apportés, il présenta l'assiette à son maître. La lettre n'était pas cachetée et ne contenait que deux lignes écrites au crayon. Quand Nicolas Vsévolodovitch les eut lues, il prit aussi un crayon sur la table, écrivit deux mots au bas du billet et replaça celui-ci sur l'assiette.

— Tu remettras cela dès que je serai sorti, habille-moi, dit-il, et il se leva.

Remarquant qu'il avait sur lui un léger veston de velours, il réfléchit un instant et se fit donner une redingote de drap, vêtement plus convenable pour les visites du soir. Lorsque sa toilette fut entièrement terminée, il ferma la porte par laquelle était entrée Barbara Pétrovna, prit la lettre cachée sous le presse-papier, et, sans mot dire, passa dans le corridor en compagnie d'Alexis Égorovitch. Puis tous deux descendirent l'étroit escalier de derrière et débouchèrent dans le vestibule conduisant au jardin. Une petite lanterne et un grand parapluie avaient été déposés d'avance dans un coin de ce vestibule.

— Avec cette pluie, la boue rend les rues impraticables, observa le domestique.

C'était une dernière et timide tentative qu'il faisait pour décider son barine à ne pas sortir. Mais, ouvrant le parapluie, Nicolas Vsévolodovitch pénétra silencieusement dans le vieux jardin alors humide et noir comme une cave. Le vent mugissait et secouait les cimes des arbres à demi dépouillés, les petits chemins sablés étaient fangeux et glissants. Alexis Égorovitch, en habit et sans chapeau, précédait son maître à la distance de trois pas pour l'éclairer avec la lanterne.

— Ne remarquera-t-on rien? demanda brusquement Nicolas Vsévolodovitch.

— Des fenêtres on ne verra rien, d'ailleurs toutes les précautions ont été prises d'avance, répondit d'un ton bas et mesuré le domestique.

— Ma mère est couchée?

— Elle s'est retirée dans sa chambre à neuf heures précises, selon son habitude depuis quelques jours, et il lui est impossible maintenant de rien savoir. A quelle heure faut-il vous attendre? se permit-il ensuite de demander.

— Je rentrerai à une heure ou une heure et demie, en tout cas avant deux heures.

— Bien.

S'engageant dans des sentiers sinueux, ils firent le tour du jardin que tous deux connaissaient très-bien, et arrivèrent à l'angle du mur d'enceinte où se trouvait une petite porte donnant issue dans une étroite ruelle. Cette porte était presque toujours fermée, mais Alexis Égorovitch en avait maintenant la clef dans ses mains.

— Ne va-t-elle pas crier quand on l'ouvrira? observa Nicolas Vsévolodovitch.

Le valet de chambre répondit que, la veille encore, il y avait mis de l'huile « de même qu'aujourd'hui ». Il était déjà tout trempé. Après avoir ouvert la porte, il tendit la clef à son maître.

— Si vous allez loin, je dois vous prévenir que je n'ai aucune confiance dans la populace d'ici; c'est dans les impasses en particulier que les mauvaises rencontres sont à craindre, surtout de l'autre côté de l'eau, ne put s'empêcher de faire remarquer Alexis Égorovitch.

C'était un vieux serviteur qui avait été jadis le diadka[1] de Nicolas Vsévolodovitch; homme sérieux et rigide, il aimait à entendre et à lire la parole de Dieu.

— Ne t'inquiète pas, Alexis Égorovitch.

— Dieu vous bénisse, monsieur, si toutefois vous ne projetez que de bonnes actions.

— Comment? fit en s'arrêtant Nicolas Vsévolodovitch qui était déjà sorti du jardin.

Alexis Égorovitch renouvela d'une voix ferme le souhait qu'il venait de formuler. Jamais auparavant il ne se serait permis de tenir un tel langage devant son maître.

Nicolas Vsévolodovitch ferma la porte, mit la clef dans sa poche et s'engagea dans le péréoulok, où, à chaque pas, il enfonçait dans la boue jusqu'au-dessus de la cheville. A la fin il arriva à une rue pavée, longue et déserte. Il connaissait la ville comme ses cinq doigts, mais la rue de l'Épiphanie était encore loin. Il était plus de dix heures quand il s'arrêta devant la porte fermée de la vieille et sombre maison Philippoff. Au rez-de-chaussée, où plus personne n'habitait depuis le départ des Lébiadkine, les fenêtres étaient condamnées, mais on apercevait de la lumière dans la mezzanine, chez Chatoff. Comme il n'y avait pas de sonnette, Nicolas Vsévolodovitch frappa à la porte. Une petite fenêtre s'ouvrit, et Chatoff se pencha à la croisée pour regarder dans la rue. L'obscurité était telle que, pendant une minute, il ne put rien distinguer.

— C'est vous? demanda-t-il tout à coup.

---

[1] Gardien d'un enfant.

— Oui, répondit le visiteur.

Chatoff ferma la fenêtre et alla ouvrir la grand'porte. Nicolas Vsévolodovitch franchit le seuil, et, sans dire un mot, se dirigea vers le pavillon occupé par Kiriloff.

V

Là, tout était ouvert. L'obscurité régnait dans le vestibule et dans les deux premières pièces, mais la dernière, où Kiriloff buvait son thé, était éclairée, des rires et des cris étranges s'y faisaient entendre. Nicolas Vsévolodovitch alla du côté où il apercevait de la lumière; toutefois, avant d'entrer, il s'arrêta sur le seuil. Le thé se trouvait sur la table. La parente du propriétaire était debout au milieu de la chambre. Tête nue, sans bas à ses pieds chaussés de savates, la vieille n'avait pour tout vêtement qu'un jupon et une sorte de mantelet en peau de lièvre. Elle tenait dans ses bras un enfant de dix-huit mois. Le baby, en chemise et les pieds nus, venait d'être retiré de son berceau. Il avait les joues très-colorées, et ses petits cheveux blancs étaient ébouriffés. Sans doute il avait pleuré un peu auparavant, car on voyait encore des traces de larmes au-dessous de ses yeux, mais en ce moment il tendait ses petits bras, frappait ses mains l'une contre l'autre et riait avec des sanglots comme cela arrive aux enfants de cet âge. Devant lui Kiriloff jetait par terre une grosse balle élastique qui rebondissait jusqu'au plafond pour retomber ensuite sur le plancher, le baby criait: « Balle, balle! » Kiriloff rattrapait la balle et la lui donnait, alors l'enfant la lançait lui-même avec ses petites mains maladroites, et de nouveau Kiriloff courait la ramasser. A la fin, la balle alla rouler sous une armoire. « Balle, balle! » cria le moutard. Kiriloff se baissant jusqu'à terre étendit le bras sous l'armoire pour tâcher de trouver la balle. Nicolas Vsévolodovitch entra dans la chambre. A la vue du visiteur, l'enfant se mit à pousser des cris et se serra contre la vieille qui se hâta de l'emporter.

Kiriloff se releva, la balle en main.

— Stavroguine? dit-il sans paraître aucunement surpris de cette visite inattendue. — Voulez-vous du thé?

— Je ne refuse pas, s'il est chaud, répondit Nicolas Vsévolodovitch; — je suis tout trempé.

— Il est chaud, bouillant même, reprit avec satisfaction Kiriloff, — asseyez-vous : vous êtes sale, cela ne fait rien; tout à l'heure je mouillerai un torchon et je laverai le parquet.

Nicolas Vsévolodovitch s'assit et vida presque d'un seul trait la tasse de thé que lui avait versée l'ingénieur.

— Encore? demanda celui-ci.

— Merci.

Kiriloff, qui jusqu'alors était resté debout, s'assit en face du visiteur.

— Qu'est-ce qui vous amène? voulut-il savoir.

— Je suis venu pour affaire. Tenez, lisez cette lettre que j'ai reçue de Gaganoff; vous vous rappelez, je vous ai parlé de lui à Pétersbourg.

Kiriloff prit la lettre, la lut, puis la posa sur la table et regarda son interlocuteur comme un homme qui attend une explication.

— Ainsi que vous le savez, commença Nicolas Vsévolodovitch, — j'ai rencontré il y a un mois à Pétersbourg ce Gaganoff que je n'avais jamais vu de ma vie. Trois fois le hasard nous a mis dans le monde en présence l'un de l'autre. Sans entrer en rapport avec moi, sans m'adresser la parole, il a trouvé moyen d'être très-insolent. Je vous l'ai dit alors; mais voici ce que vous ignorez : à la veille de quitter Pétersbourg d'où il est parti avant moi, il m'a tout à coup écrit une lettre, moins grossière que celle-ci, mais cependant des plus inconvenantes, et ce qu'il y a d'étrange, c'est que, dans cette lettre, il ne m'expliquait nullement à quel propos il m'écrivait ainsi. Je lui ai sur-le-champ répondu, par écrit aussi, et avec la plus grande franchise : je lui déclarais que, sans doute, il m'en voulait de ma manière d'agir à l'égard de son père ici, au club, il y a quatre ans, et que, de mon côté, j'étais prêt à lui faire toutes les excuses possibles pour un acte non prémédité et commis dans un état de maladie. Je le priais de prendre mes excuses en considération. Il n'a pas répondu et est parti ; mais voici que maintenant je le retrouve ici absolument enragé. On m'a rapporté certains propos tout à fait injurieux qu'il a publiquement tenus sur mon compte en les accompagnant d'accusations étonnantes. Enfin aujourd'hui arrive cette lettre. Assurément personne n'en a jamais reçu une pareille. Elle contient des grossièretés ignobles, il se sert d'expressions comme « votre tête à claques ». Je suis venu dans l'espoir que vous ne refuserez pas d'être mon témoin.

— Vous avez dit que personne n'avait jamais reçu une pareille lettre, observa Kiriloff : — cela est arrivé plus d'une fois. Quand on est furieux, que n'écrit-on pas? Vous connaissez la lettre de Pouchkine à Heeckeren. C'est bien. J'irai. Donnez-moi vos instructions.

Nicolas Vsévolodovitch dit à l'ingénieur qu'il désirait terminer cette affaire dans les vingt-quatre heures; pour commencer, il voulait absolument renouveler ses excuses et même s'engager à écrire une seconde lettre dans ce sens; mais, de son côté, Gaganoff promettrait de ne plus lui adresser de lettres; quant à celle qu'il avait écrite, elle serait considérée comme non avenue.

— C'est beaucoup trop de concessions, et elles ne le satisferont pas, répondit Kiriloff.

— Avant tout j'étais venu vous demander si vous consentiriez à lui porter ces conditions.

— Je les lui porterai. C'est votre affaire. Mais il ne les acceptera pas.

— Je le sais bien.

— Il veut se battre. Dites-moi comment vous entendez que le duel ait lieu.

— Je tiens beaucoup à ce que tout soit fini demain. Allez chez lui à neuf heures. Vous lui ferez part de mes propositions, il les repoussera et vous abouchera avec son témoin, — il sera alors onze heures, je suppose. Vous confèrerez avec ce témoin, et, à une heure ou à deux heures, tout le monde pourra se trouver sur le terrain. Je vous en prie, tâchez d'arranger les choses de la sorte. L'arme sera, naturellement, le pistolet. Les deux barrières seront séparées par un espace de dix pas, vous placerez chacun de nous à dix pas de sa barrière, et, au signal donné, nous marcherons l'un contre l'autre. Chacun devra nécessairement s'avancer jusqu'à sa barrière, mais il pourra tirer avant d'y être arrivé. Voilà tout, je pense.

— Dix pas entre les deux barrières, c'est une bien petite distance, objecta Kiriloff.

— Allons, mettons-en douze, mais pas plus, vous comprenez qu'il veut un duel sérieux. Vous savez charger un pistolet?

— Oui. J'ai des pistolets; je donnerai ma parole que vous ne vous en êtes pas servi. Son témoin en fera autant pour ceux qu'il aura apportés, et le sort décidera avec quelle paire de pistolets on se battra.

— Très-bien.

— Voulez-vous voir mes pistolets?

— Soit.

La malle de Kiriloff était dans un coin, il ne l'avait pas encore défaite, mais il en retirait ses affaires au fur et à mesure qu'il en avait besoin.

L'ingénieur y prit une boîte en bois de palmier, capitonnée de velours à l'intérieur, et contenant une paire de pistolets superbes.

— Tout est là : poudre, balles, cartouches. J'ai aussi un revolver; attendez.

Il fouilla de nouveau dans sa malle et en sortit une autre boîte qui renfermait un revolver américain à six coups.

— Vous n'avez pas mal d'armes, et elles sont d'une grande valeur.

— D'une grande valeur.

Pauvre, presque indigent, Kiriloff, qui, du reste, ne s'apercevait jamais de sa misère, était évidemment bien aise d'exhiber aux yeux du visiteur ces armes de luxe dont l'achat avait sans doute entraîné pour lui bien des sacrifices.

— Vous êtes toujours dans les mêmes idées? demanda Stavroguine après une minute de silence.

Nonobstant le vague de cette question, au ton dont elle était faite l'ingénieur devina immédiatement à quoi elle se rapportait.

— Oui, répondit-il laconiquement tandis qu'il serrait les armes étalées sur la table.

— Quand donc? reprit en termes plus vagues encore Nicolas Vsévolodovitch après un nouveau silence.

Pendant ce temps, Kiriloff avait remis les deux boîtes dans la malle et s'était rassis à son ancienne place.

— Cela ne dépend pas de moi, comme vous savez; quand on me le dira, marmotta-t-il entre ses dents; cette question semblait le contrarier un peu, mais en même temps il paraissait disposé à répondre à toutes les autres. Ses yeux noirs et ternes restaient fixés sur le visage de Stavroguine, leur regard tranquille était bon et affable.

Nicolas Vsévolodovitch se tut pendant trois minutes.

— Sans doute je comprends qu'on se brûle la cervelle, commença-t-il ensuite en fronçant légèrement les sourcils, — parfois moi-même j'ai songé à cela, et il m'est venu une idée nouvelle : si l'on commet un crime, ou pire encore, un acte honteux, déshonorant et... ridicule, un acte destiné à vous couvrir de mépris pendant mille ans, on peut se dire : « Un coup de pistolet dans la tempe, et plus rien de tout cela n'existera. » Qu'importent alors les jugements des hommes et leur mépris durant mille ans, n'est-il pas vrai?

— Vous appelez cela une idée nouvelle? demanda Kiriloff songeur...

— Je... je ne l'appelle pas ainsi... mais une fois, en y pensant, je l'ai sentie toute nouvelle.

— Vous l'avez « sentie »? reprit l'ingénieur, — c'est bien dire. Il y a beaucoup d'idées qu'on a toujours eues, et qui, à un moment donné, paraissent tout d'un coup nouvelles. C'est vrai. A présent je vois bien des choses comme pour la première fois.

Sans l'écouter, Stavroguine poursuivit le développement de sa pensée :

— Mettons que vous ayez vécu dans la lune, c'est là, je suppose, que vous avez commis toutes ces vilenies ridicules... Ici vous savez, à n'en pas douter, que là on se moquera de vous pendant mille ans, que pendant toute l'éternité toute la lune crachera sur votre mémoire. Mais maintenant vous êtes ici, et c'est de la terre que vous regardez la lune : peu vous importent, n'est-ce pas, les sottises que vous avez faites dans cet astre, et il vous est parfaitement égal d'être pendant un millier d'années en butte au mépris de ses habitants?

— Je ne sais pas, répondit Kiriloff, — je n'ai pas été dans la lune, ajouta-t-il sans ironie, simplement pour constater un fait.

— A qui est cet enfant que j'ai vu ici tout à l'heure?

— La belle-mère de la vieille est arrivée; c'est-à-dire, non, sa belle-fille... cela ne fait rien. Il y a trois jours. Elle est malade, avec un enfant; la nuit il crie beaucoup, il a mal au ventre. La mère dort, et la vieille apporte l'enfant ici; je l'amuse avec une balle. Cette balle vient de Hambourg. Je l'y ai achetée, pour la lancer et la rattraper; cela fortifie le dos. C'est une petite fille.

— Vous aimez les enfants?

— Je les aime, dit Kiriloff d'un ton assez indifférent, du reste.

— Alors vous aimez aussi la vie?

— Oui, j'aime aussi la vie, cela vous étonne?

— Mais vous êtes décidé à vous brûler la cervelle?

— Eh bien? Pourquoi mêler deux choses qui sont distinctes l'une de l'autre? La vie existe et la mort n'existe pas.

— Vous croyez maintenant à la vie éternelle dans l'autre monde?

— Non, mais à la vie éternelle dans celui-ci. Il y a des moments, vous arrivez à des moments où le temps s'arrête tout d'un coup pour faire place à l'éternité.

— Vous espérez arriver à un tel moment?

— Oui.

— Je doute que dans notre temps ce soit possible.

Ces mots furent dits par Nicolas Vsévolodovitch sans aucune intention ironique; il les prononça lentement et d'un air pensif.

— Dans l'Apocalypse, l'ange jure qu'il n'y aura plus de temps, observa-t-il ensuite.

— Je le sais. C'est très-vrai. Quand tout homme aura atteint le bonheur, il n'y aura plus de temps parce qu'il ne sera plus nécessaire. C'est une pensée très-juste.

— Où donc le mettra-t-on?

— On ne le mettra nulle part. Le temps n'est pas un objet, mais une idée. Cette idée s'effacera de l'esprit.

— Ce sont de vieilles rengaines philosophiques, toujours les mêmes depuis le commencement des siècles, grommela Stavroguine avec une pitié méprisante.

— Oui, les mêmes depuis le commencement des siècles, et il y n'en aura jamais d'autres! reprit l'ingénieur dont les yeux s'illuminèrent comme si l'affirmation de cette idée eût été pour lui une sorte de victoire.

— Vous paraissez fort heureux, Kiriloff?

— Je suis fort heureux, en effet, reconnut celui-ci du même ton dont il eût fait la réponse la plus ordinaire.

— Mais, il n'y a pas encore si longtemps, vous étiez de mauvaise humeur, vous vous êtes fâché contre Lipoutine?

— Hum, à présent je ne gronde plus. Alors je ne savais pas encore que j'étais heureux. Avez-vous quelquefois vu une feuille, une feuille d'arbre?

— Oui.

— Dernièrement j'en ai vu une : elle était jaune, mais conservait encore en quelques endroits sa couleur verte, les bords étaient pourris. Le vent l'emportait. Quand j'avais dix ans, il m'arrivait en hiver de fermer les yeux exprès et de me représenter une feuille verte aux veines nettement dessinées, un soleil brillant. J'ouvrais les yeux et je croyais rêver, tant c'était beau, je les refermais encore.

— Qu'est-ce que cela signifie? C'est une figure?

— N-non... pourquoi? Je ne fais point d'allégorie. Je parle seulement de la feuille. La feuille est belle. Tout est bien.

— Tout?

— Oui. L'homme est malheureux parce qu'il ne connaît pas son bonheur, uniquement pour cela. C'est tout, tout! Celui qui saura qu'il est heureux le deviendra tout de suite, à l'instant même. Cette belle-mère mourra et la petite fille restera. Tout est bien. J'ai découvert cela brusquement.

— Et si l'on meurt de faim, et si l'on viole une petite fille, — c'est bien aussi?

— Oui. Tout est bien pour quiconque sait que tout est tel. Si les hommes savaient qu'ils sont heureux, ils le seraient, mais, tant qu'ils ne le sauront pas, ils seront malheureux. Voilà toute l'idée, il n'y en a pas d'autre!

— Quand donc avez-vous eu connaissance de votre bonheur?

— Mardi dernier, ou plutôt mercredi, dans la nuit du mardi au mercredi.

— A quelle occasion?

— Je ne me le rappelle pas; c'est arrivé par hasard. Je me promenais dans ma chambre... cela ne fait rien. J'ai arrêté la pendule, il était deux heures trente-sept.

— Une façon emblématique d'exprimer que le temps doit s'arrêter?

Kiriloff ne releva pas cette observation.

— Ils ne sont pas bons, reprit-il tout à coup, — parce qu'ils ne savent pas qu'ils le sont. Quand ils l'auront appris, ils ne violeront plus de petites filles. Il faut qu'ils sachent qu'ils sont bons, et instantanément ils le deviendront tous jusqu'au dernier.

— Ainsi vous qui savez cela, vous êtes bon?
— Oui.
— Là-dessus, du reste, je suis de votre avis, murmura en fronçant les sourcils Stavroguine.
— Celui qui apprendra aux hommes qu'ils sont bons, celui-là finira le monde.
— Celui qui le leur a appris, ils l'ont crucifié.
— Il viendra, et son nom sera : l'homme-dieu.
— Le dieu-homme?
— L'homme-dieu, il y a une différence.
— C'est vous qui avez allumé la lampe devant l'icone?
— Oui.
— Vous êtes devenu croyant?
— La vieille aime à allumer cette lampe... mais aujourd'hui elle n'a pas eu le temps, murmura Kiriloff.
— Mais vous-même, vous ne priez pas encore?
— Je prie tout. Vous voyez cette araignée qui se promène sur le mur, je la regarde et lui suis reconnaissant de se promener ainsi.

Ses yeux brillèrent de nouveau; ils étaient obstinément fixés sur le visage de Stavroguine. Ce dernier semblait considérer son interlocuteur avec une sorte de dégoût, mais son regard n'avait aucune expression moqueuse.

Il se leva et prit son chapeau.

— Je parie, dit-il, que quand je reviendrai, vous croirez en Dieu.

— Pourquoi? demanda l'ingénieur en se levant à demi.

— Si vous saviez que vous croyez en Dieu, vous y croiriez, mais comme vous ne savez pas encore que vous croyez en Dieu, vous n'y croyez pas, répondit en souriant Nicolas Vsévolodovitch.

— Ce n'est pas cela, reprit Kiriloff pensif, — vous avez parodié mon idée. C'est une plaisanterie d'homme du monde. Rappelez-vous que vous avez marqué dans ma vie, Stavroguine.

— Adieu, Kiriloff.

— Venez la nuit; quand?

— Mais n'avez-vous pas oublié notre affaire de demain?

— Ah! je l'avais oubliée, soyez tranquille, je serai levé à temps; à neuf heures je serai là. Je sais m'éveiller quand je veux. En me couchant, je dis : à sept heures, et je m'éveille à sept heures, à dix heures — et je m'éveille à dix heures.

— Vous possédez des qualités remarquables, dit Nicolas Vsévolodovitch en examinant le visage pâle de Kiriloff.

— Je vais aller vous ouvrir la porte.

— Ne vous dérangez pas, Chatoff me l'ouvrira.

— Ah! Chatoff. Bien, adieu.

VI

Le perron de la maison vide où logeait Chatoff était ouvert, mais quand Stavroguine en eut monté les degrés, un vestibule complétement sombre s'offrit à lui, et il dut chercher à tâtons l'escalier conduisant à la mezzanine. Soudain en haut s'ouvrit une porte, et il vit briller de la lumière; Chatoff n'alla pas lui-même au-devant du visiteur, il se contenta d'ouvrir sa porte. Lorsque Nicolas Vsévolodovitch se trouva sur le seuil, il aperçut dans un coin le maître du logis qui l'attendait debout près d'une table.

— Je viens chez vous pour affaire, voulez-vous me recevoir? demanda Stavroguine avant de pénétrer dans la chambre.

— Entrez et asseyez-vous, répondit Chatoff, — fermez la porte; non, laissez, je ferai cela moi-même.

Il ferma la porte à la clef, revint près de la table et s'assit en face de Nicolas Vsévolodovitch. Durant cette semaine il avait maigri, et en ce moment il semblait être dans un état fiévreux.

— Vous m'avez beaucoup tourmenté, dit-il à voix basse

et sans lever les yeux, — je me demandais toujours pourquoi vous ne veniez pas.

— Vous étiez donc bien sûr que je viendrais?

— Oui, attendez, j'ai rêvé... je rêve peut-être encore maintenant... Attendez.

Il se leva à demi, et sur le plus haut des trois rayons qui lui servaient de bibliothèque il prit quelque chose, c'était un revolver.

— Une nuit j'ai rêvé que vous viendriez me tuer, et le lendemain matin j'ai dépensé tout ce qui me restait d'argent pour acheter un revolver à ce coquin de Liamchine; je voulais vendre chèrement ma vie. Ensuite j'ai recouvré le bon sens... Je n'ai ni poudre, ni balles; depuis ce temps l'arme est toujours restée sur ce rayon. Attendez...

En parlant ainsi, il se disposait à ouvrir le vasistas; Nicolas Vsévolodovitch l'en empêcha.

— Ne le jetez pas, à quoi bon? il coûte de l'argent, et demain les gens diront qu'on trouve des revolvers traînant sous la fenêtre de Chatoff. Remettez-le en place; là, c'est bien, asseyez-vous. Dites-moi, pourquoi me racontez-vous, comme un pénitent à confesse, que vous m'avez supposé l'intention de venir vous tuer? En ce moment même je ne viens pas me réconcilier avec vous, mais vous parler de choses urgentes. D'abord, j'ai une explication à vous demander, ce n'est pas à cause de ma liaison avec votre femme que vous m'avez frappé?

— Vous savez bien que ce n'est pas pour cela, répondit Chatoff, les yeux toujours baissés.

— Ni parce que vous avez cru à la stupide histoire concernant Daria Pavlovna?

— Non, non, assurément non! C'est une stupidité! Dès le commencement ma sœur me l'a dit... répliqua Chatoff avec impatience et même en frappant légèrement du pied.

— Alors j'avais deviné et vous avez deviné aussi, poursuivit d'un ton calme Stavroguine, — vous ne vous êtes pas trompé: Marie Timoféievna Lébiadkine est ma femme légi-

15.

time, je l'ai épousée à Pétersbourg il y a quatre ans et demi. C'est pour cela que vous m'avez donné un soufflet, n'est-ce pas?

Chatoff stupéfait écoutait en silence.

— Je l'avais deviné, mais je ne voulais pas le croire, balbutia-t-il enfin en regardant Stavroguine d'un air étrange.

— Et pourtant vous m'avez frappé?

Chatoff rougit et bégaya quelques mots presque incohérents :

— C'était pour votre chute... pour votre mensonge. En m'avançant vers vous, je n'avais pas l'intention de vous punir; au moment où je me suis approché, je ne savais pas que je frapperais... J'ai fait cela parce que vous avez compté pour beaucoup dans ma vie... Je...

— Je comprends, je comprends, épargnez les paroles. Je regrette que vous soyez si agité; l'affaire qui m'amène est des plus urgentes.

— Je vous ai attendu trop longtemps, reprit Chatoff qui tremblait de tout son corps, et il se leva à demi; — dites votre affaire, je parlerai aussi... après...

Il se rassit.

— Cette affaire est d'un autre genre, commença Nicolas Vsévolodovitch en considérant son interlocuteur avec curiosité; — certaines circonstances m'ont forcé à choisir ce jour et cette heure pour me rendre chez vous : je viens vous avertir que peut-être on vous tuera.

Chatoff le regarda d'un air intrigué.

— Je sais qu'un danger peut me menacer, dit-il posément, — mais vous, vous, comment pouvez-vous savoir cela?

— Parce que, comme vous, je leur appartiens, comme vous, je fais partie de leur société.

— Vous... vous êtes membre de la société?

— Je vois à vos yeux que vous attendiez tout de moi, excepté cela, fit avec un léger sourire Nicolas Vsévolodovitch, — mais permettez, ainsi vous saviez déjà qu'on doit attenter à vos jours?

— Je me refusais à le croire. Et maintenant encore, malgré vos paroles, je ne le crois pas, pourtant... pourtant qui donc, avec ces imbéciles-là, peut répondre de quelque chose! vociféra-t-il furieux en frappant du poing sur la table. — Je ne les crains pas! J'ai rompu avec eux. Cet homme est passé quatre fois chez moi, et il m'a dit que je le pouvais... mais, ajouta-t-il en fixant ses yeux sur Stavroguine, que savez-vous au juste?

— Soyez tranquille, je ne vous tromperai pas, reprit assez froidement Nicolas Vsévolodovitch, comme un homme qui accomplit seulement un devoir. — Vous me demandez ce que je sais? Je sais que vous êtes entré dans cette société à l'étranger, il y a quatre ans, avant qu'elle eût été reconstituée sur de nouvelles bases; vous étiez alors à la veille de partir pour les États-Unis, et nous venions, je crois, d'avoir ensemble notre dernière conversation, celle dont il est si longuement question dans la lettre que vous m'avez écrite d'Amérique. A propos, pardonnez-moi de ne vous avoir pas répondu et de m'être borné...

— A un envoi d'argent, attendez, interrompit Chatoff qui prit vivement dans le tiroir de sa table un billet de banque couleur d'arc-en-ciel; — tenez, voilà les cent roubles que vous m'avez envoyés; sans vous je serais mort là-bas. Je ne vous aurais pas remboursé de sitôt, si votre mère ne m'était venue en aide. C'est elle qui m'a donné ces cent roubles il y a neuf mois pour soulager ma misère au moment où je relevais de maladie. Mais continuez, je vous prie...

Il étouffait.

— En Amérique, vos idées se sont modifiées, et, revenu en Suisse, vous avez voulu vous retirer de la société. Ils ne vous ont pas répondu, mais vous ont chargé de recevoir ici, en Russie, des mains de quelqu'un, un matériel typographique, et de le garder jusqu'au jour où un tiers viendrait chez vous de leur part pour en prendre livraison. Vous avez consenti, espérant ou ayant mis pour condition que ce serait leur dernière exigence, et qu'à l'avenir ils vous laisseraient tranquille. Tout cela, vrai ou faux, ce n'est pas d'eux que je le tiens, le hasard seul me l'a appris. Mais voici une chose que, je crois, vous ignorez encore : ces messieurs n'entendent nullement se séparer de vous.

— C'est absurde! cria Chatoff, — j'ai loyalement déclaré que j'étais en désaccord avec eux sur tous les points! C'est mon droit, le droit de la conscience et de la pensée... Je ne souffrirai pas cela! Il n'y a pas de force qui puisse...

— Vous savez, ne criez pas, observa très-sérieusement Nicolas Vsévolodovitch, — ce Verkhovensky est un gaillard capable de nous entendre en ce moment; qui sait s'il n'a pas dans votre vestibule son oreille ou celle d'un de ses affidés? Il se peut que cet ivrogne de Lébiadkine ait été lui-même chargé de vous surveiller, comme peut-être vous l'aviez sous votre surveillance, n'est-ce pas? Dites-moi plutôt ceci : est-ce que Verkhovensky s'est rendu à vos raisons?

— Il s'y est rendu, il a reconnu que je pouvais me retirer, que j'en avais le droit...

— Eh bien, alors il vous trompe. Je sais que Kiriloff lui-même, qui est à peine des leurs, a fourni sur vous des renseignements; ils ont beaucoup d'agents, et, parmi ceux-ci, plusieurs les servent sans le savoir. On a toujours eu l'œil sur vous; Verkhovensky, notamment, est venu ici pour régler votre affaire, et il a de pleins pouvoirs pour cela : on veut, à la première occasion favorable, se débarrasser de vous parce que vous savez trop de choses et que vous pouvez faire des révélations. Je vous répète que c'est certain; permettez-moi de vous le dire, ils sont absolument convaincus que vous êtes un espion et que, si vous ne les avez pas encore dénoncés, vous comptez le faire. Est-ce vrai?

A cette question qui lui était adressée du ton le plus ordinaire, Chatoff fit une grimace.

— Quand même je serais un espion, à qui les dénoncerais-je? répliqua-t-il avec colère, sans répondre directement.

— Non, laissez-moi, que le diable m'emporte! s'écria-t-il, revenant soudain à sa première idée qui, évidemment, le préoccupait cent fois plus que la nouvelle de son propre danger : — Vous, vous, Stavroguine, comment avez-vous pu vous fourvoyer dans cette sotte et effrontée compagnie de laquais? Vous êtes entré dans leur société! Est-ce là un exploit digne de Nicolas Stavroguine?

Il prononça ces mots avec une sorte de désespoir, en frappant ses mains l'une contre l'autre; rien, semblait-il, ne pouvait lui causer un plus cruel chagrin qu'une révélation pareille.

— Pardon, fit Stavroguine étonné, — mais vous avez l'air de me considérer comme un soleil auprès duquel vous ne seriez, vous, qu'un petit scarabée. J'ai déjà remarqué cela dans la lettre que vous m'avez écrite d'Amérique.

— Vous... vous savez... Ah! ne parlons plus de moi, plus du tout! reprit vivement Chatoff. — Si vous pouvez me donner quelque explication en ce qui vous concerne, expliquez-vous... Répondez à ma question! ajouta-t-il avec véhémence.

— Volontiers. Vous me demandez comment j'ai pu me fourvoyer dans un pareil milieu? Après la communication que je vous ai faite, je me crois tenu de vous répondre sur ce point avec une certaine franchise. Voyez-vous, dans le sens strict du mot, je n'appartiens point à cette société, et je suis beaucoup plus que vous en droit de la quitter, attendu que je n'y suis pas entré. J'ai même eu soin de leur déclarer dès le début que je n'étais pas leur associé, et que si je leur rendais par hasard quelque service, c'était seulement pour tuer le temps. J'ai pris une certaine part à la réorganisation de la société sur un plan nouveau, voilà tout. Mais maintenant ils se sont ravisés et ont décidé à part eux qu'il était dangereux de me rendre ma liberté; bref, je suis aussi condamné, paraît-il.

— Oh! les condamnations à mort ne leur coûtent rien à prononcer, ils sont là trois hommes et demi qui ont vite fait de libeller des sentences capitales sur des papiers revêtus de cachets. Et vous croyez qu'ils sont capables de les mettre à exécution!

— Il y a du vrai et du faux dans votre manière de voir, répondit Nicolas Vsévolodovitch sans se départir de son to[n] flegmatique et indifférent. — Certes, la fantaisie joue ici u[n] grand rôle comme dans tous les cas semblables : le group[e] exagère son importance. Si vous voulez, je dirai même qu'[à] mon avis il tient tout entier dans la personne de Pierre Verkhovensky. Ce dernier est vraiment trop bon de ne se considérer que comme l'agent de sa société. Du reste, l'idée fondamentale n'est pas plus bête que les autres du même genre[.] Ils sont en relation avec l'Internationale, ils ont réussi [à] recruter des adeptes en Russie, et ils ont même trouvé un[e] manière assez originale... mais, bien entendu, c'est seulemen[t] théorique. Quant à ce qu'ils veulent faire ici, le mouvemen[t] de notre organisation russe est une chose si obscure e[t] presque toujours si inattendue que, chez nous, on peut en effe[t] tout entreprendre. Remarquez que Verkhovensky est u[n] homme opiniâtre.

— Cette punaise, cet ignorant, ce sot qui ne compren[d] rien à la Russie! protesta avec irritation Chatoff.

— Vous ne le connaissez pas bien. C'est vrai que tous, e[n] général, ils ne comprennent guère la Russie, mais sous c[e] rapport, vous et moi, nous sommes à peine un peu plus intelligents qu'eux; en outre Verkhovensky est un enthousiaste.

— Verkhovensky un enthousiaste?

— Oh! oui. Il y a un point où il cesse d'être un bouffon pour devenir un... demi-fou. Je vous prie de vous rappeler une de vos propres paroles: « Savez-vous comment un seul homme peut être fort? » Ne riez pas, s'il vous plaît, il est très-capable de presser la détente d'un pistolet. Ils sont persuadés que je suis aussi un mouchard. Comme ils ne savent pas mener leur affaire, ils ont une tendance à voir partout des espions.

— Mais vous n'avez pas peur?

— N-non... Je n'ai pas fort peur... Mais votre cas est bien différent du mien. Je vous ai prévenu pour que vous vous teniez sur vos gardes. Selon moi, vous auriez tort de mépriser le danger, sous prétexte que ce sont des imbéciles; il ne s'agit pas ici de leur intelligence, et, du reste, leur main s'est déjà levée sur d'autres gens que vous et moi. Mais il est onze heures un quart, ajouta-t-il en regardant sa montre et en se levant; — je désirerais vous adresser une question qui n'a aucunement trait à ce sujet.

— Pour l'amour de Dieu! s'écria Chatoff, et il quitta précipitamment sa place.

— C'est-à-dire? demanda le visiteur en interrogeant des yeux le maître du logis.

— Faites, faites votre question, pour l'amour de Dieu, répéta Chatoff en proie à une agitation indicible, — mais vous me permettrez de vous en faire une à mon tour. Je vous en supplie... je ne puis... faites votre question.

Après un moment de silence, Stavroguine commença :

— J'ai entendu dire que vous aviez ici une certaine influence sur Marie Timoféievna, qu'elle vous voyait et vous écoutait volontiers. Est-ce vrai?

— Oui... elle m'écoutait... répondit Chatoff un peu troublé.

— Je compte d'ici à quelques jours rendre public mon mariage avec elle.

— Est-ce possible? murmura Chatoff, la consternation peinte sur le visage.

— Dans quel sens l'entendez-vous? Cette affaire ne souffrira aucune difficulté; les témoins du mariage sont ici. Tout cela s'est fait à Pétersbourg dans les formes les plus régulières et les plus légales; si la chose n'a pas été connue jusqu'à présent, c'est uniquement parce que les deux seuls témoins du mariage, Kiriloff et Pierre Verkhovensky, et enfin Lébiadkine lui-même (dont j'ai maintenant la satisfaction d'être le beau-frère), s'étaient engagés sur l'honneur à garder le silence.

— Je ne parlais pas de cela... Vous vous exprimez avec un tel calme... mais continuez! Écoutez, est-ce qu'on ne vous a pas forcé à contracter ce mariage?

— Non, personne ne m'a forcé, répondit Nicolas Vsévolo[dovitch] que la supposition de Chatoff fit sourire.

— Mais elle prétend qu'elle a eu un enfant? reprit ave[c] vivacité Chatoff.

— Elle prétend qu'elle a eu un enfant? Bah! Je ne le sava[i] pas, c'est vous qui me l'apprenez. Elle n'a pas eu d'enfant [et] n'a pu en avoir. Marie Timoféievna est vierge.

— Ah! C'est aussi ce que je pensais! Écoutez!

— Qu'est-ce que vous avez, Chatoff?

Chatoff couvrit son visage de ses mains et se détourna[,] mais tout à coup il saisit avec force Stavroguine par l'épaule[.]

— Savez-vous, savez-vous, du moins, cria-t-il, — pour[quoi] vous avez fait tout cela, et pourquoi vous vous inflige[z] maintenant une telle punition?

— Votre question est fine et caustique, mais j'ai aussi l'in[ten]tion de vous étonner: oui, je sais à peu près pourquoi j[e] me suis marié alors et pourquoi je m'inflige maintenant c[e] que vous appelez une punition.

— Laissons cela... nous en parlerons plus tard, attende[z] un peu; parlons de l'essentiel, de la question principale: j[e] vous ai attendu pendant deux ans.

— Oui?

— Je vous ai attendu trop longtemps, je pensais sans cesse à vous. Vous êtes le seul homme qui puisse... Déjà je vous ai écrit d'Amérique à ce sujet...

— Je me souviens très-bien de votre longue lettre.

— Trop longue pour être lue entièrement? J'en conviens; six feuilles de papier de poste. Taisez-vous, taisez-vous! Dites-moi: pouvez-vous m'accorder encore dix minutes, mais maintenant, tout de suite... Je vous ai attendu trop longtemps.

— Soit, je vous accorderai une demi-heure, mais pas plus, si cela ne vous gêne pas.

— Et vous prendrez aussi un autre ton, répliqua avec irritation Chatoff. — Écoutez, j'exige quand je devrais prier... Comprenez-vous ce que c'est qu'exiger alors qu'on devrait recourir à la prière?

— Je comprends que de la sorte vous vous mettez au-dessus de tous les usages, en vue de buts plus élevés, — répondit avec une nuance de raillerie Nicolas Vsévolodovitch ; — je vois aussi avec peine que vous avez la fièvre.

— Je vous prie de me respecter! cria Chatoff, — j'exige votre respect! Je le réclame non pour ma personnalité, — je m'en moque! — mais pour autre chose, durant les quelques instants que durera notre entretien... Nous sommes deux êtres qui se sont rencontrés dans l'infini... qui se voient pour la dernière fois. Laissez ce ton et prenez celui d'un homme! Parlez au moins une fois dans votre vie un langage humain. Ce n'est pas pour moi, c'est pour vous que je vous demande cela. Comprenez-vous que vous devez me pardonner ce coup de poing qui vous a fourni l'occasion de connaître votre immense force... Voilà encore sur vos lèvres ce dédaigneux sourire de l'homme du monde. Oh! quand me comprendrez-vous! Dépouillez donc le baritch[1] ! Comprenez donc que j'exige cela, je l'exige, sinon je me tais, je ne parlerai pour rien au monde!

Son exaltation touchait aux limites du délire. Nicolas Vsévolodovitch fronça le sourcil et devint plus sérieux.

— Si j'ai consenti à rester encore une demi-heure chez vous alors que le temps est si précieux pour moi, dit-il gravement, — croyez que j'ai l'intention de vous écouter à tout le moins avec intérêt et... et je suis sûr d'entendre sortir de votre bouche beaucoup de choses nouvelles.

Il s'assit sur une chaise.

— Asseyez-vous! cria Chatoff qui lui-même prit brusquement un siége.

— Permettez-moi pourtant de vous rappeler, reprit Stavroguine, — que j'avais commencé à vous parler de Marie Timoféievna, je voulais vous adresser, à son sujet, une demande qui, pour elle du moins, est fort importante.....

— Eh bien? fit Chatoff avec une mauvaise humeur subite;

---

[1] Fils de gentilhomme.

il avait l'air d'un homme qu'on a interrompu tout à coup à l'endroit le plus intéressant de son discours, et qui, tout en tenant ses yeux fixés sur vous, n'a pas encore eu le temps de comprendre votre question.

— Vous ne m'avez pas laissé achever, répondit en souriant Nicolas Vsévolodovitch.

— Eh! cela ne signifie rien, plus tard! répliqua Chatof avec un geste méprisant, et il aborda aussitôt le thème qui pour lui était le principal.

VII

Le corps penché en avant, l'index de la main droite levé en l'air par un mouvement évidemment machinal, Chatof dont les yeux étincelaient commença d'une voix presque menaçante :

— Savez-vous quel est à présent dans l'univers entier le seul peuple « déifère », appelé à renouveler le monde et à le sauver par le nom d'un Dieu nouveau, le seul qui possède les clefs de la vie et de la parole nouvelle... Savez-vous quel est ce peuple et comment il se nomme?

— D'après la manière dont vous posez la question, je dois forcément conclure et, je crois, le plus vite possible, que c'est le peuple russe...

— Et vous riez, ô quelle engeance! vociféra Chatoff.

— Calmez-vous, je vous prie; au contraire, j'attendais précisément quelque chose dans ce genre.

— Vous attendiez quelque chose dans ce genre? Mais vous-même ne connaissez-vous pas ces paroles?

— Je les connais très-bien; je ne vois que trop où vous voulez en venir. Toute votre phrase, y compris le mot de peuple « déifère », n'est que la conclusion de l'entretien que nous avons eu ensemble à l'étranger il y a plus de deux ans, un peu avant votre départ pour l'Amérique... autant du moins que je puis m'en souvenir à présent.

— Cette phrase est tout entière de vous et non de moi. Ce que vous appelez « notre » entretien n'en était pas un. Il y avait en face l'un de l'autre un maître prononçant de graves paroles et un disciple ressuscité d'entre les morts. J'étais ce disciple, vous étiez le maître.

— Mais, si je me rappelle bien, vous êtes entré dans cette société précisément après avoir entendu mes paroles, et c'est ensuite seulement que vous êtes allé en Amérique.

— Oui, et je vous ai écrit d'Amérique à ce propos; je vous ai tout raconté. Oui, je n'ai pas pu me détacher immédiatement des convictions qui s'étaient enracinées en moi depuis mon enfance... Il est difficile de changer de dieux. Je ne vous ai pas cru alors, parce que je n'ai pas voulu vous croire, et je me suis enfoncé une dernière fois dans ce cloaque... Mais la semence est restée et elle a germé. Sérieusement, répondez-moi la vérité, vous n'avez pas lu jusqu'au bout la lettre que je vous ai adressée d'Amérique? Peut-être n'en avez-vous pas lu une ligne?

— J'en ai lu trois pages, les deux premières et la dernière, de plus j'ai jeté un rapide coup d'œil sur le milieu. Du reste, je me proposais toujours.....

— Eh! qu'importe? laissez là ma lettre, qu'elle aille au diable! répliqua Chatoff en agitant la main. — Si vous rétractez aujourd'hui ce que vous disiez alors du peuple, comment avez-vous pu tenir alors ce langage?... Voilà ce qui m'oppresse maintenant.

— Je ne vous ai pas mystifié à cette époque-là; en essayant de vous persuader, peut-être cherchais-je plus encore à me convaincre moi-même, répondit évasivement Stavroguine.

— Vous ne m'avez pas mystifié! En Amérique j'ai couché durant trois mois sur la paille, côte à côte avec un... malheureux, et j'ai appris de lui que dans le temps même où vous implantiez les idées de Dieu et de patrie dans mon cœur, vous empoisonniez l'âme de cet infortuné, de ce maniaque, de

Kiriloff... Vous avez fortifié en lui l'erreur et le mensong‹ vous avez exalté son intelligence jusqu'au délire... Regarde‹ le maintenant, c'est votre œuvre... Du reste, vous l'avez v‹

— D'abord je vous ferai remarquer que Kiriloff lui-mêm‹ vient de me dire tout à l'heure qu'il est heureux et qu'il es‹ bon. Vous ne vous êtes guère trompé en supposant que tou‹ cela a eu lieu dans un seul et même temps, mais que con‹ cluez-vous de cette simultanéité? Je le répète, je ne me sui‹ joué ni de vous ni de lui.

— Vous êtes athée maintenant?

— Oui.

— Et alors?

— C'était exactement la même chose.

— Ce n'est pas pour moi que je vous ai demandé du res‹ pect au début de cet entretien; avec votre intelligence vou‹ auriez pu le comprendre, grommela Chatoff indigné.

— Je ne me suis pas levé dès votre premier mot, je n'ai pa‹ coupé court à la conversation, je ne me suis pas retiré; a‹ contraire, je reste là, je réponds avec douceur à vos ques‹ tions et... à vos cris, par conséquent je ne vous ai pas encor‹ manqué de respect.

Chatoff fit avec le bras un geste violent.

— Vous rappelez-vous vos expressions : « Un athée n‹ peut pas être Russe », « un athée cesse à l'instant mêm‹ d'être Russe », vous en souvenez-vous?

— J'ai dit cela? questionna Nicolas Vsévolodovitch.

— Vous le demandez? Vous l'avez oublié? Pourtant vous signaliez là avec une extrême justesse un des traits les plus caractéristiques de l'esprit russe. Il est impossible que vous ayez oublié cela! Je vous citerai d'autres de vos paroles, — vous disiez aussi dans ce temps-là : « Celui qui n'est pas orthodoxe ne peut pas être Russe. »

— Je suppose que c'est une idée slavophile.

— Non, les slavophiles actuels la répudient. Ils sont devenus des gens éclairés. Mais vous alliez plus loin encore : vous croyiez que le catholicisme romain n'était plus le christianisme. Selon vous, Rome prêchait un Christ qui avait cédé à la troisième tentation du diable. En déclarant au monde entier que le Christ ne peut se passer d'un royaume terrestre, le catholicisme, disiez-vous, a par cela même proclamé l'Antechrist et perdu tout l'Occident. Si la France souffre, ajoutiez-vous, la faute en est uniquement au catholicisme, car elle a repoussé l'infect dieu de Rome sans en chercher un nouveau. Voilà ce que vous avez pu dire alors ! Je me rappelle vos conversations.

— Si je croyais, sans doute je répéterais encore cela aujourd'hui; je ne mentais pas quand je tenais le langage d'un croyant, reprit très-sérieusement Nicolas Vsévolodovitch. — Mais je vous assure qu'il m'est fort désagréable de m'entendre rappeler mes idées d'autrefois. Ne pourriez-vous pas cesser ?

— Si vous croyiez ? vociféra Chatoff sans s'inquiéter aucunement du désir exprimé par son interlocuteur. — Mais ne m'avez-vous pas dit que si l'on vous prouvait mathématiquement que la vérité est en dehors du Christ, vous consentiriez plutôt à rester avec le Christ qu'avec la vérité ? M'avez-vous dit cela ? L'avez-vous dit ?

— Permettez-moi à la fin de vous demander, répliqua Stavroguine en élevant la voix, — à quoi tend tout cet interrogatoire passionné et... malveillant ?

— Cet interrogatoire n'est qu'un accident fugitif qui passera sans laisser aucune trace dans votre souvenir.

— Vous insistez toujours sur cette idée que nous sommes en dehors de l'espace et du temps...

— Taisez-vous ! cria soudain Chatoff, — je suis gauche et bête, mais que mon nom sombre dans le ridicule ! Me permettez-vous de reproduire devant vous ce qui était alors votre principale théorie... Oh ! rien que dix lignes, la conclusion seulement.

— Soit, si c'est seulement la conclusion...

Stavroguine voulut regarder l'heure à sa montre, mais il se retint.

De nouveau Chatoff se pencha en avant et leva le doigt en l'air...

— Pas une nation, commença-t-il, comme s'il eût lu dans un livre, et en même temps il continuait à regarder son interlocuteur d'un air menaçant, — pas une nation ne s'est encore organisée sur les principes de la science et de la raison; le fait ne s'est jamais produit, sauf momentanément dans une minute de stupidité. Le socialisme, au fond, doit être l'athéisme, car dès le premier article de son programme il s'annonce comme faisant abstraction de la divinité, et il n'entend reposer que sur des bases scientifiques et rationnelles. De tout temps la science et la raison n'ont joué qu'un rôle secondaire dans la vie des peuples, et il en sera ainsi jusqu'à la fin des siècles. Les nations se forment et se meuvent en vertu d'une force maîtresse dont l'origine est inconnue et inexplicable. Cette force est le désir insatiable d'arriver au terme, et en même temps elle nie le terme. C'est chez un peuple l'affirmation constante infatigable de son existence et la négation de la mort. « L'esprit de vie », comme dit l'Écriture, les « courants d'eau vive » dont l'Apocalypse prophétise le dessèchement, le principe esthétique ou moral des philosophes, la « recherche de Dieu », pour employer le mot le plus simple. Chez chaque peuple, à chaque période de son existence, le but de tout le mouvement national est seulement la recherche de Dieu, d'un Dieu à lui, à qui il croie comme au seul véritable. Dieu est la personnalité synthétique de tout un peuple, considéré depuis ses origines jusqu'à sa fin. On n'a pas encore vu tous les peuples ou beaucoup d'entre eux se réunir dans l'adoration commune d'un même Dieu, toujours chacun a eu sa divinité propre. Quand les cultes commencent à se généraliser, la destruction des nationalités est proche. Quand les dieux perdent leur caractère indigène, ils meurent, et avec eux les peuples. Plus une nation est forte, plus son dieu est distinct des autres. Il ne s'est encore jamais rencontré de peuple sans religion, c'est-à-dire sans la notion du bien et du mal. Chaque peuple entend ces mots à sa manière. Les idées de bien et de mal viennent-elles à être comprises de même chez plusieurs peuples, ceux-ci meurent, et la différence même entre le mal et le bien commence à s'effacer et à disparaître. Jamais la raison n'a pu définir le mal et le bien, ni même les distinguer, ne fût-ce qu'approximativement, l'un de l'autre; toujours au contraire elle les a honteusement confondus; la science a conclu en faveur de la force brutale. Par là surtout s'est distinguée la demi-science, ce fléau inconnu à l'humanité avant notre siècle et plus terrible pour elle que la mer, la famine et la guerre. La demi-science est un despote comme on n'en avait jamais vu jusqu'à notre temps, un despote qui a ses prêtres et ses esclaves, un despote devant lequel tout s'incline avec un respect idolâtrique, tout, jusqu'à la vraie science elle-même qui lui fait bassement la cour. Voilà vos propres paroles, Stavroguine, sauf les mots concernant la demi-science qui sont de moi, car je ne suis moi-même que demi-science, c'est pourquoi je la hais particulièrement. Mais vos pensées et même vos expressions, je les ai reproduites fidèlement, sans y changer un iota.

— J'en doute, observa Stavroguine; — vous avez accueilli mes idées avec passion, et, par suite, vous les avez modifiées à votre insu. Déjà ce seul fait que pour vous Dieu se réduit à un simple attribut de la nationalité...

Il se mit à examiner Chatoff avec un redoublement d'attention, frappé moins de son langage que de sa physionomie en ce moment.

— Je rabaisse Dieu en le considérant comme un attribut de la nationalité? cria Chatoff, — au contraire j'élève le peuple jusqu'à Dieu. Et quand en a-t-il été autrement? Le peuple, c'est le corps de Dieu. Une nation ne mérite ce nom qu'aussi longtemps qu'elle a son dieu particulier et qu'elle repousse obstinément tous les autres; aussi longtemps qu'elle compte avec son dieu vaincre et chasser du monde toutes les divinités étrangères. Telle a été depuis le commencement des siècles la croyance de tous les grands peuples, de tous ceux, du moins, qui ont marqué dans l'histoire, de tous ceux qui ont été à la tête de l'humanité. Il n'y a pas à aller contre un fait. Les Juifs n'ont vécu que pour attendre le vrai Dieu, et ils ont laissé le vrai Dieu au monde. Les Grecs ont divinisé la nature, et ils ont légué au monde leur religion, c'est-à-dire la philosophie et l'art. Rome a divinisé le peuple dans l'État, et elle a légué l'État aux nations modernes. La France, dans le cours de sa longue histoire, n'a fait qu'incarner et développer en elle l'idée de son dieu romain; si à la fin elle a précipité dans l'abîme son dieu romain, si elle a versé dans l'athéisme qui s'appelle actuellement chez elle socialisme, c'est seulement parce que, après tout, l'athéisme est encore plus sain que le catholicisme de Rome. Si un grand peuple ne croit pas qu'en lui seul se trouve la vérité, s'il ne se croit pas seul appelé à ressusciter et à sauver l'univers par sa vérité, il cesse immédiatement d'être un grand peuple pour devenir une matière ethnographique. Jamais un peuple vraiment grand ne peut se contenter d'un rôle secondaire dans l'humanité, un rôle même important ne lui suffit pas, il lui faut absolument le premier. La nation qui renonce à cette conviction renonce à l'existence. Mais la vérité est une, par conséquent un seul peuple peut posséder le vrai Dieu. Le seul peuple « déifère », c'est le peuple russe et... et... se peut-il que vous me croyiez assez bête, Stavroguine, fit-il soudain d'une voix tonnante, — pour rabâcher simplement une rengaine du slavophilisme moscovite?... Que m'importe votre rire en ce moment? Qu'est-ce que cela me fait d'être absolument incompris de vous? Oh! que je méprise vos airs dédaigneux et moqueurs!

Il se leva brusquement, l'écume aux lèvres.

— Au contraire, Chatoff, au contraire, reprit du ton le plus sérieux Nicolas Vsévolodovitch qui était resté assis, — vos ardentes paroles ont réveillé en moi plusieurs souvenirs très-puissants. Pendant que vous parliez, je reconnaissais la disposition d'esprit dans laquelle je me trouvais il y a deux ans, et maintenant je ne vous dirai plus, comme tout à l'heure, que vous avez exagéré mes idées d'alors. Il me semble même qu'elles étaient encore plus exclusives, encore plus absolues, et je vous assure pour la troisième fois que je désirerais vivement confirmer d'un bout à l'autre tout ce que vous venez de dire, mais...

— Mais il vous faut un lièvre?

— Quo-oi?

Chatoff se rassit.

— Je fais allusion, répondit-il avec un rire amer, — à la phrase ignoble que vous avez prononcée, dit-on, à Pétersbourg : « Pour faire un civet de lièvre, il faut un lièvre; pour croire en Dieu, il faut un dieu. »

— A propos, permettez-moi, à mon tour, de vous adresser une question, d'autant plus qu'à présent, me semble-t-il, j'en ai bien le droit. Dites-moi : votre lièvre est-il pris ou court-il encore?

— N'ayez pas l'audace de m'interroger dans de pareils termes, exprimez-vous autrement! répliqua Chatoff tremblant de colère.

— Soit, je vais m'exprimer autrement, poursuivit Nicolas Vsévolodovitch en fixant un œil sévère sur son interlocuteur; — je voulais seulement vous demander ceci : vous-même, croyez-vous en Dieu, oui ou non?

— Je crois à la Russie, je crois à son orthodoxie... Je crois au corps du Christ... Je crois qu'un nouvel avénement messianique aura lieu en Russie... Je crois... balbutia Chatoff qui dans son exaltation ne pouvait proférer que des paroles entrecoupées.

— Mais en Dieu? En Dieu?

— Je... je croirai en Dieu.

Stavroguine resta impassible. Chatoff le regarda avec une expression de défi, ses yeux lançaient des flammes.

— Je ne vous ai donc pas dit que je ne crois pas tout à fait! s'écria-t-il enfin; — je ne suis qu'un pauvre et ennuyeux livre, rien de plus, pour le moment, pour le moment... Mais périsse mon nom! Ce n'est pas de moi qu'il s'agit, c'est de vous. Moi, je suis un homme sans talent, pas autre chose; comme tel, je ne puis donner que mon sang; eh bien, qu'il soit versé! Je parle de vous, je vous ai attendu ici deux ans... Voilà une demi-heure que je danse tout nu pour vous. Vous, vous seul pourriez lever ce drapeau!...

Il n'acheva pas; comme pris de désespoir, il s'accouda contre la table et laissa tomber sa tête entre ses mains.

— C'est une chose étrange, observa tout à coup Stavroguine, — que tout le monde me presse de lever un drapeau quelconque! D'après les paroles qu'on m'a rapportées de lui, Pierre Stépanovitch est persuadé aussi que je pourrais « lever le leur ». Il s'est mis dans la tête que je tiendrais avec succès chez eux le rôle de Stenka Razine, grâce à ce qu'il appelle mes « rares dispositions pour le crime ».

— Comment? demanda Chatoff, — « grâce à vos rares dispositions pour le crime »?

— Précisément.

— Hum! Est-il vrai, reprit-il avec un mauvais sourire, — est-il vrai qu'à Pétersbourg vous faisiez partie d'une société secrète, bestiale et sensuelle? Est-il vrai que le marquis de Sade aurait pu être votre élève? Est-il vrai que vous séduisiez et débauchiez des enfants? Parlez, ne mentez pas, cria-t-il hors de lui, — Nicolas Stavroguine ne peut pas mentir devant Chatoff qui l'a frappé au visage! Dites tout, et, si c'est vrai, je vous tuerai sur place à l'instant même!

— J'ai dit ces paroles, mais je n'ai pas outragé d'enfants, déclara Nicolas Vsévolodovitch, seulement cette réponse ne vint qu'après un trop long silence. Il était pâle, et ses yeux jetaient des flammes.

— Mais vous l'avez dit! poursuivit d'un ton de maître Chatoff qui fixait toujours sur lui un regard brûlant. — Est-il vrai que vous assuriez ne voir aucune différence de beauté entre la farce la plus grossièrement sensuelle et l'action la plus héroïque, fût-ce celle de sacrifier sa vie pour l'humanité? Est-il vrai que vous trouviez dans les deux extrémités une beauté et une jouissance égales?

— Il est impossible de répondre à de pareilles questions... je refuse de répondre, murmura Stavroguine; il aurait fort bien pu se lever et sortir, mais il n'en fit rien.

— Moi non plus je ne sais pas pourquoi le mal est laid et pourquoi le bien est beau, continua Chatoff tout tremblant, — mais je sais pourquoi le sentiment de cette différence se perd chez les Stavroguine. Savez-vous pourquoi vous avez fait un mariage si honteux et si lâche? Justement parce que la honte et la stupidité de cet acte vous paraissaient être du génie! Oh! vous ne flânez pas au bord de l'abîme, vous vous y jetez hardiment la tête la première!... Il y avait là un audacieux défi au sens commun, c'est ce qui vous a séduit! Stavroguine épousant une mendiante boiteuse et idiote! Quand vous avez mordu l'oreille du gouverneur, avez-vous senti une jouissance? En avez-vous senti? Petit aristocrate désœuvré, en avez-vous senti?

— Vous êtes un psychologue, — répondit Stavroguine de plus en plus pâle, — quoique vous vous soyez mépris en partie sur les causes de mon mariage... Qui, du reste, peut vous avoir donné tous ces renseignements? ajouta-t-il avec un sourire forcé, — serait-ce Kiriloff? Mais il ne prenait point part.....

— Vous pâlissez?

— Que voulez-vous donc? répliqua Nicolas Vsévolodovitch élevant enfin la voix, — depuis une demi-heure je subis votre knout, et vous pourriez au moins me congédier poliment... si en effet vous n'avez aucun motif raisonnable pour en user ainsi avec moi.

— Aucun motif raisonnable?

— Sans doute. A tout le moins vous deviez m'expliquer enfin votre but. J'attendais toujours que vous le fissiez, mais au lieu de l'explication espérée, je n'ai trouvé chez vous qu'une colère folle. Ouvrez-moi la porte, je vous prie.

Il se leva pour sortir. Chatoff furieux s'élança sur ses pas.

— Baisez la terre, arrosez-la de vos larmes, demandez pardon! cria-t-il en saisissant le visiteur par l'épaule.

— Pourtant je ne vous ai pas tué... ce matin-là... j'ai retiré mes mains qui vous avaient déjà empoigné... fit presque douloureusement Stavroguine en baissant les yeux.

— Achevez, achevez! vous êtes venu m'informer du danger que je cours, vous m'avez laissé parler, vous voulez demain rendre public votre mariage!... Est-ce que je ne lis pas sur votre visage que vous êtes vaincu par une nouvelle et terrible pensée?... Stavroguine, pourquoi suis-je condamné à toujours croire en vous? Est-ce que j'aurais pu parler ainsi à un autre? J'ai de la pudeur et je n'ai pas craint de me mettre tout nu, parce que je parlais à Stavroguine. Je n'ai pas eu peur de ridiculiser, en me l'appropriant, une grande idée, parce que Stavroguine m'entendait... Est-ce que je ne baiserai pas la trace de vos pieds, quand vous serez parti? Je ne puis vous arracher de mon cœur, Nicolas Stavroguine!

— Je regrette de ne pouvoir vous aimer, Chatoff, dit froidement Nicolas Vsévolodovitch.

— Je sais que cela vous est impossible, vous ne mentez pas. Écoutez, je puis remédier à tout : je vous procurerai le lièvre!

Stavroguine garda le silence.

— Vous êtes athée, parce que vous êtes un baritch, le dernier baritch. Vous avez perdu la distinction du bien et du mal, vous avez cessé de connaître votre peuple... Il viendra une nouvelle génération, sortie directement des entrailles du peuple, et vous ne la reconnaîtrez pas, ni vous, ni les Verkhovensky, père et fils, ni moi, car je suis aussi un baritch, quoique fils de votre serf, le laquais Pachka... Écoutez, cherchez Dieu par le travail; tout est là; sinon, vous disparaîtrez comme une vile pourriture; cherchez Dieu par le travail.

— Par quel travail?

— Celui du moujik. Allez, abandonnez vos richesses... Ah! vous riez, vous trouvez le moyen un peu roide?

Mais Stavroguine ne riait pas.

— Vous supposez qu'on peut trouver Dieu par le travail et, en particulier, le travail du moujik? demanda-t-il en réfléchissant, comme si en effet cette idée lui eût paru valoir la peine d'être examinée. — A propos, continua-t-il, — savez-vous que je ne suis pas riche du tout, de sorte que je n'aurai rien à abandonner? J'ai à peine le moyen d'assurer l'existence de Marie Timoféievna... Voici encore une chose : j'étais venu vous prier de conserver, si cela vous est possible, votre intérêt à Marie Timoféievna, attendu que vous seul pouvez avoir une certaine influence sur son pauvre esprit... Je dis cela à tout hasard.

Chatoff qui, d'une main, tenait une bougie agita l'autre en signe d'impatience.

— Bien, bien, vous parlez de Marie Timoféievna, bien, plus tard... Écoutez, allez voir Tikhon.

— Qui?

— Tikhon. C'est un ancien évêque, il a dû quitter ses fonctions pour cause de maladie, et il habite ici en ville, au monastère de Saint-Euthyme.

— A quoi cela ressemblera-t-il?

— Laissez donc, c'est la chose la plus simple du monde. Allez-y, qu'est-ce que cela vous fait?

— C'est la première fois que j'entends parler de lui et... je n'ai encore jamais fréquenté cette sorte de gens. Je vous remercie, j'irai.

Chatoff éclaira le visiteur dans l'escalier et ouvrit la porte de la rue.

— Je ne viendrai plus chez vous, Chatoff, dit à voix basse Stavroguine au moment où il mettait le pied dehors.

L'obscurité était toujours aussi épaisse, et la pluie n'avait rien perdu de sa violence.

CHAPITRE II

LA NUIT (*suite*).

I

Il suivit toute la rue de l'Épiphanie et atteignit enfin le bas de la montagne. Il trottait dans la boue, soudain s'offrit à lui comme un espace large et vide, à demi caché par le brouillard, — c'était la rivière. Les maisons n'étaient plus que des masures, la rue faisait mille tours et détours parmi lesquels il était difficile de se reconnaître. Néanmoins Nicolas Vsévolodovitch trouvait son chemin sans presque y songer. De tout autres pensées l'occupaient, et il ne fut pas peu surpris quand, sortant de sa rêverie et levant les yeux, il se vit tout à coup au milieu du pont. Pas une âme ne se montrait aux alentours. Grand fut donc l'étonnement de Stavroguine lorsqu'il s'entendit interpeller avec une familiarité polie par une voix qui semblait venir de dessous son coude. La voix, assez agréable du reste, avait ces inflexions douces qu'affectent chez nous les bourgeois trop civilisés et les élégants commis de magasin.

— Voulez-vous me permettre, monsieur, de profiter de votre parapluie?

En effet, une forme humaine se glissait ou faisait semblant de se glisser sous le parapluie de Nicolas Vsévolodovitch. Celui-ci ralentit le pas et se pencha pour examiner, autant que l'obscurité le permettait, le promeneur nocturne qui s'était mis à marcher côte à côte avec lui. Cet homme était de taille peu élevée et avait l'air d'un petit bourgeois, il n'était ni chaudement ni élégamment vêtu. Une casquette de drap toute mouillée que la visière menaçait d'abandonner bientôt coiffait sa tête noire et crépue. Ce devait être un individu de quarante ans, brun, maigre, robuste; ses grands yeux noirs et brillants avaient un reflet jaune pareil à celui qu'on remarque chez les Tsiganes. Il ne paraissait pas ivre.

— Tu me connais? demanda Nicolas Vsévolodovitch.

— Monsieur Stavroguine, Nicolas Vsévolodovitch : il y a eu dimanche huit jours on vous a montré à moi à la station, aussitôt que le train s'est arrêté. D'ailleurs, j'avais déjà beaucoup entendu parler de vous.

— Par Pierre Stépanovitch? Tu... tu es Fedka le forçat?

— On m'a baptisé Fédor Fédorovitch; j'ai encore ma mère qui habite dans ce pays-ci; la bonne femme prie pour moi jour et nuit afin de ne pas perdre son temps sur le poêle où elle est continuellement couchée.

— Tu t'es évadé du bagne?

— J'ai changé de carrière. J'ai renoncé aux affaires ecclésiastiques, parce qu'on en attrape pour trop longtemps quand on est pincé; j'avais déjà pris cette résolution étant au bagne.

— Qu'est-ce que tu fais ici?

— Vous voyez, je me promène nuit et jour. Mon oncle est mort la semaine dernière dans la prison de la ville, il avait été arrêté comme faux-monnayeur; voulant faire dire une messe à son intention, j'ai jeté une vingtaine de pierres à des chiens : voilà toute mon occupation pour le moment. En dehors de cela, Pierre Stépanovitch doit me procurer un passe-port de marchand qui me permettra de voyager dans toute la *Rassie*, j'attends cet effet de sa bonté. Autrefois, dit-il, papa t'a risqué comme enjeu d'une partie de cartes au Club *Aglais* et t'a perdu; je trouve sa manière d'agir injuste et inhumaine. Vous devriez bien, monsieur, me donner, me donner trois roubles pour que je puisse me réchauffer avec un peu de thé.

— Ainsi tu t'étais posté sur ce pont pour m'attendre, je n'aime pas cela. Qui te l'avait ordonné?

— Personne, seulement je connaissais votre générosité que nul n'ignore. Dans notre métier, vous le savez vous-même, il y a des hauts et des bas. Tenez, vendredi, je me suis fourré du pâté jusque-là, mais depuis trois jours je me brosse le ventre... Votre Grâce ne me fera-t-elle pas quelque largesse? Justement j'ai, pas loin d'ici, une commère qui m'attend, seulement on ne peut pas se présenter chez elle quand on n'a pas de roubles.

— Pierre Stépanovitch t'a promis quelque chose de ma part?

— Ce n'est pas qu'il m'ait promis quelque chose, il m'a dit que dans tel cas donné je pourrais être utile à Votre Grâce, mais de quoi s'agit-il au juste? il ne me l'a pas expliqué nettement, car Pierre Stépanovitch n'a aucune confiance en moi.

— Pourquoi donc?

— Pierre Stépanovitch est *astrolome* et il connaît toutes les *planèdes* de Dieu, mais cela ne l'empêche pas d'avoir aussi ses défauts. Je vous le dis franchement, monsieur, parce que j'ai beaucoup entendu parler de vous, et je sais que vous et Pierre Stépanovitch, ça fait deux. Lui, quand il a dit de quelqu'un : C'est un lâche, il ne sait plus rien de cet homme sinon que c'est un lâche. A-t-il décidé qu'un tel est un imbécile, il ne veut plus voir en lui que de l'imbécillité. Mais je puis n'être un imbécile que le mardi et le mercredi, tandis que le jeudi je serai peut-être plus intelligent que lui-même. Par exemple, il sait qu'en ce moment je soupire après un passe-port, — vu qu'en *Rassie* il faut absolument en avoir un, — et il croit par là me tenir tout à fait entre ses mains. Pierre Stépanovitch, je vous le dis, monsieur, se la coule fort douce, parce qu'il se représente l'homme à sa façon et ensuite ne démord plus de son idée. Avec cela, il est terriblement avare. Il pense que je n'oserai pas vous déranger avant qu'il m'en ait donné l'ordre, eh bien, vrai comme devant Dieu, monsieur, voilà déjà la quatrième nuit que j'attends Votre Grâce sur ce pont, car je n'ai pas besoin de Pierre Stépanovitch pour trouver mon chemin. Il vaut mieux, me suis-je dit, saluer une botte qu'une chaussure de tille [1].

— Mais qui t'a dit que je passerais nuitamment sur ce pont?

— Je l'ai appris indirectement, surtout grâce à la bêtise du capitaine Lébiadkine qui ne sait rien garder pour lui... Ainsi Votre Grâce me donnera, par exemple, trois roubles pour les trois jours et les trois nuits que je me suis morfondu à l'attendre. Je ne parle pas de mes vêtements qui ont été tout trempés par la pluie, c'est un détail que je laisse de côté par pure délicatesse.

— Je vais à gauche et toi à droite, nous voici arrivés au bout du pont. Écoute, Fédor, j'aime que l'on comprenne mes paroles une fois pour toutes : je ne te donnerai pas un kopek, à l'avenir que je ne te rencontre plus ni ici ni ailleurs, je n'ai pas besoin de toi et n'en aurai jamais besoin. Si tu ne tiens pas compte de cet avertissement, je te garrotterai et te livrerai à la police. Décampe!

— Eh! donnez-moi au moins quelque chose pour vous avoir tenu compagnie, j'ai égayé votre promenade.

— File!

— Mais connaissez-vous votre chemin par ici? Il y a tant de ruelles qui s'entre-croisent... Je pourrais vous guider, car cette ville, on dirait vraiment que le diable la portait dans un panier et qu'il l'a éparpillée ensuite sur le sol.

— Attends, je vais te garrotter! dit Nicolas Vsévolodovitch en se retournant vers Fedka d'un air menaçant.

— Oh! monsieur, vous n'aurez pas le courage de faire du mal à un orphelin.

---

[1] Proverbe russe qui correspond à notre proverbe français : Il vaut mieux s'adresser à Dieu qu'à ses saints.

— Tu parais compter beaucoup sur toi !

— Ce n'est pas sur moi que je compte, monsieur, c'est sur vous.

— Je n'ai aucun besoin de toi, te dis-je !

— Mais moi, monsieur, j'ai besoin de vous, voilà ! Vous me retrouverez quand vous repasserez, je vous attendrai.

— Je te donne ma parole d'honneur que, si je te rencontre, je te garrotterai.

— Eh bien ! en ce cas, j'aurai soin de me munir d'une courroie. Bon voyage, monsieur ; en somme, vous avez abrité l'orphelin sous votre parapluie, rien que pour cela je vous serai reconnaissant jusqu'au tombeau.

Il s'éloigna. Nicolas Vsévolodovitch poursuivit son chemin en s'abandonnant à ses réflexions. Cet homme tombé du ciel avait la conviction qu'il lui était nécessaire, et il s'était empressé de le lui déclarer sans y mettre aucunes formes. En général, on ne se gênait guère avec lui. Mais peut-être tout n'était-il pas mensonge dans les paroles du vagabond, peut-être en effet avait-il offert ses services de lui-même et à l'insu de Pierre Stépanovitch ; en ce cas, la chose était encore plus étrange.

II

La maison où se rendait Nicolas Vsévolodovitch était située dans un coin perdu, tout à l'extrémité de la ville ; complètement isolée, elle n'avait dans son voisinage que des jardins potagers. C'était une petite maisonnette en bois qui venait à peine d'être construite et n'avait pas encore son revêtement extérieur. A l'une des fenêtres on avait laissé exprès les volets ouverts, et sur l'appui de la croisée était placée une bougie évidemment destinée à guider le visiteur attendu à cette heure tardive. Nicolas Vsévolodovitch s trouvait encore à trente pas de la maison quand il aperçut, debout sur le perron, un homme de haute taille, sans doute le maître du logis, qui était sorti pour jeter un coup d'œil sur le chemin.

— C'est vous? Vous? cria ce personnage avec un mélange d'impatience et de timidité.

Nicolas Vsévolodovitch ne répondit que quand il fut tout près du perron.

— C'est moi, fit-il tandis qu'il fermait son parapluie.

— Enfin! reprit en s'empressant autour du visiteur le maître de la maison qui n'était autre que le capitaine Lébiadkine; donnez-moi votre parapluie; il est tout mouillé, je vais l'étendre ici sur le parquet dans un coin; entrez, je vous prie, entrez.

La porte du vestibule, grande ouverte, donnait accès dans une chambre éclairée par deux bougies.

— J'avais votre parole, sans cela j'aurais désespéré de votre visite.

Nicolas Vsévolodovitch regarda sa montre.

— Minuit trois quarts, dit-il en pénétrant dans la chambre.

— Et puis la pluie, la distance qui est si longue... Je n'ai pas de montre, et de la fenêtre on n'aperçoit que des jardins, de sorte que... on est en retard sur les événements... mais je ne murmure pas, je ne voudrais pas me le permettre; seulement, depuis huit jours, je suis dévoré d'impatience, il me tarde d'arriver enfin... à une solution.

— Comment?

— D'entendre l'arrêt qui décidera de mon sort, Nicolas Vsévolodovitch. Je vous en prie...

Il s'inclina en indiquant un siége à Stavroguine.

Ce dernier parcourut des yeux la chambre; petite et basse, elle ne contenait en fait de meubles que le strict nécessaire: des chaises et un divan en bois, tout nouvellement fabriqués, sans garniture et sans coussins; deux petites tables de tilleul, l'une près du divan, l'autre dans un coin; celle-ci, couverte d'une nappe, était chargée de choses sur lesquelles on avait étendu une serviette fort propre. Du reste, toute la chambre paraissait tenue très-proprement. Depuis huit jours le capitaine ne s'était pas enivré; il avait le visage enflé et jaune; son regard était inquiet, curieux et évidemment indécis : on voyait que Lébiadkine ne savait pas encore quel ton il devait prendre et quelle attitude servirait le mieux ses intérêts.

— Voilà, dit-il en promenant le bras autour de lui, — je vis comme un Zosime. Sobriété, solitude et pauvreté : les trois vœux des anciens chevaliers.

— Vous supposez que les anciens chevaliers faisaient de tels vœux?

— Je me suis peut-être trompé! Hélas, je n'ai pas d'instruction! J'ai tout perdu! Le croirez-vous, Nicolas Vsévolodovitch? ici, pour la première fois, j'ai secoué le joug des passions honteuses — pas un petit verre, pas une goutte! J'ai un gîte, et depuis six jours je goûte les joies de la conscience. Ces murs mêmes ont une bonne odeur de résine qui rappelle la nature. Mais qu'étais-je? Qu'étais-je?

« N'ayant point d'abri pour la nuit,
Pendant le jour tirant la langue »,

selon l'expression géniale du poëte! Mais... vous êtes tout trempé... Voulez-vous prendre du thé?

— Ne vous dérangez pas.

— Le samovar bouillait avant huit heures, mais... il s'est refroidi... comme tout dans le monde. Le soleil même, dit-on, se refroidira à son tour... Du reste, s'il le faut, je vais donner des ordres à Agafia, elle n'est pas encore couchée.

— Dites-moi, Marie Timoféievna...

— Elle est ici, elle est ici, répondit aussitôt à voix basse Lébiadkine, — voulez-vous la voir? ajouta-t-il en montrant une porte à demi fermée.

— Elle ne dort pas?

— Oh! non, non, est-ce possible? Au contraire, elle vous attend depuis le commencement de la soirée, et, dès qu'elle a su que vous deviez venir, elle s'est empressée de faire toilette, reprit le capitaine; en même temps il voulut esquisser un sourire jovial, mais il s'en tint à l'intention.

— Comment est-elle en général? demanda Nicolas Vsévolodovitch dont les sourcils se froncèrent.

Le capitaine leva les épaules en signe de compassion.

— En général? vous le savez vous-même, mais maintenant... maintenant elle se tire les cartes.

— Bien, plus tard; d'abord il faut en finir avec vous.

Nicolas Vsévolodovitch s'assit sur une chaise.

Le capitaine n'osa pas s'asseoir sur le divan, il se hâta de prendre une autre chaise, et, anxieux, se prépara à entendre ce que Stavroguine avait à lui dire.

Soudain l'attention de celui-ci fut attirée par la table placée dans le coin.

— Qu'est-ce qu'il y a sous cette nappe? demanda-t-il.

— Cela? fit Lébiadkine en se retournant vers l'objet indiqué, — cela provient de vos libéralités : je voulais, pour ainsi dire, pendre ma crémaillère, et l'idée m'était venue aussi qu'après une si longue course vous auriez besoin de vous restaurer, acheva-t-il avec un petit rire; puis il se leva, s'approcha tout doucement de la table et enleva la nappe avec précaution. Alors apparut une collation très-proprement servie et offrant un coup d'œil fort agréable : il y avait là du jambon, du veau, des sardines, du fromage, un petit carafon verdâtre et une longue bouteille de bordeaux.

— C'est vous qui vous êtes occupé de cela?

— Oui. Depuis hier je n'ai rien négligé pour faire honneur... Sur ce chapitre, vous le savez vous-même, Marie Timoféievna est fort indifférente. Mais, je le répète, tout cela provient de vos libéralités, tout cela est à vous, car vous êtes ici le maître, et moi, je ne suis en quelque sorte que votre employé; néanmoins, Nicolas Vsévolodovitch, néanmoins, d'esprit je suis indépendant! Ne m'enlevez pas ce dernier bien, le seul qui me reste! ajouta-t-il d'un ton pathétique.

I. 17

— Hum !... vous devriez vous asseoir.

— Re-con-nais-sant, reconnaissant et indépendant ! (Il s'assit.) Ah ! Nicolas Vsévolodovitch, ce cœur est si plein que je me demandais s'il n'éclaterait pas avant votre arrivée ! Voilà que maintenant vous allez décider mon sort et... celui de cette malheureuse ; et là... Il, comme autrefois, comme il y a quatre ans, je m'épancherai avec vous ! Dans ce temps-là vous daigniez m'entendre, vous lisiez mes strophes.. Alors vous m'appeliez votre Falstaff, mais qu'importe ? vous avez tant marqué dans ma vie !... J'ai maintenant de grandes craintes, de vous seul j'attends un conseil, une lumière. Pierre Stépanovitch me traite d'une façon effroyable !

Stavroguine l'écoutait avec curiosité et fixait sur lui un regard sondeur. Évidemment le capitaine Lébiadkine, quoiqu'il eût cessé de s'enivrer, était loin d'avoir recouvré la plénitude de ses facultés mentales. Les gens qui se sont adonnés à la boisson durant de longues années conservent toujours quelque chose d'incohérent, de trouble et de détraqué ; du reste, cette sorte de folie ne les empêche pas de se montrer rusés au besoin et de tromper leur monde presque aussi bien que les autres.

— Je vois que vous n'avez pas du tout changé, capitaine, depuis plus de quatre ans, observa d'un ton un peu plus affable Nicolas Vsévolodovitch. — Cela prouve que la seconde partie de la vie humaine se compose exclusivement des habitudes contractées pendant la première.

— Grande parole qui tranche le nœud gordien de la vie ! s'écria Lébiadkine avec une admiration moitié hypocrite, moitié sincère, car il aimait beaucoup les belles sentences. — Parmi toutes vos paroles, Nicolas Vsévolodovitch, il en est une surtout que je me rappelle, vous l'avez prononcée à Pétersbourg : « Il faut être un grand homme pour savoir résister au bon sens. » Voilà !

— Un grand homme ou un imbécile.

— C'est juste, mais vous, pendant toute votre vie, vous avez semé l'esprit à pleines mains, tandis qu'eux ? Que

Lipoutine, que Pierre Stépanovitch émettent donc quelque pensée semblable! Oh! comme Pierre Stépanovitch a été dur pour moi!...

— Mais vous-même, capitaine, comment vous êtes-vous conduit?

— J'étais en état d'ivresse; de plus, j'ai une foule d'ennemis! Mais maintenant c'est fini, je vais changer de peau comme le serpent. Nicolas Vsévolodovitch, savez-vous que je fais mon testament? je l'ai même déjà écrit.

— C'est curieux. Quel héritage laissez-vous donc et à qui?

— A la patrie, à l'humanité et aux étudiants. Nicolas Vsévolodovitch, j'ai lu dans les journaux la biographie d'un Américain. Il a légué toute son immense fortune aux fabriques et aux sciences positives, son squelette à l'académie de la ville où il résidait, et sa peau pour faire un tambour, à condition que jour et nuit on exécuterait sur ce tambour l'hymne national de l'Amérique. Hélas! nous sommes des pygmées comparativement aux citoyens des États-Unis; la Russie est un jeu de la nature et non de l'esprit. J'ai eu l'honneur de servir, au début de ma carrière, dans le régiment d'infanterie Akmolinsky : si je m'avisais de lui léguer ma peau sous forme de tambour à condition que chaque jour l'hymne national russe fût exécuté sur ce tambour devant le régiment, on verrait là du libéralisme, on interdirait ma peau... c'est pourquoi je me suis borné aux étudiants. Je veux léguer mon squelette à une académie, mais en stipulant toutefois que sur son front sera collé un écriteau sur lequel on lira dans les siècles des siècles : « Libre penseur repentant. » Voilà!

Le capitaine avait parlé avec chaleur; bien entendu, il trouvait fort beau le testament de l'Américain, mais c'était aussi un fin matois, et son principal but avait été de faire rire Nicolas Vsévolodovitch, près de qui il avait longtemps tenu l'emploi de bouffon. Cet espoir fut trompé. Stavroguine ne sourit même pas.

— Vous avez sans doute l'intention de faire connaître, de

votre vivant, vos dispositions testamentaires, afin d'obtenir une récompense? demanda-t-il d'un ton quelque peu sévère.

— Et quand cela serait, Nicolas Vsévolodovitch, quand cela serait? répondit Lébiadkine. — Voyez quelle est ma situation! J'ai même cessé de faire des vers, autrefois les productions de ma muse vous amusaient, Nicolas Vsévolodovitch, vous vous souvenez de certaine pièce sur une bouteille? Mais j'ai déposé la plume. Je n'ai écrit qu'une poésie, qui est pour moi le chant du cygne, comme l'a été pour Gogol sa *Dernière Nouvelle*. A présent, c'est fini.

— Quelle est donc cette poésie?

— « Dans le cas où elle se casserait la jambe! »

— Quo-oi?

C'était ce qu'attendait le capitaine. Il avait la plus grande admiration pour ses poésies, mais le poëte était chez lui doublé d'un parasite; aussi livrait-il volontiers ses vers à la risée de Nicolas Vsévolodovitch qui d'ordinaire, à Pétersbourg, ne pouvait les entendre sans pouffer. Dans la circonstance présente Lébiadkine poursuivait un autre but d'une nature fort délicate. En donnant à la conversation cette tournure, il comptait se justifier sur un point qui l'inquiétait on ne peut plus, et où il se sentait très-coupable.

— « Dans le cas où elle se casserait la jambe », c'est-à-dire dans le cas d'une chute de cheval. C'est une fantaisie, Nicolas Vsévolodovitch, un délire, mais un délire de poëte : un jour, sur mon chemin, j'ai rencontré une amazone et je me suis posé la question : « Qu'arriverait-il alors? » — c'est-à-dire dans ce cas. La chose est claire : tous les soupirants s'éclipseraient aussitôt, seul le poëte, le cœur brisé, resterait immuablement fidèle. Nicolas Vsévolodovitch, un ver même pourrait être amoureux, les lois ne le lui défendent pas. Pourtant la personne s'est offensée et de la lettre et des vers. On dit que vous vous êtes fâché aussi, c'est désolant, je ne voulais même pas le croire. Voyons, à qui pourrais-je faire du tort par une simple imagination? Et puis, je le jure sur l'honneur, c'est Lipoutine qui est cause de tout : « Envoie donc, envoie, ne cessait-il de me dire, le droit d'écrire appartient à tout homme. » Je n'ai fait que suivre ses conseils.

— Il paraît que vous avez fait une demande en mariage?

— Mes ennemis, mes ennemis, toujours mes ennemis!...

— Récitez vos vers! interrompit durement Nicolas Vsévolodovitch.

— C'est un délire, il ne faut pas considérer la chose autrement.

Néanmoins il se redressa, tendit le bras en avant et commença :

> La beauté des beautés, par un destin fatal,
> Las! s'est estropiée en tombant de cheval,
> Et son adorateur, depuis qu'elle est boiteuse,
> A senti redoubler son ardeur amoureuse.

— Allons, assez, fit Nicolas Vsévolodovitch avec un geste d'impatience.

Sans transition, Lébiadkine mit la conversation sur un autre sujet.

— Je rêve de Piter[1], j'aspire à me régénérer... Mon bienfaiteur! Puis-je espérer que vous ne me refuserez pas les moyens de faire ce voyage? Je vous ai attendu toute cette semaine comme un soleil.

— Non, pardonnez-moi, il ne me reste presque plus d'argent, et, d'ailleurs, pourquoi vous en donnerais-je?

Cet appel de fonds semblait avoir irrité soudain Nicolas Vsévolodovitch. Sèchement, en peu de mots, il énuméra tous les méfaits du capitaine : son ivrognerie, ses sottises, sa conduite à l'égard de Marie Timoféievna dont il avait gaspillé la pension et qu'il avait fait sortir du couvent; ses tentatives de chantage, sa manière d'agir avec Daria Pavlovna, etc., etc. Le capitaine s'agitait, gesticulait, essayait de répondre, mais, chaque fois, Nicolas Vsévolodovitch lui imposait silence.

— Permettez-moi d'ajouter un dernier mot, acheva-t-il,

---

[1] Nom donné par les gens du peuple à Pétersbourg.

— dans toutes vos lettres vous parlez de « déshonneur domestique ». Quel déshonneur y a-t-il donc pour vous dans le mariage de votre sœur avec Stavroguine?

— Mais ce mariage est ignoré, Nicolas Vsévolodovitch, personne ne le connaît, c'est un secret fatal. Je reçois de l'argent de vous, et tout à coup on me demande : A quel titre touchez-vous cet argent? Je suis lié, je ne peux pas répondre, cela porte préjudice à la réputation de ma sœur, à l'honneur de mon nom.

Le capitaine avait élevé le ton : il aimait ce thème dont il attendait un effet sûr. Hélas! quelle déception lui était réservée! Tranquillement, comme s'il se fût agi de la chose la plus simple du monde, Nicolas Vsévolodovitch lui apprit que sous peu de jours, peut-être demain ou après-demain, il avait l'intention de porter son mariage à la connaissance « de la police aussi bien que de la société », ce qui trancherait du même coup et la question de l'honneur domestique et celle des subsides. Le capitaine écarquillait les yeux; dans le premier moment il ne comprit pas, Nicolas Vsévolodovitch dut lui expliquer ses paroles.

— Mais c'est une... aliénée?
— Je prendrai des dispositions en conséquence.
— Mais..... que dira votre mère?
— Elle dira ce qu'elle voudra.
— Et vous introduirez votre femme dans votre maison?
— Oui, peut-être. Du reste, cela ne vous regarde pas.
— Comment, cela ne me regarde pas? s'écria le capitaine; — mais moi, quelle sera donc ma situation?
— Eh bien, naturellement, vous n'entrerez pas chez moi.
— Je suis pourtant un parent.
— Les parents comme vous, on les fuit. Pourquoi vous donnerais-je alors de l'argent? Jugez-en vous-même.
— Nicolas Vsévolodovitch, Nicolas Vsévolodovitch, c'est impossible, vous réfléchirez peut-être encore, vous ne voudrez pas attenter... que pensera-t-on, que dira-t-on dans le monde?

— J'ai bien peur de votre monde. J'ai épousé votre sœur parce qu'après un dîner, étant pris de vin, j'avais parié que je l'épouserais, et maintenant je le ferai savoir publiquement... si cela me plaît.

Il prononça ces mots avec une sorte de colère. Lébiadkine commença à croire que c'était sérieux, et l'épouvante s'empara de lui.

— Mais moi, voyons, le principal ici, c'est moi !... Vous plaisantez peut-être, Nicolas Vsévolodovitch !

— Non, je ne plaisante pas.

— Vous êtes libre, Nicolas Vsévolodovitch, mais je ne vous crois pas... alors je porterai plainte.

— Vous êtes terriblement bête, capitaine.

— Soit, mais c'est tout ce qu'il me reste à faire, — répliqua Lébiadkine qui ne savait plus ce qu'il disait ; — autrefois, à Pétersbourg, quand elle servait dans les maisons meublées, on nous donnait du moins le logement. Mais maintenant que deviendrai-je si vous m'abandonnez ?

— Ne voulez-vous donc pas vous rendre à Pétersbourg pour commencer une carrière nouvelle ? A propos, d'après ce que j'ai entendu dire, vous vous proposez d'aller faire des dénonciations, dans l'espoir d'obtenir votre pardon en signalant tous les autres ?

Le capitaine resta bouche béante, regardant avec de grands yeux son interlocuteur.

Nicolas Vsévolodovitch se pencha vers la table.

— Écoutez, capitaine, reprit-il tout à coup d'un ton extrêmement sérieux. Jusqu'alors il avait parlé d'une façon assez équivoque, si bien que Lébiadkine habitué au rôle de bouffon avait pu se demander si son barine était réellement fâché ou s'il voulait rire, s'il songeait pour tout de bon à rendre son mariage public ou si c'était seulement une plaisanterie. Maintenant il n'y avait plus à s'y méprendre : le visage de Nicolas Vsévolodovitch était tellement sévère qu'un frisson parcourut l'épine dorsale du capitaine. — Écoutez et dites la vérité, Lébiadkine : avez-vous révélé quelque chose ou ne l'avez-vous pas encore fait? N'êtes-vous pas déjà entré dans la voie des dénonciations? N'avez-vous point, par bêtise, écrit quelque lettre?

— Non, je n'ai rien fait encore, et... je ne pensais même pas à cela, répondit le capitaine qui tenait toujours ses yeux fixés sur Stavroguine.

— Eh bien, vous mentez quand vous dites que vous ne pensiez pas à cela. C'est même dans cette intention que vous voulez aller à Pétersbourg. Si vous n'avez pas écrit, n'avez-vous pas lâché un mot de trop en causant ici avec quelqu'un? Répondez franchement, j'ai entendu parler de quelque chose.

— J'ai causé avec Lipoutine, étant ivre. Lipoutine est un traître. Je lui ai ouvert mon cœur, murmura le capitaine devenu pâle.

— Il n'est pas défendu d'ouvrir son cœur, mais il ne faut pas être un sot. Si vous aviez cette idée, vous auriez dû la garder pour vous. Aujourd'hui les hommes intelligents se taisent au lieu de bavarder.

— Nicolas Vsévolodovitch! dit en tremblant Lébiadkine; — personnellement vous n'avez pris part à rien, je ne vous ai pas...

— Oh! je sais bien que vous n'oseriez pas dénoncer votre vache à lait.

— Nicolas Vsévolodovitch, jugez, jugez!... Et désespéré, les larmes aux yeux, le capitaine fit le récit de sa vie depuis quatre ans. C'était la stupide histoire d'un imbécile qui, l'ivrognerie et la fainéantise aidant, se fourre dans une affaire pour laquelle il n'est pas fait et dont, jusqu'au dernier moment, il comprend à peine la gravité. Il raconta qu'à Pétersbourg il s'était laissé entraîner d'abord simplement par l'amitié, comme un brave étudiant, quoiqu'il ne fut pas étudiant: sans rien savoir, « le plus innocemment du monde », il semait divers papiers dans les escaliers, les déposait par paquets de dix sous les portes, les accrochait aux cordons des sonnettes, les distribuait en guise de journaux, les glissait, au théâtre, dans les chapeaux et dans les poches des spectateurs. Ensuite on lui avait donné de l'argent pour faire cette besogne qu'il avait acceptée « parce qu'il fallait vivre! » Dans deux provinces il avait colporté de district en district « toutes sortes de vilenies ». O Nicolas Vsévolodovitch, s'écria-t-il, rien ne me révoltait comme ces attaques dirigées contre les lois civiles et surtout celles de la patrie. « Prenez des fourches, lisait-on dans ces papiers, songez que celui qui, le matin, sortira pauvre de chez lui pourra, le soir, y rentrer riche. » « Fermez au plus tôt les églises, était-il dit dans une proclamation de cinq ou six lignes adressée à toute la Russie, anéantissez Dieu, abolissez le mariage, supprimez le droit d'hériter, prenez des couteaux. » Le diable sait ce qu'il y avait ensuite. Ces horreurs me faisaient frissonner, mais je les distribuais tout de même. Un jour il faillit m'en cuire : je fus surpris par des officiers au moment où j'essayais d'introduire dans une caserne cette proclamation de cinq lignes, heureusement ils se contentèrent de me rosser, après quoi ils me laissèrent partir : que Dieu les en récompense! Ici, l'an dernier, je fus sur le point d'être arrêté quand je remis à Korovaïeff de faux assignats fabriqués en France, mais, grâce à Dieu, sur ces entrefaites Korovaïeff, étant ivre, se noya dans un étang, et l'on ne put rien prouver contre moi. Ici j'ai proclamé chez Virguinsky la liberté de la femme sociale. Au mois de juin j'ai de nouveau répandu différents papiers dans le district de ***. Il paraît qu'on veut encore m'y forcer... Pierre Stépanovitch me donne à entendre que je dois obéir. Depuis longtemps déjà il me menace. Et comme il m'a traité l'autre dimanche! Nicolas Vsévolodovitch, je suis un esclave, je suis un ver, mais non un dieu, par là seulement je me distingue de Derjavine. Vous voyez quelle est ma détresse.

Stavroguine l'écouta avec curiosité jusqu'au bout.

— Je ne savais pas tout cela, dit-il; — naturellement, à un homme comme vous tout peut arriver... Écoutez, poursuivit-il après avoir réfléchi un instant, — si vous voulez, dites-leur, dites à qui vous savez, que les propos de Lipoutine sont des contes et que vos menaces de dénonciation ne visaient que moi, parce que, me croyant compromis aussi, vous comptiez de la sorte m'extorquer plus d'argent... Vous comprenez?

— Nicolas Vsévolodovitch, mon cher, se peut-il donc que je sois exposé à un pareil danger? Il me tardait de vous voir pour vous questionner.

Le visiteur sourit.

— A coup sûr on ne vous laissera pas aller à Pétersbourg, quand même je vous donnerais de l'argent pour faire ce voyage... Mais il est temps que je voie Marie Timoféievna.

Il se leva.

— Nicolas Vsévolodovitch, — et quelles sont vos intentions par rapport à Marie Timoféievna?

— Je vous les ai dites.

— Est-il possible que ce soit vrai?

— Vous ne le croyez pas encore?

— Ainsi vous allez me planter là comme une vieille botte hors d'usage?

— Je verrai, répondit en riant Nicolas Vsévolodovitch, — allons, introduisez-moi.

— Voulez-vous que j'aille sur le perron?... ici je pourrais, sans le faire exprès, entendre votre conversation... parce que les chambres sont toutes petites.

— Soit; allez sur le perron. Prenez le parapluie.

— Le vôtre? Suis-je digne de m'abriter dessous?

— Tout le monde est digne d'un parapluie.

— Vous déterminez du coup le minimum des droits de l'homme.

Mais le capitaine prononça ces mots machinalement : il était écrasé, anéanti par les nouvelles qu'il venait d'apprendre. Et pourtant, à peine arrivé sur le perron, cet homme aussi roué qu'inconsistant se reprit à espérer, l'idée lui revint que Nicolas Vsévolodovitch cherchait à lui donner le change par des mensonges : s'il en était ainsi, ce n'était pas à lui d'avoir peur, puisqu'on le craignait.

« S'il ment, s'il ruse, quel est son but? » se demandait Lébiadkine. La publication du mariage lui paraissait une absurdité : « Il est vrai que de la part d'un tel monstre rien ne doit étonner; il ne vit que pour faire du mal aux gens. Mais qui sait si lui-même n'a pas peur, depuis l'affront inouï qu'il a reçu l'autre jour? Il craint que je ne révèle son mariage, voilà pourquoi il s'est empressé de venir me dire qu'il allait lui-même le faire connaître. Holà, ne va pas te blouser, Lébiadkine! Et pourquoi venir la nuit, en cachette, quand lui-même désire la publicité? Mais s'il a peur, évidemment c'est depuis peu, son inquiétude doit être toute récente... Eh! gare aux bévues, Lébiadkine!...

« Il m'effraye avec Pierre Stépanovitch. Oh! voilà ce qu'il y a de terrible! Et pourquoi ai-je fait des confidences à Lipoutine? Le diable sait ce que manigancent ces démons, jamais je n'ai pu y voir clair. Ils recommencent à s'agiter comme il y a cinq ans. A qui, il est vrai, les dénoncerais-je? « N'avez-vous pas écrit à quelqu'un par bêtise? » Hum. Ainsi l'on pourrait écrire comme par bêtise? N'est-ce pas un conseil qu'il me donne? « Vous allez pour cela à Pétersbourg. » Le coquin! cette idée ne m'est pas plus tôt venue à l'esprit qu'il l'a devinée! On dirait que lui-même, sans en avoir l'air, me pousse à aller là-bas. Il n'y a ici que deux suppositions possibles : ou bien, je le répète, il a peur, parce qu'il s'est mis dans un mauvais cas, ou... ou il ne craint rien pour lui, et il m'excite sourdement à les dénoncer tous! Oh! la conjoncture est délicate, Lébiadkine, prends garde de faire une boulette!... »

Il était si absorbé dans ses réflexions qu'il ne pensa même pas à se mettre aux écoutes. Du reste, il lui aurait été difficile d'entendre la conversation : la porte était massive et à un seul battant; d'autre part, on n'élevait guère la voix; le capitaine ne percevait que des sons indistincts. Il lança un jet de salive et retourna siffler sur le perron.

III

Deux fois plus grande que la pièce occupée par le capitaine, la chambre de Marie Timoféievna ne renfermait pas un mobilier plus élégant; mais la table qui faisait face au divan était couverte d'une nappe de couleur, sur tout le parquet s'étendait un beau tapis, et le lit était masqué par un long rideau vert qui coupait la chambre en deux; il y avait en outre près de la table un grand et moelleux fauteuil sur lequel pourtant Marie Timoféievna n'était pas assise. Ici comme dans le logement de la rue de l'Épiphanie une lampe brûlait dans un coin devant un icone, et sur la table se retrouvaient aussi les mêmes objets : jeu de cartes, miroir, chansonnier, tout jusqu'au petit pain blanc ; de plus, on y voyait un album de photographies et deux livres avec des gravures coloriées : l'un était une relation de voyage arrangée à l'usage de la jeunesse, l'autre un recueil d'histoires morales et pour la plupart chevaleresques. Ainsi que l'avait dit le capitaine, sans doute Marie Timoféievna avait attendu le visiteur, mais quand celui-ci entra chez elle, elle dormait, à demi couchée sur le divan. Nicolas Vsévolodovitch ferma sans bruit la porte derrière lui, et, sans bouger de place, se mit à considérer la dormeuse.

Le capitaine avait menti en disant que sa sœur avait fait toilette. Elle portait la robe de couleur sombre que nous lui avons vue chez Barbara Pétrovna. Maintenant comme alors son long cou décharné était à découvert, et ses cheveux étaient réunis sur sa nuque en un chignon minuscule. Le châle noir donné par Barbara Pétrovna était plié soigneusement et reposait sur le divan. Cette fois encore Marie Timoféievna était grossièrement fardée de blanc et de rouge. Moins d'une minute après l'apparition de Nicolas Vsévolodovitch, elle se réveilla soudain comme si elle eût senti son regard sur elle, ouvrit les yeux et se redressa vivement. Mais il est probable que le visiteur éprouvait lui-même une impression étrange : toujours debout près de la porte, il ne proférait pas un mot et ses yeux restaient obstinément fixés sur le visage de Marie Timoféievna. Peut-être avaient-ils quelque chose de particulièrement dur, peut-être exprimaient-ils le dégoût, même une joie maligne de la frayeur ressentie par la folle, ou bien cette dernière, mal éveillée, crut-elle seulement lire cela dans le regard de Nicolas Vsévolodovitch? Quoi qu'il en soit, au bout d'un moment les traits de la pauvre femme prirent une expression de terreur extraordinaire; des convulsions parcoururent son visage, elle leva les bras, les agita, et tout à coup fondit en larmes comme un enfant épouvanté; encore un instant, et elle aurait crié. Mais le visiteur s'arracha à sa contemplation, un brusque changement s'opéra dans sa physionomie, et ce fut avec le sourire le plus gracieux qu'il s'approcha de la table :

— Pardon, je vous ai fait peur, Marie Timoféievna, dit-il en lui tendant la main, — j'ai eu tort de venir vous surprendre ainsi au moment de votre réveil.

L'aménité de ce langage produisit son effet. La frayeur de Marie Timoféievna se dissipa, quoiqu'elle continuât à regarder Stavroguine avec appréhension, en faisant de visibles efforts pour comprendre. Elle tendit craintivement sa main. A la fin, un timide sourire se montra sur ses lèvres.

— Bonjour, prince, dit-elle à voix basse, tout en considérant d'un air étrange Nicolas Vsévolodovitch.

— Sans doute vous avez fait un mauvais rêve? reprit-il avec un sourire de plus en plus aimable.

— Mais vous, comment savez-vous que j'ai rêvé *de cela*?...

Et soudain son tremblement de tout à l'heure la ressaisit, elle se rejeta en arrière et leva le bras devant elle comme pour se protéger, peu s'en fallut qu'elle ne fondît de nouveau en larmes.

— Remettez-vous, de grâce; pourquoi avoir peur? Est-il possible que vous ne me reconnaissiez pas? ne cessait de répéter Nicolas Vsévolodovitch, mais, cette fois, il fut longtemps sans pouvoir la rassurer; elle le regardait silencieusement, en proie à une cruelle incertitude, et l'on voyait qu'elle faisait de pénibles efforts pour concentrer sa pauvre intelligence sur une idée. Tantôt elle baissait les yeux, tantôt elle les relevait brusquement et enveloppait le visiteur d'un regard rapide. A la fin, elle parut, sinon se calmer, du moins prendre un parti.

— Asseyez-vous, je vous prie, à côté de moi, afin que plus tard je puisse vous examiner, dit-elle d'une voix assez ferme; il était clair qu'une nouvelle pensée venait de se faire jour dans son esprit. — Mais, pour le moment, ne vous inquiétez pas, moi-même je ne vous regarderai pas, je tiendrai les yeux baissés. Ne me regardez pas non plus jusqu'à ce que je vous le demande. Asseyez-vous donc, ajouta-t-elle avec impatience.

Elle était visiblement dominée de plus en plus par une impression nouvelle.

Nicolas Vsévolodovitch s'assit et attendit; il y eut un assez long silence.

— Hum! je trouve tout cela étrange, murmura-t-elle tout à coup d'un ton presque méprisant; sans doute je fais beaucoup de mauvais rêves; seulement pourquoi vous ai-je vu en songe sous ce même aspect?

— Allons, laissons là les rêves, répliqua le visiteur impatienté, et, malgré la défense qu'elle lui en avait faite, il se retourna vers elle. Peut-être ses yeux avaient-ils la même expression que tantôt. A plusieurs reprises il remarqua que Marie Timoféievna aurait bien voulu le regarder, qu'elle en avait grande envie, mais que, se roidissant contre son désir, elle s'obstinait à contempler le parquet.

— Écoutez, prince, écoutez, dit-elle en élevant soudain la voix, — écoutez, prince...

— Pourquoi vous êtes-vous détournée? Pourquoi ne me

regardez-vous pas? A quoi bon cette comédie? interrompit-il violemment.

Mais elle n'eut pas l'air de l'avoir entendu; sa physionomie était soucieuse et maussade.

— Écoutez, prince, répéta-t-elle pour la troisième fois d'un ton ferme; — quand, l'autre jour, dans la voiture vous m'avez dit que vous feriez connaître notre mariage, je me suis effrayée à la pensée que notre secret serait rendu public. Maintenant je ne sais pas, j'ai beaucoup réfléchi, et je vois clairement que je ne suis bonne à rien. Je sais m'habiller, à la rigueur je saurais aussi recevoir : il n'est pas bien difficile d'offrir une tasse de thé aux gens, surtout quand on a des domestiques. Mais, n'importe, on me regardera de travers. Dimanche, lors de ma visite dans cette maison-là, j'ai observé bien des choses. Cette jolie demoiselle m'a examinée tout le temps, surtout à partir du moment où vous êtes entré. C'est vous, n'est-ce pas, qui êtes entré alors? Sa mère, cette vieille dame du monde, est simplement ridicule. Mon Lébiadkine s'est distingué aussi; pour ne pas éclater de rire, j'ai toujours regardé le plafond, il est orné de belles peintures. Sa mère *à lui* pourrait être supérieure d'un couvent; j'ai peur d'elle, quoiqu'elle m'ait fait cadeau d'un châle noir. Toutes ces personnes ont dû donner un triste témoignage de moi, je ne leur en veux pas, seulement je me disais alors en moi-même : Quelle parente suis-je pour elles? Sans doute on n'exige d'une comtesse que les qualités morales, — celles d'une femme de ménage ne lui sont pas nécessaires, car elle a une foule de laquais, — mettons qu'il lui faut aussi un peu de coquetterie mondaine pour être en état de recevoir les étrangers de distinction, voilà tout! Mais, n'importe, dimanche on me regardait d'un air de désolation. Dacha seule est un ange. J'ai bien peur qu'on ne l'ait chagrinée en *lui* tenant des propos inconsidérés sur mon compte.

— N'ayez pas peur et ne vous tourmentez pas, dit Nicolas Vsévolodovitch avec un sourire qu'il ne réussit pas à rendre agréable.

— Du reste, quand même il serait un peu honteux de moi, cela ne me ferait rien, car il aura toujours plus de compassion que de honte; j'en juge, naturellement, d'après le cœur humain. Il sait que c'est plutôt à moi de plaindre ces gens-là qu'à eux d'avoir pitié de moi.

— Vous avez été, paraît-il, très-blessée de leur manière d'être, Marie Timoféievna?

— Qui? Moi? Non, répondit-elle en souriant avec bonhomie. — Pas du tout. Je vous regardais tous alors; vous étiez tous fâchés, vous vous disputiez, ils se réunissent et ils ne savent pas rire de bon cœur. Tant de richesses et si peu de gaieté, cela me paraît horrible. Du reste, à présent je ne plains plus personne, je garde pour moi toute ma pitié.

— J'ai entendu dire qu'avec votre frère vous aviez la vie dure avant mon arrivée?

— Qui est-ce qui vous a dit cela? C'est absurde. Je suis bien plus malheureuse à présent. Je fais maintenant de mauvais rêves, et c'est parce que vous êtes arrivé. Pourquoi êtes-vous venu? dites-le, je vous prie.

— Mais ne voulez-vous pas retourner au couvent?

— Allons, je m'en doutais, qu'il allait encore me proposer cela! Un beau venez-y voir que votre couvent! Et pourquoi y retournerais-je? Avec quoi maintenant y rentrerais-je? Je suis toute seule à présent! Il est trop tard pour commencer une troisième vie.

— Pourquoi vous emportez-vous ainsi? N'avez-vous pas peur que je cesse de vous aimer?

— Je ne m'inquiète pas du tout de vous. Je crains moi-même de ne plus guère aimer quelqu'un.

Elle eut un sourire de mépris.

— Je dois m'être donné envers *lui* un tort grave, ajouta-t-elle soudain comme se parlant à elle-même, — seulement voilà, je ne sais pas en quoi consiste ce tort, et c'est ce qui fait mon éternel tourment. Depuis cinq ans je ne cessais de me dire nuit et jour que j'avais été coupable à son égard.

Je priais, je priais, et toujours je pensais à ma grande faute envers lui. Et voilà qu'il s'est trouvé que c'était vrai.

— Mais quoi?

— Toute ma crainte, c'est qu'*il* ne soit mêlé à cela, poursuivit-elle sans répondre à la question qu'elle n'avait même pas entendue. — Pourtant il ne peut pas s'être associé de nouveau à ces petites gens. La comtesse me mangerait volontiers, quoiqu'elle m'ait fait asseoir à côté d'elle dans sa voiture. Ils ont tous formé un complot — se peut-il qu'il y soit entré aussi? Se peut-il que lui aussi soit un traître? (Un tremblement agita ses lèvres et son menton.) Écoutez, vous : avez-vous lu l'histoire de Grichka Otrépieff qui a été maudit dans sept cathédrales?

Nicolas Vsévolodovitch garda le silence.

— Mais, du reste, je vais maintenant me retourner vers vous et vous regarder, décida-t-elle subitement; — tournez-vous aussi de mon côté et regardez-moi, mais plus fixement. Je veux enfin éclaircir mes doutes.

— Je vous regarde depuis longtemps déjà.

— Hum, fit Marie Timoféievna en observant attentivement le visiteur, — vous avez beaucoup engraissé...

La folle voulait encore dire quelque chose, mais soudain la terreur qu'elle avait éprouvée tantôt se peignit pour la troisième fois sur son visage, de nouveau elle recula en projetant le bras devant elle.

— Qu'avez-vous donc? cria avec une sorte de rage Nicolas Vsévolodovitch.

Mais la frayeur de Marie Timoféievna ne dura qu'un instant; un sourire sceptique et désagréable fit grimacer ses lèvres :

— Prince, levez-vous, je vous prie, et entrez, dit-elle tout à coup d'un ton ferme et impérieux.

— Comment, entrez? Où voulez-vous que j'entre?

— Pendant ces cinq années, je n'ai fait que me représenter de quelle manière *il* entrerait. Levez-vous tout de suite et retirez-vous derrière la porte, dans l'autre chambre. Je serai assise ici comme si je ne m'attendais à rien, j'aurai un livre dans les mains, et tout à coup vous apparaîtrez après cinq ans d'absence. Je veux voir cette scène.

Nicolas Vsévolodovitch grinçait des dents et grommelait à part soi des paroles inintelligibles.

— Assez, dit-il en frappant sur la table. — Je vous prie de m'écouter, Marie Timoféievna. Tâchez, s'il vous plaît, de me prêter toute votre attention. Vous n'êtes pas tout à fait folle ! laissa-t-il échapper dans un mouvement d'impatience.
— Demain je rendrai public notre mariage. Jamais vous n'habiterez un palais, détrompez-vous à cet égard. Voulez-vous passer toute votre vie avec moi ? seulement ce sera fort loin d'ici. Nous irons demeurer dans les montagnes de la Suisse, il y a là un endroit... Soyez tranquille, je ne vous abandonnerai jamais et ne vous mettrai pas dans une maison de santé. J'ai assez d'argent pour vivre sans rien demander à personne. Vous aurez une servante ; vous ne vous occuperez d'aucun travail. Tous vos désirs réalisables seront satisfaits. Vous prierez, vous irez où vous voudrez, et vous ferez ce que bon vous semblera. Je ne vous toucherai pas. Je ne bougerai pas non plus du lieu où nous nous serons fixés. Si vous voulez, je ne vous adresserai jamais la parole. Vous pourrez, si cela vous plaît, me raconter chaque soir vos histoires, comme autrefois à Pétersbourg. Je vous ferai des lectures si vous le désirez. Mais aussi vous devrez passer toute votre vie dans le même endroit, et c'est un pays triste. Vous consentez ? Vous ne regretterez pas votre résolution, vous ne m'infligerez pas le supplice de vos malédictions et de vos larmes ?

Elle avait écouté avec une attention extraordinaire et réfléchit longtemps en silence.

— Tout cela me paraît invraisemblable, dit-elle enfin d'un ton sarcastique. — Ainsi je passerai peut-être quarante ans dans ces montagnes.

Elle se mit à rire.

— Eh bien, oui, nous y passerons quarante ans, répondit en fronçant le sourcil Nicolas Vsévolodovitch.

— Hum... pour rien au monde je n'irai là.

— Même avec moi?

— Mais qui êtes-vous donc pour que j'aille avec vous? Quarante années durant être perchée sur une montagne avec lui — il me la baille belle! Et quels gens patients nous avons aujourd'hui en vérité! Non, il ne se peut pas que le faucon soit devenu un hibou. Ce n'est pas là mon prince! déclara-t-elle en relevant fièrement la tête.

Le visage de Nicolas Vsévolodovitch s'assombrit.

— Pourquoi m'appelez-vous prince et... et pour qui me prenez-vous? demanda-t-il vivement.

— Comment? Est-ce que vous n'êtes pas prince?

— Je ne l'ai même jamais été.

— Ainsi vous-même, vous avouez carrément devant moi que vous n'êtes pas prince!

— Je vous répète que je ne l'ai jamais été.

Elle frappa ses mains l'une contre l'autre.

— Seigneur! Je m'attendais à tout de la part de *ses* ennemis, mais je n'aurais jamais cru possible une pareille insolence! Vit-il encore? vociféra-t-elle hors d'elle-même en s'élançant sur Nicolas Vsévolodovitch, — tu l'as tué, n'est-ce pas? Avoue!

Stavroguine fit un saut en arrière.

— Pour qui me prends-tu? dit-il; ses traits étaient affreusement altérés, mais il était difficile en ce moment de faire peur à Marie Timoféievna, elle poursuivit avec un accent de triomphe :

— Qui te connaît? Qui sait ce que tu es et d'où tu sors? Mais durant ces cinq années mon cœur a pressenti toute l'intrigue! Je m'étonnais aussi, je me disais : Qu'est-ce que c'est que ce chat-huant? Non, mon cher, tu es un mauvais acteur, pire même que Lébiadkine. Présente mes hommages à la comtesse et dis-lui que je la prie d'envoyer quelqu'un de plus propre. Elle t'a payé, parle! Tu es employé comme marmiton chez elle! j'ai percé à jour votre imposture, je vous comprends tous, jusqu'au dernier!

Il la saisit avec force par le bras; elle lui rit au nez :

— Quant à lui ressembler, ça, oui, tu lui ressembles beaucoup, tu pourrais même être son parent, — homme fourbe! Mais le mien est un faucon à l'œil perçant et un prince, tandis que toi tu es une chouette et un marchand! Le mien ne se laisse pas marcher sur le pied; toi, Chatouchka (il est bien gentil, je l'aime beaucoup!), Chatouchka t'a donné un soufflet, mon Lébiadkine me l'a raconté. Et pourquoi avais-tu peur, ce jour-là, quand tu es entré? Qui est-ce qui t'avait effrayé? Quand j'ai vu ton bas visage, au moment où je suis tombée et où tu m'as relevée, j'ai senti comme un ver qui se glissait dans mon cœur : Ce n'est pas *lui*, me suis-je dit, ce n'est pas *lui!* Mon faucon n'aurait jamais rougi de moi devant une demoiselle du grand monde! O Seigneur! Pendant cinq années entières, mon seul bonheur a été de penser que mon faucon était quelque part, là-bas derrière les montagnes, qu'il vivait, qu'il volait en regardant le soleil... Parle, imposteur, as-tu reçu une grosse somme pour jouer ce rôle? T'a-t-on payé cher? Moi, je ne t'aurais pas donné un groch [1]. Ha, ha, ha! Ha, ha, ha!...

— Oh! idiote, fit en grinçant des dents Nicolas Vsévolodovitch qui lui serrait toujours le bras.

— Hors d'ici, imposteur! ordonna-t-elle, je suis la femme de mon prince, je n'ai pas peur de ton couteau!

— De mon couteau?

— Oui, de ton couteau. Tu as un couteau dans ta poche. Tu pensais que je dormais, mais je l'ai vu : quand tu es entré tout à l'heure, tu as tiré un couteau!

— Que dis-tu, malheureuse? De quels rêves es-tu le jouet, cria Nicolas Vsévolodovitch, et il repoussa Marie Timoféievna d'une façon si rude que la tête et les épaules de la folle heurtèrent violemment contre le divan. Il s'enfuit, mais elle courut après lui et, tout en boitant, le poursuivit jusque sur le perron. Lébiadkine, effrayé, la ramena de force dans la

---

[1] Pièce de deux kopeks.

maison; toutefois, avant que le visiteur eût disparu, elle put encore lui jeter à travers les ténèbres cette apostrophe accompagnée d'un rire strident :

— Grichka Ot-rep-ieff, a-na-thème !

IV

« Un couteau ! un couteau ! » répétait Nicolas Vsévolodovitch en proie à une indicible colère, tandis qu'il marchait à grands pas dans la boue et dans les flaques d'eau sans remarquer où il posait ses pieds. Par moments, à la vérité, il éprouvait une violente envie de rire bruyamment, furieusement, mais il la refoulait en lui. Il ne recouvra un peu de sang-froid que quand il fut arrivé sur le pont, à l'endroit même où tantôt il avait fait la rencontre de Fedka. Cette fois encore le vagabond l'attendait ; en l'apercevant, il ôta sa casquette, découvrit gaiement ses mâchoires, et avec un joyeux sans gêne engagea la conversation. D'abord, Nicolas Vsévolodovitch passa son chemin, et même pendant un certain temps il n'entendit point le rôdeur qui s'était mis à lui emboîter le pas. Tout à coup il songea avec surprise qu'il l'avait complètement oublié, et cela alors même qu'il ne cessait de se répéter : « Un couteau ! un couteau ! » Il saisit le vagabond, et, de toute sa force que doublait la colère amassée en lui, l'envoya rouler sur le pont. L'idée d'une lutte traversa l'esprit de Fedka, mais presque aussitôt il comprit qu'il n'aurait pas le dessus, en conséquence il se tint coi et n'essaya même aucune résistance. A genoux, le corps incliné vers la terre, les coudes saillant derrière le dos, le rusé personnage attendit tranquillement l'issue de cette aventure qui ne semblait pas du tout l'inquiéter.

L'événement lui donna raison. Le premier mouvement de Nicolas Vsévolodovitch avait été d'ôter son cache-nez pour lier les mains de son prisonnier, mais il lâcha brusquement ce dernier et le repoussa loin de lui. En un clin d'œil Fedka fut debout, il se détourna, et, tout à coup, un couteau à la lame courte mais large brilla dans sa main.

— A bas le couteau, cache-le, cache-le tout de suite, *ordonna* avec un geste impatient Nicolas Vsévolodovitch, et le couteau disparut aussi vite qu'il s'était montré.

Stavroguine continua sa marche en silence et sans se retourner, mais l'obstiné vaurien ne le quitta point; maintenant, il est vrai, il ne lui parlait plus et même le suivait respectueusement à un pas de distance. Tous deux traversèrent ainsi le pont, puis prirent à gauche et s'engagèrent dans un long et obscur péréoulok : pour aller dans le centre de la ville, on avait plus court par là que par la rue de l'Epiphanie.

— Dernièrement, dit-on, tu as dévalisé une église ici dans le district, est-ce vrai? demanda à brûle-pourpoint Nicolas Vsévolodovitch.

— C'est-à-dire que j'étais d'abord entré là pour prier, répondit le vagabond d'un ton grave et poli, comme si rien ne se fût passé entre lui et son interlocuteur; il était même plus que grave, il était digne. La familiarité « amicale » de tantôt avait disparu. Fedka offrait maintenant tous les dehors d'un homme sérieux, injustement offensé, il est vrai, mais sachant oublier une offense.

— Quand le Seigneur m'eut conduit dans cette église, poursuivit-il, je me dis : « Eh! c'est un bienfait du Ciel! » Je fus amené à cela par ma situation d'orphelin, car dans notre condition on ne peut pas se passer de secours. Eh bien, Dieu m'a puni de mes péchés : les objets que j'ai pris ne m'ont rapporté en tout que douze roubles. J'ai même dû donner par-dessus le marché la mentonnière en argent de saint Nicolas, on m'a dit que c'était du faux.

— Tu as assassiné le gardien?

— C'est-à-dire que ce gardien et moi, nous avions fait la chose ensemble, mais le matin, près de la rivière, nous

nous sommes disputés sur la question de savoir qui porterait le sac, et, dans la discussion, il a reçu un mauvais coup.

— Continue à tuer et à voler.

— C'est mot pour mot le conseil que me donne aussi Pierre Stépanovitch, parce qu'il est extraordinairement avare et dur à la détente. En dehors de cela, il n'a pas pour un groch de foi au Créateur céleste qui a fait l'homme avec de la terre, il dit que la nature seule a tout organisé, jusqu'à la dernière bête. De plus, il ne comprend pas que dans notre position on ne peut se passer d'un secours bienfaisant. Vous voulez le lui faire comprendre, il vous regarde comme un mouton regarde l'eau. Tenez, quand le capitaine Lébiadkine, que vous êtes allé voir tout à l'heure, demeurait chez Philippoff, une fois sa porte est restée grande ouverte toute une nuit, lui-même était couché par terre ivre-mort, et sur le parquet traînait quantité d'argent qu'il avait laissé tomber de ses poches. J'ai eu l'occasion de le voir de mes yeux parce que, dans notre position, quand on n'est pas secouru, il faut pourtant vivre...

— Comment, de tes yeux? Tu es donc entré chez lui pendant la nuit?

— Peut-être, seulement personne ne le sait.

— Pourquoi ne l'as-tu pas assassiné?

— Je m'en suis abstenu par calcul. Pourquoi, me suis-je dit, prendre maintenant cent cinquante roubles quand, en attendant un peu, je puis en prendre quinze cents? Le capitaine Lébiadkine, en effet (je l'ai entendu de mes oreilles), a toujours beaucoup compté sur vous : il n'est pas de traktir, pas de cabaret où, étant ivre, il ne l'ait déclaré hautement; ce que voyant, j'ai, moi aussi, mis tout mon espoir dans Votre Altesse. Je vous parle, monsieur, comme à un père ou à un frère, car jamais je ne dirai cela ni à Pierre Stépanovitch, ni à personne. Ainsi Votre Altesse aura-t-elle la bonté de me donner trois petits roubles? Vous devriez bien, monsieur, me fixer, c'est-à-dire me faire connaître la vérité vraie, vu que nous ne pouvons nous passer de secours.

Nicolas Vsévolodovitch partit d'un bruyant éclat de rire, et, tirant de sa poche son porte-monnaie qui contenait environ cinquante roubles en petites coupures, il jeta successivement quatre assignats au vagabond. Celui-ci les saisit au vol ou les ramassa dans la boue en criant : « Eh! eh! » Nicolas Vsévolodovitch finit par lui jeter tout le paquet, et, riant toujours, poursuivit son chemin. Cette fois Fedka le laissa aller seul; il se traînait sur le sol boueux pour chercher les assignats tombés dans les flaques d'eau, et, pendant une heure encore, on put l'entendre proférer au milieu de l'obscurité son petit cri : « Eh! eh! »

CHAPITRE III

LE DUEL.

I

Le lendemain, à deux heures de l'après-midi, eut lieu le duel projeté. Le violent désir qu'Artémii Pétrovitch Gaganoff éprouvait de se battre coûte que coûte contribua à la prompte issue de l'affaire. Il ne comprenait pas la conduite de son adversaire, et il était furieux. Depuis un mois, il l'insultait impunément sans pouvoir lui faire perdre patience. Cependant il fallait que la provocation vînt de Nicolas Vsévolodovitch, car tout prétexte plausible pour envoyer un cartel manquait à Gaganoff. La vraie cause de sa haine maladive contre Stavroguine, c'était l'offense faite à son père quatre ans auparavant, et lui-même sentait qu'il ne pouvait décemment alléguer un pareil motif, surtout après les humbles excuses déjà présentées à deux reprises par Nicolas Vsévolodovitch. Il considérait ce dernier comme un poltron éhonté et trouvait incompréhensible sa longanimité à l'égard de Chatoff; c'est pourquoi, de guerre lasse, il se résolut à lui adresser la lettre outrageante qui décida enfin Nicolas Vsévolodovitch à proposer une rencontre. Après avoir envoyé cette lettre, Artémii Pétrovitch passa le reste de la journée à se demander anxieusement si elle aurait le résultat souhaité; à tout hasard il se munit le soir même d'un témoin et fit choix de Maurice Nikolaïévitch Drozdoff, son ancien camarade d'école, qu'il estimait particulièrement. Aussi Kiriloff trouva-t-il le terrain tout préparé quand, le lendemain, à neuf heures du matin, il se présenta comme mandataire de son ami. Gaganoff le laissa à peine s'expliquer et repoussa avec une irritation extraordinaire toutes les excuses, toutes les concessions de Nicolas Vsévolodovitch. Elles étaient pourtant d'une nature telle que Maurice Nikolaïévitch en fut stupéfait : il voulut parler dans le sens de la conciliation, mais remarquant qu'Artémii Pétrovitch avait deviné son intention et s'agitait sur sa chaise, il garda le silence. Sans la parole donnée à son ami, il se serait retiré sur-le-champ, et s'il ne renonça pas à sa mission, ce fut seulement dans l'espoir qu'au dernier moment son intervention pourrait être utile. Kiriloff transmit, au nom de son client, la demande d'une réparation par les armes ; toutes les conditions de la rencontre, telles qu'elles avaient été fixées par Stavroguine, furent acceptées aussitôt sans le moindre débat. Gaganoff n'y fit qu'une addition, destinée, du reste, à rendre le duel plus meurtrier encore : il exigea l'échange de trois balles. Kiriloff eut beau protester, il se heurta à une résolution inébranlable, et tout ce qu'il put obtenir fut qu'en aucun cas le chiffre de trois balles ne serait dépassé. La rencontre ainsi réglée eut lieu à deux heures de l'après-midi dans le petit bois de Brykovo situé entre le domaine de Skvorechnik et la fabrique des Chpigouline. La pluie avait complétement cessé, mais le temps était humide, et il faisait beaucoup de vent. Dans le ciel froid flottaient de petits nuages gris ; les cimes des arbres s'agitaient bruyamment ; la journée avait quelque chose de lugubre.

Gaganoff et Maurice Nikolaïévitch arrivèrent sur le terrain dans un élégant break attelé de deux chevaux et conduit par Artémii Pétrovitch ; avec eux se trouvait un laquais. Presque au même instant parurent trois cavaliers : c'étaient Nicolas Vsévolodovitch et Kiriloff accompagnés d'un domestique. Kiriloff, qui montait à cheval pour la première fois de sa vie, avait en selle une attitude très-crâne ; il tenait dans sa main droite sa lourde boîte de pistolets qu'il n'avait pas voulu confier au domestique et dans sa main gauche les rênes de sa monture, mais, par suite de son inexpérience, il les tirait sans cesse; aussi le cheval secouait la tête et manifestait l'envie de se cabrer, ce qui, du reste, n'effrayait nullement l'ingénieur. Ombrageux et facilement irritable, Gaganoff vit dans l'arrivée des cavaliers une nouvelle insulte pour lui : ses ennemis se croyaient donc bien sûrs du succès puisqu'ils avaient même négligé de se munir d'une voiture pour ramener le blessé, le cas échéant ! Il mit pied à terre, livide de rage, et sentit que ses mains tremblaient, ce dont il fit l'observation à Maurice Nikolaïévitch. Nicolas Vsévolodovitch le salua, il ne lui rendit point son salut et lui tourna le dos. Le sort consulté sur le choix des armes décida en faveur des pistolets de Kiriloff. Après avoir fixé la barrière, les témoins mirent en place les combattants, puis ordonnèrent aux laquais de se porter à trois cents pas plus loin avec le break et les chevaux. Ensuite on chargea les pistolets et on les remit aux adversaires.

Durant tous ces préparatifs, Maurice Nikolaïévitch était sombre et soucieux. Par contre, Kiriloff avait l'air parfaitement calme et indifférent. Il remplissait les obligations de son mandat avec le soin le plus minutieux, mais sans trahir la moindre inquiétude; la perspective d'un dénoûment fatal ne semblait pas l'émouvoir. Nicolas Vsévolodovitch, plus pâle que de coutume, était assez légèrement vêtu : il portait un paletot et un chapeau de castor blanc. Il paraissait très-fatigué, fronçait le sourcil de temps à autre, et ne cherchait pas du tout à cacher le sentiment désagréable qu'il éprouvait. Mais de tous le plus remarquable en ce moment était Artémii Pétrovitch, attendu qu'il n'offrait rien de particulier à signaler.

II

Je n'ai pas encore parlé de son extérieur. C'était un homme de trente-trois ans, grand et assez gros, « bien nourri », comme dit le peuple. Il avait le teint blanc, les cheveux blonds et rares; ses traits ne manquaient pas de distinction. Artémii Pétrovitch avait quitté la carrière des armes avec le grade de colonel; s'il eût continué à servir, il est très-possible qu'il serait devenu un de nos bons généraux.

La principale cause pour laquelle il avait donné sa démission était l'idée fixe que son nom était déshonoré depuis l'insulte que Nicolas Vsévolodovitch avait faite à son père. Il croyait positivement qu'il ne pouvait plus rester dans l'armée, et que sa présence au régiment était une honte pour ses camarades, quoique aucun d'eux n'eût connaissance du fait. En ce moment, debout à sa place, il était en proie à une inquiétude extrême. Il lui semblait toujours que le duel n'aurait pas lieu, le moindre retard l'exaspérait. Une sensation maladive se manifesta sur son visage lorsque Kiriloff, au lieu de donner le signal du combat, adressa aux deux adversaires la question accoutumée :

— C'est seulement pour la forme; maintenant que les pistolets sont en main et qu'on va commander le feu, une dernière fois voulez-vous vous réconcilier? J'accomplis mon devoir de témoin.

Maurice Nikolaïévitch saisit la balle au bond : jusqu'alors il était resté silencieux, mais, depuis la veille, il s'en voulait de sa condescendance.

— Je m'associe complétement aux paroles de M. Kiriloff... Cette idée qu'on ne peut se réconcilier sur le terrain est un préjugé bon pour les Français... D'ailleurs, il y a longtemps que je voulais le dire, je ne vois point ici de motif à une rencontre... Car toutes les excuses sont offertes, n'est-ce pas?

Il prononça ces mots le visage couvert de rougeur. Il n'avait pas l'habitude de parler aussi longtemps, et il était fort agité.

— Je renouvelle mon offre de présenter toutes les excuses possibles, répondit avec un empressement extraordinaire Nicolas Vsévolodovitch.

— Est-ce que c'est possible? cria Gaganoff furieux (il s'adressait à Maurice Nikolaïévitch et trépignait de colère); — si vous êtes mon témoin et non mon ennemi, Maurice Nikolaïévitch, expliquez à cet homme (il montra avec son pistolet Nicolas Vsévolodovitch), — que de pareilles concessions ne font qu'aggraver l'offense! Il se juge au-dessus de mes insultes!... Sur le terrain même il ne voit aucun déshonneur à refuser un duel avec moi! Pour qui donc me prend-il après cela? je vous le demande. Et vous êtes mon témoin! Vous ne faites que m'irriter pour que je le manque.

De nouveau il frappa du pied, l'écume blanchissait ses lèvres.

— Les pourparlers sont terminés. Attention au commandement! cria de toute sa force Kiriloff. — Un! Deux! Trois!

Au mot *trois*, Gaganoff et Stavroguine se dirigèrent l'un vers l'autre. Le premier leva aussitôt son pistolet, et, après avoir fait cinq ou six pas, tira. Durant une seconde il s'arrêta, puis, convaincu que son adversaire n'avait pas été atteint, il s'approcha rapidement de la barrière. Nicolas Vsévolodovitch s'avança aussi, leva son pistolet, mais fort haut, et tira presque sans viser. Ensuite il prit son mouchoir dont il entoura le petit doigt de sa main droite. Alors seulement on s'aperçut qu'Artémii Pétrovitch n'avait pas tout à fait manqué son ennemi, mais la balle ayant simplement frôlé les parties molles du doigt sans toucher l'os, il n'en était résulté pour Nicolas Vsévolodovitch qu'une égratignure insignifiante. Kiriloff déclara immédiatement que si les adversaires n'étaient pas satisfaits, le duel allait continuer.

Gaganoff s'adressa à Maurice Nikolaïévitch :

— Je déclare, fit-il d'une voix rauque (les mots avaient peine à sortir de sa gorge desséchée), — que cet homme (ce disant, il montrait encore Stavroguine avec son pistolet) a tiré en l'air exprès... de propos délibéré... C'est une nouvelle offense ! Il veut rendre le duel impossible !

— J'ai le droit de tirer comme je veux, pourvu que je me conforme aux règlements, — observa d'un ton ferme Nicolas Vsévolodovitch.

— Non, il ne l'a pas ! Faites-le-lui comprendre ! cria Gaganoff.

— Je partage tout à fait l'opinion de Nicolas Vsévolodovitch, dit à haute voix Kiriloff.

— Pourquoi m'épargne-t-il ? vociféra Artémii Pétrovitch, qui n'avait pas écouté l'ingénieur. — Je méprise sa clémence... Je crache dessus... Je...

— Je vous donne ma parole que je n'ai nullement voulu vous offenser, dit avec impatience Stavroguine, — j'ai tiré en l'air, parce que je ne veux plus tuer personne, pas plus vous qu'un autre ; ma résolution n'a rien qui vous soit personnel. Il est vrai que je ne me considère pas comme insulté, et je regrette que cela vous fâche. Mais je ne permets à personne de s'immiscer dans mon droit.

— S'il a si peur de verser le sang, demandez-lui pourquoi il m'a appelé sur le terrain ! cria Gaganoff s'adressant comme toujours à Maurice Nikolaïévitch.

Ce fut Kiriloff qui répondit :

— Il fallait bien qu'il vous y appelât ! Vous ne vouliez rien entendre, comment donc se serait-il débarrassé de vous ?

— Je me bornerai à une observation, dit Maurice Nikolaïévitch qui avait suivi la discussion avec un effort pénible : — si l'un des adversaires déclare d'avance qu'il tirera en l'air, le duel en effet ne peut continuer... pour des raisons délicates et... faciles à comprendre.

— Je n'ai nullement déclaré que je tirerais en l'air chaque fois ! cria Stavroguine poussé à bout. — Vous ne savez pas du tout quelles sont mes intentions, et comment je tirerai tout à l'heure... Je n'empêche le duel en aucune façon.

— S'il en est ainsi, la rencontre peut continuer, dit Maurice Nikolaïévitch à Gaganoff.

A la reprise du combat, les mêmes incidents se reproduisirent; la balle de Gaganoff s'égara encore, et celle de Stavroguine passa à une archine au-dessus du chapeau d'Artémii Pétrovitch. Cette fois, pour éviter de nouvelles récriminations, Nicolas Vsévolodovitch, bien que décidé à épargner son adversaire, avait feint de le viser, mais celui-ci ne s'y trompa point :

— Encore! hurla-t-il, en grinçant des dents; — n'importe, j'ai été provoqué, et j'entends user des avantages de ma position. Je réclame l'échange d'une troisième balle.

— C'est votre droit, déclara Kiriloff.

Maurice Nikolaïévitch ne dit rien. Les combattants se remirent en place. Quand le signal fut donné, Gaganoff s'avança jusqu'à la barrière et là, c'est-à-dire à douze pas de distance, commença à coucher en joue Stavroguine. Ses mains tremblaient trop pour lui permettre de bien tirer. Nicolas Vsévolodovitch, le pistolet baissé, attendait immobile le feu de son adversaire.

— C'est trop longtemps viser! cria violemment Kiriloff; — tirez! tirez!

Au même instant une détonation retentit, et le chapeau de castor blanc de Nicolas Vsévolodovitch roula à terre. L'ingénieur le ramassa et le tendit à son ami. Le coup n'avait pas été mal dirigé, la coiffe était percée fort près de la tête, il s'en fallait de quatre verchoks que la balle n'eût atteint le crâne. Pendant que Stavroguine examinait son chapeau avec Kiriloff, il semblait avoir oublié Artémii Pétrovitch.

— Tirez, ne retenez pas votre adversaire! cria Maurice Nikolaïévitch excessivement agité.

Nicolas Vsévolodovitch frissonna, il regarda Gaganoff, se détourna, et, cette fois, sans aucune cérémonie, lâcha son coup de pistolet dans le bois. Le duel était fini. Gaganoff resta comme écrasé. Maurice Nikolaïévitch s'approcha de lui et se mit à lui parler ; mais Artémii Pétrovitch n'eut pas l'air de comprendre. En s'en allant, Kiriloff ôta son chapeau et salua d'un signe de tête Maurice Nikolaïévitch. Quant à Stavroguine, il ne se piqua plus de courtoisie ; après avoir tiré comme je l'ai dit, il ne se retourna même pas vers la barrière, rendit son arme à Kiriloff et se dirigea à grands pas vers l'endroit où se trouvaient les chevaux. Son visage respirait la colère, il gardait le silence, Kiriloff se taisait aussi. Tous deux montèrent à cheval et partirent au galop.

III

Au moment où il approchait de sa demeure, Nicolas Vsévolodovitch interpella Kiriloff avec impatience :

— Pourquoi vous taisez-vous ?

— Qu'est-ce qu'il vous faut ? répliqua l'ingénieur.

Sa monture se cabrait, et il avait fort à faire pour n'être pas désarçonné.

Stavroguine se contint.

— Je ne voulais pas offenser ce... cet imbécile, et je l'ai encore offensé, dit-il en baissant le ton.

— Oui, vous l'avez encore offensé, répondit Kiriloff ; — et, d'ailleurs, ce n'est pas un imbécile.

— J'ai pourtant fait tout ce que j'ai pu.

— Non.

— Qu'est-ce qu'il fallait donc faire ?

— Ne pas le provoquer.

— Supporter encore un soufflet ?

— Oui.

— Je commence à n'y rien comprendre ! reprit avec colère Nicolas Vsévolodovitch, — pourquoi tous attendent-ils de moi ce qu'ils n'attendent pas des autres ? Pourquoi souffrirais-je ce que personne ne souffre, et me chargerais-je de fardeaux que personne ne peut supporter?

— Je pensais que vous-même cherchiez ces fardeaux?

— Je les cherche?

— Oui.

— Vous... vous vous en êtes aperçu?

— Oui.

— Cela se remarque donc?

— Oui.

Ils gardèrent le silence pendant une minute. Stavroguine avait l'air très-préoccupé.

— Si je n'ai pas tiré sur lui, c'est uniquement parce que je ne voulais pas le tuer; je vous assure que je n'ai pas eu une autre intention, dit Nicolas Vsévolodovitch avec l'empressement inquiet de quelqu'un qui cherche à se justifier.

— Il ne fallait pas l'offenser.

— Comment devais-je faire alors?

— Vous deviez le tuer.

— Vous regrettez que je ne l'aie pas tué?

— Je ne regrette rien. Je croyais que vous vouliez le tuer. Vous ne savez pas ce que vous cherchez.

— Je cherche des fardeaux, fit en riant Stavroguine.

— Puisque vous-même ne vouliez pas verser son sang, pourquoi vous êtes-vous mis dans le cas d'être tué par lui?

— Si je ne l'avais pas provoqué, il m'aurait tué comme un chien.

— Ce n'est pas votre affaire. Il ne vous aurait peut-être pas tué.

— Il m'aurait seulement battu?

— Ce n'est pas votre affaire. Portez votre fardeau. Autrement il n'y a pas de mérite.

— Foin de votre mérite! je ne tiens à en acquérir aux yeux de personne.

— Je croyais le contraire, observa froidement Kiriloff.

Les deux cavaliers entrèrent dans la cour de la maison.

— Voulez-vous venir chez moi? proposa Nicolas Vsévolodovitch.

— Non, je vais rentrer, adieu, dit Kiriloff.

Il descendit de cheval et mit sous son bras la boîte qui contenait ses pistolets.

— Du moins vous n'êtes pas fâché contre moi? reprit Stavroguine qui tendit la main à l'ingénieur.

— Pas du tout! répondit celui-ci en revenant sur ses pas pour serrer la main de son ami. — Si je porte facilement mon fardeau, c'est parce que ma nature s'y prête; la vôtre vous rend peut-être votre charge plus pénible. Il n'y a pas à rougir de cela.

— Je sais que je n'ai pas de caractère, aussi je ne me donne pas pour un homme fort.

— Vous faites bien. Allez boire du thé.

Nicolas Vsévolodovitch rentra chez lui fort troublé.

IV

Fort contente d'apprendre que son fils s'était décidé à faire une promenade à cheval, Barbara Pétrovna avait elle-même donné l'ordre d'atteler, et elle était allée « comme autrefois respirer l'air pur » : telle fut la nouvelle qu'Alexis Égorovitch s'empressa de communiquer à son barine.

— Est-elle sortie seule ou avec Daria Pavlovna? demanda aussitôt Nicolas Vsévolodovitch.

Sa mine se refrogna lorsque le domestique répondit que Daria Pavlovna se sentant indisposée avait refusé d'accompagner la générale et se trouvait maintenant dans sa chambre.

— Écoute, vieux, commença Stavroguine, comme s'il eût pris une résolution subite, — tiens-toi aux aguets pendant toute cette journée et, si tu t'aperçois qu'elle se rend chez moi, empêche-la d'entrer; dis-lui que d'ici à quelques jours je ne pourrai la recevoir, que je la prie de suspendre ses visites..... et que je l'appellerai moi-même quand le moment sera venu, tu entends?

— Je le lui dirai, fit Alexis Égorovitch.

Il baissait les yeux, et son chagrin semblait prouver que cette commission ne lui plaisait guère.

— Mais dans le cas seulement où tu la verrais prête à entrer chez moi.

— Soyez tranquille, il n'y aura pas d'erreur. C'est par mon entremise que ses visites ont eu lieu jusqu'à présent; dans ces occasions, elle s'est toujours adressée à moi.

— Je le sais; mais, je le répète, pas avant qu'elle vienne elle-même. Apporte-moi vite du thé.

Le vieillard venait à peine de sortir quand la porte se rouvrit; sur le seuil se montra Daria Pavlovna. Elle avait le visage pâle, quoique son regard fût calme.

— D'où venez-vous? s'écria Stavroguine.

— J'étais là, et j'attendais pour entrer qu'Alexis Égorovitch vous eût quitté. J'ai entendu ce que vous lui avez dit, et, quand il est sorti tout à l'heure, je me suis dissimulée derrière le ressaut, il ne m'a pas remarquée.

— Depuis longtemps je voulais rompre avec vous, Dacha... en attendant... ce temps-là. Je n'ai pas pu vous recevoir cette nuit, malgré votre lettre. Je voulais moi-même vous répondre, mais je ne sais pas écrire, ajouta-t-il avec une colère mêlée de dégoût.

— J'étais moi-même d'avis qu'il fallait rompre. Barbara Pétrovna soupçonne trop nos relations.

— Libre à elle.

— Il ne faut pas qu'elle s'inquiète. Ainsi maintenant c'est jusqu'à la fin?

— Vous l'attendez donc toujours?

— Oui, je suis certaine qu'elle viendra.

— Dans le monde rien ne finit.

— Ici il y aura une fin. Alors vous m'appellerez, je viendrai. Maintenant, adieu.

— Et quelle sera la fin? demanda en souriant Nicolas Vsévolodovitch.

— Vous n'êtes pas blessé et..... vous n'avez pas versé le sang? demanda à son tour la jeune fille sans répondre à la question qui lui était faite.

— Ç'a été bête; je n'ai tué personne, rassurez-vous. Du reste, vous apprendrez tout aujourd'hui même par la voix publique. Je suis un peu souffrant.

— Je m'en vais. Vous ne déclarerez pas votre mariage aujourd'hui? ajouta-t-elle avec hésitation.

— Ni aujourd'hui, ni demain; après-demain, je ne sais pas, peut-être que nous serons tous morts, et ce sera tant mieux. Laissez-moi, laissez-moi enfin.

— Vous ne perdrez pas l'autre... folle?

— Je ne perdrai ni l'une ni l'autre des deux folles, mais celle qui est intelligente, je crois que je la perdrai : je suis si lâche et si vil, Dacha, que peut-être en effet je vous appellerai quand arrivera la « fin », comme vous dites, et malgré votre intelligence vous viendrez. Pourquoi vous perdez-vous vous-même?

— Je sais qu'à la fin je resterai seule avec vous et..... j'attends ce moment.

— Mais si alors je ne vous appelle pas, si je vous fuis?

— C'est impossible, vous m'appellerez.

— Il y a dans cette conviction beaucoup de mépris pour moi.

— Vous savez qu'il n'y a pas que du mépris.

— C'est donc qu'il y en a tout de même?

— Je n'ai pas dit cela. Dieu m'en est témoin, je souhaiterais on ne peut plus que vous n'eussiez jamais besoin de moi.

— Une phrase en vaut une autre. De mon côté, je désirerais ne point vous perdre.

— Jamais vous ne pourrez me perdre, et vous-même vous le savez mieux que personne, se hâta de répondre Daria Pavlovna qui mit dans ces paroles une énergie particulière.

— Si je ne reste pas avec vous, je me ferai Sœur de la Miséricorde, garde-malade, ou colporteuse d'évangiles. J'y suis bien décidée. Je ne puis pas me marier pour tomber dans la misère, je ne puis pas non plus vivre dans des maisons comme celle-ci. Je ne le veux pas... Vous savez tout.

— Non, je n'ai jamais pu savoir ce que vous voulez; votre sympathie pour moi me paraît ressembler à l'intérêt que certaines vieilles infirmières portent sans motif à tels ou tels malades plutôt qu'aux autres. Ou mieux, vous me rappelez ces vieilles dévotes, habituées à assister aux enterrements, qui manifestent des préférences pour certains cadavres. Pourquoi me regardez-vous d'un air si étrange?

Elle le considéra attentivement.

— Vous êtes fort malade? demanda-t-elle d'un ton affectueux. — Mon Dieu! et cet homme veut se passer de moi!

— Écoutez, Dacha, maintenant je vois toujours des apparitions. Hier, sur le pont, un petit diable m'a offert d'assassiner Lébiadkine et Marie Timoféievna, ce qui trancherait la question de mon mariage légal. Il m'a demandé trois roubles d'arrhes, mais il a laissé clairement entendre que l'opération tout entière ne coûterait pas moins de quinze cents roubles. Voilà un diable qui sait compter! Un teneur de livres! Ha, ha!

— Mais vous êtes bien sûr que c'était une apparition?

— Oh! non, ce n'était pas une apparition! C'était tout bonnement Fedka le forçat, un brigand qui s'est évadé du bagne. Mais là n'est pas la question; que croyez-vous que j'aie fait? Je lui ai donné tout l'argent contenu dans mon porte-monnaie, et il est maintenant persuadé qu'il a reçu de moi des arrhes.

— Vous l'avez rencontré cette nuit, et il vous a fait une pareille proposition? Ne voyez-vous pas qu'ils tendent leurs filets tout autour de vous?

— Eh bien, qu'ils les tendent! Mais, vous savez, il y a une question que vous avez envie de me faire, je le vois dans vos yeux, dit avec un mauvais sourire Nicolas Vsévolodovitch.

Dacha eut peur.

— Je ne songe à aucune question et je n'ai aucun doute, vous feriez mieux de vous taire! répliqua-t-elle d'une voix inquiète.

— C'est-à-dire que vous êtes sûre que je ne ferai pas marché avec Fedka?

— Oh! mon Dieu! s'écria la jeune fille en frappant ses mains l'une contre l'autre, — pourquoi me tourmentez-vous ainsi?

— Allons, pardonnez-moi mon stupide badinage, sans doute je prends avec eux de mauvaises manières. Vous savez, depuis la nuit dernière j'ai une terrible envie de rire, c'est un besoin d'hilarité prolongée, continuelle; je suis comme bourré de rire... Chut! Ma mère est revenue; je reconnais le bruit de sa voiture.

Dacha prit la main de Nicolas Vsévolodovitch.

— Que Dieu vous garde de votre démon, et... appelez-moi, appelez-moi le plus tôt possible!

— Mon démon, dites-vous! Ce n'est qu'un pauvre petit diablotin scrofuleux, enrhumé, un malchanceux. Eh bien, Dacha, vous n'osez toujours pas me faire votre question?

Elle le regarda avec une expression de douloureux reproche et se dirigea vers la porte.

Un sourire acerbe parut sur les lèvres de Stavroguine.

— Écoutez! cria-t-il. — Si... eh bien, en un mot, *si...* vous comprenez, allons, si je traitais avec Fedka et qu'ensuite je vous appelasse, viendriez-vous tout de même?

Elle sortit sans se retourner et sans répondre, le visage caché dans ses mains.

Stavroguine resta songeur.

— Elle viendra même après cela! murmura-t-il avec un sentiment de dégoût. — Une garde-malade! Hum!... Du reste, j'en ai peut-être besoin.

CHAPITRE IV

TOUT LE MONDE DANS L'ATTENTE.

I

L'histoire du duel ne tarda pas à se répandre dans la société et y produisit une impression tout à l'avantage de Nicolas Vsévolodovitch. Nombre de ses anciens ennemis se déclarèrent hautement en sa faveur. Quelques mots prononcés au sujet de cette affaire par une personne qui jusqu'alors avait réservé son jugement ne contribuèrent pas peu à ce revirement inattendu de l'esprit public. Voici ce qui arriva : le lendemain de la rencontre, toute la ville s'était rendue chez la femme du maréchal de la noblesse, dont on célébrait justement la fête ce jour-là. Dans l'assistance se remarquait Julie Mikhaïlovna venue avec Élisabeth Touchine; la jeune fille était rayonnante de beauté et se montrait fort gaie, ce qui dès l'abord parut très-louche à beaucoup de nos dames. Je dois dire que ses fiançailles avec Maurice Nikolaïévitch ne pouvaient plus être mises en doute. En réponse à une question badine d'un général retiré du service, mais encore important, Élisabeth Nikolaïevna déclara elle-même ce soir-là qu'elle était fiancée. Néanmoins pas une de nos dames ne voulait le croire. Toutes persistaient à supposer un roman, une aventure mystérieuse qui aurait eu lieu en Suisse et à laquelle on mêlait obstinément, — je ne sais pourquoi, — Julie Mikhaïlovna. Dès qu'elle entra, tous les regards se portèrent curieusement vers elle. Il est à noter que jusqu'à cette soirée le duel n'était l'objet que de commentaires très-discrets : l'événement était trop récent; d'ailleurs on ignorait encore les mesures prises par l'autorité. Autant qu'on pouvait le savoir, celle-ci n'avait pas inquiété les deux duellistes. Par exemple, il était de notoriété publique que le lendemain matin Artémii Pétrovitch avait librement regagné son domaine de Doukhovo. Comme de juste, tous attendaient avec impatience que quelqu'un se décidât à aborder ouvertement la grosse question du jour, et l'on comptait surtout pour cela sur le général dont j'ai parlé tout à l'heure.

Ce personnage, un des membres les plus qualifiés de notre club, avait, en effet, l'habitude d'attacher le grelot. C'était là, pour ainsi dire, sa spécialité dans le monde. Le premier il portait au grand jour de la discussion publique les choses dont les autres ne s'entretenaient encore qu'à voix basse.

Dans la circonstance, présente le général avait une compétence particulière. Il était parent éloigné d'Artémii Pétrovitch, quoiqu'il fût en querelle et même en procès avec lui; de plus, il avait eu lui-même deux affaires d'honneur dans sa jeunesse, et l'un de ces duels lui avait valu d'être envoyé comme simple soldat au Caucase. Quelqu'un vint à parler de Barbara Pétrovna qui, depuis deux jours, s'était remise à sortir, et à ce propos vanta son magnifique attelage provenant du haras des Stavroguine. Sur quoi le général observa brusquement qu'il avait rencontré dans la journée « le jeune Stavroguine » à cheval... Un vif mouvement d'attention se produisit aussitôt dans l'assistance. Le général poursuivit en tournant entre ses doigts une tabatière en or qui lui avait été donnée par le Tzar :

— Je regrette de ne pas m'être trouvé ici il y a quelques années... j'étais alors à Karlsbad... Hum. Ce jeune homme m'intéresse fort, j'ai tant entendu parler de lui à cette époque... Hum. Est-il vrai qu'il soit fou? Quelqu'un l'a dit alors. L'autre jour on me racontait qu'outragé devant sa cousine par un étudiant, il s'était fourré sous la table, et, hier, Stépan Vysotzky m'apprend que Stavroguine s'est battu en duel avec ce... Gaganoff. Il a galamment risqué sa vie, paraît-il, à seule fin de mettre un terme aux persécutions de cet enragé. Hum. C'était dans les mœurs de la garde il y a cinquante ans. Il fréquente ici chez quelqu'un?

Le général se tut comme s'il eût attendu une réponse.

— Quoi de plus simple? répliqua soudain en élevant la voix Julie Mikhaïlovna qui était vexée de voir tous les yeux se tourner vers elle comme par l'effet d'un mot d'ordre. — Peut-on s'étonner que Stavroguine se soit battu avec Gaganoff et qu'il ait dédaigné l'injure de l'étudiant? Il ne pouvait pas appeler sur le terrain un homme qui avait été son serf!

L'idée était claire et simple, mais personne n'y avait encore songé. Ces paroles eurent un grand retentissement et retournèrent l'opinion de fond en comble. Les scandales, les commérages passèrent dès lors à l'arrière-plan. Nicolas Vsévolodovitch apparut comme un homme que l'on avait méconnu et qui possédait une sévérité de principes presque idéale. Mortellement outragé par un étudiant, c'est-à-dire par un individu qui avait reçu de l'éducation et qui était émancipé du servage, il méprisait l'offense, parce que l'offenseur était un de ses anciens serfs. La société frivole tient en mésestime l'homme qui se laisse souffleter impunément : il bravait les préjugés d'un monde peu éclairé.

On se rappela les relations de Nicolas Vsévolodovitch avec le comte K..., et l'on en conclut fort légèrement qu'il était fiancé à une des filles de ce haut fonctionnaire. Quant à sa prétendue intrigue en Suisse avec Élisabeth Nikolaïevna, les dames elles-mêmes cessèrent d'en parler. Prascovie Ivanovna et sa fille venaient enfin de se mettre en règle avec l'étiquette provinciale : elles avaient fait leurs visites. Tout le monde trouvait que mademoiselle Touchine était une jeune fille des plus ordinaires qui profitait seulement de ses nerfs malades pour se rendre intéressante. Sa syncope, le jour de l'arrivée de Nicolas Vsévolodovitch, n'était plus attribuée maintenant qu'à la frayeur que la brutale conduite de l'étudiant avait dû lui causer. On exagérait même le prosaïsme des circonstances qu'on s'était plu d'abord à présenter sous des couleurs si fantastiques. De la boiteuse il n'était plus du tout question, un détail si insignifiant ne valait pas la peine qu'on en parlât. « Et quand il y aurait cent boiteuses? Qui est-ce qui n'a pas été jeune? » On s'étendait sur le respect de Nicolas Vsévolodovitch pour sa mère, on s'ingéniait à lui découvrir différentes vertus, en vantait l'instruction qu'il avait acquise par quatre années d'études dans les universités allemandes. La manière d'agir d'Artémii Pétrovitch était unanimement considérée comme un manque de tact, et tous s'accordaient à reconnaître chez Julie Mikhaïlovna une pénétration remarquable.

Aussi, lorsque enfin Nicolas Vsévolodovitch se montra, on l'accueillit de l'air le plus naïvement sérieux, et il put lire dans tous les yeux avec quelle impatience il était attendu. Il n'ouvrit pas la bouche, et son silence le servit mieux que ne l'eussent fait les plus belles paroles. En un mot, tout lui réussit, il fut à la mode. En province, si quelqu'un est allé une fois dans le monde, il est forcé d'y retourner. Nicolas Vsévolodovitch se prêta scrupuleusement à tout ce que les convenances exigeaient de lui. On ne le trouva pas gai : « C'est un homme qui a souffert », dit-on, « un homme qui n'est pas ce que sont les autres, il a beaucoup à penser. » On allait maintenant jusqu'à lui savoir gré de cette humeur fière et hautaine qui lui avait fait tant d'ennemis quatre ans auparavant.

Barbara Pétrovna était radieuse. Je ne puis dire si elle regrettait beaucoup l'évanouissement de ses rêves au sujet d'Élisabeth Nikolaïevna. Ici sans doute lui vint en aide l'orgueil familial. Chose étrange, Barbara Pétrovna croyait fermement que Nicolas, en effet, « avait choisi » chez le comte K..., et le plus singulier, c'est qu'elle croyait à cela, comme tout le monde, sur la foi des bruits parvenus à ses oreilles; elle-même n'osait adresser aucune question directe à Nicolas Vsévolodovitch. Deux ou trois fois pourtant la curiosité l'emporta sur la crainte, et la mère, d'un ton enjoué, reprocha à son fils de faire le cachottier avec elle. Le jeune homme sourit et continua à se taire. Son silence fut interprété comme une réponse affirmative. Eh bien, avec tout cela, Barbara Pétrovna n'oubliait jamais la boiteuse : alors même qu'elle rêvait au prochain mariage de son fils avec une des filles du comte K..., la pensée de Marie Timoféievna pesait toujours sur son cœur comme une pierre, comme un cauchemar, et l'inquiétait étrangement pour l'avenir.

Inutile de dire que la générale Stavroguine avait retrouvé dans la société la considération et les égards respectueux auxquels elle était accoutumée autrefois, mais elle ne profitait guère de cet avantage, allant fort peu dans le monde. Elle fit cependant une visite solennelle à la gouvernante. Naturellement personne n'avait été plus ravi que Barbara Pétrovna du langage tenu par Julie Mikhaïlovna chez la maréchale de la noblesse : ces paroles avaient ôté de son cœur un gros chagrin et tranché du coup plusieurs des questions qui la tourmentaient si fort depuis ce malheureux dimanche. « Je ne comprenais pas cette femme ! » décida-t-elle, et, franchement, avec sa spontanéité ordinaire, elle déclara à Julie Mikhaïlovna qu'elle était venue la *remercier*. La gouvernante fut flattée, mais se tint sur la réserve. Elle commençait à avoir le sentiment de son importance, peut-être même l'avait-elle déjà un peu trop. Par exemple, elle observa, dans le cours de la conversation, qu'elle n'avait jamais entendu parler du mérite scientifique de Stépan Trophimovitch.

— Sans doute je reçois le jeune Verkhovensky et je m'intéresse à lui. Il est étourdi, mais on peut passer cela à son âge ; d'ailleurs il possède un solide savoir, et, après tout, ce n'est pas un critique fourbu.

Barbara Pétrovna se hâta de répondre que Stépan Trophimovitch n'avait jamais été critique, et qu'au contraire il avait passé toute sa vie chez elle. Dans la première partie de sa carrière, des circonstances « trop connues de tout le monde » avaient appelé l'attention sur lui, et il s'était signalé dans ces derniers temps par des travaux sur l'histoire de l'Espagne. A présent, il se proposait d'écrire quelque chose sur la situation actuelle des universités allemandes, il songeait aussi à faire un article sur la Madone de Dresde. Bref Barbara Pétrovna ne négligea rien pour relever Stépan Trophimovitch aux yeux de la gouvernante.

— Sur la Madone de Dresde? Il s'agit de la Madone Sixtine? Chère Barbara Pétrovna, j'ai passé deux heures devant cette toile, et je suis partie désenchantée. Je n'y ai rien compris, et j'étais stupéfaite. Karmazinoff dit aussi qu'il est difficile d'y comprendre quelque chose. A présent tous Russes et Anglais, déclarent ne rien trouver dans ce tableau si admiré de l'ancienne génération.

— C'est une nouvelle mode, alors?

— Je pense qu'il ne faut pas faire fi de notre jeunesse. On crie qu'elle est communiste, mais, à mon avis, on doit l'entourer d'égards et de sympathie. A présent je lis tout, je reçois tous les journaux, je vois tout ce qui s'écrit sur l'organisation de la commune, les sciences naturelles et le reste, parce qu'il faut enfin savoir où l'on vit et à qui l'on a affaire. On ne peut passer toute sa vie dans les hautes régions de la fantaisie. Je me suis fait une règle d'être aimable avec les jeunes gens pour les arrêter sur la pente du précipice. Croyez-le, Barbara Pétrovna, c'est nous, la société, qui pouvons seuls, par notre bienfaisante influence et notamment par des procédés gracieux, les retenir au bord de l'abîme où les pousse l'intolérance de toutes ces vieilles perruques. Du reste, je suis bien aise que vous m'ayez parlé de Stépan Trophimovitch. Vous m'avez donné une idée : il pourra prendre part à notre séance littéraire. J'organise, vous savez, une fête par souscription au profit des institutrices pauvres de notre province. Elles sont dispersées dans toute la Russie; on en compte jusqu'à six qui sont originaires de ce district; il y a en outre deux télégraphistes, deux étudiantes en médecine et plusieurs qui voudraient aussi étudier, mais qui n'en ont pas le moyen. Le sort de la femme russe est terrible, Barbara Pétrovna! On fait maintenant de cela une question universitaire, et même le conseil de l'Empire s'en est occupé dans une de ses séances. Dans notre étrange Russie on peut faire tout ce que l'on veut. Aussi, je le répète, si la société voulait, elle pourrait, rien que par des gentillesses et des procédés aimables, diriger dans la bonne voie ce grand mouvement des esprits. Oh! mon Dieu, sont-ce les personnalités éclairées qui nous manquent? Assurément non, mais elles sont isolées. Unissons-nous donc, et nous serons plus forts. En un mot, j'aurai d'abord une matinée littéraire, puis un léger déjeuner et le soir un bal. Nous voulions commencer la soirée par des tableaux vivants, mais il paraît que cela entraînerait beaucoup de frais; aussi, pour le public, il y aura un ou deux quadrilles dansés par des masques qui auront des costumes de caractère et représenteront certaines tendances de la littérature. C'est Karmazinoff qui a suggéré l'idée de ce divertissement; il m'est d'un grand secours. Vous savez, il nous lira sa dernière production que personne ne connaît encore. Il dépose la plume et renonce désormais à écrire; cet article est son adieu au public. Une petite chose charmante intitulée. Un titre français, mais il trouve cela plus piquant et même plus fin. Je suis aussi de cet avis, et c'est même sur mon conseil qu'il s'est décidé en faveur de ce titre. Stépan Trophimovitch pourrait aussi, je pense, faire une lecture, s'il a quelque chose de court et... qui ne soit pas trop scientifique. Pierre Stépanovitch prendra part également, je crois, à la matinée littéraire, et nous aurons peut-être encore un autre lecteur. Pierre Stépanovitch passera chez vous pour vous communiquer le programme; ou plutôt, si vous voulez bien le permettre, je vous l'apporterai moi-même.

— De mon côté, je vous demande la permission de m'inscrire sur votre liste. Je ferai part de votre désir à Stépan Trophimovitch, et je tâcherai d'obtenir son consentement.

Barbara Pétrovna revint chez elle définitivement enchantée de Julie Mikhaïlovna et — je ne sais pourquoi — très-fâchée contre Stépan Trophimovitch.

— Je suis amoureuse d'elle, je ne comprends pas comment j'ai pu me tromper ainsi sur cette femme, dit-elle à son fils et à Pierre Stépanovitch qui vint dans la soirée.

— Il faut pourtant vous réconcilier avec le vieux, conseilla Pierre Stépanovitch. — Il est au désespoir. Sa disgrâce est complète. Hier il a rencontré votre voiture, il a salué, et vous vous êtes détournée. Vous savez, nous allons le produire; j'ai certaines vues sur lui, et il peut encore être utile.

— Oh! il lira.

— Je ne parle pas seulement de cela. Mais je voulais justement passer chez lui aujourd'hui. Ainsi je lui ferai la commission?

— Si vous voulez. Je ne sais pas, du reste, comment vous arrangerez cela, dit Barbara Pétrovna avec hésitation. — Je comptais m'expliquer moi-même avec lui, je voulais lui fixer un rendez-vous, ajouta-t-elle, et son visage se refrogna.

— Ce n'est pas la peine de lui donner un rendez-vous. Je lui dirai la chose tout bonnement.

— Soit, dites-la-lui. Mais ne manquez pas de lui dire aussi que je le verrai certainement un de ces jours.

Pierre Stépanovitch sortit en souriant. Autant que je me souviens, il était alors d'une humeur massacrante, et presque personne n'était à l'abri de ses boutades. Chose étrange, tout le monde les lui pardonnait, bien qu'elles passassent souvent toutes les bornes. L'idée s'était généralement répandue qu'il ne fallait pas le juger comme on aurait jugé un autre. Je noterai que le duel de Nicolas Vsévolodovitch l'avait mis dans une colère extrême. Cet événement fut pour lui une surprise, et il devint vert quand on le lui raconta. C'était peut-être son amour-propre qui souffrait : il n'avait appris l'affaire que le lendemain, alors qu'elle était déjà connue de toute la ville.

— Vous n'aviez pas le droit de vous battre, dit-il tout bas

à Stavroguine qu'il aperçut par hasard au club cinq jours après. Il est à remarquer que durant tout ce temps ils ne s'étaient rencontrés nulle part, quoique Pierre Stépanovitch fût venu presque chaque jour chez Barbara Pétrovna.

Nicolas Vsévolodovitch le regarda silencieusement et d'un air distrait, comme s'il n'eût pas compris de quoi il s'agissait, mais il ne s'arrêta point et passa dans la grande salle pour se rendre au buffet.

Pierre Stépanovitch s'élança à sa suite et, comme par distraction, lui saisit l'épaule :

— Vous êtes allé aussi chez Chatoff... vous voulez rendre public votre mariage avec Marie Timoféievna.

Nicolas Vsévolodovitch se dégagea par un mouvement brusque, et, le visage menaçant, se retourna soudain vers Pierre Stépanovitch. Celui-ci le considéra en souriant d'une façon étrange. Cette scène ne dura qu'un instant. Stavroguine s'éloigna.

II

En sortant de chez Barbara Pétrovna, Pierre Stépanovitch alla aussitôt voir le « vieux ». S'il se pressait tant, c'était uniquement parce qu'il avait hâte de se venger d'une injure que j'ignorais encore. Dans leur dernière entrevue qui remontait au jeudi précédent, le père et le fils s'étaient pris de querelle. Après avoir lui-même entamé la dispute, Stépan Trophimovitch la termina en s'armant d'un bâton pour mettre Pierre Stépanovitch à la porte. Il m'avait caché ce fait, mais au moment où Pétroucha entra avec son sourire présomptueux et son regard fureteur, Stépan Trophimovitch me fit signe de ne pas quitter la chambre. Je fus ainsi édifié sur leurs véritables relations, car j'assistai à tout l'entretien qu'ils eurent ensemble.

Stépan Trophimovitch était assis sur une couchette. Depuis la dernière visite de son fils, il avait maigri et jauni. Pierre Stépanovitch s'assit le plus familièrement du monde à côté de lui, croisa ses jambes à la turque sans la moindre cérémonie, et prit sur la couchette beaucoup plus de place qu'il n'aurait dû en occuper, s'il eût eu quelque souci de ne point gêner son père. Celui-ci ne dit rien et se rangea d'un air digne.

Un livre était ouvert sur la table. C'était le roman *Que faire?* Hélas! je dois avouer une étrange faiblesse de notre ami. L'idée qu'il devait sortir de sa retraite et livrer une suprême bataille séduisait de plus en plus son imagination. Je devinais pourquoi il s'était procuré l'ouvrage de Tchernychevsky : prévoyant les violentes protestations que son langage ne manquerait pas de soulever parmi les nihilistes, il étudiait leur catéchisme pour pouvoir en faire *devant elle* une triomphante réfutation. Oh! que ce livre le désolait! Parfois il le jetait avec désespoir, se levait vivement et arpentait la chambre en proie à une sorte d'exaltation :

— Je reconnais que l'idée fondamentale de l'auteur est vraie, me disait-il fiévreusement, — mais voilà ce qu'il y a de plus terrible! Cette idée nous appartient, c'est nous qui les premiers l'avons semée et fait éclore; — d'ailleurs, qu'est-ce qu'ils auraient pu dire de nouveau, après nous? Mais, mon Dieu, comme tout cela est altéré, faussé, gâté! s'écriait-il en frappant avec ses doigts sur le livre. — Était-ce à de pareilles conclusions que nous voulions aboutir? Qui peut reconnaître là l'idée primitive?

Pierre Stépanovitch prit le volume et en lut le titre.

— Tu t'éclaires? fit-il avec un sourire. — Il est plus que temps. Si tu veux, je t'apporterai mieux que cela.

Stépan Trophimovitch resta silencieux et digne. Je m'assis dans un coin sur un divan.

Pierre Stépanovitch s'empressa de faire connaître l'objet de sa visite. Naturellement, Stépan Trophimovitch l'apprit avec une stupéfaction extrême. Pendant que son fils parlait, la frayeur et l'indignation se partageaient son âme.

— Et cette Julie Mikhaïlovna compte que j'irai lire chez elle!

— C'est-à-dire qu'elle n'a aucun besoin de toi. Au contraire, elle n'agit ainsi que par amabilité à ton égard et pour faire une lèche à Barbara Pétrovna. Mais il est clair que tu n'oseras pas refuser. D'ailleurs toi-même, je pense, tu ne demandes pas mieux que de faire cette lecture, ajouta en souriant Pierre Stépanovitch, — vous autres vieux, vous avez tous un amour-propre d'enfer. Pourtant, écoute, il ne faut pas que ce soit trop ennuyeux. Tu t'occupes de l'histoire de l'Espagne, n'est-ce pas? L'avant-veille tu me montreras la chose, j'y jetterai un coup d'œil. Autrement, tu endormiras ton auditoire.

La grossièreté de ces observations était évidemment préméditée. Pierre Stépanovitch avait l'air de croire qu'il était impossible de parler plus poliment quand on s'adressait à Stépan Trophimovitch. Celui-ci feignait toujours de ne point remarquer les insolences de son fils, mais il était de plus en plus agité par les nouvelles qu'il venait d'apprendre.

— Et c'est elle, *elle-même,* qui me fait dire cela par... *vous?* demanda-t-il en pâlissant.

— C'est-à-dire, vois-tu? elle veut te donner un rendez-vous pour avoir une explication avec toi, c'est un reste de vos habitudes sentimentales. Tu as coqueté avec elle pendant vingt ans, et tu l'as accoutumée aux procédés les plus ridicules. Mais sois tranquille, maintenant ce n'est plus cela du tout; elle-même répète sans cesse que maintenant seulement elle commence à « voir clair ». Je lui ai nettement fait comprendre que toute votre amitié n'était qu'un mutuel épanchement d'eau sale. Elle m'a raconté beaucoup de choses, mon ami; fi! quel emploi de laquais tu as rempli pendant tout ce temps! J'en ai même rougi pour toi.

— J'ai rempli un emploi de laquais?

— Pire que cela. Tu as été un parasite, c'est-à-dire un laquais bénévole. Nous sommes paresseux, mais si nous n'aimons pas le travail, nous aimons bien l'argent. A présent elle-même comprend tout cela; du moins elle m'en a terriblement raconté sur toi. Ce que j'ai ri, mon cher, en lisant les lettres que tu lui écrivais! C'est vilain sans doute. Mais c'est que vous êtes si corrompus, si corrompus! Il y a dans l'aumône quelque chose qui dépraye à tout jamais, — tu en es un frappant exemple!

— Elle t'a montré mes lettres!

— Toutes. Sans cela, comment donc les aurais-je lues? Oh! combien de papier tu as noirci! Je crois que j'ai bien vu là plus de deux mille lettres... Mais sais-tu, vieux? Je pense qu'il y a eu un moment où elle t'aurait volontiers épousé. Tu as fort bêtement laissé échapper l'occasion! Sans doute je parle en me plaçant à ton point de vue, mais après tout cela eût encore mieux valu que de consentir pour de l'argent à épouser les « péchés d'autrui ».

— Pour de l'argent! Elle-même dit que c'était pour de l'argent! fit douloureusement Stépan Trophimovitch.

— Et pour quoi donc aurait-ce été? En lui disant cela, je t'ai défendu, car tu n'as pas d'autre excuse. Elle a compris elle-même qu'il te fallait de l'argent comme à tout le monde, et qu'à ce point de vue, dame! tu avais raison. Je lui ai prouvé clair comme deux et deux font quatre, que vos relations étaient de part et d'autre fondées exclusivement sur l'intérêt : tu avais en elle une capitaliste, et elle avait en toi un bouffon sentimental. Du reste, ce n'est pas pour l'argent qu'elle est fâchée, quoique tu l'aies effrontément exploitée. Si elle t'en veut, c'est seulement parce que vingt années durant elle a cru en toi, parce que tu l'as prise au piège de ta prétendue noblesse et fait mentir pendant si longtemps. Elle n'avouera jamais qu'elle-même ait menti, mais tu n'en seras pas plus blanc, au contraire... Comment n'as-tu pas prévu qu'un jour ou l'autre il te faudrait régler tes comptes? Tu n'étais pourtant pas sans quelque intelligence autrefois. Je lui ai conseillé hier de te mettre dans un hospice, sois tranquille, dans un établissement convenable, cela n'aura rien de blessant; je crois qu'elle s'y décidera. Tu te rappelles ta dernière lettre, celle que tu m'as écrite il y a trois semaines, quand j'étais dans le gouvernement de Kh...?

Stépan Trophimovitch se leva brusquement.

— Est-il possible que tu la lui aies montrée? demanda-t-il épouvanté.

— Comment donc! certainement; je n'ai rien eu de plus pressé. C'est la lettre où tu m'informes qu'elle t'exploite et qu'elle est jalouse de ton talent; tu parles aussi là des « péchés d'autrui ». A propos, mon ami, quel amour-propre tu as pourtant! J'ai joliment ri. En général, tes lettres sont fort ennuyeuses, tu as un style terrible; souvent je m'abstenais de les lire, il y en a encore une qui traîne chez moi et que je n'ai pas décachetée; je te l'enverrai demain. Mais celle-là, la dernière, c'est le comble de la perfection! Comme j'ai ri! comme j'ai ri!

— Scélérat! monstre! vociféra le père.

— Ah! diable, avec toi il n'y a pas moyen de causer. Écoute, tu vas encore te fâcher comme jeudi dernier?

Stépan Trophimovitch se redressa d'un air menaçant:

— Comment oses-tu me tenir un pareil langage?

— Que reproches-tu à mon langage? N'est-il pas simple et clair?

— Mais dis-moi donc enfin, monstre, si tu es ou non mon fils?

— Tu dois savoir cela mieux que moi. Il est vrai que sur ce point tout père est porté à s'aveugler...

— Tais-toi! tais-toi! interrompit tout tremblant Stépan Trophimovitch.

— Vois-tu, tu cries et tu m'invectives, comme jeudi dernier tu as voulu lever ta canne, mais j'ai découvert alors un document. Par curiosité, j'ai passé toute la soirée à fouiller dans la malle. A la vérité, il n'y a rien de précis, tu peux te tranquilliser. C'est seulement une lettre de ma mère à ce Polonais. Mais à en juger par son caractère...

— Encore un mot, et je te donne un soufflet.

— Voilà les gens! observa Pierre Stépanovitch en s'adressant tout à coup à moi. — Vous voyez, ce sont là les rapports que nous avons ensemble depuis jeudi. Je suis bien aise qu'aujourd'hui, du moins, vous soyez ici, vous pourrez juger en connaissance de cause. D'abord il y a un fait : il me reproche la manière dont je parle de ma mère, mais n'est-ce pas lui qui m'a poussé à cela? A Pétersbourg, quand j'étais encore au gymnase, ne me réveillait-il pas deux fois par nuit pour m'embrasser en pleurant comme une femme et me raconter quoi? des anecdotes graveleuses sur le compte de ma mère. Il est le premier par qui je les ai apprises.

— Oh! je parlais de cela alors dans un sens élevé! Oh! tu ne m'as pas compris, pas du tout!

— Mais tu en disais beaucoup plus que je n'en dis, conviens-en. Vois-tu, si tu veux, cela m'est égal. Je me place à ton point de vue; quant à ma manière de voir, sois tranquille : je n'accuse pas ma mère; que je sois ton fils ou le fils du Polonais, peu m'importe. Ce n'est pas ma faute si vous avez fait un si sot ménage à Berlin, mais pouvait-on attendre autre chose de vous? Eh bien, n'êtes-vous pas des gens ridicules, après tout? Et ne l'est-il pas égal que je sois ou non ton fils? Écoutez, continua-t-il en s'adressant de nouveau à moi, — depuis que j'existe, il n'a pas dépensé un rouble pour moi; jusqu'à l'âge de seize ans, j'ai vécu sans le connaître; plus tard, il a ici dilapidé mon avoir; et maintenant il proteste qu'il m'a toujours porté dans son cœur, il joue devant moi la comédie de l'amour paternel. Mais je ne suis pas Barbara Pétrovna pour donner dans de pareils godans!

Il se leva et prit son chapeau.

— Je te maudis! fit en étendant la main au-dessus de son fils Stépan Trophimovitch pâle comme la mort.

— Peut-on être aussi bête que cela! reprit d'un air étonné Pierre Stépanovitch; — allons, adieu, vieux, je ne viendrai plus jamais chez toi. Quant à ton article, n'oublie pas de me l'envoyer au préalable, et tâche, si faire se peut, d'éviter les fadaises : des faits, des faits, des faits, mais surtout sois bref. Adieu.

III

Pierre Stépanovitch avait en effet certaines vues sur son père. Je crois qu'il voulait le pousser à bout et l'amener ainsi à faire quelque scandale. Il avait besoin de cela pour les buts qu'il poursuivait et dont il sera parlé plus loin. Parmi les autres personnages que Pierre Stépanovitch entendait faire servir, à leur insu, au succès de ses combinaisons, il y en avait un sur qui il comptait particulièrement : c'était M. Von Lembke lui-même.

André Antonovitch Von Lembke appartenait à cette bienheureuse race germanique qui fournit tant d'employés à la Russie. Quoique assez médiocrement apparenté (un de ses oncles était lieutenant-colonel du génie et un autre boulanger), il eut la chance de faire son éducation dans une de ces écoles aristocratiques dont l'accès n'est ouvert qu'aux jeunes gens issus de familles riches ou possédant des relations influentes. Presque aussitôt après avoir terminé leurs études, les élèves de cet établissement obtenaient, dans le service public, des emplois relativement considérables. André Antonovitch ne brilla point par ses succès scolaires, mais il était d'un caractère gai, et il se fit aimer de tous ses camarades. Dans les classes supérieures où bon nombre de jeunes gens ont coutume de discuter si ardemment les grosses questions du jour, notre futur gouverneur continua à s'adonner aux plus innocentes farces d'écolier. Il amusait tout le monde par des facéties plus cyniques, il est vrai, que spirituelles. En classe, quand le professeur lui adressait une question, il se mouchait d'une façon étonnante, ce qui faisait rire tous les élèves et le professeur lui-même. Au dortoir, il représentait, au milieu des applaudissements universels, quelque tableau vivant d'un genre fort risqué. Parfois il exécutait sur le piano, rien qu'avec son nez, l'ouverture de *Fra Diavolo*, et il s'en tirait assez habilement. Pendant sa dernière année de lycée, il se mit à composer des vers russes. Quant à sa langue maternelle, Von Lembke, comme beaucoup de ses congénères, n'en avait qu'une connaissance fort imparfaite.

Au service, où il eut toujours pour chefs des Allemands, il franchit assez vite les premiers échelons de la hiérarchie bureaucratique. Du reste, à ses débuts, le jeune employé n'était guère ambitieux : il ne rêvait qu'une petite situation officielle bien sûre et comportant quelques profits indirects. Dans les loisirs que lui laissaient ses fonctions, il fabriquait divers ouvrages en papier d'un travail fort ingénieux : tantôt une salle de spectacle, tantôt une gare de chemin de fer, etc. Il lui arriva aussi d'écrire une nouvelle et de l'envoyer à une revue pétersbourgeoise, mais elle ne fut pas insérée.

Il était parvenu à l'âge de trente-huit ans lorsque sa bonne mine et sa belle prestance séduisirent Julie Mikhaïlovna qui avait déjà giflé la quarantaine. A partir de ce moment, la fortune d'André Antonovitch prit un rapide essor. Outre une dot évaluée, suivant l'ancienne estimation, à deux cents âmes, Julie Mikhaïlovna apportait à son mari une protection puissante. Von Lembke sentit qu'à présent l'ambition lui était permise. Peu après son mariage, il reçut plusieurs distinctions honorifiques, puis fut nommé gouverneur de notre province.

Dès son arrivée chez nous, Julie Mikhaïlovna s'efforça d'agir sur son époux. Selon elle, ce n'était pas un homme sans moyens : il savait se présenter, faire figure, écouter d'un air profond et garder un silence plein de dignité; bien plus, il pouvait au besoin prononcer un discours, possédait quelques bribes d'idées, et avait acquis ce léger vernis de libéralisme indispensable à un administrateur moderne. Mais ce qui désolait la gouvernante, c'était de trouver chez son mari si peu de ressort et d'initiative : maintenant qu'il était arrivé, il ne semblait plus éprouver que le besoin du repos. Tandis qu'elle voulait lui infuser son ambition, il s'amusait à confectionner avec du papier un intérieur de temple protestant : le pasteur était en chaire, les fidèles l'écoutaient les mains jointes, une dame s'essuyait les yeux, un vieillard se mouchait, etc. Julie Mikhaïlovna n'eut pas plutôt appris l'existence de ce joli travail qu'elle s'empressa de le confisquer et de le serrer dans un meuble de son appartement. Pour dédommager Von Lembke, elle lui permit d'écrire un roman, à condition qu'il s'adonnerait en secret à cette occupation littéraire. Dès lors la gouvernante ne compta plus que sur elle-même pour imprimer une direction à la province. Quoique la mesure fît défaut à son imagination échauffée par un célibat trop prolongé, tout alla bien durant les deux ou trois premiers mois, mais, avec l'apparition de Pierre Stépanovitch, les choses changèrent de face.

Le fait est que tout d'abord le jeune Verkhovensky se montra fort irrespectueux à l'égard d'André Antonovitch et prit avec lui les libertés les plus étranges ; Julie Mikhaïlovna, toujours si jalouse du prestige de son mari, ne voulait pas remarquer cela, ou du moins n'y attachait pas d'importance. Elle avait fait du nouveau venu son favori; il mangeait et buvait dans la maison, on pouvait presque dire qu'il y couchait. André Antonovitch essayait de se défendre, mais sans succès; c'était en vain que, devant le monde, il appelait Verkhovensky « jeune homme », et lui frappait sur l'épaule d'un air protecteur : Pierre Stépanovitch semblait toujours se moquer de Son Excellence, même quand il affectait de parler sérieusement, et il lui tenait en public les propos les plus extraordinaires. Un jour, Von Lembke, en rentrant chez lui, trouva le jeune homme endormi sur un divan dans son cabinet où il avait pénétré sans se faire annoncer. Pierre Stépanovitch expliqua qu'il était venu voir le gouverneur et que, celui-ci étant absent, il avait « profité de l'occasion pour faire un petit somme ». Von Lembke, blessé, se plaignit de nouveau à sa femme; celle-ci railla la susceptibilité de son mari et observa malignement que sans doute lui-même ne savait pas se tenir sur un pied convenable : « Du moins avec moi », dit-elle, « ce garçon ne se permet jamais de familiarités ; c'est du reste une nature franche et naïve à qui manque seulement l'usage du monde. » Von Lembke fit la moue. Cette fois Julie Mikhaïlovna réconcilia les deux hommes. Pierre Stépanovitch ne s'excusa point et se tira d'affaire par une grossière plaisanterie qui aurait pu passer pour une nouvelle insulte, mais qu'on voulut bien considérer comme l'expression d'un regret. Par malheur, André Antonovitch avait dès le début donné barre sur lui : il avait commis la faute de confier son roman à Pierre Stépanovitch peu de jours après avoir fait la connaissance de ce dernier qu'il prenait pour un esprit poétique. Von Lembke, depuis longtemps désireux d'avoir un auditeur, s'était empressé de lui lire un soir deux chapitres de son ouvrage. Le jeune homme écouta sans cacher son ennui, bâilla impoliment et ne loua pas une seule fois l'écrivain, mais, au moment de se retirer, il demanda la permission d'emporter le manuscrit, voulant, dit-il, le lire chez lui à tête reposée pour pouvoir s'en faire une idée plus exacte. Von Lembke y consentit. Depuis lors, bien que les visites de Pierre Stépanovitch fussent quotidiennes, il oubliait toujours de rapporter le roman et se contentait de rire quand on lui en demandait des nouvelles ; à la fin il déclara l'avoir perdu dans la rue le jour même où le gouverneur le lui avait prêté. En apprenant cela, Julie Mikhaïlovna se fâcha sérieusement contre son mari.

— Est-ce que tu ne lui as pas aussi laissé emporter ton temple en papier ? fit-elle avec une sorte d'inquiétude.

Von Lembke commença à devenir soucieux, ce qui nuisait à sa santé et lui était défendu par les médecins. Outre que, comme administrateur, il avait de graves sujets de préoccupation, ainsi que nous le verrons plus loin, — comme homme privé, il souffrait cruellement : en épousant Julie Mikhaïlovna, il n'avait pas prévu que la discorde pût jamais régner dans son intérieur, et il se sentait incapable de tenir tête aux orages domestiques. Sa femme s'expliqua enfin franchement avec lui.

— Tu ne peux pas te fâcher pour cela, dit-elle, — parce que tu es trois fois plus raisonnable que lui et infiniment plus haut placé sur l'échelle sociale. Ce jeune homme a conservé beaucoup de l'ancien bousingot, et, à mon avis, sa façon d'agir est une simple gaminerie; mais c'est peu à peu et non tout d'un coup que nous le corrigerons. Nous devons traiter notre jeunesse avec bienveillance; je la prends par les procédés aimables et je la retiens sur le penchant de l'abîme.

— Mais il dit le diable sait quoi, répliqua Von Lembke. — Je ne puis rester impassible, lorsque devant les gens et en ma présence il déclare que le gouvernement encourage l'ivrognerie exprès pour abrutir le peuple et l'empêcher de se soulever. Représente-toi mon rôle quand je suis forcé d'entendre publiquement tenir ce langage.

En parlant ainsi, le gouverneur songeait à une conversation qu'il avait eue récemment avec Pierre Stépanovitch. Depuis 1859, Von Lembke, mû, non par une curiosité d'amateur, mais par un intérêt politique, avait recueilli toutes les proclamations lancées par les révolutionnaires russes tant chez nous qu'à l'étranger. Il s'avisa de montrer cette collection à Pierre Stépanovitch, dans l'espoir naïf de le désarmer par son libéralisme. Devinant la pensée d'André Antonovitch, le jeune homme n'hésita pas à affirmer qu'une seule ligne de certaines proclamations renfermait plus de bon sens que n'importe quelle chancellerie prise dans son ensemble, « je n'excepte pas même la vôtre », ajouta-t-il.

La mine de Lembke s'allongea.

— Mais nous ne sommes pas encore mûrs pour cela, chez nous c'est prématuré, observa-t-il d'une voix presque suppliante en indiquant du geste les proclamations.

— Non, ce n'est pas prématuré, et la preuve, c'est que vous avez peur.

— Mais pourtant, tenez, par exemple, cette invitation à détruire les églises?

— Pourquoi pas? Vous, personnellement, vous êtes un homme intelligent et sans doute vous ne croyez pas, mais vous comprenez trop bien que la foi vous est nécessaire pour abrutir le peuple. La vérité est plus honorable que le mensonge.

— Je l'admets, je l'admets, je suis tout à fait de votre avis, mais chez nous il est encore trop tôt, reprit le gouverneur en fronçant le sourcil.

— S'il n'y a que la question d'opportunité qui nous divise, si, à cela près, vous êtes d'avis de brûler les églises et de marcher avec des piques sur Pétersbourg, eh bien, quel fonctionnaire du gouvernement êtes-vous donc?

Pris à un piége aussi grossier, Lembke éprouva une vive souffrance d'amour-propre.

— Ce n'est pas cela, répondit-il avec animation; — vous vous trompez parce que vous êtes un jeune homme et surtout parce que vous n'êtes pas au courant de nos buts. Voyez-vous, très-cher Pierre Stépanovitch, vous nous appelez fonctionnaires du gouvernement : c'est vrai, nous le sommes, mais, permettez, quelle est notre tâche? Nous avons une responsabilité, et, au bout du compte, nous servons la chose publique aussi bien que vous. Seulement nous soutenons ce que vous ébranlez et ce qui sans nous tomberait en dissolution. Nous ne sommes pas vos ennemis, pas du tout; nous vous disons : Allez de l'avant, ouvrez la voie au progrès, ébranlez même, j'entends, ébranlez tout ce qui est suranné, tout ce qui appelle une réforme, mais, quand il le faudra, nous vous retiendrons dans les limites nécessaires, car, sans nous, vous ne feriez que bouleverser la Russie. Pénétrez-vous de cette idée que vous, et nous avons besoin les uns des autres. En Angleterre, les whigs et les tories se font mutuellement contre-poids. Eh bien, nous sommes les tories et vous êtes les whigs, c'est ainsi que je comprends la chose.

André Antonovitch s'emballait. Déjà, à Pétersbourg, il aimait à parler en homme intelligent et libéral; maintenant il le faisait d'autant plus volontiers que personne n'était aux écoutes. Pierre Stépanovitch se taisait et paraissait plus sérieux que de coutume. Ce fut un nouveau stimulant pour l'orateur.

— Savez-vous quelle est ma situation à moi « administrateur de la province »? poursuivit-il en se promenant dans son cabinet. — J'ai trop d'obligations pour pouvoir en remplir une seule, et en même temps je puis dire, avec non moins de vérité, que je n'ai rien à faire. Tout le secret, c'est que mon action est entièrement subordonnée aux vues du gouvernement. Mettons que par politique, ou pour calmer les passions, le gouvernement établisse là-bas la république, par exemple, et que, d'un autre côté, parallèlement, il accroisse les pouvoirs des gouverneurs; nous autres gouverneurs, nous avalerons la république; que dis-je? nous avalerons tout ce que vous voudrez· moi, du moins, je me sens capable d'avaler n'importe quoi... En un mot, que le gouvernement me télégraphie de déployer une activité dévorante, je déploie une activité dévorante. J'ai dit ici, ouvertement, devant tout le monde : « Messieurs, pour la prospérité de toutes les institutions provinciales, une chose est nécessaire : l'extension des pouvoirs conférés au gouverneur. » Voyez-vous, il faut que toutes ces institutions, soit territoriales, soit juridiques, vivent, pour ainsi dire, d'une vie double, c'est-à-dire, il faut qu'elles existent (j'admets cette nécessité), et il faut d'autre part qu'elles n'existent pas. Toujours suivant que le gouvernement le juge bon. Tel cas se produit où le besoin des institutions se fait sentir, à l'instant les voilà debout dans ma province; cessent-elles d'être nécessaires? à l'instant je les fais disparaître, et vous n'en trouvez plus trace. Voilà comme je comprends l'activité dévorante, mais elle est impossible si l'on n'augmente pas nos pouvoirs. Nous causons entre quatre yeux. Vous savez, j'ai déjà signalé à Pétersbourg la nécessité pour le gouverneur d'avoir un factionnaire particulier à sa porte. J'attends la réponse.

— Il vous en faut deux, dit Pierre Stépanovitch.

— Pourquoi deux? demanda Von Lembke en s'arrêtant devant lui.

— Parce que ce n'est pas assez d'un seul pour vous faire respecter. Il vous en faut absolument deux.

André Antonovitch fit une grimace.

— Vous... Dieu sait ce que vous vous permettez, Pierre Stépanovitch. Vous abusez de ma bonté pour me décocher des sarcasmes, et vous vous posez en bourru bienfaisant...

— Allons, c'est possible, murmura entre ses dents Pierre Stépanovitch, — mais avec tout cela vous nous frayez le chemin et vous préparez notre succès.

— « Nous » qui? Et de quel succès parlez-vous? questionna Von Lembke en regardant avec étonnement son interlocuteur, mais il n'obtint pas de réponse.

Le compte rendu de cet entretien mit Julie Mikhaïlovna de très-mauvaise humeur.

André Antonovitch essaya de se justifier :

— Mais je ne puis le prendre sur un ton d'autorité avec ton favori, surtout dans une conversation en tête-à-tête... Je me suis peut-être imprudemment épanché... parce que j'ai bon cœur.

— Trop bon cœur. Je ne te connaissais pas ce recueil de proclamations, fais-moi le plaisir de me le montrer.

— Mais... mais il m'a prié de le lui prêter pour vingt-quatre heures.

— Et vous le lui avez encore laissé emporter! s'écria avec colère Julie Mikhaïlovna; — quel manque de tact!

— Je vais tout de suite l'envoyer reprendre chez lui.

— Il ne le rendra pas.

— Je l'exigerai! répliqua avec force le gouverneur qui se leva brusquement. — Qui est-il pour être si redouté, et qui suis-je pour n'oser rien faire?

— Asseyez-vous et soyez calme, je vais répondre à votre première question : il m'est recommandé dans les termes les plus chaleureux, il a des moyens et dit parfois des choses extrêmement intelligentes. Karmazinoff m'assure qu'il a des relations presque partout et qu'il possède une influence extraordinaire sur la jeunesse de la capitale. Si, par lui, je les attire et les groupe tous autour de moi, je les arracherai à leur perte en montrant une nouvelle route à leur ambition. Il m'est entièrement dévoué et suit en tout mes conseils.

— Mais, balbutia Von Lembke, — pendant qu'on les caresse, ils peuvent... le diable sait ce qu'ils peuvent faire. Sans doute c'est une idée, mais... tenez, j'apprends qu'il circule des proclamations dans le district de ***.

— Ce bruit courait déjà l'été dernier, on parlait de placards séditieux, de faux assignats, que sais-je? pourtant jusqu'à présent on n'en a pas trouvé un seul. Qui est-ce qui vous a dit cela?

— Je l'ai su par Von Blumer.

— Ah! laissez-moi tranquille avec votre Blumer et ne prononcez plus jamais son nom devant moi!

La colère obligea Julie Mikhaïlovna à s'interrompre pendant une minute. Von Blumer qui servait à la chancellerie du gouverneur était la bête noire de la gouvernante.

— Je t'en prie, ne t'inquiète pas de Verkhovensky, achevat-elle; — s'il fomentait des désordres quelconques, il ne parlerait pas comme il parle, et à toi, et à tout le monde ici. Les phraseurs ne sont pas dangereux. Je dirai plus : s'il arrivait quelque chose, j'en serais la première informée par lui. Il m'est fanatiquement dévoué, fanatiquement!

Devançant les événements, je remarquerai que sans l'ambition de Julie Mikhaïlovna et sa présomptueuse confiance en elle-même, ces mauvaises petites gens n'auraient pu faire chez nous tout ce qu'ils y ont fait. La gouvernante a ici une grande part de responsabilité.

CHAPITRE V

AVANT LA FÊTE.

I

Plusieurs fois la fête au profit des institutrices de notre province fut annoncée pour tel jour, puis renvoyée à une date ultérieure. Outre Pierre Stépanovitch, Julie Mikhaïlovna avait en permanence autour d'elle le petit employé Liamchine dont elle goûtait le talent musical, Lipoutine désigné pour être le rédacteur en chef d'un journal indépendant qu'elle se proposait de fonder, quelques dames et demoiselles, enfin Karmazinoff lui-même. Ce dernier se remuait moins que les autres, mais il déclarait d'un air satisfait qu'il étonnerait agréablement tout le monde quand commencerait le quadrille de la littérature. Dons et souscriptions affluaient, toute la bonne société s'inscrivait; du reste, on acceptait aussi le concours pécuniaire de gens qui étaient loin d'appartenir à l'élite sociale. Julie Mikhaïlovna trouvait qu'il fallait parfois admettre le mélange des classes; « sans cela, disait-elle, comment les éclairerait-on? » Le comité organisateur qui se réunissait chez elle avait résolu de donner à la fête un caractère démocratique. Le prodigieux succès de la souscription était une invite à la dépense; on voulait faire des merveilles, de là tous ces ajournements. On n'avait pas encore décidé où aurait lieu le bal : serait-il donné chez la maréchale de la noblesse qui offrait sa vaste maison, ou chez Barbara Pétrovna, à Skvorechniki? Une objection s'élevait contre ce dernier choix : Skvorechniki était un peu loin, mais plusieurs membres du comité faisaient observer que là on serait « plus libre ». Barbara Pétrovna elle-même désirait vivement obtenir la préférence pour sa maison. Il serait difficile de dire comment cette femme orgueilleuse en était venue presque à rechercher les bonnes grâces de Julie Mikhaïlovna. Apparemment elle était bien aise de voir que de son côté la gouvernante se confondait en politesses vis-à-vis de Nicolas Vsévolodovitch et le traitait avec une considération tout à fait exceptionnelle. Je le répète encore une fois : grâce aux demi-mots sans cesse chuchotés par Pierre Stépanovitch, toute la maison du gouverneur était persuadée que le jeune Stavroguine tenait par les liens les plus intimes au monde le plus mystérieux, et qu'assurément il avait été envoyé chez nous avec quelque mission.

L'état des esprits était alors étrange. Dans la société régnait une légèreté extraordinaire, un certain dévergondage d'idées qui avait quelque chose de drôle, sans être toujours agréable. Ce phénomène s'était produit brusquement. On eût dit qu'un vent de frivolité avait tout d'un coup soufflé sur la ville. Plus tard, quand tout fut fini, on accusa Julie Mikhaïlovna, son entourage et son influence. Mais il est douteux qu'elle ait été la seule coupable. Au début, la plupart louaient à l'envi la nouvelle gouvernante qui savait réunir les divers éléments sociaux et rendait ainsi l'existence plus gaie. Il y eut même quelques faits scandaleux dont Julie Mikhaïlovna fut, du reste, complétement innocente; loin de s'en émouvoir, le public se contenta d'en rire. Les rares personnes qui avaient échappé à la contagion générale, si elles n'approuvaient pas, s'abstenaient de protester, du moins dans les commencements; quelques-unes souriaient.

Dans la ville arriva une colporteuse de livres qui vendait l'Évangile; c'était une femme considérée, quoiqu'elle fût de condition bourgeoise. Liamchine s'avisa de lui jouer un tour pendable. Il s'entendit avec un séminariste qui battait le pavé en attendant une place de professeur dans un collège; puis tous deux allèrent trouver la marchande sous prétexte de lui acheter des livres, et, sans qu'elle s'en aperçût, ils glissèrent dans son sac tout un lot de photographies obscènes que leur avait données expressément pour cet objet, comme on le sut plus tard, un vieux monsieur très-respecté dont je tairai le nom. Ce vieillard, décoré d'un ordre des plus honorifiques, aimait, selon son expression, « le rire sain et les bonnes farces ». Quand la pauvre femme se mit en devoir d'exhiber au bazar sa pieuse marchandise, les photographies sortirent du sac mêlées aux évangiles. Ce furent d'abord des rires, puis des murmures; un rassemblement se forma, et aux injures allaient succéder les coups, lorsque la police intervint. On emmena la colporteuse au poste, et, le soir seulement, elle fut relâchée grâce aux démarches de Maurice Nikolaïévitch qui avait appris avec indignation les détails intimes de cette vilaine histoire. Julie Mikhaïlovna voulut alors interdire à Liamchine l'accès de sa demeure, mais, le même soir, toute la bande des nôtres le lui amena et la conjura d'entendre une nouvelle fantaisie pour piano que le Juif venait de composer sous ce titre : « la Guerre franco-prussienne. » C'était une sorte de pot pourri où les motifs patriotiques de la *Marseillaise* alternaient avec les notes égrillardes de *Mein lieber Augustin*. Cette bouffonnerie obtint un succès de fou rire, et Liamchine rentra en faveur auprès de la gouvernante...

S'il faut en croire la voix publique, ce drôle prit part aussi à un autre fait non moins révoltant, que ma chronique ne peut passer sous silence.

Un matin, la population de notre ville apprit à son réveil qu'une odieuse profanation avait été commise chez nous. A l'entrée de notre immense marché est située la vieille église de la Nativité de la Vierge, l'un des monuments les plus anciens que possède notre cité. Dans le mur extérieur, près de la porte, existe une niche qui depuis un temps immémorial renferme un grand icone représentant la Mère de Dieu. Or, une nuit, quelqu'un pratiqua une brèche dans le grillage placé devant la niche, brisa la vitre, et enleva plusieurs des perles et des pierres précieuses dont l'icone était orné. Avaient-elles une grande valeur? je l'ignore, mais au vol se joignait ici une dérision sacrilége : derrière la vitre brisée on trouva, dit-on, le matin, une souris vivante. Aujourd'hui, c'est-à-dire quatre mois après l'événement, on a acquis la certitude que le voleur fut le galérien Fedka, mais on ajoute que Liamchine participa à ce méfait. Alors personne ne parla de lui et ne songea à le soupçonner; à présent tout le monde assure que c'est lui qui a déposé la souris dans la niche. Je me rappelle que sur le moment toutes nos autorités perdirent quelque peu la tête. Le peuple se rassembla aussitôt sur les lieux, et pendant toute la matinée une centaine d'individus ne cessa de stationner en cet endroit; ceux qui s'en allaient étaient immédiatement remplacés par d'autres, les nouveaux venus faisaient le signe de la croix, baisaient l'icone, et déposaient une offrande sur un plateau près duquel se tenait un moine. Il était trois heures de l'après-midi quand l'administration se douta enfin qu'on pouvait interdire l'attroupement et obliger les curieux à circuler, une fois leur piété satisfaite. Cette malheureuse affaire produisit sur Von Lembke l'impression la plus déplorable. A ce que dit plus tard Julie Mikhaïlovna, c'est à partir de ce jour-là qu'elle commença à remarquer chez son mari cet étrange abattement qui ne l'a point quitté jusqu'à présent.

Vers deux heures, je passai sur la place du marché; la foule était silencieuse, les visages avaient une expression grave et morne; arriva en drojki un marchand gras et jaune; descendu de voiture, il se prosterna jusqu'à terre, baisa l'icone et mit un rouble sur le plateau; ensuite il remonta en soupirant dans son drojki et s'éloigna. Puis je vis s'approcher une calèche où se trouvaient deux de nos dames en compagnie de deux de nos polissons. Les jeunes gens (dont l'un n'était plus tout jeune) descendirent aussi de voiture et s'avancèrent vers l'icone en se frayant avec assez de sans gêne un chemin à travers la cohue. Ni l'un ni l'autre ne se découvrit, et l'un d'eux mit son pince-nez. La foule manifesta son mécontentement par un sourd murmure. Le jeune homme au pince-nez tira de sa poche un porte-monnaie bourré de billets de banque et y prit un kopek qu'il jeta sur le plateau; après quoi ces deux messieurs, riant et parlant très-haut, regagnèrent la calèche. Soudain arriva au galop Élisabeth Nikolaïevna qu'escortait Maurice Nikolaïévitch. Elle mit pied à terre, jeta les rênes à son compagnon resté à cheval sur son ordre, et s'approcha de l'obraz. A la vue du don dérisoire que venait de faire le monsieur au pince-nez, la jeune fille devint rouge d'indignation; elle ôta son chapeau rond et ses gants, s'agenouilla sur le trottoir boueux en face de l'image, et à trois reprises se prosterna contre le sol. Ensuite elle ouvrit son porte-monnaie; mais comme il ne contenait que quelques grivnas [1], elle détacha aussitôt ses boucles d'oreilles en diamant et les déposa sur le plateau.

— On le peut, n'est-ce pas? C'est pour la parure de l'icone? demanda-t-elle au moine d'une voix agitée.

— On le peut, tout don est une bonne œuvre.

La foule muette assista à cette scène sans exprimer ni blâme, ni approbation; Élisabeth Nikolaïevna, dont l'amazone était toute couverte de boue, remonta à cheval et disparut.

II

Deux jours après, je la rencontrai en nombreuse compagnie : elle faisait partie d'une société qui remplissait trois voitures autour desquelles galopaient plusieurs cavaliers.

---

[1] Pièces de dix kopeks.

Dès qu'elle m'eut aperçu, elle m'appela d'un geste, fit arrêter la calèche et exigea absolument que j'y prisse place. Ensuite elle me présenta aux dames élégantes qui l'accompagnaient, et m'expliqua que leur promenade avait un but fort intéressant. Élisabeth Nikolaïevna riait et paraissait extrêmement heureuse. Dans ces derniers temps, elle était devenue d'une pétulante gaieté. Il s'agissait en effet d'une partie de plaisir assez excentrique : tout ce monde se rendait de l'autre côté de la rivière, chez le marchand Sévostianoff qui, depuis dix ans, donnait l'hospitalité à Sémen Iakovlévitch, iourodivii[1] renommé pour sa sainteté et ses prophéties non-seulement dans notre province, mais dans les gouvernements voisins et même dans les deux capitales. Quantité de gens allaient se prosterner devant ce fou et tâchaient d'obtenir une parole de lui; les visiteurs apportaient avec eux des présents souvent considérables. Quand il n'appliquait pas à ses besoins les offrandes qu'il recevait, il en faisait don à une église, d'ordinaire au monastère de Saint-Euthyme; aussi un moine de ce couvent était-il à demeure dans le pavillon occupé par l'iourodivii. Tous se promettaient beaucoup d'amusement. Personne dans cette société n'avait encore vu Sémen Iakovlévitch. Liamchine seul était déjà allé chez lui auparavant : il racontait que le fou l'avait fait mettre à la porte à coups de balai et lui avait lancé de sa propre main deux grosses pommes de terre bouillies. Parmi les cavaliers je remarquai Pierre Stépanovitch; il avait loué un cheval de Cosaque et se tenait très-mal sur sa monture. Dans la cavalcade figurait aussi Stavroguine. Lorsque dans son entourage on organisait une partie de plaisir, il consentait parfois à en être et avait toujours, en pareil cas, l'air aussi gai que le voulaient les convenances, mais, selon son habitude, il parlait peu.

Au moment où la caravane arrivait vis-à-vis de l'hôtel qui se trouve près du pont, quelqu'un observa brusquement

[1] Fou religieux

qu'un voyageur venait de se tirer un coup de pistolet dans cette maison, et qu'on attendait la police. Un autre proposa aussitôt d'aller voir le cadavre. Cette idée fut accueillie avec d'autant plus d'empressement que nos dames n'avaient jamais vu de suicidé. « On s'ennuie tant, dit l'une d'elles, qu'il ne faut pas être difficile en fait de distractions. » Deux ou trois seulement restèrent à la porte, les autres envahirent toutes ensemble le malpropre corridor, et parmi elles je ne fus pas peu surpris de remarquer Élisabeth Nikolaïevna elle-même. La chambre où gisait le corps était ouverte, et, naturellement, on n'osa pas nous en refuser l'entrée. Le défunt était un tout jeune homme, on ne lui aurait pas donné plus de dix-neuf ans; avec ses épais cheveux blonds, son front pur et l'ovale régulier de son visage il avait dû être très-beau. Ses membres étaient déjà roides, et sa face blanche semblait de marbre. Sur la table se trouvait un billet qu'il avait laissé pour qu'on n'accusât personne de sa mort. Il se tuait, écrivait-il, parce qu'il avait boulotté (*sic*) quatre cents roubles. Ces quelques lignes contenaient quatre fautes de grammaire. Un gros propriétaire qui, apparemment, connaissait le suicidé et occupait dans l'hôtel une chambre voisine, se penchait sur le cadavre en poussant force soupirs. Il nous apprit que ce jeune homme était le fils d'une veuve qui habitait la campagne; il avait été envoyé dans notre ville par sa famille, c'est-à-dire par sa mère, ses tantes et ses sœurs, pour acheter le trousseau d'une de celles-ci qui allait se marier prochainement; une parente domiciliée ici devait le guider dans ces emplettes. On lui avait confié quatre cents roubles, les économies de dix années, et on ne l'avait laissé partir qu'après lui avoir prodigué les recommandations et avoir passé à son cou toutes sortes d'objets bénits. Jusqu'alors il avait toujours été un garçon très-rangé.

Arrivé à la ville, au lieu d'aller chez sa parente, le jeune homme descendit à l'hôtel, puis se rendit droit au club où il comptait trouver quelque étranger qui consentît à tailler une banque avec lui. Son espoir ayant été trompé, il revint vers minuit à l'hôtel, se fit donner du champagne, des cigares de la Havane, et demanda un souper de six ou sept plats. Mais le champagne l'enivra et le tabac lui causa des nausées; bref, il ne put toucher au repas qu'on lui servit, et il se coucha presque sans connaissance. Le lendemain, il se réveilla frais comme une pomme et n'eut rien de plus pressé que d'aller chez des tsiganes dont il avait entendu parler au club. Pendant deux jours on ne le revit point à l'hôtel. Hier seulement, à cinq heures de l'après-midi, il était rentré ivre, s'était mis au lit et avait dormi jusqu'à dix heures du soir. A son réveil il avait demandé une côtelette, une bouteille de château-yquem, du raisin, tout ce qu'il faut pour écrire, enfin sa note. Personne n'avait rien remarqué de particulier en lui; il était calme, doux et affable. Le suicide avait sans doute eu lieu vers minuit, quoique, chose étrange, on n'eût entendu aucune détonation d'arme à feu. C'était seulement aujourd'hui, à une heure de l'après-midi, que les gens de l'établissement avaient été pris d'inquiétude; ils étaient allés frapper chez le voyageur, et, ne recevant pas de réponse, avaient enfoncé la porte. La bouteille de château-yquem était encore à moitié pleine; il restait aussi une demi-assiette de raisin. Le jeune homme s'était servi d'un petit revolver à trois coups pour se loger une balle dans le cœur. La blessure saignait à peine; les doigts du suicidé avaient laissé échapper l'arme qui était tombée sur le tapis. Le corps était à demi couché sur un divan. La mort avait dû être instantanée. Aucune trace de souffrance n'apparaissait sur le visage, dont l'expression était calme, presque heureuse, comme si la vie ne l'eût pas quitté. Toute notre société considérait le cadavre avec une curiosité avide. Qui que nous soyons, il y a en général dans le malheur d'autrui quelque chose qui réjouit nos yeux. Les dames regardaient en silence; les messieurs faisaient de fines observations qui témoignaient d'une grande liberté d'esprit. L'un d'eux remarqua que c'était la meilleure issue, et que le jeune homme ne pouvait rien imaginer de plus sage. La conclusion d'un autre fut que du moins pendant un moment il avait bien vécu. Un troisième se demanda pourquoi les suicides étaient devenus si fréquents chez nous; « il semble, dit-il, que le sol manque sous nos pieds ». Ce raisonneur n'obtint aucun succès. Liamchine qui mettait sa gloire à jouer le rôle de bouffon, prit sur l'assiette une petite grappe de raisin; un autre l'imita en riant, et un troisième avançait le bras vers la bouteille de château-yquem, quand survint le maître de police qui fit « évacuer » la chambre. Comme nous n'avions plus rien à voir, nous nous retirâmes aussitôt, bien que Liamchine essayât de parlementer avec le magistrat. La route s'acheva deux fois plus gaiement qu'elle n'avait commencé.

Il était juste une heure de l'après-midi lorsque nous arrivâmes à la maison du marchand Sévostianoff. On nous dit que Sémen Iakovlévitch était en train de dîner, mais qu'il recevait néanmoins. Nous entrâmes tous à la fois. La chambre où le bienheureux prenait ses repas et donnait ses audiences était assez spacieuse, percée de trois fenêtres et coupée en deux parties égales par un treillage en bois qui s'élevait jusqu'à mi-corps. Le commun des visiteurs restait en deçà de cette clôture; l'iourodivii se tenait de l'autre côté et ne laissait pénétrer auprès de lui que certains privilégiés; il les faisait asseoir tantôt sur des fauteuils de cuir, tantôt sur un divan; lui-même occupait un vieux voltaire dont l'étoffe montrait la corde. Agé de cinquante-cinq ans, Sémen Iakovlévitch était un homme assez grand, aux petits yeux étroits au visage rasé, jaune et bouffi; sa tête presque entièrement chauve ne conservait plus que quelques rares cheveux blonds; il avait la joue droite enflée, la bouche un peu déjetée et une grosse verrue près de la narine gauche. Sa physionomie était calme, sérieuse, presque somnolente. Vêtu, à l'allemande, d'une redingote noire, il ne portait ni gilet, ni cravate. Sous son vêtement se laissait voir une chemise propre mais d'une toile assez grossière. Ses pieds qui paraissaient malades étaient chaussés de pantoufles. C'était, disait-on, un ancien fonctionnaire, et il possédait un tchin. En ce moment il venait de manger une soupe au poisson et attaquait son second plat, — des pommes de terre en robe de chambre. A cela se réduisait invariablement sa nourriture, mais il aimait beaucoup le thé et en faisait une grande consommation. Autour de lui allaient et venaient trois domestiques gagés par le marchand; l'un d'eux était en frac, un autre ressemblait à un artelchtchik [1], le troisième avait l'air d'un rat d'église; il y avait encore un garçon de seize ans qui se remuait beaucoup. Indépendamment des laquais, là se trouvait aussi, un tronc dans la main, un moine du couvent de Saint-Euthyme, homme à cheveux blancs et d'un extérieur respectable, malgré un embonpoint peut-être excessif. Sur une table bouillait un énorme samovar, à côté d'un plateau contenant environ deux douzaines de grands verres. En face, sur une autre table, s'étalaient les offrandes : quelques pains de sucre et quelques livres de la même denrée, deux livres de thé, une paire de pantoufles brodées, un foulard, une pièce de drap, une pièce de toile, etc. Les dons en argent entraient presque tous dans le tronc du moine. Il y avait beaucoup de monde dans la chambre, les visiteurs seuls se trouvaient au nombre d'une douzaine; deux d'entre eux avaient pris place derrière le treillage, près de Sémen Iakovlévitch : l'un, vieux pèlerin aux cheveux blancs, était à coup sûr un homme du peuple; l'autre, petit et maigre, était un religieux de passage dans notre ville; assis modestement, il tenait ses yeux baissés. Le reste de l'assistance, debout devant le treillage, se composait presque exclusivement de moujiks; on remarquait toutefois dans ce public un propriétaire, une vieille dame noble et pauvre, enfin un gros marchand venu d'une ville de district; ce dernier était porteur d'une grande barbe et habillé à la russe, mais on lui connaissait une fortune de cent mille roubles. Tous attendaient leur bonheur en silence. Quatre individus s'étaient mis à genoux; l'un d'eux

---

[1] Membre d'une association d'ouvriers ou d'employés.

occupait une place plus en vue que les autres et attirait particulièrement l'attention; c'était le propriétaire, gros homme d[e] quarante-cinq ans, qui restait pieusement agenouillé tou[t] contre le grillage jusqu'à ce qu'il plût à Sémen Iakovlévitch d[e] l'honorer d'un regard ou d'une parole. Il était là depui[s] environ une heure, et le bienheureux n'avait pas encor[e] semblé s'apercevoir de sa présence.

Nos dames, qui chuchotaient gaiement, allèrent s'entasse[r] contre la clôture, obligeant tous les autres visiteurs [à] s'effacer derrière elles; seul le propriétaire ne se laissa pa[s] déloger de sa place et même se cramponna des deux main[s] au treillage. Des regards badins se portèrent sur l'iourodivi[i]; les uns l'examinèrent avec leur monocle, les autres avec leur pince-nez; Liamchine braqua même sur lui une lorgnette de théâtre. Sans s'émouvoir de la curiosité dont i[l] était l'objet, Sémen Iakovlévitch promena ses petits yeu[x] sur tout notre monde.

— Charmante société! Charmante société! fit-il d'un[e] voix de basse assez forte.

Toute notre bande se mit à rire : « Qu'est-ce que cela veu[t] dire? » Mais le bienheureux n'ajouta rien et continua [à] manger ses pommes de terre; quand il eut fini, il s'essuy[a] la bouche, et on lui apporta son thé.

D'ordinaire, il ne le prenait pas seul et en offrait aux visiteurs, non à tous, il est vrai, mais à ceux qui lui paraissaient dignes d'un tel honneur. Ces choix avaient toujours beaucoup d'imprévu. Tantôt, négligeant les hauts dignitaires et les gens riches, il régalait un moujik ou quelque vieille bonne femme; tantôt, au contraire, c'était à un gros marchand qu'il donnait la préférence sur les pauvres diables. Il s'en fallait aussi que tous fussent servis de la même façon : pour les uns on sucrait le thé, à d'autres on donnait un morceau de sucre à sucer, d'autres enfin n'avaient de sucre sous aucune forme. Dans la circonstance présente, les favorisés furent le religieux étranger et le vieux pèlerin. Le premier eut un verre de thé sucré, le second n'eut pas de sucre d[u] tout. Le gros moine du couvent de Saint-Euthyme, qui jusqu'à ce jour-là n'avait jamais été oublié, dut cette fois se contenter de voir boire les autres.

— Sémen Iakovlévitch, dites-moi quelque chose ; je désirais depuis si longtemps faire votre connaissance, dit avec un sourire et un clignement d'yeux la dame élégante qui avait déclaré qu'il ne fallait pas être difficile en fait de distractions. L'iourodivii ne la regarda même pas. Le propriétaire, agenouillé, poussa un profond et bruyant soupir.

— Donnez-lui du thé sucré ! dit soudain Sémen Iakovlévitch en montrant le riche marchand.

Celui-ci s'approcha et vint se placer à côté du propriétaire.

— Encore du sucre à lui ! ordonna le bienheureux après qu'on eût versé le verre de thé. — On obéit. — Encore, encore à lui ! — On remit du sucre à trois reprises. Le marchand but son sirop sans murmurer.

— Seigneur ! chuchota l'assistance en se signant. Le propriétaire poussa un second soupir, non moins profond que le premier.

— Batuchka ! Sémen Iakovlévitch ! cria tout à coup d'une voix dolente mais en même temps très-aigre la dame pauvre, que les nôtres avaient écartée du treillage. — Depuis une grande heure, mon bon ami, j'attends un mot de toi. Parle-moi, donne un conseil à l'orpheline.

— Interroge-la, dit Sémen Iakovlévitch au rat d'église. Celui-ci s'avança vers elle.

— Avez-vous fait ce que Sémen Iakovlévitch vous a ordonné la dernière fois ? demanda-t-il à la veuve d'un ton bas et mesuré.

— Que faire avec eux, Sémen Iakovlévitch ? glapit la vieille dame ; — ce sont des anthropophages ; ils portent plainte contre moi devant le tribunal de l'arrondissement ; ils me menacent du sénat : voilà comme ils traitent leur mère !…

— Donne-lui ! dit l'iourodivii en montrant un pain de sucre.

Le jeune garçon s'élança aussitôt vers l'objet indiqué, le prit et l'apporta à la veuve.

— Oh! batuchka, tu es trop bon! Que ferai-je de tout cela? reprit-elle.

— Encore, encore! ordonna Sémen Iakovlévitch.

Un nouveau pain de sucre fut offert à la veuve.

— Encore, encore! répéta le bienheureux.

On apporta un troisième et, enfin, un quatrième pain de sucre; la visiteuse en avait de tous les côtés. Le moine de notre couvent soupira : tout cela aurait pu aller au monastère comme les autres fois.

— C'est beaucoup trop pour moi; qu'ai-je besoin d'en avoir tant? observa la veuve, confuse. — Mais est-ce que ce n'est pas une prophétie, batuchka?

— Si, c'est une prophétie, dit quelqu'un dans la foule.

— Qu'on lui en donne encore une livre, encore! poursuivit Sémen Iakovlévitch.

Il restait encore sur la table un pain de sucre entier; mais le bienheureux avait dit de donner une livre, et l'on donna une livre.

— Seigneur, Seigneur! soupiraient les gens du peuple en faisant le signe de la croix, c'est une évidente prophétie.

— Adoucissez d'abord votre cœur par la bonté et la miséricorde, et ensuite venez vous plaindre de vos enfants, l'os de vos os, voilà probablement ce que signifie cet emblème, remarqua à voix basse, mais d'un air très-satisfait de lui-même le gros moine, à qui on avait oublié d'offrir du thé et dont l'amour-propre blessé cherchait une consolation.

— Mais quoi, batuchka! reprit soudain la veuve en colère, — quand le feu a pris chez les Verkhichine, ils m'ont passé un nœud coulant autour du corps pour me traîner dans les flammes. Ils ont fourré un chat mort dans mon coffre. C'est-à-dire qu'ils sont capables de toutes les vilenies...

— Qu'on la mette à la porte! cria Sémen Iakovlévitch en agitant les bras.

Le rat d'église et le jeune gars s'élancèrent de l'autre côté du grillage. Le premier prit la veuve par le bras; elle ne fit pas de résistance, et se laissa conduire vers la porte en se retournant pour considérer les pains de sucre que le jeune domestique portait derrière elle.

— Reprends-lui-en un! ordonna l'iourodivii à l'artelchtchik resté près de lui. Le laquais courut sur les pas de ceux qui venaient de sortir, et, quelque temps après, les trois domestiques revinrent, rapportant un des pains de sucre qui avaient été donnés à la veuve; les trois autres demeurèrent en sa possession.

— Sémen Iakovlévitch, pourquoi donc ne m'avez-vous rien répondu? il y a si longtemps que vous m'intéressez, dit celle de nos dames qui avait déjà pris la parole.

Le bienheureux ne l'écouta point, et s'adressa au moine de notre monastère :

— Interroge-le! ordonna-t-il en lui montrant le propriétaire agenouillé.

Le moine s'approcha gravement du propriétaire.

— Quelle faute avez-vous commise? Ne vous avait-on pas ordonné quelque chose?

— De ne pas me battre, de m'abstenir des voies de fait, répondit d'une voix enrouée l'interpellé.

— Avez-vous obéi à cet ordre? reprit le moine.

— Je ne puis pas; c'est plus fort que moi.

Sémen Iakovlévitch agita les bras.

— Chasse-le, chasse-le! Mets-le à la porte avec un balai!

Sans attendre que les faits suivissent les paroles, le propriétaire s'empressa de détaler.

— Il a laissé une pièce d'or à l'endroit où il était, dit le moine en ramassant sur le parquet une demi-impériale.

— Voilà à qui il faut la donner, fit Sémen Iakovlévitch; et il indiqua du geste le riche marchand, qui n'osa pas refuser ce don.

— L'eau va toujours à la rivière, ne put s'empêcher d'observer le moine.

— A celui-ci du thé sucré, ordonna brusquement Sémen Iakovlévitch en montrant Maurice Nikolaïévitch.

Un domestique remplit un verre et l'offrit par erreur à un élégant qui avait un binocle sur le nez.

— Au grand, au grand! reprit le bienheureux.

Maurice Nikolaïévitch prit le verre, salua, et se mit à boire. Tous les nôtres partirent d'un éclat de rire, je ne sais pourquoi.

— Maurice Nikolaïévitch! dit soudain Élisabeth Nikolaïevna, — le monsieur qui était à genoux là tout à l'heure est parti; mettez-vous à genoux à sa place.

Le capitaine d'artillerie la regarda d'un air ahuri.

— Je vous en prie; vous me ferez un grand plaisir. Écoutez, Maurice Nikolaïévitch, poursuivit-elle avec un entêtement passionné, — il faut absolument que vous vous mettiez à genoux; je tiens à voir comment vous serez. Si vous refusez, tout est fini entre nous. Je le veux absolument, je le veux!...

Je ne sais quelle était son intention, mais elle exigeait d'une façon pressante, implacable, on aurait dit qu'elle avait une attaque nerveuse. Ces caprices cruels qui depuis quelque temps surtout se renouvelaient avec une fréquence particulière, Maurice Nikolaïévitch se les expliquait comme des mouvements de haine aveugle, et il les attribuait non à la méchanceté, — il savait que la jeune fille avait pour lui de l'estime, de l'affection et du respect, — mais à une sorte d'inimitié inconsciente dont par moments elle ne pouvait triompher.

Il remit silencieusement son verre à une vieille femme qui se trouvait derrière lui, ouvrit la porte du treillage et pénétra, sans y être invité, dans la partie de la chambre réservée à Sémen Iakovlévitch; puis, en présence de tout le monde, il se mit à genoux. Je crois que son âme, simple et délicate, avait été très-péniblement affectée par la brutale incartade que Lisa venait de se permettre en public. Peut-être pensait-il qu'en voyant l'humiliation à laquelle elle l'avait condamné, elle aurait honte de sa conduite. Certes, il fallait être aussi naïf que Maurice Nikolaïévitch pour se flatter de corriger une femme par un tel moyen. A genoux, avec son grand corps dégingandé et son visage d'un sérieux imperturbable, il était fort drôle; cependant aucun de nous ne rit; au contraire, ce spectacle inattendu produisit une sensation de malaise. Tous les yeux se tournèrent vers Lisa.

— Esprit-Saint, Esprit-Saint! murmura Sémen Iakovlévitch.

Lisa pâlit tout à coup, poussa un cri, et s'élança de l'autre côté du treillage. Là eut lieu une subite scène d'hystérie : la jeune fille saisit Maurice Nikolaïévitch par les avant-bras et le tira de toutes ses forces pour le relever.

— Levez-vous! levez-vous! criait-elle comme hors d'elle-même. Levez-vous tout de suite! Comment avez-vous osé vous mettre à genoux?

Maurice Nikolaïévitch obéit. Elle lui empoigna les bras au-dessus du coude, et le regarda en plein visage avec une expression de frayeur.

— Charmante société! Charmante société! répéta encore une fois le fou.

Lisa ramena enfin Maurice Nikolaïévitch dans l'autre partie de la chambre. Toute notre société était fort agitée. La dame dont j'ai déjà parlé voulut sans doute tenter une diversion, et, pour la troisième fois, s'adressa en minaudant à l'iourodivii :

— Eh bien, Sémen Iakovlévitch, est-ce que vous ne me direz pas quelque chose? Je comptais tant sur vous.

— Va te faire f.....! lui répondit le bienheureux.

Ces mots, prononcés très-distinctement et avec un accent de colère, provoquèrent chez les hommes un rire homérique; quant aux dames, elles s'enfuirent en poussant de petits cris effarouchés. Ainsi se termina notre visite à Sémen Iakovlévitch.

Si je l'ai racontée avec tant de détails, c'est surtout, je l'avoue, à cause d'un incident fort énigmatique qui se serait produit, dit-on, au moment de la sortie.

Tandis que tous se retiraient précipitamment, Lisa, qui donnait le bras à Maurice Nikolaïévitch, se rencontra soudain dans l'obscurité du corridor avec Nicolas Vsévolodovitch. Il faut dire que, depuis l'évanouissement de la jeune fille, ils s'étaient revus plus d'une fois dans le monde, mais sans jamais échanger une parole. Je fus témoin de leur rencontre près de la porte; à ce qu'il me sembla, ils s'arrêtèrent pendant un instant et se regardèrent d'un air étrange. Mais il se peut que la foule m'ait empêché de bien voir. On assura, au contraire, qu'en apercevant Nicolas Vsévolodovitch, Lisa avait tout à coup levé la main, et qu'elle l'aurait certainement soufflé, s'il ne s'était écarté à temps. Peut-être avait-elle surpris une expression de moquerie sur le visage de Stavroguine, surtout après l'épisode dont Maurice Nikolaïévitch avait été le triste héros. J'avoue que moi-même je ne remarquai rien; mais, en revanche, tout le monde prétendit avoir vu la chose, quoique, en tenant pour vrai le geste attribué à Élisabeth Nikolaïevna, peu de personnes seulement, dans la confusion du départ, eussent pu en être témoins. Je refusai alors d'ajouter foi à ces racontars. Je me rappelle pourtant qu'au retour Nicolas Vsévolodovitch fut un peu pâle.

III

Le même jour eut lieu à Skvorechniki l'entrevue que Barbara Pétrovna se proposait depuis longtemps d'avoir avec Stépan Trophimovitch. La générale arriva fort affairée à sa maison de campagne; la veille, on avait définitivement décidé que la fête au profit des institutrices pauvres serait donnée chez la maréchale de la noblesse. Mais, avec sa promptitude de résolution, Barbara Pétrovna s'était dit tout de suite que rien ne l'empêchait, après cette fête, d'en donner à son tour une chez elle et d'y inviter toute la ville. La société pourrait alors juger en connaissance de cause quelle était des deux maisons la meilleure, celle où l'on savait le mieux recevoir et donner un bal avec le plus de goût. Barbara Pétrovna n'était plus à reconnaître. L'altière matrone qui, naguère encore, vivait dans une retraite si profonde, semblait maintenant passionnée pour les distractions mondaines. Du reste, ce changement était peut-être plus apparent que réel.

Son premier soin, en arrivant à Skvorechniki, fut de visiter toutes les chambres de la maison en compagnie du fidèle Alexis Égoritch et de Fomouchka, qui était un habile décorateur. Alors commencèrent de graves délibérations : quels meubles, quels tableaux, quels bibelots ferait-on venir de la maison de ville? Où les placerait-on? Comment utiliserait-on le mieux l'orangerie et les fleurs? Où poserait-on des tentures neuves? En quel endroit le buffet serait-il installé? N'y en aurait-il qu'un ou bien en organiserait-on deux? etc., etc. Et voilà qu'au milieu de ces préoccupations l'idée vint tout à coup à Barbara Pétrovna d'envoyer sa voiture chercher Stépan Trophimovitch.

Celui-ci, depuis longtemps prévenu que son ancienne amie désirait lui parler, attendait de jour en jour cette invitation. Lorsqu'il monta en voiture, il fit le signe de la croix : son sort allait se décider. Il trouva Barbara Pétrovna dans la grande salle; assise sur un petit divan, en face d'un guéridon de marbre, elle avait à la main un crayon et un papier; Fomouchka mesurait avec un mètre la hauteur des fenêtres et de la tribune; la générale inscrivait les chiffres et faisait des marques sur le parquet. Sans interrompre sa besogne, elle inclina la tête du côté de Stépan Trophimovitch, et, quand ce dernier balbutia une formule de salutation, elle lui tendit vivement la main; puis, sans le regarder, elle lui indiqua une place à côté d'elle.

— Je m'assis et j'attendis pendant cinq minutes, « en comprimant les battements de mon cœur », me raconta-t-il ensuite. — J'avais devant moi une femme bien différente de celle que j'avais connue durant vingt ans. La profonde conviction que tout était fini me donna une force dont elle-même fut surprise. Je vous le jure, je l'étonnai par mon stoïcisme à cette heure dernière.

Barbara Pétrovna posa soudain son crayon sur la table et se tourna brusquement vers le visiteur.

— Stépan Trophimovitch, nous avons à parler d'affaires. Je suis sûre que vous avez préparé toutes vos phrases ronflantes et quantité de mots à effet; mais il vaut mieux aller droit au fait, n'est-ce pas?

Il se sentit fort mal à l'aise. Un pareil début n'avait rien de rassurant.

— Attendez, taisez-vous, laissez-moi parler; vous parlerez après, quoique, à vrai dire, j'ignore ce que vous pourriez me répondre, poursuivit rapidement Barbara Pétrovna. — Je considère comme un devoir sacré de vous servir, votre vie durant, vos douze cents roubles de pension; quand je dis « devoir sacré », je m'exprime mal; disons simplement que c'est une chose convenue entre nous, ce langage sera beaucoup plus vrai, n'est-ce pas? Si vous voulez, nous mettrons cela par écrit. Des dispositions particulières ont été prises pour le cas où je viendrais à mourir. Mais, en sus de votre pension, vous recevez actuellement de moi le logement, le service et tout l'entretien. Nous convertirons cela en argent, ce qui fera quinze cents roubles, n'est-ce pas? Je mets en outre trois cents roubles pour les frais imprévus, et vous avez ainsi une somme ronde de trois mille roubles. Ce revenu annuel vous suffira-t-il? Il me semble que c'est assez pour vivre. Du reste, dans le cas de dépenses extraordinaires, j'ajouterai encore quelque chose. Eh bien, prenez cet argent, renvoyez-moi mes domestiques et allez demeurer où vous voudrez, à Pétersbourg, à Mosco, à l'étranger; restez même ici, si bon vous semble, mais pas chez moi. Vous entendez?

— Dernièrement, une autre mise en demeure non moins péremptoire et non moins brusque m'a été signifiée par ces mêmes lèvres, dit d'une voix lente et triste Stépan Trophimovitch. — Je me suis soumis et... j'ai dansé la cosaque pour vous complaire. — Oui, ajouta-t-il en français, la comparaison peut être permise : c'était comme un petit cosaque du Don qui sautait sur sa propre tombe. Maintenant...

— Cessez, Stépan Trophimovitch. Vous êtes terriblement verbeux. Vous n'avez pas dansé ; vous êtes venu chez moi avec une cravate neuve, du linge frais, des gants ; vous vous étiez pommadé et parfumé. Je vous assure que vous-même aviez grande envie de vous marier. Cela se lisait sur votre visage, et, croyez-le, ce n'était pas beau à voir. Si je ne vous en ai pas fait alors l'observation, ç'a été par pure délicatesse. Mais vous désiriez, vous désiriez ardemment vous marier, malgré les ignominies que vous écriviez confidentiellement sur moi et sur votre future. A présent, il ne s'agit plus de cela. Et que parlez-vous de cosaque du Don sautant sur sa tombe? Je ne saisis pas la justesse de cette comparaison. Au contraire, ne mourez pas, vivez ; vivez le plus longtemps possible, j'en serai enchantée.

— Dans un hospice?

— Dans un hospice? On ne va pas à l'hospice avec trois mille roubles de revenu. Ah ! je me rappelle, fit-elle avec un sourire ; — en effet, une fois, par manière de plaisanterie, Pierre Stépanovitch m'a parlé d'un hospice. Au fait, il s'agit d'un hospice particulier qui n'est pas à dédaigner. C'est un établissement où ne sont admis que les gens les plus considérés ; il y a là des colonels, et même en ce moment un général y postule une place. Si vous entrez là avec tout votre argent, vous trouverez le repos, le confort, un nombreux domestique. Vous pourrez, dans cette maison, vous occuper de sciences, et, quand vous voudrez jouer aux cartes, les partenaires ne vous feront pas défaut...

— Passons.

— Passons! répéta avec une grimace Barbara Pétrovna. — Mais, en ce cas, c'est tout ; vous êtes averti, dorénavant nous vivrons complètement séparés l'un de l'autre.

— Et c'est tout, tout ce qui reste de vingt ans? C'est notre dernier adieu?

— Vous êtes fort pour les exclamations, Stépan Trophimovitch. Cela est tout à fait passé de mode aujourd'hui. On parle grossièrement, mais simplement. Vous en revenez toujours à vos vingt ans! Ç'a été de part et d'autre vingt années d'amour-propre, et rien de plus. Chacune des lettres que vous m'adressiez était écrite non pour moi, mais pour la postérité. Vous êtes un styliste et non un ami; l'amitié n'est qu'un beau mot pour désigner un mutuel épanchement d'eau sale...

— Mon Dieu, que de paroles qui ne sont pas de vous! Ce sont des leçons apprises par cœur! Et déjà ils vous ont fait revêtir leur uniforme! Vous aussi, vous êtes dans la joie; vous aussi, vous êtes au soleil. Chère, chère, pour quel plat de lentilles vous leur avez vendu votre liberté!

— Je ne suis pas un perroquet pour répéter les paroles d'autrui, reprit avec colère Barbara Pétrovna. Soyez sûr que mon langage m'appartient. — Qu'avez-vous fait pour moi durant ces vingt ans? Vous me refusiez jusqu'aux livres que je faisais venir pour vous, et dont les pages ne seraient pas encore coupées si on ne les avait données à relier. Quelles lectures me recommandiez-vous, quand, dans les premières années, je sollicitais vos conseils? Capefigue, toujours Capefigue. Mon développement intellectuel vous faisait ombrage, et vous preniez vos mesures en conséquence. Mais cependant on rit de vous. Je l'avoue, je ne vous ai jamais considéré que comme un critique, pas autre chose. Pendant notre voyage à Pétersbourg, quand je vous ai déclaré que je me proposais de fonder un recueil périodique et de consacrer toute ma vie à cette publication, vous m'avez aussitôt regardée d'un air moqueur et vous êtes devenu tout d'un coup très-arrogant.

— Ce n'était pas cela; vous vous êtes méprise... nous craignions alors des poursuites...

— Si, c'était bien cela, car, à Pétersbourg, vous ne pouviez craindre aucune poursuite. Plus tard, en février, lorsque se répandit le bruit de la prochaine apparition de cet organe, vous vîntes me trouver tout effrayé et vous exigeâtes de moi une lettre certifiant que vous étiez tout à fait étranger à la publication projetée, que les jeunes gens se réunissaient chez moi et non chez vous, qu'enfin vous n'étiez qu'un simple précepteur à qui je donnais le logement dans ma maison pour lui compléter ses honoraires. Est-ce vrai? Vous rappelez-vous cela? Vous vous êtes toujours signalé par votre héroïsme, Stépan Trophimovitch.

— Ce n'a été qu'une minute de pusillanimité, une minute d'épanchement en tête-à-tête, gémit le visiteur; — mais se peut-il qu'une rupture complète résulte d'un ressentiment aussi mesquin? Est-ce là, vraiment, le seul souvenir que vous aient laissé tant d'années passées ensemble?

— Vous êtes un terrible calculateur; vous voulez toujours me faire croire que c'est moi qui reste en dette avec vous. A votre retour de l'étranger, vous m'avez regardée du haut de votre grandeur, vous ne m'avez pas laissée placer un mot; et quand moi-même, après avoir visité l'Europe, j'ai voulu vous parler de l'impression que j'avais gardée de la Madone Sixtine, vous ne m'avez pas écoutée, vous avez dédaigneusement souri dans votre cravate, comme si je ne pouvais pas avoir tout comme vous des sensations artistiques.

— Ce n'était pas cela; vous devez vous être trompée... J'ai oublié...

— Si, c'était bien cela; mais vous n'aviez pas besoin de tant vous poser en esthéticien devant moi, car vous ne disiez que de pures billevesées. Personne, aujourd'hui, ne perd son temps à s'extasier devant la Madone, personne ne l'admire, sauf de vieux encroûtés. C'est prouvé.

— Ah! c'est prouvé?

— Elle ne sert absolument à rien. Ce gobelet est utile, parce qu'on peut y verser de l'eau; ce crayon est utile, parce qu'on peut s'en servir pour prendre des notes; mais un visage de femme peint ne vaut aucun de ceux qui existent dans la réalité. Essayez un peu de dessiner une pomme, et mettez à côté une vraie pomme, — laquelle choisirez-vous? Je suis sûre que vous ne vous tromperez pas. Voilà comment on juge à présent toutes vos théories; le premier rayon de libre examen a suffi pour en montrer la fausseté.

— Oui, oui.

— Vous souriez ironiquement. Et que me disiez-vous, par exemple, de l'aumône? Pourtant, le plaisir de faire la charité est un plaisir orgueilleux et immoral; le riche le tire de sa fortune et de la comparaison qu'il établit entre son importance et l'insignifiance du pauvre. L'aumône déprave à la fois et le bienfaiteur et l'obligé; de plus, elle n'atteint pas son but, car elle ne fait que favoriser la mendicité. Les paresseux qui ne veulent pas travailler se rassemblent autour des gens charitables comme les joueurs qui espèrent gagner se rassemblent autour du tapis vert. Et cependant les misérables grochs qu'on leur jette ne soulagent pas la centième partie de leur misère. Avez-vous donné beaucoup d'argent dans votre vie? Pas plus de huit grivnas, souvenez-vous-en. Tâchez un peu de vous rappeler la dernière fois que vous avez fait l'aumône; c'était il y a deux ans, je me trompe, il va y en avoir quatre. Vous criez, et vous faites plus de mal que de bien. L'aumône, dans la société moderne, devrait même être interdite par la loi. Dans l'organisation nouvelle il n'y aura plus du tout de pauvres.

— Oh! quel flux de paroles recueillies de la bouche d'autrui! Ainsi vous en êtes déjà venue à rêver une organisation nouvelle! Malheureuse, que Dieu vous assiste!

— Oui, j'en suis venue là, Stépan Trophimovitch; vous me cachiez soigneusement toutes les idées nouvelles qui sont maintenant tombées dans le domaine public, et vous faisiez cela uniquement par jalousie, pour avoir une supériorité sur moi. Maintenant, il n'est pas jusqu'à cette Julie qui ne me dépasse de cent verstes. Mais, à présent, moi aussi, je vois clair. Je vous ai défendu autant que je l'ai pu, Stépan Trophimovitch : décidément tout le monde vous condamne.

— Assez! dit-il en se levant, — assez! Quels souhaits puis-je encore faire pour vous, à moins de vous souhaiter le repentir?

— Asseyez-vous une minute, Stépan Trophimovitch; j'ai encore une question à vous adresser. Vous avez été invité à prendre part à la matinée littéraire; cela s'est fait par mon entremise. Dites-moi, que comptez-vous lire?

— Eh bien, justement, quelque chose sur cette reine des reines, sur cet idéal de l'humanité, la Madone Sixtine, qui, à vos yeux, ne vaut pas un verre ou un crayon.

— Ainsi vous ne ferez pas une lecture historique? reprit avec un pénible étonnement Barbara Pétrovna. — Mais on ne vous écoutera pas. Vous en tenez donc bien pour cette Madone? Allons, pourquoi voulez-vous endormir tout votre auditoire? Soyez sûr, Stépan Trophimovitch, que je parle uniquement dans votre intérêt. Qu'est-ce qui vous empêche d'emprunter au moyen âge ou à l'Espagne une petite historiette, courte mais attachante, une anecdote, si vous voulez, que vous trufferiez de petits mots spirituels? Il y avait là des cours brillantes, de belles dames, des empoisonnements. Karmazinoff dit qu'il serait étrange qu'on ne trouvât pas dans l'histoire de l'Espagne le sujet d'une lecture intéressante.

— Karmazinoff, ce sot, ce vidé, cherche des thèmes pour moi!

— Karmazinoff est presque une intelligence d'homme d'État; vous ne surveillez pas assez vos expressions, Stépan Trophimovitch.

— Votre Karmazinoff est une vieille pie-grièche! Chère, chère, depuis quand, ô Dieu! vous ont-ils ainsi transformée?

— Maintenant encore je ne puis souffrir ses airs importants; mais je rends justice à son intelligence. Je le répète, je vous ai défendu de toutes mes forces, autant que je l'ai pu. Et pourquoi tenir absolument à être ridicule et ennuyeux? Au contraire, montez sur l'estrade avec le sourire grave d'un représentant du passé et racontez trois anecdotes avec tout votre sel, comme vous seul parfois savez raconter. Soit, vous êtes un vieillard, un ci-devant, un arriéré; mais vous-même vous commencerez par le reconnaître en souriant, et tout le monde verra que vous êtes un bon, aimable et spirituel débris... En un mot, un homme d'autrefois, mais dont l'esprit est assez ouvert pour comprendre toute la laideur des principes qui l'ont inspiré jusqu'à présent. Allons, faites-moi ce plaisir, je vous prie.

— Chère, assez! N'insistez pas, c'est impossible. Je lirai mon étude sur la Madone, mais je soulèverai un orage qui crèvera sur eux tous, ou dont je serai la seule victime!

— Cette dernière conjecture est la plus probable, Stépan Trophimovitch.

— Eh bien, que mon destin s'accomplisse! Je flétrirai le lâche esclave, le laquais infect et dépravé qui le premier se hissera sur un échafaudage pour mutiler avec des ciseaux la face divine du grand idéal, au nom de l'égalité, de l'envie et... de la digestion. Je ferai entendre une malédiction suprême, quitte ensuite à...

— A entrer dans une maison de fous?

— Peut-être. Mais, en tout cas, vainqueur ou vaincu, le même soir je prendrai ma besace, ma besace de mendiant, j'abandonnerai tout ce que je possède, tout ce que je tiens de votre libéralité, je renoncerai à toutes vos pensions, à tous les biens promis par vous, et je partirai à pied pour achever ma vie comme précepteur chez un marchand, ou mourir de faim au pied d'un mur. J'ai dit. *Alea jacta est!*

Il se leva de nouveau.

Barbara Pétrovna, les yeux étincelants de colère, se leva aussi.

— J'en étais sûre! dit-elle; — depuis des années déjà j'étais convaincue que vous gardiez cela en réserve, que, pour finir, vous vouliez me déshonorer, moi et ma maison, par la calomnie! Que signifie cette résolution d'entrer comme précepteur chez un marchand ou d'aller mourir de faim au pied d'un mur? C'est une méchanceté, une façon de me noircir, et rien de plus!

— Vous m'avez toujours méprisé; mais je finirai comme un chevalier fidèle à sa dame, car votre estime m'a toujours été plus chère que tout le reste. A partir de ce moment je n'accepterai plus rien, et mon culte sera désintéressé.

— Comme c'est bête!

— Vous ne m'avez jamais estimé. J'ai pu avoir une foule de faiblesses. Oui, je vous ai grugée; je parle la langue du nihilisme; mais vous gruger n'a jamais été le principe suprême de mes actes. Cela est arrivé ainsi, par hasard, je ne sais comment... J'ai toujours pensé qu'entre nous il y avait quelque chose de plus haut que la nourriture, et jamais, jamais je n'ai été un lâche! Eh bien, je pars pour réparer ma faute! Je me mets en route tardivement; l'automne est avancé, le brouillard s'étend sur les plaines, le givre couvre mon futur chemin et le vent gémit sur une tombe qui va bientôt s'ouvrir... Mais en route, en route, partons:

« Plein d'un amour pur,
« Fidèle au doux rêve... »

Oh! adieu, mes rêves! Vingt ans! *Alea jacta est!*

Des larmes jaillirent brusquement de ses yeux et inondèrent son visage. Il prit son chapeau.

— Je ne comprends pas le latin, dit Barbara Pétrovna, se roidissant de toutes ses forces contre elle-même.

Qui sait? peut-être avait-elle aussi envie de pleurer; mais l'indignation et le caprice l'emportèrent encore une fois sur l'attendrissement.

— Je ne sais qu'une chose, c'est qu'il n'y a rien de sérieux dans tout cela. Jamais vous ne serez capable de mettre à exécution vos menaces, dictées par l'égoïsme. Vous n'irez nulle part, chez aucun marchand, mais vous continuerez à vivre bien tranquillement à mes crochets, recevant une pension et réunissant chez vous, tous les mardis, vos amis, qui ne ressemblent à rien. Adieu, Stépan Trophimovitch.

— *Alea jacta est!* répéta-t-il; puis il s'inclina profondément et revint chez lui plus mort que vif.

FIN DU TOME PREMIER.